Franz Hohler

Die Bahnhofsromane

»Es klopft«, »Gleis 4« und »Das Päckchen«

Mit einem Nachwort
von Charles Linsmayer

btb

Inhalt

Es klopft

1

Seit einer Stunde lag er im Bett und konnte nicht einschlafen. Auf dem Rücken nicht, auf dem Bauch nicht, auf der linken Seite nicht, und auf der rechten auch nicht. Das war ihm schon lange nicht mehr passiert. Er war neunundfünfzig, und gewöhnlich war er am Abend so müde, dass er, nachdem er im Bett noch ein paar Zeilen in einem Buch gelesen hatte, die Nachttischlampe löschte, der Frau an seiner Seite einen Gute-Nacht-Wunsch zumurmelte und nach wenigen Atemzügen einschlief. Erst wenn ihn seine Blase um zwei oder drei Uhr weckte, konnte es vorkommen, dass er den Schlaf nicht gleich wieder fand, dann stand er auf, nahm das Buch in die Hand und schlich sich leise aus dem gemeinsamen Schlafzimmer in seinen Arbeitsraum, bettete sich dort auf seine Couch und las so lange, bis ihm die Augen zufielen.

Er dachte an den morgigen Tag, es war ein Montag, das hieß, dass ihn eine volle Praxis erwartete. Um halb elf waren sie beide zu Bett gegangen, nun zeigten die Leuchtziffern seiner Uhr schon fast Mitternacht, und er sah seine Ruhezeit dahinschrumpfen, denn morgens um sechs würde mitleidlos der Wecker klingeln. Aufstehen und ins Arbeitszimmer wechseln, mit dem Buch in der Hand? Er fürchtete, dadurch seine Frau zu wecken, und er fürchtete ihre Frage, ob er nicht schlafen könne. Warum, würde sie dann fragen, warum kannst du nicht schlafen? Dann müsste er zu einer Notlüge greifen. Manchmal, wenn ihm ein Behandlungsfehler unterlaufen war oder wenn sich eine folgenschwere Komplikation eingestellt hatte, was zum Glück selten vorkam, stand der Patient nachts plötzlich vor ihm mit seinem ganzen Unglück und wollte ihn nicht in den Schlaf entlassen. Für solche Fälle hatte er ein Schächtelchen Rohypnol in seiner Hausapotheke, aber er hasste es, wenn er sich betäuben musste, und zudem war er mit der Dosierung nie ganz sicher. Nahm er eine ganze Tablette, schlief er zwar gut ein, hatte aber große Mühe mit dem Erwachen und musste noch lange in den Vormittag hinein mit der Wirkung kämpfen, nahm er nur eine halbe Tablette, reichte diese unter Umständen nicht zum Schlafen und gab ihm dennoch am nächsten Morgen ein dumpfes Gefühl. Es hing von der Schwere des Problems ab, ob er die ganze oder die halbe Pille schluckte.

Und heute handelte es sich um ein schweres Problem.

Schließlich stand er leise auf und ging ins Badezimmer. Er nahm seine Zahnbürste aus dem Glas, wusch es aus, füllte es mit Wasser und nahm eine Rohypnol-Tablette aus der Wandapotheke. Einen Moment lang betrachtete er sie, dann stieg er die Treppe hinauf in sein Arbeitszimmer, das Glas in der einen, die Tablette in der andern Hand. Im spärlichen Streulicht, das von draußen hereinfiel, ging er vorsichtig zum Schreibtisch, stellte das Glas ab, legte die Pille daneben und drückte den Schalter der Tischlampe.

Dann lehnte er sich zurück und dachte nach.

Wann genau war es gewesen? Vor 22 oder vor 23 Jahren? Er hatte es fast nicht begriffen damals, von sich selbst nicht begriffen. Nach und nach hatte er sich daran gewöhnt, dass es geschehen war; ändern konnte er es ohnehin nicht mehr, erzählt hatte er es niemandem, die fortschreitende Zeit schob es jeden Tag etwas stärker in den Hintergrund, und so hatte er es schließlich für verjährt gehalten. Heute war ihm auf einmal klar geworden, dass es eine Verjährung zwar in der Justiz geben mochte, niemals aber im Leben. Er mochte in mancher Hinsicht ein anderer gewesen sein seinerzeit, aber auf seiner Identitätskarte stand immer noch derselbe Name, Manuel Ritter, und diese seine Identität wurde jetzt aufgerufen.

Er hatte anzutreten vor seiner eigenen Verantwortung, die hinter dem Gerichtspult saß und mit einem Hämmerchen auf den Tisch schlug, wenn er zu seiner Verteidigung ausholte.

Er atmete tief ein und öffnete die Schublade seines Schreibtischs. Das alles war so lange her, dass er nicht mehr genau wusste, wo er den Umschlag aufbewahrt hatte.

Er zog unter Dokumenten wie seinem Dienstbüchlein, seinem Impfausweis und seinen Arbeitszeugnissen die Kopien seiner Diplome als Arzt und als Facharzt hervor, deren Originale in seiner Praxis hingen, und legte alles auf den Schreibtisch. Als er ein Bündelchen Briefe in der Hand hielt, trat seine Frau ein und legte ihm die Hand auf die Schulter.

»Julia«, sagte er, »du hast mich erschreckt.«

»Schau mal an«, sagte sie, »meine Briefe.« Sie fuhr ihm mit der Hand ganz leicht über die Haare. »Beschäftigt es dich, dass unser Sohn so verliebt ist?«

»Tatsächlich«, sagte er, »es ist … es ist irgendwie eigenartig, dass wir eine ganze Generation vorgerückt sind.«

Heute hatte ihr Sohn zum ersten Mal seine neue Freundin nach Hause gebracht, von der er ihnen schon eine Weile vorgeschwärmt hatte.

»Und«, fragte sie, »was hab ich dir geschrieben?«

Lächelnd schaute sie auf die Briefe mit ihrer Schrift und den Briefmarken mit dem spanischen König.

»Das wollte ich gerade … das möchte ich lieber alleine lesen«, sagte er.

Sie legte ihm die Hand wieder auf die Schulter.

»Hoffentlich kannst du dann noch schlafen«, sagte sie.

Er griff nach ihrer Hand.

»Hast du denn auch noch die Briefe von mir?« fragte er.

»Selbstverständlich«, sagte sie, »aber vielleicht schluckst du doch besser deine Pille. Gute Nacht, Lieber.« Sie beugte sich über ihn und küsste seinen Nacken.

Er lehnte sich zurück und hielt ihren Kopf mit beiden Händen.

»Gute Nacht, Julia«, sagte er.

Als sie sein Zimmer verlassen hatte, fühlte er sich so allein, wie als Kind, wenn seine Mutter die Tür hinter sich zugezogen hatte und er im Bett die Nacht erwartete.

Dann schluckte er die ganze Tablette und trank das Glas Wasser leer.

Es waren nicht die Briefe, die er gesucht hatte.

Es war etwas anderes. Es war das einzige Überbleibsel einer Geschichte, die ihm plötzlich wieder so lebhaft vor Augen stand, als sei sie gestern geschehen.

2

Am 5. Mai 1983 betrat Manuel Ritter auf dem Bahnhof Basel ein Erstklassabteil des Zuges nach Zürich. Sobald er zwei freie Sitze sah, stellte er sein Köfferchen auf den einen, zog seinen Regenmantel aus, hängte ihn an den Haken darüber und setzte sich dann, etwas keuchend. Er hatte sich verspätet, aber beim Betreten der Bahnhofshalle war ihm auf der großen Abfahrtstafel aufgefallen, dass der Zug, der eigentlich schon hätte weg sein müssen, doch noch nicht abgefahren war, und mit einem Laufschritt war er durch die Unterführung auf den Perron geeilt und eingestiegen.

Als sich der Wagen nun in Bewegung setzte, klopfte es von draußen an sein Fenster, und eine Frau blickte ihn an, eindringlich, fast hilfesuchend, machte noch ein paar Schritte in der Fahrtrichtung, dann war sie aus seinem Gesichtsfeld verschwunden.

Das ältere Paar auf der andern Seite des Mittelgangs schaute leicht verwundert herüber, Manuel zuckte lächelnd die Achseln und schüttelte den Kopf dazu.

Dann lehnte er sich zurück, und während sich der Zug über verschiedene Weichen schob, als müsse er sich seinen Weg aus der Stadt suchen, streckte ihm von einer Häuserwand ein Cowboy seine durchlöcherten Schuhe entgegen, mit denen er meilenweit für eine Zigarette gegangen war.

Schon wurde die Minibar hereingezogen, und ein fröhlicher Südländer rief »Café, Tee, Mineral!« durch den Wagen. Manuel konnte nicht widerstehen. Obwohl er heute sein Maß an Koffein schon konsumiert hatte, ließ er sich einen Kaffee einschenken. Er bereute es schon nach dem ersten Schluck, ließ eine Weile die ganze Hässlichkeit der Autobahnverschlingungen, Schallschutzwände und Bürohochhäuser an sich vorbeiziehen, öffnete dann sein Köfferchen und holte eine Mappe mit Unterlagen heraus. Er war Hals-, Nasen-, Ohrenarzt, hatte seit drei Jahren eine eigene Praxis und kam von einem Symposium über Tinnitus. Zwei englische Ärzte hatten am Vormittag über ihre Arbeit mit Elektrostimulation berichtet, und am Nachmittag waren neue Ergebnisse medikamentöser Therapien vorgestellt und diskutiert worden. Auf beiden Gebieten hatte er wenig Ermutigendes gehört. Er schaute noch einmal die Tabellen mit den Prozentzahlen an und nahm die Stimme des Kondukteurs erst wahr, als sich dieser zu ihm herunterbeugte. Während er seine entwertete Fahrkarte zurückerhielt, wurde an ihn offensichtlich noch eine Frage gerichtet, und auf sein »Bitte?« wurde die Frage wiederholt, nämlich ob er sich noch nie den Kauf eines Halbtaxabonnements überlegt habe. Manuel murmelte, er fahre fast nie Zug, worauf ihm der Kondukteur, ein junger Blonder mit einem Ringlein im linken Ohr, entgegnete, es genügten schon drei solcher Fahrten innerhalb eines Jahres, damit es sich rentiere, und er gebe ihm hier einen Prospekt.

Manuel nickte und las dann statt der Tabelle den Prospekt, der ihm nebst schönsten Landschaften auch alle möglichen Sonderaktionen und Städterabatte verhieß, auf die einzugehen er keinen Anlass sah. Er fuhr mit seiner Frau und den Kindern regelmäßig in eine Ferienwohnung im Engadin, das war sein Erholungsort im Sommer und im Winter, und wenn man eine Familie mit ihrer ganzen Winterausrüstung transportieren musste, war die Bahn für diese Reisen nicht geeignet. Gestern Abend hatte er seinen Wagen zum Service gebracht, deshalb hatte er heute nach Basel den Zug genommen, aber bei seiner Heimkehr würde das Auto bereits wieder vor seinem Haus stehen, auf seinen Garagisten war Verlass.

Als er erwachte, fuhr der Zug in Zürich ein. Rasch versorgte er die ungelesene Mappe in seinem Köfferchen, ließ den Halbtaxprospekt liegen, nahm seinen Mantel über den Arm, stieg aus und begab sich dann zum Gleis 11, auf dem die Züge vom rechten Ufer des Zürichsees ankamen und abfuhren. Obwohl er in Basel mit Verspätung abgereist war, erreichte er noch den Anschluss, den er seiner Frau für die Rückkehr angegeben hatte. Gerade kam der Zug an und entließ beachtliche Menschenmengen. Es ging gegen acht Uhr abends, die Stadt stieß ihren Lockruf aus, der bis weit in die Orte der Umgebung drang und Vergnügungen versprach, die es dort draußen in dieser Dichte nicht gab, Filme, Musik, Tanz, Frauen, unberechenbares Leben.

Der Drang zur Stadt hin war größer als der, sie zu verlassen, und der Wagen, den Manuel bestieg, war halb leer. Goldküstenexpress war der Scherzname des Zuges, der aus lauter roten Wagen bestand und nur am rechten Zürichseeufer verkehrte, welches als Wohnsitz des wohlhabenden Teils der Bevölkerung bekannt war. Als Manuel und Julia geheiratet hatten, lebten sie noch in einer Dreizimmerwohnung in Zürich, doch vor drei Jahren konnten sie ein Haus in Erlenbach beziehen und gehörten somit auch zur Goldküste, ob ihnen das passte oder nicht. Vor allem Julia hatte manchmal etwas Mühe damit. Manuel schaute zum Fenster hinaus auf den Bahnsteig.

Die Frau in Basel, was hatte sie von ihm gewollt? Hatte sie ihn gekannt? Die Situation, dass ihn jemand grüßte, den er selbst nicht kannte, war ihm nicht ganz neu, manchmal handelte es sich um ehemalige Patienten, die er bloß zwei- oder dreimal gesehen hatte, und heute während der Tagung hatte ihn eine Kollegin aus seiner ersten Assistenzzeit angesprochen, die sich erst wieder vorstellen musste, bis er wusste, wer sie war. Solche Begegnungen waren ihm peinlich, er wäre gern derjenige gewesen, der die andern mit seinem Gedächtnis in Verlegenheit gebracht hätte und in dessen Hirn die Menschen, mit denen er im Leben zu tun gehabt hatte, bereitsaßen wie in einem großen Wartezimmer, so dass er sie jederzeit mit ihrem Namen aufrufen konnte.

Den Gedanken, die Frau könnte bei der Tagung gewesen sein, verwarf er bald wieder, er konnte sich an kein solches Gesicht erinnern, und auch eine Patientin ihres Aussehens kam ihm nicht in den Sinn. Dunkle Haare hatte sie gehabt, reichlich, hinten irgendwie hinaufgebunden, und ein kleines rotes Band über den Fransen. Ihre Augen? Ebenfalls dunkel, zwischen braun und schwarz, und ihr Blick war nicht nur bittend, er war auch selbstbewusst, fordernd fast, als ob es um einen Notfall ginge. Aber woher sollte sie wissen, dass er Arzt war? Eine Engadinerin, die ihn aus den Ferien kannte? Das Phänomen, dass einem ein Mensch, den man immer nur hinter dem Ladentisch oder hinter einer Empfangstheke sah, seltsam fremd vorkam, wenn er einem in Freiheit begegnete, war ihm vertraut. Dennoch konnte er die Frau weder einem

Geschäft noch einem Restaurant zuordnen. Wenn sie ihn jedoch ganz und gar nicht kannte, was wollte sie denn von ihm? War ihm vielleicht etwas heruntergefallen, als er durch den Bahnhof gerannt war? Doch er vermisste nichts, und sie hatte auch nichts in den Händen gehabt.

Hätte er irgendwie reagieren können? Um das Fenster zu öffnen, war er zu verblüfft gewesen, und für eine Betätigung der Notbremse war die Episode zu wenig dramatisch. Etwas daran gefiel ihm auch, es war wohl die Tatsache, dass eine durchaus anziehende Frau, ungefähr in seinem Alter, unbedingt etwas von ihm wollte. Wäre es umgekehrt gewesen, hätte die Frau im Zug gesessen und wäre *er* auf dem Bahnsteig gestanden und hätte an die Scheibe geklopft, wäre es das gewesen, was man eine Anmache nannte. War es möglich, dass diese Frau ihn anmachen wollte? Was gab das für einen Sinn, da doch der Zug schon fuhr? War es purer Übermut, oder war es Verzweiflung? Wurde sie verfolgt und suchte Hilfe? Sollte er gar die Polizei in Basel benachrichtigen? War sie manisch? Aus einer psychiatrischen Klinik davongelaufen? Oder hatte sie ihn einfach mit jemand anderem verwechselt?

Manuel erschrak, als es an die Scheibe klopfte. Seine Frau stand mit dem kleinen Thomas an der Hand auf dem Perron in Erlenbach, und mit ein paar Sätzen gelang es ihm gerade noch, die Tür zu erreichen und auszusteigen, bevor der Zug nach Herrliberg weiterfuhr.

»Julia«, sagte er lachend und küsste sie auf die Wange, »das war knapp.« Dann nahm er Thomas auf den Arm: »Und du bist auch gekommen, Thomi? Das ist aber lieb.«

»Miam schläft«, sagte Thomas.

17

»Woran hast du denn gedacht?« fragte Julia, »du warst ganz versunken.«

»An die Tagung«, sagte Manuel, »es war sehr interessant.«

3

Julia öffnete den Renault auf dem Bahnhofparkplatz; auf dem Rücksitz lag die einjährige Mirjam in einer Babytrage und schlief.

»Miam schläft«, sagte Thomas laut.

»Pssst«, sagte sein Vater und hielt einen Finger an die Lippen. Julia hob den Buben in sein Kindersitzchen und versuchte leise die Tür zu schließen, aber dennoch konnte sie einen kleinen Knall nicht vermeiden, der gerade stark genug war, Mirjam zu wecken. Die begann zu weinen.

»Miam wach«, sagte Thomas.

»Macht nichts«, sagte Manuel, der vorne eingestiegen war, lehnte sich über seinen Sitz nach hinten und sagte:»Mirjam, schau wer da ist! Miri, Miri, Miri!« Dazu bewegte er winkend seine Finger und zwinkerte ihr zu.

Aber Mirjam schaute nicht, wer da war, sondern beharrte weinend auf ihrem Unbehagen.

»Wir sind bald zu Hause!« rief die Mutter nach hinten und startete den Motor. Mirjam fuhr fort zu weinen.

»Miam still!« befahl ihr Thomas.

»Aber Thomas, so lass sie doch weinen, wenn sie will«, sagte Julia leicht gereizt und bat dann ihren Mann, der Kleinen den Nuggi zu geben, der bestimmt irgendwo in ihrer Trage war.

Manuel angelte mit seinem Arm über Julias Rücklehne nach hinten, ohne den Schnuller zu finden.

»Ich glaube, du musst anhalten«, sagte er.

»Ach nein«, sagte sie, »es dauert ja nicht lang.«

Mirjam krähte.

»Miam still sein!« kam es von hinten.

Manuel versuchte ein Machtwort: »Aber Thomas soll auch still sein.« Das war zuviel für diesen.

»Toma nicht still!« schrie er und begann nun ebenfalls zu weinen, trotzig und zwängelnd, und so fuhr der dunkelgrüne Wagen bergauf, mit wechselndem Motorengeräusch und stetigem Kindergeheul; Vernunft und Unvernunft waren gleichmäßig über die vier Wesen im fahrenden Gehäuse verteilt, die vernünftigen hatten beide ein Studium hinter sich und beschäftigten sich heute mit der Struktur des Innenohrs und den Lautverschiebungen vom Lateinischen zum Spanischen, und sie verstanden nicht, warum sich die unvernünftigen ausschließlich mit ihrem Missbehagen beschäftigten.

Langsam wurden sie von ihrem französischen Auto auf den schweizerischen Hügelzug hochgetragen, den der Linthgletscher vor zehntausend Jahren bei seinem Rückzug in die Berge als Seitenmoräne hatte liegen lassen und der heute übersät war mit Terrassensiedlungen, Villen und Einfamilienhäusern, über deren Zäune sich blühende Flieder-, Rhododendron- und Schneeballbüsche neigten und aus deren Gärten aufsteigende Grillräuchlein und das Brummen elektrischer Rasenmäher einen friedlichen Abend Anfang Mai verkündeten. Am frühen Morgen, als Manuel weggegangen war, hatte es noch geregnet, jetzt warfen gerade die letzten Sonnenstrahlen ihre überlangen Schatten auf Dächer, Bäume und Baugespanne, und alles lag wie frisch gereinigt da.

Um ihre Garageneinfahrt zu erreichen, musste man von einer ansteigenden Nebenstraße scharf links abbiegen und ein kurzes Stück steil hinunterfahren. Thomas und Mirjam, die immer noch unerlöst auf dem Rücksitz jammerten, würden sie später »das Höllentor« nennen.

Über der Einfahrt und über der bergseitigen Mauer verwehrte dichtes Busch- und Strauchwerk den Blick auf das Rittersche Wohnhaus.

Es war in den dreißiger Jahren so an den Hang gebaut worden, dass das unterste Geschoss nur die halbe Fläche der zwei oberen Etagen aufwies. Die Tiefgarage war erst später hinzugekommen, was zur Folge hatte, dass der abfallende Garten nun durch eine ebene begrünte Fläche unterbrochen wurde, die einmal ein beliebter Spielplatz der Kinder werden sollte.

Ein turmartiger Vorbau auf der einen Seite des Hauses mit Erkerfenstern in jedem Stock war ein Versuch des Architekten gewesen, den Verdacht auf Biederkeit abzuwenden. Der Balkon im zweiten Stock war etwas zu eng, ihm fehlte, und das ließ sich auch vom ganzen Haus sagen, ein Stück wirkliche Großzügigkeit. Julia hatte einmal gesagt, es sei wie ein Angestellter in einem etwas zu knappen Sonntagsanzug. Sie liebte solche Vergleiche.

Trotzdem, es bot genügend Platz für sie alle, und das hatte sie, als sie vor drei Jahren möglichst rasch etwas brauchten, überzeugt.

Sie hatten das Haus kurz nach der Geburt von Thomas gemietet, als ihnen die Wohnung in Zürich zu eng wurde. Die Besitzerin war ins Altersheim gezogen, und niemand von ihrer Familie wollte es bewohnen. Ihr älterer Sohn, der die

Liegenschaft verwaltete, hatte jedoch durchblicken lassen, es sei nur eine Frage der Zeit, bis sie diese verkaufen würden, ihre Mutter hänge momentan noch zu sehr daran, und im Mietvertrag war auch eine Klausel mit einem Vorkaufsrecht enthalten. Manuel war damals noch Oberassistent gewesen, seine Frau unterrichtete an der Kantonsschule Wetzikon Italienisch und Spanisch mit einem halben Pensum, und so war ihnen diese Abmachung sehr entgegengekommen. Für den Kauf eines Hauses hätten sie die Mittel nicht gehabt. Ein Jahr später konnte Manuel eine Praxis übernehmen, was nochmals mit Investitionen verbunden war, und zwei Jahre danach kam Mirjam auf die Welt. Nach weiteren drei Jahren war es dann soweit, dass sie das Haus erwerben konnten, aber das wussten sie jetzt, als sie auf das Tor zufuhren, noch nicht.

Julia hielt an, während sie die Garage mit der Fernbedienung öffnete, und Manuel stieg aus, um seinen Kombi zu holen, der beim oberen Eingang ihres Hauses am Straßenrand stand.

Als Manuel seinen Wagen behutsam zwischen dem seiner Frau und der Reihe von Skis und Schlitten an der Wand parkiert hatte, war Julia mit den Kindern schon ausgestiegen, und Thomas kniete neben der Trage am Boden.

»Miam still«, sagte er und zeigte seinem Vater sein Schwesterchen, das nun zufrieden am Schnuller saugte.

»Und Thomas?« fragte Manuel.

»Toma auch still.«

»Brav«, sagte Manuel und nahm die Trage mit seiner kleinen Tochter in die rechte Hand. In der linken trug er seine Mappe, über die er noch den Regenmantel geworfen hatte.

»Papi Hand geben«, verlangte sein Sohn.

Papi verwies ihn auf Mamis freie Hand, aber Thomas lehnte ab.

»Papi Hand geben«, wiederholte er und blieb stehen, während sich sein Vater schon zur Türe begeben hatte.

»Papi hat nur zwei Hände«, sagte Julia und streckte ihm ihre Hand hin, »komm mit Mami.«

Aber Thomas war offenbar nicht zu Kompromissen aufgelegt und forderte erneut Papis Hand.

Manuel fragte Julia, ob sie seine Mappe und den Regenmantel nehmen könne, und Julia antwortete, man sollte dem Kleinen nicht immer seinen Willen lassen, und er könne gewiss auch mit ihrer Hand zufrieden sein, worauf sich Thomas auf den Garagenboden setzte und seine Hand heulend zurückzog, als sie seine Mutter ergreifen wollte.

»Dann bleib halt hocken!«, sagte Julia zu ihm und ging ebenfalls zur Türe.

Manuel hatte diese unterdessen mit dem linken Ellbogen geöffnet und hielt sie mit dem Fuß auf. »Und jetzt?« fragte er seine Frau, die begann, die Treppe hochzusteigen.

Er solle wirklich hocken bleiben, sagte sie und stieg ungerührt weiter, der mache sie heute so was von fertig.

Seufzend blockierte Manuel die Tür mit seiner Mappe, ging zu seinem quengelnden Sohn und nahm ihn unsanft bei der Hand.

»So, Schluss jetzt, steh auf«, herrschte er ihn an, was dieser damit quittierte, dass er auf den Knien blieb.

Als auch eine zweite Aufforderung nichts fruchtete, schleifte ihn der Vater über einen Ölfleck, den er zu spät sah, zur Tür, welche inzwischen die Mappe an die Schwelle gedrückt hatte, während ein Stück des Regenmantels unter dem Spalt eingeklemmt war.

Auch in der Trage regte es sich, denn Mirjam hatte ihren Schnuller wieder verloren, und, durch das Gebrüll ihres Bruders angestachelt, begann auch sie wieder zu krähen.

»Julia!« rief Manuel die Treppe hinauf, »kannst du nicht schnell kommen?«

Aber Julia machte keine Anstalten zu kommen, gab nicht einmal Antwort auf seinen Hilferuf, der irgendwo in der Dreistöckigkeit des Hauses verloren gegangen war.

Und so schleppte der Oto-Rhino-Laryngologe seine beiden kleinen Feinde der Vernunft allein die Garagentreppe hoch und fragte sich, wie das alles gekommen war und was er sich da eingehandelt hatte auf seinem Weg der medizinischen Erkenntnisse, der Forschung und der Heilung.

4

Es war etwa eine Woche später, und ein anstrengender Tag näherte sich seinem Ende. Manuel hatte sich in Herrn Dr. Ritter verwandelt, hatte in Hälse, Nasen und Ohren geschaut, hatte entzündete Stimmbänder, gekrümmte Nasenscheidewände und gerötete Mandeln begutachtet, Audiogramme erstellt, Antibiotika verschrieben, einen Hörsturz behandelt, einen Tinnitus besprochen und ein Kehlkopfkarzinom entdeckt und war dabei in Rückstand auf seinen Stundenplan geraten. Gerade hatte er in seiner letzten Konsultation des Nachmittags eine schwerhörige alte Patientin wegen eines Hörapparats zur Hörberatung weitergewiesen, mit der er zusammenarbeitete, als Frau Riesen, seine Praxishilfe eintrat, bereits in der Straßenkleidung, und ihn fragte, ob es in Ordnung sei, wenn sie jetzt in ihre Weiterbildung gehe. Selbstverständlich, sagte er, es sei ja niemand mehr da.

Doch, sagte die Arztgehilfin, gerade sei noch eine Frau gekommen, die sich nicht habe wegschicken lassen. Sie wolle ihm von der Tinnitus-Tagung etwas bringen, es dauere nicht lang, habe sie gesagt, und sie sitze jetzt im Wartezimmer. Annette Riesen war die jüngere seiner beiden Praxishilfen, eine mädchenhafte Frau mit einem Pagenschnitt, die immer lächelte und etwas Mühe hatte, die Autorität, die ihrer Stelle zukam, auch auszuüben.

Dr. Manuel Ritter war erstaunt. Ob das eine Pharmavertreterin war, die ihm das Medikament mit der bescheidenen

Erfolgsquote anhängen wollte? Oder wollte sie ihn dazu bewegen, bei weiteren Applikationsversuchen mitzumachen? Jedenfalls war er entschlossen, auf nichts Derartiges einzugehen.

Er übergab seiner alten Patientin den Zettel mit der Adresse der Hörberatung, die er in Blockschrift geschrieben hatte, begleitete sie in den Korridor, half ihr in den Mantel, verabschiedete sich und öffnete ihr die Tür.

Dann ging er zum Wartezimmer, das offenstand, und erschrak.

Unter seinen goldgerahmten eidgenössischen Diplomen saß, mit übereinandergeschlagenen Beinen, eine Frau in einer leichten, hellen Bluse und einem schwarzen Jäckchen, mit einer üppigen Halskette, einem roten Stirnband und nach hinten aufgebundenen Haaren, und es war ohne Zweifel die Frau, die in Basel an die Scheibe seines Zugs geklopft hatte. Da saß sie und schaute ihn an, mit denselben dunklen Augen und mit demselben eindringlichen Blick.

Er zögerte einen Moment, dann sagte er, immer noch unter der Tür, »Guten Tag, Frau …«

»Wolf«, sagte sie, »Eva Wolf«, und machte keine Anstalten, sich zu erheben.

»Bitte«, sagte er und machte ihr das »Darf ich Sie in das Sprechzimmer bitten«-Zeichen. Normalerweise hielt er dazu in der linken Hand die Patientengeschichte, die ihm die Praxishilfe bereit gemacht hatte, und winkelte die rechte einladend in Richtung Korridor ab. Hatte er nichts in der linken Hand, wie jetzt, imitierte er damit die Geste der rechten. Dazu machte er eine leichte Verbeugung.

»Wir können uns auch hier unterhalten«, sagte die Frau,

»ich komme nicht als Patientin«, und lud Manuel ihrerseits mit einer einladenden Geste ein, sich zu setzen.

Noch nie hatte er sich zu jemandem ins Wartezimmer gesetzt. Er zögerte wieder, dann setzte er sich zu ihr, aber so, dass noch ein Stuhl zwischen ihnen war, und musterte sie nochmals.

»Das waren doch Sie«, sagte er dann, »in Basel kürzlich, als ich schon im Zug saß?«

»Ja«, sagte die Frau und nickte, »das war ich.«

»Aber wir kennen uns nicht?« Ihre Stimme kam ihm eigenartig bekannt vor, obwohl sie nicht gesprochen hatte damals.

Die Frau lächelte. »Nein«, sagte sie, »noch nicht.«

Mit der linken Hand begann sie, mit den Bernsteinen ihrer Halskette zu spielen, und fuhr fort, ihn anzuschauen. Manuel schaute sie ihrerseits fragend an und merkte dann, dass er direkter werden musste.

»Und was wollten Sie von mir?«

Die Frau wickelte ein Stück ihrer Kette um den Zeigefinger. Dann hielt sie inne.

»Ein Kind«, sagte sie.

Manuel hob die Augenbrauen und öffnete seinen Mund zu einer Antwort, doch die Sprache ließ ihn im Stich. Er blickte sie an, er starrte sie an, er maß sie mit den Augen, diese Frau, die hier vor ihm saß, in seinem Wartezimmer, aber dennoch weit entfernt vom Allgemeingültigen.

»Ein Kind?« wiederholte er dann langsam, als hätte er nicht richtig gehört.

»Ja«, sagte sie und schaute ihn so offen und rückhaltlos an, dass er seine Augen senken musste.

Er stand auf.

»Tja, Frau Wolf –«

»Ich bin nicht verrückt«, sagte sie und stand ebenfalls auf. Zu seinem Erstaunen war sie etwa gleich groß wie er.

»Das habe ich nicht gesagt«, sagte er, »aber –«

»Aber gedacht haben Sie es vielleicht.«

»Nein, aber Sie müssen zugeben, dass dies ein … etwas …« Er schüttelte den Kopf und suchte nach Worten.

»Ein etwas ungewöhnlicher Weg ist, zu einem Kind zu kommen«, ergänzte sie.

»Das ist das mindeste, was man sagen kann. Und es tut mir leid, aber ich stehe nicht zur Verfügung. Suchen Sie in Ihrem Freundeskreis nach einem Vater. Wenn ich Sie jetzt bitten darf –« Nach und nach gewann er seine Fassung wieder.

Sie trat einen Schritt näher und legte ihm die Hand auf den Arm.

»Mein Freundeskreis«, sagte sie etwas leiser, »mein Freundeskreis hat versagt. Ich habe drei abgebrochene Beziehungen hinter mir, drei, nun bin ich 35 und möchte ein Kind.«

Manuel entzog seinen Arm ihrer Hand.

»Hören Sie, ich verstehe wirklich nicht, wie Sie gerade auf mich kommen, auf jemanden, den Sie nicht einmal kennen –«

»Das ist es ja«, sagte sie und legte ihre Hand erneut auf seinen Arm, »ich möchte einen Vater, den niemand kennt. Aber nicht irgendeinen. Sie waren an der Tagung, ich habe dort übersetzt, und als ich Sie sah, habe ich gewusst: Das ist er. Ich bin Ihnen zum Bahnhof gefolgt, leider nicht schnell genug. Aber jetzt bin ich da.«

Manuel zog seinen Arm wieder zurück und machte zwei

Schritte hinter das Tischchen, auf dem die »Schweizer Familie« neben der »Sprechstunde«, dem »Geo« und der »Schweizer Illustrierten« lag. »Trotzdem, Frau Wolf, das geht nicht – wie haben Sie mich überhaupt gefunden?«

»Sie sind meine vierte Adresse in Zürich«, sagte sie lächelnd, »Ihre drei Kollegen waren übrigens alle der Ansicht, mein Gehör sei in Ordnung. Ich hätte so lange weitergesucht, bis ich Sie gefunden hätte.«

»Also –«

»Ich möchte Ihnen noch etwas sagen. Ich weiß, dass Sie verheiratet sind. Es geht mir nicht darum, Ihre Ehe zu zerstören. Es geht mir auch nicht um eine Affäre mit Ihnen, geschweige denn um eine längere Beziehung. Ich will gar keine Beziehung mehr, dazu bin ich zu enttäuscht und zu verletzt. Ich möchte nur einen Vater für mein Kind. Sobald ich schwanger bin, gibt es Sie und mich nicht mehr. Ich werde keinerlei Forderungen an Sie stellen, darauf können Sie sich verlassen. Ich werde aus Ihrem Leben verschwinden und vollständig unsichtbar sein. Ich werde das Kind allein großziehen, und es wird nie erfahren, wer sein Vater ist.«

»Sie wissen, dass Sie um etwas Unmögliches bitten.«

»Wieso unmöglich? Ich bitte um ein Menschenleben.«

»Ich glaube, Sie suchen eher einen Zuchtstier.«

»Soll ich denn auf ein Wunder warten wie die Mutter Gottes?«

»Warten Sie lieber auf einen Mann, der Ihnen gefällt.«

»Da brauche ich nicht zu warten«, sagte sie, machte zwei Schritte um das Tischchen herum, fasste ihn an den Schultern, legte ihre Wange an seine und ließ, fast ohne ihn zu berühren, ihre Hände auf seine Hüften gleiten.

Dr. Manuel Ritter, überrascht, blieb einen Augenblick zu lange stehen, ohne sich zu wehren, und in diesem Augenblick verwandelte er sich in einen namenlosen Mann, der zum erstenmal in seinem Leben einer Frau begegnet. Ihre Haare, ihre Haut, ihr Duft, ihre Nähe, ihre Stimme, ihre Wörter wirkten zusammen wie ein Zauber, der ihn umschlang. Als sie ihm seinen weißen Arztkittel abstreifte, war ihm, als falle sein ganzes bisheriges Leben von ihm ab; ein Dröhnen in seinen Ohren machte aus seinem Kopf eine Kathedrale, zitternd nahm er Eva an der Hand, ging mit ihr wie in Zeitlupe in den Raum, der soeben noch sein Sprechzimmer gewesen war, und schloss die Tür hinter sich.

5

Er konnte es nicht fassen.

Gegen acht Uhr abends fuhr er im Auto über die Seestraße heimwärts.

Er konnte nicht fassen, was soeben geschehen war.

Es war so fremd und übermächtig gewesen, dass er es gar nicht mit sich selbst zusammenbringen mochte. War das ein anderer gewesen, der sich in diese Frau verkrallt hatte, die so schamlos in sein Leben getreten war? In welchem Schattenloch hatte denn dieser andere gelauert, um in dem Moment hervorzuspringen und ihn von seinem Weg abzudrängen, von seiner Normalroute, die über Maturität, Militär, Studium, Heirat, erstes Kind, Assistenzarzt, zweites Kind, Praxis und eigenes Haus zum Gipfel führte? Manchmal sah er sich noch als Oberarzt, hatte sich auch einmal auf eine entsprechende Ausschreibung gemeldet, aber er war schon zufrieden, dort zu sein, wo er jetzt war, die Arbeit in seiner Praxis hatte er mit Freuden angepackt, es hatte ihm nach der langen Zeit der Ausbildung und Assistenzen gefallen, mehr, es hatte ihn mit Stolz erfüllt, endlich der Alleinverantwortliche zu sein für die Probleme der Patienten, die zu ihm kamen.

Nie hätte er gedacht, dass er derart explodieren könnte, das war fast, als ob er mit Julia unglücklich wäre.

Julia. Sie war die zweite Frau in seinem Leben gewesen.

Maja. Die Freundschaft mit ihr dauerte vom letzten Jahr der Kantonsschule bis zum dritten Jahr des Studiums. Sie studierte Politologie, und dem einen Jahr, für welches sie dann nach Amerika ging, hatte ihre Beziehung nicht standgehalten, Maja hatte sich in Boston verliebt, war gleich dort geblieben und hatte geheiratet, einen amerikanischen Juristen, und er hatte sie seither nie mehr gesehen.

Julias Bekanntschaft hatte er auf einer Fete in der WG seines jüngeren Bruders gemacht, dessen damalige Freundin Romanistik studierte. Julia war als eine Freundin der Freundin gekommen, war ebenfalls Romanistikstudentin und hatte, als er sie traf, eine Geschichte hinter sich, durch deren plötzliches Ende sie noch verwundet war.

Sie hatten einmal zusammen getanzt und sich dann, auf einem Fenstersims sitzend, miteinander unterhalten.

Als ihm die kleine, hübsche Frau mit dem ungebändigten Lockenkopf, die fröhlich und melancholisch zugleich war, nicht aus dem Kopf ging, fragte er zwei Tage danach seinen Bruder und dann die Freundin seines Bruders nach Julias Adresse. Sie trafen sich, einmal, zweimal, dreimal, Julia war zuerst zurückhaltend, aber dann blieben sie zusammen. Es war keine Frage, dass sie sich liebten.

Wie lange war das her? Neun oder zehn Jahre. Julia hatte ihr Lizentiat gemacht, er seinen Doktor. Es folgte die Heirat, es kamen die Kinder. Julia hatte außer während ihres Mutterschaftsurlaubs nicht aufgehört, an der Kantonsschule Wetzikon zu unterrichten, ihr halbes Pensum Italienisch und Spanisch.

Nie hatte er sich in diesen Jahren mit einer andern Frau eingelassen. Nicht dass er unempfindlich gewesen wäre, die Nähe zu Frauen, die er in seiner Arbeit täglich erlebte, gefiel ihm durchaus; wenn es ihre Ohren- und Nasengänge zu erforschen galt, war der Abstand seines Kopfes zu demjenigen der Patientin so gering, dass er dem Duft ihrer Haare und ihrer Haut nicht entging und dass er schon bald ein kommunes Parfum von einem erlesenen unterscheiden konnte, es war ein Abstand, welcher die Intimitätsgrenze durchbrach und bei welchem ihm auch schon ein Seitenblick auf einen schönen Busen unterlaufen war, aber er hätte sich keine Anzüglichkeit irgendwelcher Art gestattet, geschweige denn einen Annäherungsversuch, weder fühlte er ein Bedürfnis dazu, noch hätte er gewusst, wie man so etwas in seiner Situation anpacken müsste.

Vom Oberarzt der Klinik, bei dem er Assistent gewesen war, war bekannt gewesen, dass er, dreifacher Familienvater, eine Freundin hatte, eine Krankenschwester aus derselben Abteilung, auch sein Freund Zihlmann, der Urologe war, hatte kürzlich eine Bemerkung gemacht, die einem Eingeständnis gleichkam, aber Manuel war nie klar gewesen, wie man eine solche Beziehung neben einer Ehe vorbeischmuggeln konnte.

Jetzt, auf einmal, wusste er es. Es war viel einfacher, als er gedacht hatte. Man stieß auf eine Frau, die ein Abenteuer suchte, fiel in einer dunklen Ecke übereinander her, mit aller Leidenschaft, die an den Rändern der Gewohnheit liegen geblieben war, und ging wieder auseinander. Auch die dunkle Ecke zu finden war nicht besonders schwer, wenn man über eine eigene Praxis verfügte.

Doch halt, hier war etwas ganz anderes im Gange. Eva mochte zärtlich gewesen sein, leidenschaftlich, unersättlich geradezu, aber es war ja gar nicht das Abenteuer, das sie wollte. Was sie wollte, und jetzt wurde Manuel erst richtig bewusst, was er gerade hinter sich hatte, war ein Kind. Hoffentlich, dachte er, hoffentlich ist nichts draus geworden. Ein Kind auf Bestellung, so etwas klappt ja selten beim ersten Mal. Sie werde sich melden, hatte sie gesagt, wenn sie ihn noch einmal treffen wolle – es wäre natürlich schön, hatte sie hinzugefügt.

Ich muss sie anrufen, dachte Manuel, und ihr sagen, dass ich sie nie wieder sehen will. Meine Frau ist Julia, und sie ist die Mutter meiner Kinder. Er war aufgewühlt und konnte sich selbst nur mit dem Gedanken beruhigen, dass das der einzige und letzte Ausrutscher seines Lebens gewesen sein musste. Habe ich denn, fragte er sich, überhaupt Evas Adresse oder wenigstens ihre Telefonnummer? Er musste sich gestehen, dass er sie weder nach dem einen noch nach dem andern gefragt hatte, derart überrumpelt war er gewesen.

Vor ihm stauten sich die Autos, alle auf der Flucht aus Zürich in die rechtsufrigen Paradiesgärten, Küsnacht lag hinter ihm, gleich kam die Abbiegespur nach links, die nach Erlenbach führte, er überholte den letzten Wagen der Kolonne und strebte den Abbiegepfeilen weiter vorn zu, nicht allzu schnell, aber schnell genug, dass das Mädchen, welches mit dem Moped zwischen zwei Autos herausfuhr, um auf die andere Straßenseite zu gelangen, auf seine Kühlerhaube geworfen wurde, während ihr Zweirad an die Tür eines stehenden Wagens geschmettert wurde. Durch sein scharfes Abbremsen kollerte sie vor ihm auf den Asphalt und blieb dort rücklings liegen.

Manuel schaltete den Motor ab, schloss einen Moment die Augen und drückte die Stirn ans Lenkrad.

Dann öffnete er die Tür, kniete neben dem Mädchen nieder und wurde zum Notfallarzt.

Sie habe schon der Polizei telefoniert, rief eine Frau aus einem geöffneten Fenster, der letzte Fahrer der stehenden Kolonne warnte die heranfahrenden Autos mit Handzeichen, hinter Manuel stand auch schon ein Wagen, dessen Lenker mit dem Pannendreieck zurückrannte und es auf die Mitte der Straße stellte.

Die junge Frau war bewusstlos und trug keinen Helm. Außer Schürfungen an den Händen war keine Verletzung zu sehen, aber immerhin reagierten ihre Pupillen, als er ihr die Augenlider öffnete. Manuel lagerte sie seitlich, sie atmete ruhig. Die Frau aus dem Fenster rief ihm zu, sie habe auch die Ambulanz benachrichtigt. Er hoffte inständig, es sei kein Schädel-Hirn-Trauma und es gebe keine inneren Verletzungen. Dann nahm alles seinen Gang, den er aus seiner Zeit als Bereitschaftsarzt kannte.

Die Störung des Verkehrs war beträchtlich, die Polizei musste die Lichtanlage ausschalten und die Benutzung der einen Fahrbahn von Hand regeln, der Unfall wurde genau aufgenommen, die Fahrerin neben und der Fahrer hinter ihm wurden als Zeugen befragt, mit der Fahrerin des beschädigten Wagens tauschte er die Adresse aus, versicherte ihr, dass er für die Reparaturkosten aufkommen werde, falls es Komplikationen mit der Versicherung des Opfers gebe. Als der Bezirksanwalt an der Unfallstelle eintraf, waren nur noch die Kreideumrisse des Mädchens am Boden zu sehen, sie selbst war bereits mit Blaulicht ins Kreisspital Männedorf transportiert worden. Manuels Wagen war auf der Abbiegespur zum Stehen gekommen, aber die Bremsspuren begannen früher und zeigten, dass er die Mittellinie überfahren hatte. Da diese dort noch nicht durchgehend war, würde wohl das Mädchen als Unfallverursacherin gelten. Manuel hatte die Frau am Fenster gebeten, bei ihm zu Hause anzurufen und mitzuteilen, dass er wegen des Unfalls später komme, aber dass ihm nichts passiert sei.

Als er nach neun Uhr die Treppe aus seiner Garage hochstieg und die Wohnung betrat, stand dort Julia mit besorgtem Gesicht und trug ihren Sohn auf den Armen.

»Papi bum!« rief ihm Thomas entgegen.

»Ja«, sagte Manuel, atmete tief ein und stieß die Luft hörbar wieder aus, »Papi bum.«

6

Julia machte sich Sorgen.

Seit ihr Mann vor ein paar Tagen dieses 16-jährige Mädchen angefahren hatte, wirkte er oft bedrückt und war reizbarer als sonst. Im Spital hatte sich herausgestellt, dass es sich nicht bloß um eine Gehirnerschütterung, sondern um einen Schädelbruch handelte, aber das Mädchen war ohne innere Verletzungen davongekommen und auf gutem Weg zur Heilung, Manuel hatte die Patientin besucht und ihr einen Blumenstrauß gebracht. Der Bericht der Bezirksanwaltschaft stand zwar noch aus, aber da das Mädchen unvermutet zwischen zwei stehenden Wagen herausgefahren war, ohne an die zweite Spur zu denken, war es so gut wie sicher, dass Manuel keine Schuld traf. Er brauche sich wirklich keine Vorwürfe zu machen, hatte ihm Julia gestern gesagt, als sie merkte, dass seine missliche Stimmung anhielt.

Es ärgere ihn einfach, dass er in einen Unfall verwickelt worden sei, und jemanden verletzt zu haben, ob vorsätzlich oder nicht, mache ihm zu schaffen. Es sei etwas anderes, ob man über sein Zerstörungspotential theoretisch Bescheid wisse oder ob man es praktisch ausübe.

Trotzdem wollte er nicht mit Zug und Tram in seine Praxis fahren, wie Julia ihm vorschlug, denn diese lag auf der andern Seeseite, in Zürich-Wollishofen, das verlängere seinen Arbeitsweg, und er brauche das Auto so oder so, also sei es besser, es ständig zu gebrauchen, um in Übung zu bleiben.

Er wisse aber, wandte Julia ein, dass ihm jederzeit ein ähnlicher Unfall widerfahren könne, oder sogar ein schlimmerer.

Rein statistisch, fand Manuel, müsste er jetzt eine Weile Ruhe haben.

»Du weißt, was ich von Statistiken halte«, sagte Julia.

»Ohne Statistiken käme die Forschung nicht weiter«, entgegnete Manuel.

Julia verzichtete darauf, eine abschätzige Bemerkung über die Forschung zu machen. Hatte ein Gespräch einen solchen Punkt erreicht, das wusste sie, dann war es besser, es abzubrechen.

Jetzt saß sie im Lehrerzimmer der Kantonsschule Wetzikon und trank einen Kaffee. Sie hatte eine Zwischenstunde. Nach der Italienischlektion mit einer Maturaklasse stand noch eine Spanischstunde bevor. Spanisch war kein obligatorisches Fach, man nahm es freiwillig, und deshalb waren die meisten, die kamen, interessiert. Es war eine erste Klasse, und sie wollte heute ein paar Grundregeln der Lautverschiebungen vom Lateinischen zum Spanischen durchnehmen und hatte zu diesem Zweck die Übersicht vor sich, die sie sich einmal im Studium gemacht hatte. Doch es fiel ihr schwer, sich auf die Reihen »hortus, huerto« »fortis, fuerte« »mortis, muerte« zu konzentrieren.

Manuel. Sie fragte sich, ob sie ihn überhaupt kenne. Es war das erstemal, dass ihn ein Ereignis so sichtbar verstörte. Bisher war er mit einer Gewissheit und Leichtigkeit seinen Weg gegangen, um die sie ihn manchmal beneidet hatte. Als sie sich kennen lernten, stand er kurz vor dem Staatsexamen, auf das er sich zwar intensiv, aber ohne jene schleichende Furcht vorbereitete, die sie von Studienkolleginnen und -kollegen und auch von sich selber kannte, die Furcht, man habe sich auf genau das nicht genügend vorbereitet, was in der Prüfung gefragt werden würde, und die einen dazu trieb, sich nächtens sinnlose Zusammenfassungen von Fachliteratur einzuhämmern, um mindestens eine Ahnung von dem vorzuspiegeln, worüber man nichts wusste.

Auch seine Dissertation hatte er geschrieben, ohne ihre Hilfe bei der Reinschrift in Anspruch zu nehmen, seine verschiedenen Stellen als Notfall- und Assistenzarzt waren alle an der Grenze des Zumutbaren gewesen, und stets hatte er sie mit Unerschrockenheit angepackt, er schien über einen gewissen Grundvorrat an Optimismus zu verfügen, der ihr fehlte.

»Gut, dann machen wir das!« war einer seiner Lieblingssätze, mit dem er zum Beispiel auch die Übernahme der Praxis oder die Miete ihres Hauses besiegelt hatte. Beides war mit Ungewissheiten belastet, über die sie noch lange gegrübelt hätte, aber irgendwie war er imstande, Fragezeichen in Ausrufezeichen zu verwandeln.

Trotzdem gehörte er nicht zu den Menschen, die ihre gute Laune ständig zur Schau trugen wie etwa ihr Kollege Imbach, der Englisch unterrichtete. Wenn er das Lehrerzimmer betrat, hatte Julia immer das Gefühl, sie müsse sich vor seiner Fröhlichkeit schützen wie vor einer ansteckenden Krankheit.

Als sie Manuel kennen gelernt hatte, auf jenem Fest seines Bruders, hatte sie der schlaksige, große Medizinstudent, dem seine gescheitelten Haare immer wieder in die Stirn fielen, eigenartig angezogen, seine etwas linkische Art, auch seine leise Ironie, die nicht menschenverachtend war, gefielen ihr, und in den Tagen danach musste sie so oft an ihn denken, bis sie ihre Freundin bat, bei Manuels Bruder nach dessen Adresse zu fragen. An Manuels ersten Anruf erinnerte sie sich genau: sie war neben dem Telefon gestanden und hatte die Wahl seiner Nummer mittendrin abgebrochen und den Hörer wieder aufgelegt – da klingelte es.

Eigentlich wollte sie damals von Männern gar nichts mehr wissen. Ihre Freundschaft mit Giuliano war abrupt beendet worden, von ihm, nicht von ihr. Den kurzen Brief sah sie jetzt noch vor sich, und noch beleidigten sie die wenigen Wörter, »Scusa, ti voglio bene, però non ne posso più, Giuliano.« Also gern haben und trotzdem nicht mehr können. Kein Wort darüber, wieso. Kein Gespräch, kein abschließendes Treffen mehr. Es sei nicht wegen ihr, und es gebe keinen Grund, sagte er ihr am Telefon.

Den Grund sah sie ein paar Wochen später. Als sie aus dem »Café Select« trat, schlenderte Giuliano am Arm einer schönen, schlanken Frau mit blondem Rossschwanz zum Eingang des Restaurants »Terrasse«.

Ihre Eltern waren erleichtert gewesen damals. Sie hatten befürchtet, dass aus der Freundschaft mit dem Studenten der Nationalökonomie eine dauerhafte Verbindung werden könnte, die nicht dem entsprochen hätte, was sie sich für ihre Tochter erhofften. Giulianos Eltern waren in den Fünfzigerjahren in die Schweiz eingewandert, sein Vater hatte als Mechaniker bei Bührle gearbeitet, seine Mutter war Angestellte eines Putzinstituts, und sie waren stolz darauf gewesen, dass sie ihren beiden Söhnen ein Studium ermöglichen konnten. Julia hatte Giuliano bei der Organisation des Uni-Balls kennen gelernt, bei der sie ein paarmal mitgemacht hatte. Als er hörte, dass sie Romanistik studierte, redete er, der sonst den normalsten Zürcher Dialekt sprach, nur noch italienisch mit ihr, und was zuerst nichts anderes gewesen war als eine Neckerei, eine kleine Pose, wurde dann zu einer festen Form ihrer Liebe, es hatte für sie etwas Verschworenes, dieser Wechsel der Sprache, sobald sie ihren Freund traf, als beträte sie eine Welt, die nur ihm und ihr gehörte. Es fiel ihr dann auch nicht leicht, das Italienische nach der Trennung wieder als bloßes Studienobjekt anzuschauen, dessen linguistische und literarische Geheimnisse es zu ergründen galt.

Und die Geschichte mit dem Mann davor, ihrem ersten intimen Freund, war eher ein Feuer aus gegenseitiger sexueller Neugier gewesen, entfacht auf der Maturreise in Südfrankreich, das nachher eine Weile weiterbrannte, aber von ihr wieder rechtzeitig gelöscht wurde, als sie merkte, dass es zur Gewohnheit zu werden drohte. Heinz mit den großen dunklen Augen und dem runden Kopf ging dann nach Freiburg und studierte Geschichte.

Auf Manuel hatten ihre Eltern von Anfang an gut reagiert. Ein Mann, der nicht nur Arzt war, sondern auch schweizerischer Herkunft, und dessen Vater auch schon ein Arzt schweizerischer Herkunft war, da hatte ihr Vater, der Rechtsanwalt war, keine Fragen mehr, einzig die Mutter fragte sie einmal, als es ans Heiraten ging, ob er denn wohl genügend Zeit für die Familie haben werde. Dafür, hatte Julia ihr damals geantwortet, werde sie sorgen, und für sie sei es genauso eine Frage, ob sie selbst genügend Zeit für die Familie haben werde. Dies hatte sie auch deshalb gesagt, weil ihre Mutter ihren Beruf als Lehrerin seinerzeit aufgegeben hatte, um sich der Betreuung ihrer beiden Kinder und ihres Gemahls zu widmen, der etwa so wenig Zeit für seine Familie hatte, wie sie das von ihrem künftigen Schwiegersohn befürchtete.

Allerdings, jetzt, wo die Kinder klein waren, war sie unglaublich froh um ihre Mutter, zu der sie die beiden bringen konnte, wenn sie zur Schule musste. Fällanden lag sozusagen am Weg nach Wetzikon, und Thomas und Mirjam waren gerne bei ihrer Großmutter, welche aus Julias ehemaligem Zimmer ein Kinderzimmer gemacht hatte. Das Bettchen für Mirjam war das alte Kinderbettchen von Julia und ihrem Bruder. Thomas hingegen benutzte Julias früheres Bett, ein schweres Nussbaumerbstück, das sie immer gehasst hatte und an dessen Rahmen ihm nun seine Großmutter jeweils einen Schutz gegen das Hinausfallen befestigte, den sie ihrerseits von ihrer Großmutter her besaß, eine Bettschere. Wenn Thomas erzählte, dass er bei seiner Großmutter geschlafen hatte, die er, auf Grund des ersten einleuchtenden Erklärungsversuchs ihres Verwandtschaftsgrades Mamimami nannte, vergaß er nie zu erwähnen: »Mit Bettscher.«

Vorgestern hatte Thomas bei seiner Großmutter eine Anzahl Zeichnungen gemacht, welche als drastische Darstellungen von Unfällen kenntlich waren. Ein Auto prallte auf einen wirren Knäuel auf, während Räder und ein Kopffüßler durch die Luft wirbelten. Auf einem andern Blatt lag der Kopffüßler am Boden, und daneben stand ein Männchen und schaute konsterniert auf die Bescherung. Ein weiteres zeigte eine Ambulanz, denn nichts anderes meinte die große blaue Kugel auf dem Viereck mit zwei Rädern, und im Innern lag der Kopffüßler dahingestreckt.

Seltsam, dass Manuel Julia gebeten hatte, ihren Eltern

nichts von seinem Unfall zu sagen. Aber die gezeichneten Protokolle ihres Dreijährigen ließen ihr keine andere Wahl, was Manuel sehr verstimmte, als sie ihm davon erzählte.

Überhaupt war er seltsam in diesen Tagen. Er sei, hatte er ihr gestern Nacht gesagt, noch nicht in der Stimmung, als sie ihn im Bett zu sich herüberziehen wollte. Sonst war es eher sie, die aus purer Erschöpfung auch schon mal nein gesagt hatte. Um so mehr freute sie sich dann, wenn sie wieder Lust hatte, denn sie wollte etwas haben davon, genau soviel wie er, sie war ungern die, bei der er einfach abladen konnte.

Oder war er vielleicht doch zu schnell gefahren und fühlte sich deswegen schuldig, oder hatte er an etwas anderes gedacht und darum zu spät reagiert? Doch was gab es, das ihn derart beschäftigte? Sie nahm sich vor, ihn danach zu fragen.

»The rain in Spain stays mainly in the plain!« sagte Kollege Imbach scherzhaft und laut mit einem Blick auf Julias Notizen.

»Erschreck einen nicht so«, entgegnete Julia, schaute wieder auf ihre Blätter und hob die Tasse mit dem kalten Kaffee an den Mund.

7

Es war etwa ein guter Monat vergangen seit jenem Erlebnis in der Praxis. Manuel musste immer wieder darüber nachdenken, ohne dass er es in einen Zusammenhang mit seinem bisherigen Leben bringen konnte. Er war verwirrt, und das verwirrte ihn.

Wenn ihm bisher die Liebe begegnet war, zu Maja, zu Julia, hatte er sie leicht erkannt. Mit der Liebe ging eine Klarheit einher, die keiner Rechenschaft und keiner Deutung bedurfte. Aber das jetzt war offenbar etwas anderes, etwas, das ihm fremd war, etwas, das wie ein Windsturm aus blauem Himmel dahergefegt war und ihn umgeworfen hatte, und er war immer noch dabei, sich aufzurappeln.

Die Wiederaufnahme der Schlafzimmervergnügungen mit Julia war ihm ohne Panne gelungen, hatte ihm sogar einen neuartigen Spaß gemacht, und er zog daraus den Schluss, dass er um die Peinlichkeit eines Ehegesprächs herumkam.

Wenn ich es vergesse, sagte er sich, ist es auch für Julia nicht von Belang. Denn dass er Julia liebte, stand für ihn fest, und dass er sie nicht verletzen wollte, ebenso.

Nur, von Vergessen konnte keine Rede sein.

Manchmal, wenn ihm eine seiner Praxishilfen, Frau Riesen oder Frau Lejeune, einen Anruf durchstellte, war er auf Evas Stimme gefasst, und er wusste nicht, ob er sie fürchtete oder herbeisehnte. Was er ihr sagen würde, wenn sie um ein weiteres Treffen bäte, hatte er sich schon zurechtgelegt.

Auch den Fall, dass sie eines Abends wieder als letzte in seiner Praxis erscheinen würde, hatte Manuel mehrmals für sich durchgespielt, und in jeder seiner gedanklichen Inszenierungen trat er als reifer, väterlicher Mensch auf, der sich mit Würde, aber standhaft, aus einer Beziehung zurückzuziehen vermochte, deren Aussichtslosigkeit beiden von Anfang an klar gewesen war.

Gleichzeitig musste er sich eingestehen, dass es da eine Hoffnung gab, sie wiederzusehen, und es fiel ihm schwer, diese einzuordnen, er spürte bloß, dass sie, je länger er nichts von Eva hörte, desto drängender wurde. Dabei wusste er, dass er sie auf keinen Fall wiedersehen sollte, denn sie wollte ja von ihm nicht das Abenteuer der Vertrautheit mit einem Unbekannten, sondern sie wollte von ihm ein Kind, und auf dieses Ansinnen durfte er nicht eingehen, es würde sein Lebensgefüge aufs schwerste gefährden. Die Mutter seiner Kinder, das sagte er sich immer wieder, war Julia, und eine derartige Kränkung wäre für sie unerträglich, dessen war er gewiss. Sie müsste sich von ihm scheiden lassen, er konnte sich nicht vorstellen, dass eine Frau wie sie anders reagieren würde. Er müsste das Erlenbacher Haus verlassen und würde dann zu diesen Wochenendvätern gehören, wie er sie gelegentlich im Strandbad sah, deren Zuwendung entweder missmutig oder übertrieben war und die ihre Schuld bei den Kindern mit Vanille-Eis und Smarties abzahlten.

Was er wollte, war ihm also klar. Und bis jetzt hatte er im Leben eigentlich immer das gemacht, was er wollte. Aber da gab es auf seiner inneren Bühne noch einen andern, der sprach halblaut aus den Kulissen heraus, jedoch laut genug, um die Monologe seines edlen Hauptdarstellers zu stören.

Bist du nicht auch schon melancholisch geworden bei der Aussicht, dass deine nächsten zwanzig Jahre vorprogrammiert sind, bis aus deinen zwei kleinen Monstern große Monster geworden sind, denen du auch noch das Studium bezahlen musst? Wieso sollst du nicht etwas zugut haben, nur für dich allein? Eine Heimlichkeit? Hat doch Spaß gemacht, oder etwa nicht? Stimuliert auch die Beziehung, wie du gesehen hast. Kein Mensch ist zu 100 Prozent gut und stark und verlässlich, und Monogamie gibt es nur bei den Bergdohlen.

Dann ahmte der andere das Krächzen der Vögel nach, um ihn zu verspotten, und Manuel glaubte es tatsächlich zu hören, musste sich mit der Faust an die Stirn schlagen, um sich zu vergegenwärtigen, dass er an seinem Pult saß, nachdem der letzte Patient gegangen war.

Wovon der andere nicht sprach, war das Kind, um das es Eva ging, das war ihm offenbar egal, aber Manuel wusste, dass gerade das das Entscheidende war, das man nicht ausblenden durfte.

Im Basler Telefonbuch hatte er keine Eva Wolf gefunden; er hatte schon erwogen, sich bei der Tagungsleitung nach der Dolmetscherin zu erkundigen, hatte es aber wieder verworfen, da ihm kein unverdächtiger Vorwand in den Sinn kam. Es blieb ihm nichts anderes übrig als zu warten, bis sich Eva wieder melden würde.

Als der Anruf kam, war er gerade dabei, dem letzten Patienten des Tages einen Propf aus dem Ohr zu spülen. Er tat dies mit der Klistierspritze, deren konzentrierter Wasserstrahl mit großem Druck durch die Kanüle ausgestoßen wurde und gewöhnlich das verkrustete Ohrenschmalz beim ersten Mal schon löste. Dabei bat er den Patienten, die Nierenschale zum Auffangen des Wassers und des Gehörgang-inhalts selbst unter das Ohr zu halten.

»Moment, bitte«, sagte er, als das Telefon nicht aufhörte zu klingeln, und ging, die leere Spritze in der rechten Hand, zum Pult.

»Ist es dringend?« fragte er Frau Riesen, als er den Hörer abnahm.

»Ja«, sagte diese, »eine Frau Wolf.«

Manuel drückte auf die Null-Taste und meldete sich mit »Ja?«

»Ich bin's, Eva.«

»Sagen Sie, kann ich Sie zurückrufen? Ich bin am Behandeln.«

»Nicht nötig, ich wollte Ihnen nur sagen, es hat geklappt.«

»Aber –«

»Keine Angst. Ich verabschiede mich aus Ihrem Leben. Sie werden nichts mehr von mir hören. Und ich bin Ihnen sehr dankbar.«

Die Spritze fiel zu Boden und rollte etwas vom Pult weg. Manuel machte zwei Schritte und bückte sich mit dem Hörer in der Hand nach ihr, der Telefonapparat kippte über die Tischkante und fiel ebenfalls hinunter, und aus der Muschel ertönte das Besetztzeichen.

Manuel erhob sich und schaute seinen Patienten an, einen Lokomotivführer, der immer noch die Schüssel mit dem Ausgespülten unter sein Ohr presste und ihn verwundert anblickte.

»Kann ich das wegnehmen?« fragte er.

»Ja natürlich«, sagte Manuel, »entschuldigen Sie.«

Er klemmte den Hörer zwischen Ohr und Schulter, las das Telefon auf und stellte es auf das Pult. Dann drückte er die Eins und fragte seine Praxishilfe, ob Frau Wolf noch dran sei. Sie war nicht mehr dran.

»Wenn sie nochmals anruft, stellen Sie sie durch, bitte.«

Sie rief nicht mehr an.

Manuel hob die Spritze vom Boden auf und legte sie auf den Instrumententisch.

Der Lokomotivführer hatte die Schüssel vor sich auf den Knien und starrte auf die schwimmenden Schmutzreste, die ihm das Gehör verstopft hatten.

»Muss ich etwa die Ohren besser putzen?« fragte er.

»Nein, Herr Rebsamen, Ihr Gehörgang ist einfach ein bißchen gewunden«, hörte Manuel Herrn Dr. Ritter sagen. Dann sah er zu, wie Dr. Ritter dem Patienten nochmals den Trichter ans Ohr setzte, hindurchschaute und ihn fragte, ob er jetzt besser höre, und ihn ermahnte, wieder zu kommen, wenn er merke, dass sich erneut ein Propf bilde. Er stand auch dabei, als sich der Ohrenarzt mit seiner lächelnden Praxishilfe kurz wegen eines Berichts für die Invalidenversicherung und wegen des morgigen Tages besprach und sie dann in den Abend entließ.

Dann fand er sich am Pult sitzend, das Kinn auf die Hände gestützt. Er starrte auf die Reproduktion des Genferseebildes von Hodler, das an der Wand hing. Hinter dem See erhob sich der Montblanc aus den Wolken.

Ein leises Geräusch gleich vor ihm, auf dem Tisch, und noch eins. Etwas war auf den Patientenbericht gefallen. Er blickte auf das gelbe Papier und sah die zwei Tropfen.

Er nahm sein Taschentuch hervor und trocknete sich die Augen.

Hatte er je geweint, als Erwachsener?

Doch, damals, als Majas Hochzeitsanzeige kam.

Und nun wieder wegen einer Frau. Er zweifelte nicht daran, dass er sie nie mehr sehen würde. Diese Frau wusste zu genau, was sie wollte, und ging keine Kompromisse ein.

Er hingegen merkte nun, dass er sie unglaublich gern wiedergesehen hätte, und er vermochte nicht zu sagen, warum.

Er starrte auf die Liege hinüber, die er das letzte Mal benutzt hatte, als es einer Patientin schlecht geworden war. Wie seltsam, dass hier etwas derartig Leidenschaftliches passiert war. Und wie schrecklich, dass es derartige Folgen hatte. Er würde Vater eines Kindes, das er nie zu Gesicht bekäme und dessen unbekannte Halbgeschwister Thomas und Mirjam wären.

Und jetzt? Eva suchen? Für einen Privatdetektiv wäre das bestimmt ein Leichtes. Aber dann? Sie zur Rede stellen? Und weswegen? War er nicht einverstanden gewesen? Also das mit ihr fortsetzen, was er angefangen hatte? Da war etwas, das verlangte nach Nähe. Sie hatten sich nicht einmal geduzt während der Umarmung, so fremd waren sie sich geblieben. Nein, nicht erfüllen, die Sehnsucht, sagte sich Manuel, aber behandeln, und er wusste, dass es nur eine Behandlung gab: er musste sie abtöten, wie einen Bakterienherd. Gäbe es ein Antibiotikum gegen Gefühle, er würde es schlucken. Zweimal täglich.

Und Julia? Musste er ihr alles offenlegen?

Für einen solchen Fall war Manuel nicht ausgebildet.

In seiner Familie war alles unternommen worden, um offene Gespräche zu vermeiden. Als sich eine Schwester seines Vaters scheiden ließ, wurde das vor ihm und seinem Bruder so lange wie möglich geheim gehalten. Onkel Bernhard sei beruflich im Ausland, hieß die offizielle Sprachregelung. Erst als Manuel einmal hörte, als Zehn- oder Elfjähriger, wie seine Mutter am Telefon mit Tante Erna über die Scheidung sprach, sagte sie ihnen die Wahrheit, stockend und ungern, das Geständnis einer Schande. Aber auch das hatte keinen Klimawandel in der Gesprächskultur herbeigeführt.

Ob seine Eltern während ihrer Ehe je Liebesgeschichten gehabt hatten? Beide lebten noch, waren über siebzig, aber es war für ihn undenkbar, sie nach so etwas zu fragen.

Manuel suchte nach irgendetwas Positivem.

Wenigstens ging es der Schädelbruchpatientin wieder gut; das Verfahren wegen fahrlässiger Körperverletzung war eingestellt worden, und die Unfallkosten hatte die Versicherung des Mädchens zu tragen.

Diese Geschichte war also abgeschlossen, aber was war das schon gegen die andere, viel schwerer wiegende, die erst angefangen hatte.

Manuel atmete tief ein.

In seinen Ohren begannen die Bergdohlen wieder zu krächzen.

Er wusste nicht, wie es weitergehen sollte, er wusste nur, dass etwas Unwiderrufliches geschehen war.

8

Wie rasch der Sommer gekommen war.

Manuel und Julia hatten für drei Wochen die Ferienwohnung in Pontresina gemietet, die einem Bündner Kollegen Manuels gehörte.

Sie lag am Hang hinter der Kirche, das Parterre war durch die Familie des Kollegen belegt, wenn sie da war, und der erste Stock wurde vermietet. Sie fühlten sich wohl in den sonnigen, großzügigen Räumen und gingen sommers und winters hin.

Vor ein paar Tagen waren sie angekommen, Manuel musste nach zwei Wochen wieder zurück, er wollte die Praxis nicht zu lange schließen, Julia blieb mit den Kindern eine Woche länger.

Heute Morgen war er um halb vier Uhr aufgestanden, hatte sich einen Tee gemacht, war dann den Zickzackweg neben dem Sessellift hinaufgegangen und hatte den Piz Languard bestiegen, während gegenüber die Reihe der Berggipfel vom Licht der Morgensonne immer heller wurde und die scharfe Kante des Biancogrates wie eine Adlernase vom Gesicht des Piz Berninas abstach. Aus der Berghütte unterhalb des Gipfels war schon Rauch aufgestiegen, er war eingetreten und hatte einen Kaffee getrunken, und zwei Stunden später war er wieder in der Ferienwohnung, wo Thomas immer noch im Schlafanzug auf dem Boden herumrutschte und aus seinen Legos eine Burg baute, während Mirjam neben Julia im

Kinderstühlchen am Tisch saß, die Nuckelflasche in beiden Händen, und »Mam!« rief, als er eintrat. Das war das einzige Wort, das sie kannte, es stand für alles Wichtige im Leben, Mutter, Vater, Essen, Trinken, Hallo und Ade. Julia, die Linguistin, nannte es eine Einwortsprache und wartete mit Spannung auf deren Zellteilung. Sie war überzeugt, dass Mirjams zweites Wort ihrem Bruder gelten würde.

Das waren Tagesanfänge nach Manuels Geschmack: ganz allein einen Dreitausender vor dem Frühstück, und dann zurück zur Familie. Er war kein Alpinist, aber er fühlte sich gut in den Bergen. Beim Wandern hoch oben war ihm manchmal, als habe er sich selbst im Tal zurückgelassen, und es gehe ein anderer an seiner Stelle.

Zu Beginn seines Studiums war er ein paarmal auf Hochtouren mitgegangen, mit einem Freund, der dafür sorgte, dass er sich mit den richtigen Knoten anseilte und die Steigeisen korrekt anschnallte, doch als dieser im Winter auf einer Skitour in einer Lawine ums Leben kam, verging ihm die Lust aufs Hochgebirge, und seit Thomas zur Welt gekommen war, war er etwas ängstlicher geworden. Heute allerdings hatte er sich angesichts der gleißenden Bergkette gegenüber gefragt, ob er sich nicht beim hiesigen Bergführerverein für eine Besteigung des Piz Palü anmelden könnte, die zweimal in der Woche angeboten wurde. Wenn er die Verantwortung an einen Führer abgeben konnte, schien ihm das Risiko vertretbar.

»Und, wie war's?« fragte Julia.

»Wunderschön.«

»Möchtest du noch etwas frühstücken?«

Das Morgenglück nahm kein Ende. Er setzte sich also an

den Küchentisch und wurde mit einem zweiten Kaffee und Puschlaver Roggenbrot für eine Leistung belohnt, zu der ihn niemand und nichts verpflichtet hatte, kein Praxisstundenplan, keine Patienten, keine Notfälle.

»Du solltest das auch mal machen«, sagte Manuel.

Julia lächelte.

»Sicher nicht dieses Jahr.«

Sie fühlte sich, seit sie nach Mirjams Geburt ihr Schulpensum wieder aufgenommen hatte, manchmal so müde, dass sie zweifelte, ob sie je wieder zu ihrer früheren Frische zurückfinden würde. Mirjam war nachts oft unruhig und weckte dadurch ihren Bruder, der im selben Zimmer schlief und nachher weniger gut wieder einschlafen konnte als die Einjährige, und häufig ging die Nacht so aus, dass Thomas zwischen Manuel und ihr im Bett lag, wenn sie erwachten. Erziehungsstandpunkte wurden ihr entgegengehalten, wenn sie die Rede darauf brachte, das sei falsch, mahnte sie ihre Mutter, der Kleine werde zu sehr verwöhnt damit. Tatsächlich konnte sich Julia nicht daran erinnern, dass sie als Kind je bei ihren Eltern im Bett gelegen hatte. Aber eigentlich bedauerte sie das, denn es passte zum Mangel an Zärtlichkeit, der ihre ganze Kinderzeit durchzogen hatte.

Und eine ältere Kollegin mit drei Kindern hatte ihr, als sie einmal mit ihr darüber sprach, gesagt, das sei dummes Zeug, sie solle sich doch freuen darüber, diese Zeit gehe nur zu schnell vorbei, und dann kämen die Kinder nicht mehr. Damit hatte sich Julia zufrieden gegeben. Manuel schlief, wenn er einmal eingeschlummert war, wie ein Stein, sie mochte ihn auch nicht wecken nachts, wollte ihn schonen, damit er seinem Praxisbetrieb gewachsen war, doch sie selbst konnte auch nicht halbe Nächte lang neben Thomas' Bettchen sitzen und ihn beruhigend streicheln.

Manuel hatte schon vorgeschlagen, sie sollten ein Au-pair-Mädchen suchen, wie es andere Doppelverdienerpaare auch taten, aber Julia konnte sich nicht dafür erwärmen, sie hatte den Verdacht, sich damit noch ein drittes Kind aufzuhalsen, die waren ja alle sehr jung, und man konnte nicht im Ernst von ihnen verlangen, dass sie nachts um ein Uhr aufstanden, um einem heulenden Kind beizustehen, von dem man gewöhnlich nicht einmal wusste, warum es heulte.

So hatten sie sich mit Babysittern beholfen, wenn sie abends ausgehen wollten, Barbara, die Tochter einer Nachbarsfamilie, kam gerne, sie ging noch zur Schule und wollte Kindergärtnerin werden. Ganz ruhig war Julia allerdings nie. Einmal, als sie nach Hause kamen, saß Barbara verzweifelt im Wohnzimmer, mit Thomas auf den Knien, der mit blau angelaufenem Gesicht keuchte und hustete. Es war sein erster Pseudokruppanfall, Manuel war damals so erschrocken, dass er alles vergaß, was er darüber wusste, und einen Kollegen anrief, der Kinderarzt war. Der empfahl ihm, den Kleinen heiße Dämpfe inhalieren zu lassen, sie gingen mit ihm ins Badezimmer und ließen so lange heißes Wasser in die Wanne laufen, bis ein Saunanebel durch den Raum waberte, und tatsächlich atmete Thomas nachher wieder ruhiger.

Der nächste Anfall ereignete sich dann bei Julias Mutter, welcher Manuel für diese Fälle ein krampflösendes Zäpfchen mitgegeben hatte, aber sie sagte ihnen am andern Tag, sie habe Thomas einen Löffel mit geschmolzener Butter und Zucker gegeben, das habe schon bei Julia und deren Bruder geholfen und habe auch bei Thomas gewirkt. Manuel hatte sich etwas geärgert darüber, denn er misstraute den barfußmedizinischen Hausrezepten. Als er aber einmal spät nach Hause kam, fand er Julia mit Thomas in der Küche, und sie erzählte ihm lächelnd, dass sie soeben einen Pseudokrupp mit einem Löffel geschmolzener Butter und Zucker zum Erliegen gebracht habe. Manuel war irritiert, weil er sich nicht vorstellen konnte, was die heilende Wirkung von heißer Butter in Kombination mit Zucker ausmachte, aber als Julia fragte, was ihm wichtiger sei, ob es seinem Kind gut gehe oder ob er verstehe, warum es seinem Kind gut gehe, gab er sich geschlagen.

»Wir wollten doch picknicken gehen«, sagte Julia, »magst du noch?«

»Natürlich«, sagte Manuel.

Eine Stunde später waren sie als Darsteller einer glücklichen Familie ins Val Roseg unterwegs, Mirjam im Traggestell auf Julias Rücken, Thomas abwechselnd im Buggy, den Manuel stieß, oder davor, ihn selbst stoßend, oder auf Manuels Schultern. Sie gingen über die Brücke, unter der tief unten der Berninabach durchgurgelte (»Siehst du den Bach, Thomi?« – »Du hältst ihn gut fest, gell Manuel?«), stiegen dann durch den Lärchenwald zu einer Lichtung hoch, in der im Sommer jeden Vormittag ein kleines Kurorchester auftrat, dessen Musiker tapfer versuchten, die Mischung aus Populärem und Gefälligem über der Grenze ihres Selbstwertgefühls zu halten. Walzerklänge begleiteten sie, als sie behutsam am Pavillon und den Zuhörern vorbeigingen, die auf Bänken verstreut waren und, den Programmzettel in der Hand, lauschend in die Baumwipfel oder auf den weichen Waldboden blickten.

Thomas blieb lange stehen und blickte zu den Musikern.

»Musig!« sagte er laut, so dass einige aus dem Publikum ihre Köpfe zu ihm drehten.

»Pscht!«, sagte Manuel und versuchte ihn weiterzuziehen.

Thomas protestierte. »Toma Musig!« rief er.

Weitere Köpfe drehten sich.

»Ja«, flüsterte Manuel, »schöne Musik, ganz still zuhören.« Fragend blickte er zu Julia und wies auf eine freie Bank.

Julia nickte, und sie setzten sich, Julia auf die Kante der Bank, damit sie Mirjam in der Rückentrage lassen konnte.

Manuel nahm Thomas zu sich auf die Knie.

Die Walzerklänge schwollen an, die Donauwellen von Johann Strauß wahrscheinlich, und Manuel und Julia waren erleichtert, als keine weitere Störung aus ihrer Mitte auftrat und Thomas beim einsetzenden, eher dünnen Applaus kräftig mitklatschte.

Als Julia bekannt gab, sie wolle jetzt weitergehen, gab Thomas bekannt, er wolle hier bleiben. Manuel und Julia einigten sich, noch während des nächsten Stücks zu bleiben, es war der Sommer aus Vivaldis »Vier Jahreszeiten«.

»Mam!« rief Mirjam während des Violinsolos im langsamen Satz.

»Sie will weiter«, sagte Julia leise zu Manuel, »ich geh schon voraus.«

Als sie so unauffällig wie möglich aufstand, verlangte Thomas »Mama wart!«

»Pscht«, sagte Manuel, »Mam!« rief Mirjam erneut und dringender, und Julia bedeutete dem Kleinen, sie würde weiter vorne auf ihn warten. Das konnte dieser nicht verstehen.

»Mama da wart! Musig!« sagte er laut und klammerte sich an Julias Hosenbein. Die schmächtige Geigerin brachte ihre Kantilene mit einem Seitenblick auf den Unruheherd zu Ende, und das Orchester eröffnete das Sommergewitter des letzten Satzes.

Seufzend erhob sich Manuel, nahm Thomas an der Hand, und während dieser mit kräftiger Stimme und zum Missfallen des mehrheitlich älteren Publikums ringsum auf dem weiteren Genuss der Musig beharrte, entfernte sich das Grüppchen in einer »Mam!Musig!Pscht!«-Wolke langsam aus der Klassik im Lärchenwald.

»Vielleicht sollten wir Thomas einmal ein paar klassische Kassetten kaufen«, sagte Manuel, als sie später weiter hinten im Tal auf einer Bank am Wegrand die Brötchen aßen, die Julia vorbereitet hatte. Mirjam saß auf einer Decke im Gras und spielte mit Arvenzapfen, die ihr Thomas brachte.

Julia sagte, auch sie sei beeindruckt gewesen vom Interesse des Kleinen vorhin, sie könne sich aber genauso gut vorstellen, dass es das Ereignis an sich gewesen sei, das ihn fasziniert habe, und ja, versuchen könne man das schon.

Musikalisch gehörte sie zu den klassikgeschädigten Menschen, da sie als Kind zum Geigenspiel gezwungen worden war, bei einem Lehrer, den sie hasste, weil er sie so oft wie möglich berührte, wenn er ihr die richtigen Handstellungen bei der Bogenführung und beim Aufsetzen der Finger auf dem Griffbrett erläuterte. Die Art, wie er jeweils direkt hinter ihr stand und ihre rechte Hand mit dem Bogen mitführte, erfüllte sie noch in der Erinnerung mit Ekel, und der aufdringliche Duft von »Pitralon«, einem damals gängigen Rasierwasser, das auch das seine war, war ihr so zuwider, dass sie später Giuliano, der es ebenfalls benutzte, eine teure Flasche eines andern Aftershaves schenkte, weil sie ihn sonst buchstäblich nicht riechen konnte.

Aber eigentlich war sie musikalisch, sie sang gerne, hörte auch gerne Gesang, und wenn sie sich eine Platte kaufte, dann am ehesten von den italienischen Cantautori wie Branduardi und Lucio Dalla oder Sängern wie dem Argentinier Atahualpa Yupanqui. Auch Georges Brassens hatte es ihr angetan; als er unlängst mit 60 Jahren an Krebs gestorben war, hatte sie das Lied »J'aurais jamais dû m'éloigner de mon arbre« aufgelegt und plötzlich geweint, als hätte sie einen engen Freund verloren.

Die Arvenzapfensammlung, mit welcher Thomas Mirjam versorgte, wuchs, und da die Kinder so friedlich spielten, zog Julia ein Taschenbuch mit Novellen von Giovanni Verga hervor, das sie bei sich hatte, und Manuel streckte sich einen Moment im Gras unter dem Schatten einer Lärche aus und schlief sofort ein.

Er erwachte vom ersten Donner. Sonne und Himmelsbläue waren verschwunden, hinten im Tal drängten sich dicke schwarze Wolkenballen, und schon fuhr ein Blitz bis auf den Talboden hinunter. Sekunden später rollte der Donner heran, und nun begannen Manuel und Julia ihre Sachen einzupacken, Thomas wurde in den Kinderwagen gesteckt, Mirjam in das Traggestell, die Decke zusammengerollt und im Rucksack verstaut, aus dem Manuel die Windjacken und Kinderregenhüte herausgenommen und verteilt hatte, und dann eilten sie mit langen Schritten der nächsten Brücke über den Bach zu, Thomas wurde in seinem Buggy hin und her gerüttelt, wenn Manuel einer Wurzel ausweichen musste oder sonstwie die Unebenheiten des Fußweges zu meiden versuchte, Mirjam hüpfte auf Julias Rücken auf und ab, beide Kinder begannen zu heulen, der Wind wirbelte in die Baumkronen der Lärchen, die Blitze und der immer dichter darauf folgende Donner trieben sie und andere Spaziergänger talwärts, schoben sie fast vor sich her, und gerade als sie einen Stall erreichten, brach der Gewitterregen über sie herein, sie konnten sich nur unter das kleine Vordach stellen, aber da der Regen fast horizontal auf sie zugepeitscht wurde, war dieser Standort eigentlich sinnlos. Trotzdem blieben sie hier stehen, weil sich das Gewitter nun zuckend und krachend direkt über ihnen entlud. Julia nahm die durchnässte Mirjam aus der Trage und drückte sie an sich, Manuel hob Thomas aus dem Buggy und hielt ihn auf seinen Armen, und während sich die Kinder etwas beruhigten, fragte er Julia, ob sie denn das Gewitter nicht habe kommen sehen.

»Es tut mir leid«, entgegnete sie, »die Geschichte war so spannend.«

»Wovon handelt sie denn?«

»Von einer Liebe, von der der andere nichts weiß.«

Manuel erschrak und beschloss im gleichen Moment endgültig, Julia nichts von dem zu sagen, was passiert war. Warum auch? Es ging ja.

9

Im Mai 1984 traf der Brief ein.

Frau Lejeune hatte ihn mit einem gelben Klebezettel versehen, auf den sie »privat!« geschrieben hatte, und ihn zuoberst auf die eingegangene Post gelegt, die sie jeweils vorsortierte in Untersuchungsberichte, Patientenüberweisungen, Rechnungen, und das stetig wachsende Häuflein von Werbung für Pharmazeutika und medizinische Artikel. Da lag er, auf dem Laborbefund einer Biopsie, war in einer schönen, etwas ausgreifenden Handschrift adressiert an Dr. M. Ritter priv., und als ihn Manuel zwischen zwei Konsultationen auf dem Tisch des Praxisbüros liegen sah, steckte er ihn in die Tasche seines Kittels. Er hatte die Schrift noch nie gesehen, wusste aber sofort, zu wem sie gehörte. Die Anfangsbuchstaben seines Namens waren mit langen, ganz leicht eingerollten Aufstrichen geschrieben, die wie die Fühler eines Insekts in die Zeile mit dem Straßennamen hingen.

Er wartete, bis er seinen letzten Patienten am Mittag verabschiedet hatte, dann setzte er sich auf die Kante seines Pultes, nahm den Brieföffner mit der Aufschrift »Ciba-Geigy« zur Hand und machte den Brief auf.

Als erstes kam ihm ein Foto entgegen. Eine lachende Frau mit einem roten Stirnband hielt vor sich auf den Knien einen Säugling, der mit großen Augen staunend in die Kamera blickte und auf dessen Kopf sich ein kecker kleiner Haarschopf aufrichtete.

Auf einer Briefkarte stand:

Danke!
Und liebe Grüße
von
              Mutter und Tochter

Ein leichtes Schwindelgefühl erfasste ihn, er ging um das Pult herum und ließ sich auf seinem Stuhl nieder. Eine Tochter also. Seine Tochter. Konnte das sein? Er hatte schon eine und brauchte keine zweite. Aber offenbar war es so, da gab es wohl keinen Zweifel. Kein Name, auch vom Kind nicht, nur »Mutter und Tochter«. Er drehte den Umschlag um. Natürlich auch kein Absender. Vorne der Poststempel »4000 Basel 2 – Briefversand« und ein Fahnenstempel mit der Aufschrift »Ein Postcheckkonto erleichtert Ihren Zahlungsverkehr«. Zwei Briefmarken, eine rote 40er »Pro Juventute« mit einem Schaukelpferd drauf, und eine 10er aus dem Briefmarkenautomaten. Das ergab zusammen die erforderlichen 50 Rappen, welche die Post seit Anfang des Jahres für einen Brief verlangte, anstelle der 40 wie bisher.

Basel 2, Briefversand, das musste die Hauptpost sein, aber eigentlich hieß das nicht einmal, dass sie in Basel wohnte, schließlich wurden Bekennerschreiben auch auf Hauptpostämtern eingeworfen.

Manuel erschrak, als er merkte, dass er dabei war, Eva Wolf zu suchen. Warnschriften liefen durch seinen Kopf: Nicht suchen, diese Frau! Vergessen, diese Frau! Aus dem Kopf schlagen, diese Frau!

Er schaute das Foto wieder an. Unverschämt gut sah sie

aus. Keine Frage, dass sie glücklich war, sie wies ihr Kind vor wie eine Beute, die sie dem Leben abgetrotzt hatte. Und das Kind? Zu seiner Beruhigung konnte er keinerlei Ähnlichkeit mit sich selbst erkennen. Thomas etwa hatte angeblich genau seine Augen. Wenigstens war ihm das erspart geblieben, dass irgendwo eine Kopie von ihm herumlief.

Und woher wusste er überhaupt, dass das Baby von ihm war? War das der ganze Beweis, ein anonymer Brief mit einem Foto? Der Gedanke irritierte ihn, er hörte wieder den andern sprechen: Sie ist ein Luder, sie wirft sich jedem an den Hals, nach dir kam der Nächste dran, ihr Kick ist das Männerverführen unter schwersten Bedingungen, dieses Kind hat mehr als einen Vater, und du bist keiner davon.

Manuel schloss die Augen und ließ sich nochmals die damalige Szene durch den Kopf gehen. Es war nicht einfach ein Schritt ins Unbekannte, es war ein Sprung ins Unmögliche gewesen, er hatte nicht gehandelt, es war mit ihm geschehen. Und wieso hatte er das mit sich machen lassen? Weil die Frau genau das wollte, was sie gesagt hatte. Ein Kind. Und nun hatte sie es. Und er hatte es nicht. Aber es war von ihm, davon war er überzeugt. Diese Frau hatte nicht Theater gespielt, dazu hatte sie zu viel Format.

Der Brief hier war das letzte Zeichen, das er von ihr erhalten würde, es war die endgültige Erfolgsmeldung, die sie ihm noch schuldig war, aber ab jetzt würde sie ihn aus dem Spiel lassen. Er wusste, dass er sich auf sie verlassen konnte und dass sie auch nicht eines Tages noch mit Forderungen käme.

Diese Sicherheit beruhigte und bedrückte ihn zugleich. Es beruhigte ihn im Hinblick darauf, was er sich letzten Sommer vorgenommen hatte, nämlich Julia nichts zu sagen und das alles als Teil seines eigenen Lebens zu betrachten, das niemanden sonst etwas anging. Es gab ja auch andere Themen, über die sie nicht miteinander redeten, gerade im sexuellen Bereich. Über Selbstbefriedigung etwa hatten sie nie gesprochen, das war ja etwas, was man mit sich selbst machte und das somit zum ausschließlich Eigenen gehörte. Allerdings hatte er vor einem Jahr nicht einfach sich selbst befriedigt, sondern auch eine andere Frau, und zwar in einem Maß, das gerade jene Folgen hatte, die man bei einem Seitensprung gewöhnlich zu verhüten trachtete. Auch das war ihm rückblickend unbegreiflich, dass er sich ungeschützt mit einer unbekannten Frau eingelassen hatte. Was, wenn sie ihn mit einer Geschlechtskrankheit angesteckt hätte? Dann hätte es wohl Julia gegenüber kein Ausweichen gegeben. Aber das war ja nun nicht der Fall gewesen. Was der Fall gewesen war, hatte in diesen Brief gemündet, und Manuel blieb dabei, es gab Dinge, die durfte man für sich behalten, und dieser Brief, beschloss er, gehörte dazu.

Dann war aber etwas da, das ihn bedrückte, und das war wohl das, dass er keine Beziehung haben durfte zu diesen zwei Leben, die doch mit dem seinen zu tun hatten, dass er sich nicht nach ihnen umdrehen durfte, sie nicht einmal bei ihrem Namen rufen konnte, denn woher wusste er, das war ihm plötzlich in den Sinn gekommen, woher wusste er, ob die lachende Frau mit dem Stirnband wirklich Eva Wolf hieß? Wer es darauf anlegt, sich unauffindbar zu machen, wäre ja naiv, unter dem eigenen Namen aufzutreten, und diese Frau war nicht naiv, es war ihr durchaus zuzutrauen, dass sie sich von Anfang an getarnt hatte.

Ginge es um einen Mord, wäre eine gute Fahndung sicher in der Lage, die Frau und ihr Kind zu finden, es gab ein Foto, und es gab ein genaues Datum, an dem sie aufgetaucht war, auf jener Tinnitus-Tagung, wo sie aus dem Englischen übersetzt hatte. Höchstwahrscheinlich. Denn auch das schien ihm auf einmal gar nicht mehr so sicher, er hatte sie ja dort nicht gesehen.

Aber es ging glücklicherweise nicht um Mord, es ging eher um das Gegenteil. Da war kein Leben ausgelöscht, sondern eines in die Welt gesetzt worden, und etwas in ihm schrie nach diesem Leben. Gleichzeitig wusste er, dass er die Warnschriften nicht übersehen durfte, die unablässig in seinem Kopf aufleuchteten: Nicht suchen, diese Frau! Vergessen, diese Frau! Aus dem Kopf schlagen, diese Frau!

Und doch, es bedrückte ihn auch, dass er etwas zu verheimlichen hatte, nämlich einen vollständig unerklärlichen Fehler, den er begangen hatte, etwas, das in seinem Lebensplan nicht vorgesehen war. Ein Ausdruck aus seiner Kindheit kam ihm in den Sinn, »e Tolgge im Reinheft«. Der Tintenfleck im weißen, endgültigen Heft, etwas, das man nicht mehr wegbrachte. Seine Mutter hatte ihm das manchmal gesagt, wenn er etwas besonders Verwerfliches getan hatte. Einmal hatte er seinem jüngeren Bruder Max im Streit um irgendeine Nichtigkeit dessen Cellobogen mit solcher Wucht über den Kopf gehauen, dass er zerbrach. Das war zu einem der »Tolggen« in Manuels Reinheft geworden. Ein Cellobogen allerdings war leicht zu ersetzen, solche Tintenflecken verblassten bald wieder.

Dieser hier würde ein Leben lang bleiben. Er schaute das Kind auf dem Foto nochmals an. Seine dunklen Augen blick-

ten in die Kamera mit der einzigen Mitteilung: ich bin jetzt
da.

Ein anderer Ausdruck meldete sich, aus seiner Zeit als Assistenzarzt in Lausanne, es war der Ausdruck, mit dem man
auf Französisch ein uneheliches Kind bezeichnet: »un en-
fant naturel«, und dieser Begriff sprach ihm Trost zu. Das
war ein natürliches Kind, nicht in erster Linie ein Kind von
ihm, sondern ein Kind der Natur, das seinen Weg in die Welt
selbst gesucht hatte.

Wer wohl das Foto aufgenommen hatte? Eine Frau oder
ein Mann? Ein Mann aus Evas Freundeskreis, der so ganz
und gar versagt hatte? Würde das Kind noch zu einem Vater kommen?

Schwer verständlich, dass eine solche Frau keinen passen-
den Mann finden sollte, und nun, mit einem kleinen Kind,
war es bestimmt nicht leichter. Julia behauptete immer, gute
Frauen hätten es schwerer, einen Mann zu finden als umgekehrt, vermochte dies aber nicht zu begründen. Dieser Fall
wäre eine Bestätigung für ihre These, schade, dass er ihr davon nicht erzählen konnte.

Wie würde er ihr überhaupt begegnen heute Abend?

Mit Erleichterung kam ihm in den Sinn, dass sie zu einem
Elternabend an der Kantonsschule musste und dass er es
übernommen hatte, die Kinder zu hüten. Bis sie nach Hause
käme, hätte er allen Grund, müde zu sein.

Für heute war er also gerettet.

Aber vor ihm lag noch ein Leben, immer konnte er da nicht
müde sein.

10

Nun konnte Julia auch nicht mehr schlafen.

Das Bild von Manuel, der mit ihren Briefen an seinem Schreibtisch saß, hatte sie überrascht. War das möglich, dass ihn die neue Liebe seines Sohnes nicht schlafen ließ? Dass sie ihn an seine eigene Liebe erinnerte? So sehr, dass er ihre Spuren suchte? Oder hatte ihn einfach die Vergänglichkeit eingeholt? Die plötzliche Erkenntnis, dass er alt wurde? Was immer es genau war, es waren Gefühle, die ihn umtrieben. Gefühle. Wann hatten sie zum letztenmal über Gefühle gesprochen?

Die Literatur war voll davon, die Gedichte, die Erzählungen, die sie mit ihren Schulklassen las, handelten von nichts anderem als von Gefühlen, von Liebe, von Schmerz, von Trauer, von Verzweiflung, von Eifersucht, von Leidenschaft, von Sehnsucht, von der Einsamkeit des Menschen, von der Frage nach dem Sinn von Leben und Tod.

Qué es la vida? Una ilusión,

Una sombra, una ficción.

Diesen Vers von Calderón hatte sie in der letzten Spanischstunde gebracht, und ihren Schülern hatte er eingeleuchtet wie eine Zeile aus einem Rocksong. Ein Schatten ist das Leben, eine Illusion, eine Täuschung.

Und wie berührend hatten sie nachher über ihre Gefühle gesprochen, ganz unvermutet. Eine Schülerin, die ihren Bruder durch einen Unfall verloren hatte, sagte sogar, sie hoffe immer noch darauf, dass das Leben nur eine Illusion sei, ein böser Traum, aus dem sie irgendeinmal wieder erwache, und dann wäre alles gut.

Y el mayor bién es pequeño,
qué toda la vida es sueño,
y los sueños, sueños son.

Ein Traum sei das ganze Leben, und Träume seien eben Träume, so endet das Gedicht.

Und Manuel und sie? Sie hatten es schön zusammen, zweifellos. Aber solche Gespräche führten sie nie. Warum eigentlich nicht? Vielleicht sollte sie Manuel mehr Gedichte vorlesen. Das von Calderón, und ihn dann fragen, ob er auch manchmal das Gefühl habe, das Leben sei nur ein Traum. Sie war 55, er 59 – wieviel Vorräte an Zukunft hatten sie überhaupt noch?

Sie dachte an die Zeit, als sie ihm die Briefe geschrieben hatte, die er vorhin in der Hand hielt. Sie hatte ein Semester in Salamanca verbracht, etwa ein Jahr, nachdem sie sich kennen gelernt hatten, und Manuel hatte sich vor dieser Trennung gefürchtet. Als er ihr beim Abschied sagte, er hoffe nicht, dass sie einen spanischen Linguisten heirate, war das mehr als ein Scherz, denn sie kannte die Geschichte von Maja.

Tatsächlich machte ihr dort ein Privatdozent den Hof, mit dem sie sogar ein bißchen flirtete, aber es war ihr auch klar geworden, wie sehr sie an Manuel hing, und das musste in ihren Briefen gestanden haben, an die sie sich nicht mehr genau erinnerte. War das schon so lange her? Oder sollte sie ihn bitten, ihr einmal einen dieser Briefe vorzulesen? Hatte sie dort nicht auch Gedichte zitiert? Oder Lieder? Ay, vida mía, ay, mi amor?

Plötzlich hatte sie große Hoffnungen auf einen Gefühls-ausbruch Manuels. Sie waren immer noch ein Ehepaar, das war nicht selbstverständlich, wenn sie ihren Bekanntenkreis und den Manuels durchging. Wie viele wollten es ein zweites Mal versuchen, waren hinter einem größeren Glück her, einem Glück, das sich nach der Trennung oft als Fiktion er-wies. Und irgendeinmal waren sie wieder allein und fanden niemanden mehr und riefen dort an, wo sie früher zu Hause waren, und verstanden nicht, weshalb da kein Trost kam.

Manchmal, wenn sie an einem Anlass mit vielen Menschen war, etwa an einem Ärztebankett mit Manuel, und sie alle sit-zen sah, gepflegt, respektabel, vernünftig und angegraut, nur funktionstüchtig dank streng geordneten Tagesabläufen in Praxis, Spital und Operationssaal, dachte sie, wie viele klan-destine Glücksritter und Abenteurer wohl dabei sein moch-ten, und versuchte sie an ihren Gesten zu erkennen, an der Art, wie sie ein Lachsbrötchen in ihren Mund schoben und dabei einen zufälligen Blick auf die junge Frau eines Kolle-gen warfen, und sie stellte sie sich so lange mit zerzausten Haaren, hinuntergezerrten Krawattenknöpfen und Lippen-stiftspuren im Gesicht vor, bis sie lachen musste. Eigentlich traute sie keinem, und eigentlich hielt sie alles für möglich.

Ob ihr Manuel treu gewesen war all die Jahre? Sie war nicht sicher, und es war heute auch nicht mehr entscheidend. Eine längere Beziehung allerdings wäre ihr nicht entgan-gen, dessen war sie gewiss, aber einen Ausrutscher traute sie auch ihm zu. Eine Zeit lang hatte sie mit Bestürzung gesehen, wie viele schöne Frauen ihn grüßten, wenn sie zusammen im Theater oder in der Oper waren. Seit er seine Praxis an die Gladbachstraße am Zürichberg verlegt hatte, waren unter seinen Patienten auch bekannte Bühnenleute; Schauspielerinnen, Schauspieler, Sänger und Sängerinnen kamen mit ihren Heiserkeiten und Indispositionen zu ihm, und mehr als einmal war er in der Pause in eine Garderobe gerufen worden, um versagende Stimmbänder zu retten. Da gab es Dankbarkeit und Vertrautheit in Frauenblicken, welche Julia an seiner Seite nur wie eine Statistin streiften.

Als sie einmal von der Premièrenfeier einer Oper nach Hause fuhren, sagte sie ihm halb seufzend, halb schnippisch, sie habe gar nicht gewusst, mit wie vielen Stars er bekannt sei.

»Mein größter Star bist du«, gab er sofort zur Antwort, und es klang, wie manches, was er sagte, sehr leicht, aber auch sehr wahr.

»Oh«, sagte sie nur und legte ihre Hand auf sein Knie, und von dem Moment an beschloss sie, sich über sie beide keine Sorgen zu machen.

Er war, das glaubte sie immer wieder zu spüren, loyal. Er war ein Ritter, kein Glücksritter, und so nannte sie ihn auch, wenn sie etwas von ihm wollte. »Mein Ritter«, sagte sie dann, »ich brauche Ihre Hilfe.«

»Gleich hole ich mein Pferd«, pflegte er zu entgegnen.

Und sie? War sie ihm treu geblieben?

Sie war kein Star, aber sie war eine anziehende Frau. Damals, im Winterklassenlager, in dem sie für eine erkrankte Kollegin eingesprungen war, hatten sie am letzten Abend alle getanzt, auch Lehrer und Lehrerinnen, und auf einmal hatte sie sich so schwerelos und unternehmungslustig gefühlt wie ein junges Mädchen und hatte sich von Guido, dem Mathematiker, derart elektrisieren lassen, dass nachher alles wie von selbst gegangen war auf ihrem Zimmer. Sie hatten sich bloß versichert, dass sie beide verheiratet waren und sich nur diese eine Nacht herausnehmen wollten, und waren dann mit einer Neugier und Ausgelassenheit übereinander hergefallen, die Julia in größtes Erstaunen versetzt hatte.

Es war bei dieser einen Nacht geblieben, weder sie noch Guido machten später einen Wiederaufnahmeversuch, und – sie hatte Manuel nie davon erzählt. Diese Nacht, hatte sie sich gesagt, diese Nacht gehört nur mir, mir allein.

Im übrigen war Manuel ein guter und phantasievoller Liebhaber, und sie hatten den Spaß an den Begegnungen ihrer Körper bis heute nicht verloren. Oder sollte sie sich etwas Hauchdünnes anziehen und nochmals zu ihm hochgehen? Sie verwarf die Idee gleich wieder. Es war schön, wenn er ihre Briefe las, wieso sollte sie dieses Rendez-Vous mit seiner jungen Geliebten stören.

Dass ihn die Liebe seines Sohnes so beschäftigte …

Thomas war glücklich, ohne Zweifel, und, so Julias Eindruck, er hatte Grund dazu. Anna war jünger als Thomas, sie sprach baseldeutsch und war eine Frau von großer Anmut, eine Frau mit Witz und Charme und einer Leichtigkeit, die ihm, der oft zum Grübeln neigte, nur gut tun konnte. Ihm war vor einem Jahr seine erste langjährige Liebe abhanden gekommen, und eigentlich war sie auch Manuel und ihr abhanden gekommen, denn sie hatte bei ihnen verkehrt, und sie beide hatten Selma ins Herz geschlossen. Als diese dann Thomas bekannt gab, sie habe einen andern Mann kennen gelernt, mit dem sie Neues und Unbekanntes erlebe, und möchte sich probeweise von ihm trennen, wirkte er jedesmal energielos, ja apathisch, wenn er nach Hause kam. Ihnen schrieb Selma nach einer Weile einen Abschiedsbrief, in dem sie sich kurz dafür bedankte, dass sie so gut aufgenommen worden sei, aber sie habe gemerkt, dass es für sie noch zu früh sei, um sich fest zu binden. Ein halbes Jahr später heiratete sie ihren Neuen und Unbekannten.

Deshalb beschloss Julia, mit der Sympathie, die sie sofort für Anna empfand, haushälterisch umzugehen. Wenn wieder einmal so ein Brief käme, hoffte sie, wäre er dann weniger schmerzlich. Zugleich merkte sie jedoch, wie schwierig es war, Zuneigung zu dosieren.

Auch Mirjam, die ebenfalls da gewesen war, hatte Gefallen an Anna, sie kannte sie schon länger. Mirjam besuchte wie Anna die Schauspielschule in Zürich und lebte mit zwei Freundinnen in einer Abbruchwohnung. Wenn aber dort zuviel Betrieb und Unruhe war, wie jetzt gerade, kam sie gerne für ein paar Tage nach Erlenbach zurück, wo ihr Zimmer unangetastet auf sie wartete.

Was wohl Manuel über Thomas' neue Freundin dachte? Er hatte zuerst, was sie sich nicht erklären konnte, fast etwas erschrocken auf sie reagiert und war ein paarmal in seine linkischen Bewegungen verfallen, die sie an ihm früher so gemocht hatte. Vielleicht musste er sich einfach den Umgang mit Selma abgewöhnen. Seine Frage nach Annas Eltern allerdings hatte Julia als forsch und voreilig empfunden, so, als ginge es bereits um Heirat. Nun gut, dafür wusste sie jetzt, dass Annas Eltern schon früh geschieden waren, dass ihre Mutter vor vier Jahren an Gebärmutterkrebs gestorben war und sie mit dem Vater kaum noch Kontakt hatte. Um so erstaunlicher Annas heitere Art, die nur von einem Menschen kommen konnte, der bei sich selber war.

Julia musste auf einmal tief aufatmen.

Am liebsten wäre sie sofort zu Manuel hochgegangen und hätte mit ihm über alles gesprochen, hätte ihn gefragt, warum ihn Anna um den Schlaf gebracht hatte und ob er ihr von seinen Seitensprüngen erzählen wolle und ob sie ihm von ihren erzählen solle und ob er sich darauf freue, mit ihr alt zu werden und was er vom Gedanken halte, das Leben sei nur ein Traum und ob sie ihm einen blauen Seidenpiyama kaufen solle und ob er auch manchmal Angst habe, Angst vor dem Tod.

11

Mirjam saß in ihrem Zimmer und hatte ihr Textbuch und ihre Notizen vor sich ausgebreitet. Übermorgen sollten die Proben für ihre Abschlussarbeit beginnen, und sie war immer noch nicht sicher, ob sie ihrem Konzept trauen sollte. Sie war Absolventin der Regieklasse, und ihre Aufgabe war, mit dem zweiten Jahrgang Büchners »Leonce und Lena« zu inszenieren. Sie hatte dafür fünf Wochen Zeit, und sie hatte einige Probleme damit.

Ein Problem war, dass sie das Stück, das Büchner als Komödie bezeichnete, nicht lustig fand. Ein anderes, noch schwereres, dass sie es eigentlich nicht verstand. Ein Prinz und eine Prinzessin sollen, ohne dass sie sich kennen, miteinander verheiratet werden, fliehen beide, lernen sich auf der Flucht kennen, ohne voneinander zu wissen, wer sie sind, kehren verkleidet zurück und werden vom König, der um jeden Preis eine Heirat will, weil er diese bereits verkündet hat, als Maskierte miteinander verheiratet, nehmen die Masken ab, und es zeigt sich, dass sie der Prinz und die Prinzessin sind, deren Hochzeit geplant war. Der Prinz freut sich, die Prinzessin nicht. »Ich bin betrogen«, sagt sie, und das Stück ist zu Ende.

Was mochte einen jungen Autor dazu bewogen haben, eine solche Handlung zu erfinden? Mirjam war jetzt 24, Büchner war 23, als er starb.

Eine Satire auf die deutschen Kleinstaaten sei es, hatte sie in einem Kurzbeschrieb im Internet gelesen. Sie hatte dann versucht, das Stück auf die Schweiz zu beziehen, die ja auch ein Kleinstaat war, und aus dem Idioten von König einen grimmigen Schweizer Bundesrat zu machen, der sich als Autokrat gebärdete, und aus Prinzessin Lena eine Schwarze, über die der Bundesratskönig dann bei der Demaskierung entsetzt wäre, aber irgendwie ging das nicht auf.

Dann hatte sie beschlossen, das Märchenhafte zu betonen. Ihr schwebte als Bühnenbild ein riesiges Buch vor, in dem für jede neue Szene eine Seite umgeblättert würde. Das Buch müsste so beschaffen sein, dass die Schauspieler durch eine Öffnung aus den Seiten heraus auftreten könnten.

Dass das Stück am Anfang von nichts anderem als von der Langeweile erzählt, schien ihr gefährlich. Die Darstellung der Langeweile, befürchtete sie, würde bald selbst langweilig. Deshalb war sie auf die Idee gekommen, die Anfangsdialoge zwischen Leonce und Valerio in einem irren Tempo sprechen zu lassen, während die Szene, in welcher der König auftrat, unendlich langsam gespielt würde.

Ob sie dieses Prinzip durchs ganze Stück beibehalten sollte? Die flüchtigen, schnelllebigen Individuen gegen die Dampfwalze der Staatsgewalt? Oder ob sie das Prinzip nachher umkehren sollte, Prinz und Valerio sprechen langsam, Staatsgewalt spricht schnell? Aber warum?

Prinz, Prinzessin, König, Schloss – früher hatte sie gern über diese Motive phantasiert. Mit 15 oder 16, als sie die Kantonsschule in Küsnacht besuchte, schrieb sie jeden Tag eine Gedichtzeile, und viele davon enthielten Bilder aus der Märchenwelt.

Mirjam stand auf und ging zur Truhe, in der sie als Kind

ihre Spielzeuge und Puppen versorgt hatte und die später der Aufbewahrungsort für ihre Hefte geworden war. Die Truhe war verschlossen, und Mirjam trug den Schlüssel immer bei sich. Mitternacht war vorbei, sie war müde und konnte nicht mehr ernsthaft arbeiten, deshalb wollte sie noch ein bißchen in den Heften blättern, auf der Suche nach ihren versunkenen Königreichen.

Sie hatte sich damals Hefte in verschiedenen Farben gekauft, etwas größer als das A4-Format, mit Umschlägen, die entweder rot, gelb, grün oder blau waren. Mirjam öffnete den Truhendeckel, und da lagen sie. Sie griff sich ein blaues Heft, schlug es auf und las auf der ersten Seite den Satz:

»Ich bin ein Palast.«

Sie erinnerte sich sofort, wann sie das geschrieben hatte. Ihr Vater hatte ihr vorgeworfen, sie kleide sich zu nachlässig und sie gebe nicht Acht auf ihr Äußeres. Sie war gern in Jeans gegangen, die an den Knien zerrissen waren, trug überlange Herrenhemden, die ihr bis über die Pobacken fielen, und zog darüber eine Jacke an. Vor allem das ärgerte ihren Vater, dieses Stück Hemd, das zwischen Jacke und Hose herunterhing. Man könnte meinen, sie käme aus dem Armenhaus, hatte er gesagt. Und da war sie in ihr Zimmer gegangen und hatte diesen Satz geschrieben.

Sie drehte die Seite um.

»Wie viele Zimmer gibt es da, die niemand kennt.« stand auf der rechten Seite. Die linke war leer.

Sie blätterte weiter und fand Sätze, die sie verwunderten.

»Der König foltert die Prinzessin mit Gesprächen.«

Auch dazu kam ihr der Anlass wieder in den Sinn. Ihr Vater hatte sie gefragt, was sie heute in der Schule gelernt habe, und sie hatte gesagt, dass Hölderlin mit 32 verrückt geworden sei. Er habe Stimmen gehört. Darauf entgegnete ihr Vater, das Hören von Stimmen, die niemand sonst hört, seien Reize, die der Mensch selbst erzeuge und die vom Nervensystem nicht kontrolliert würden oder so ähnlich, jedenfalls verglich er es mit dem Tinnitus, einer seiner Lieblingskrankheiten. Sie hatte dann darauf beharrt, dass Hölderlin die Stimmen wirklich gehört habe, worauf ihr Vater sagte, er habe sie auch wirklich gehört, nur habe er nicht gewusst, dass er sie selbst produzierte, und hätte ihm sein Arzt gesagt, dass er bloß einen Tinnitus habe, wäre er vielleicht nicht verrückt geworden.

Hölderlins Wahnsinn also nichts anderes als ein Fall für den Ohrenarzt? Solche Gespräche hatten sie aufgebracht, weil sie gegen den Vater nicht ankam und vor allem, weil sie das Gefühl hatte, er wolle sie gar nicht verstehen.

»Die Königin fährt ganz allein zur Schule.«

Sie hatte die Mutter immer als berufstätig erlebt. Als Kind hatte sie oft dagegen rebelliert, vor allem wenn man ihr ein Tagesprogramm erläuterte, in der Art von JetztfahrenwirzuerstzuMamimami, dortholichdichamNachmittagwiederabundamAbendgehichmitPapiinsTheaterunddannkommtBarbara. Von ihr war ein Ausspruch überliefert, den sie nach einer solchen Ankündigung getan hatte und der zum Familienzitat wurde: »Ich hab am liebsten Tage wie immer.«

Aber als sie älter wurde, gefiel es ihr zunehmend, dass ihre Mutter nicht eine war, die nichts anderes zu tun wusste, als auf sie zu warten, und mit ihr gab es diese Auseinandersetzungen wie mit dem Vater nicht, wahrscheinlich weil sie dauernd mit jungen Menschen in ihrem Alter zu tun hatte.

»Schau, der Prinzessin zarte Zehen – wird sie die Beine jemals spreizen?«

Oh, das war ein gewagter Satz, Mirjam musste lachen und dachte an Roman, den ersten Freund, mit dem sie herumgeknutscht hatte und der so gern mit ihr schlafen wollte und sie schließlich wieder fallen ließ, weil sie sich nicht dazu entschließen konnte.

Die Angst vor AIDS hatte die ersten Liebeserlebnisse nicht einfacher gemacht. Sie hatte sich damals überlegt, ob ein Mann wohl zuerst ein ärztliches Zeugnis mit einem Präservativ vorlegen müsse, bevor man ihn zu seinem Geliebten machte.

Die erste Liebesnacht wurde denn auch ein ziemlicher Murks, sie hatte sich mit Oliver bloß eingelassen, weil sie sich ärgerte, dass sie mit 20 immer noch Jungfrau war. Die Beziehung dauerte nicht lange, wie überhaupt keine der Beziehungen, die sie nachher einging, lange dauerte. Zur Zeit hatte sie gar keine. Der Traumprinz, der zärtlich und männlich zugleich sein musste, war noch nicht vor den Toren ihres Palastes aufgetaucht.

Manchmal rätselte sie über die Ehe ihrer Eltern. Dass zwei Menschen so lange zusammenblieben … Wie war Leonces Stoßseufzer? »Heiraten! Das heißt einen Ziehbrunnen leer trinken.« Trotzdem hatte sie den Eindruck, dass sich ihre Eltern liebten, nicht gerade leidenschaftlich, doch die kleinen Gesten und Zeichen von Zärtlichkeit schienen ihr nicht abgenutzt. Ob ihr Vater eine Freundin hatte? Oder gab es einen heimlichen Geliebten ihrer Mutter? Sie konnte es sich nicht recht vorstellen und merkte, dass ihr schon der Gedanke daran peinlich war.

»Der Prinz, er beugt sich über totgeküsste Frösche.«

Das war Thomas, über dessen Interesse an der Naturwissenschaft sie sich manchmal lustig gemacht hatte. Wie gut, dass er wieder eine Freundin hatte, und wie gut, dass es Anna war. Anna war in der zweiten Schauspielklasse, und Thomas hatte sie durch sie kennen gelernt, auf einem Fest in der Schauspielschule. Mirjam mochte Anna sehr. Sie würde in ihrer Abschlussarbeit die Lena spielen.

Und dann ein Satz, fast am Ende des Heftes, bei dem sie stockte, drei Wörter nur:

»Ich bin ich.«

Das sagte ja der König bei Büchner, genau so. Mirjam nahm das Textbuch und suchte die Stelle. »Wenn ich so laut rede, weiß ich nicht, wer spricht, ich oder ein anderer«, sagt er zuvor. Und dann die Klammer »nach langem Nachdenken«, und dann die Einsicht »Ich bin ich.«

Mirjam war perplex. Ihr blaues Palastheft von damals gehörte direkt in Büchners Königreich. Vielleicht könnte sie für ihre Inszenierung sogar Zitate daraus nehmen und sie in das große Buch schreiben, etwa das von der Prinzessin mit den zarten Zehen oder vom Prinzen mit den totgeküssten Fröschen.

Und die Klammer könnte laut gelesen werden, als Chor sogar von den Höflingen, und den König könnte sie dazu eine pantomimische Groteske des Denkens aufführen lassen. Und die Idee mit der Langsamkeit musste sie auf alle Fälle im Auge behalten, die Langsamkeit der Macht, die sich gemächlich durch die Jahrhunderte walzt und die sich immer durchsetzt.

Auch gegen zwei Menschen, die ihr Leben leben wollen und doch ihrem Schicksal nicht entfliehen können.

12

Anna kam aus der Dusche zurück, warf das Badetuch, das sie um sich geschlungen hatte, auf das Schaffell am Boden, legte ein trockenes Frottiertuch auf die feuchte Stelle des Bettlakens und kroch wieder zu Thomas ins Bett.

»So«, sagte sie und küsste ihn auf sein Ohr, »es ist bestimmt nichts passiert. War ja grad der letzte Tag meiner Periode.«

Sie waren von Erlenbach aus nach Zürich in Thomas' Einzimmerwohnung gefahren, und erst als sie miteinander ins Bett wollten und er in die Schublade des Nachttischchens griff, hatte er gemerkt, dass keine Kondome mehr da waren.

Nun lagen sie nebeneinander unter der Decke, Anna bettete ihren Kopf auf seine Schulter und schaute auf das Poster des Planeten Erde an der Wand vor ihr, das im Kerzenlicht noch größer schien als bei Tage.

»Ein würdiges Ende eines schönen Sonntags«, sagte sie und lachte.

Thomas schnurrte wie ein Kater.

»Du warst eine wunderbare Sonntagsfrau.«

»Achtung«, sagte sie, »gleich wird's Montag.«

»Egal«, sagte er, »ich bin ein Sonntagskind.«

»Ehrlich?«

»Ja. Und du?«

»Weiß ich gar nicht. Hab meine Mutter nie gefragt.«

»Du kannst nur ein Sonntagskind sein.«

»Ach was, ich bin eher ein Montagsmodell.«

»Ein Sonntagskind, glaub mir. Deine Mutter hat bestimmt drauf geachtet.«

»Als ob man das könnte.«

»Warum nicht? Meine Mutter behauptet, sie habe mich zurückgehalten bis nach Mitternacht.«

»Wann bist du denn zur Welt gekommen?«

»Zehn nach zwölf, Sonntag früh.«

Anna lachte. »Da haben wir's. Ein Nachtmensch. Hat sie gut gemacht, deine Mutter. Überhaupt«, fuhr sie dann fort, »feine Eltern hast du, sie sind irgendwie gut drauf, beide.«

»Doch«, sagte Thomas, »wir hatten's eigentlich immer ganz friedlich zusammen.«

»Nie große Kräche? Wegen Kleidern, Ausgang, Mädchen, Schule, Geld?«

»Es geht«, sagte Thomas und merkte, dass es ihm fast etwas unangenehm war. Lieber hätte er jetzt von einem tiefgreifenden Zerwürfnis mit dem Elternhaus gesprochen, das ihn schon immer zum großen Einsamen gemacht habe.

Aber seine Kindheit war von allem Schweren verschont geblieben. Endlose Nachmittage tauchten in seiner Erinnerung auf, an denen er mit Mirjam im Garten gespielt hatte, ich wäre der Vater und du wärst die Mutter und der Panda der Bub und die Puppe das Mädchen, der Panda war faul und gefräßig, die Puppe fleißig und eitel, und später hatten sie Softball gespielt auf der Fläche des Garagendaches, nicht gegeneinander, sondern miteinander, wie lange können wir den Ball hin und her schlagen, ohne dass er runterfällt, er hatte ein Büchlein geführt mit den Resultaten, der Rekord war irgendwo bei 800, und dann war er zu den Pfadfindern gegangen, wo sie Schnitzeljagden gemacht hatten und Postenläufe und Lagerfeuer im Erlenbacher Tobel, in der Schule hatte er keine Mühe gehabt, war auch leicht ins Gymnasium in Zürich gekommen, Rämibühl, sprachlich-literarische Richtung, mit Latein, und jeden Winter ging's zum Skifahren und Snowboarden nach Pontresina in die Wohnung, die seine Eltern gekauft hatten, auch das Haus in Erlenbach gehörte ihnen, und als einmal die Rede davon war, ob sie sich in Feldmeilen ein Grundstück erwerben sollten, um darauf zu bauen, verteidigten sowohl er wie auch Mirjam ihr Haus mit dem Türmchen, das ihnen beiden so gut gefiel. Über dem obersten Erkerzimmer, in dem der Vater sein Büro hatte, gab es noch einen kleinen Estrichraum unter der Schräge des Turmdaches, mit Fensterluken auf den Zürichsee, und das war ein Lieblingsort von Thomas, besonders bei aufziehenden Gewittern, wenn sich die Wolken schwarz und mächtig über dem andern Ufer blähten wie der Geist in der Flasche und unten an den Seeufern die ängstlichen orangen Lichter der Sturmwarnung blinkten und dann die ersten Blitze zuckten und sich das Donnergrollen über den See schob, dann saß Thomas gerne dort oben auf einem alten Überseekoffer und schaute zum Fenster hinaus.

»Hattest du denn Krach mit deiner Mutter?« fragte Thomas.

»Furchtbar«, sagte Anna.

»Worüber?«

»Über alles. Ich glaube, wir passten nicht zusammen. Sie war mir zu ausgeflippt. Arbeitete unregelmäßig, telefonierte stundenlang mit Freundinnen, statt mir bei den Aufgaben zu helfen, ließ das Geschirr stehen, ließ die Wäsche liegen, war eine schöne und attraktive Frau, brachte auch gelegentlich Verehrer nach Hause, von denen aber keiner blieb. Die Spießige war ich. Eigentlich war ich die Mutter und sie die Tochter, und ich fing schon bald an, sie zu kritisieren, und das ertrug sie schlecht.«

Anna erinnerte sich, wie sie einmal, als sie nachts erwacht war und zur Mutter wollte, einen fremden Mantel im Gang hängen sah und es aus dem Schlafzimmer stöhnen hörte. Da schrieb sie auf ein Blatt Papier: »Mami muss mit mir schmusen, nicht mir dir, du Aff«, und legte es auf die Schuhe unter dem Mantel. »Mir« hatte sie rot unterstrichen. Ihre Mutter hatte ihr dann vorgeworfen, der Mann sei nur wegen ihr nicht mehr gekommen und es hätte vielleicht eine Freundschaft daraus werden können. Wenn er wegen so etwas böse werde, werde er sowieso kein richtiger Freund, hatte Anna darauf gesagt.

»Weißt du, was das Schlimmste war, das mir meine Mutter sagen konnte?«

Natürlich wusste es Thomas nicht.

»›Du warst doch mein Wunschkind.‹ Wenn das kam, redete sie nachher mindestens drei Stunden nicht mehr mit mir.«

»Aber dein Vater?«

»Kannte ich nicht wirklich. Sie ließen sich scheiden, als ich zwei war. Meine Mutter bekam das Sorgerecht, und der Vater war wohl froh, dass er sich nicht mit mir abgeben musste. Ich sah ihn zum erstenmal richtig an Mamas Beerdigung.«

»Und?«

»Und nichts. Ich mochte ihn nicht. So traurig wie an dem Abend war ich nie. Die Mutter verloren und den Vater auch.«

»Hätt ich dich doch in die Arme nehmen können«, sagte Thomas und zog sie an sich.

»Du nimmst mich jetzt in die Arme, das ist schön genug.« Thomas kam es plötzlich unwahrscheinlich vor, dass er mit einer so schönen und begehrenswerten Frau im Bett lag.

»Weißt du was?« sagte er, »ich bin glücklich.«

»Weißt du was?« sagte Anna, »ich auch. Aber ich glaube, ich muss jetzt schlafen.«

»Ich werde dich bewachen«, sagte Thomas.

»Da bin ich froh«, murmelte Anna und drehte sich von ihm weg, »aber wehe, wenn du einschläfst dabei.«

Thomas kuschelte sich an ihren Rücken und hielt seinen Arm so über ihr, dass er mit der Hand ihre Haare spürte.

Früher hatte er sich immer so etwas vorgestellt in seinen Phantasien, dass einmal eine Frau mit einem schweren Schicksal Zuflucht bei ihm suchen würde, und er würde dann seine ganzen Kräfte für sie einsetzen. Allerdings hatte er sich die Frau schwächer vorgestellt, schiffbrüchig fast, und er der Retter.

Anna war nicht schwach, im Gegenteil, sie wusste genau, was sie wollte, und sie wusste es auch ohne ihn. Woher nur? Sie war vier Jahre jünger als er. Vor vier Jahren hatte er sein Medizinstudium abgebrochen und sich entschieden, statt dessen Umweltnaturwissenschaften zu studieren. Es hatte viel gebraucht, bis er so weit gewesen war.

Thomas versuchte sich vorzustellen, er wäre nur mit seiner Mutter aufgewachsen, als einziges Kind. Kein Türmchenhaus, kein Erlenbach, keine Mirjam, sondern eine Dreizimmerwohnung in einem reizlosen Außenquartier Zürichs, Schwamendingen oder Oerlikon. Über Mittag im Kinderhort, Winterferien in einem städtischen Schullager im Wallis. Und dann, ein Jahr vor der Matur, wäre seine Mutter an einer qualvollen Krankheit gestorben, und an der Trauerfeier wäre irgendein mürrischer Prokurist auf ihn zugetreten, hätte ihm die Hand gereicht und gesagt: »Ich bin dein Vater.«

Er konnte es nicht wirklich. Aber die Frau an seiner Seite, die bereits tief und regelmäßig atmete, brauchte sich das nicht vorzustellen, sie hatte es erlebt. Nochmals stieg eine Welle von Glück in ihm hoch, dass er ausgerechnet diese Frau lieben durfte und dass sie ihn auch liebte. Dass er sie beschützen wollte, hatte er im Spaß gesagt vorhin, aber es war ihm ernst. Bloß wovor? Hatte sie nicht das Schlimmste schon hinter sich?

Was hätte ihm denn gefehlt ohne seinen Vater? Die Bergtouren, auf den Piz Languard, auf den Piz Tschierva, hätte er die mit seiner Mutter auch gemacht? Seine Mutter ging gerne durch Täler, einen schäumenden Bergbach entlang, über Pässe und dann einen andern schäumenden Bergbach entlang wieder hinunter, aber ein Berggipfel war immer Männersache gewesen, seit Thomas zwölf oder dreizehn gewesen war.

Gespräche konnte er mit seiner Mutter eher besser führen, aber die Ernsthaftigkeit, mit der sein Vater seinen Beruf ausübte, und das Selbstverständliche daran, das hatte ihn immer beeindruckt. Schon bald nach seinem Eintritt in die Kantonsschule gab er seinen Berufswunsch mit Arzt an, es kam ihm einfach nichts anderes in den Sinn. Er wollte auch so einer werden, wie sein Vater einer war. Deshalb hatte er den Moment gefürchtet, als er seinen Entschluss bekannt gab, das

Medizinstudium abzubrechen, und um so überraschter war er über Vaters Reaktion gewesen. Er hatte nur leicht die Augenbrauen gehoben und gefragt: »Du hast also gemerkt, dass dich die Umwelt stärker interessiert als die Medizin?« Als Thomas zur Antwort gab, ja, das sei so, sagte sein Vater bloß: »Dann ist es in Ordnung. Besser du merkst es jetzt als nach deinem dritten Jahr als Assistenzarzt.«

Darüber war die Mutter erschrocken und hatte den Vater gefragt, ob das heiße, dass *er* es dann gemerkt habe, worauf Vater nur lachend gesagt hatte: »Das hättest du nicht gedacht, gell?«

Ob er es ernst gemeint hatte oder nicht, wollte er nicht sagen. Aber er fragte Thomas weiterhin am Ende des Monats, wieviel er brauche, und händigte ihm die paar Hunderternoten aus, ohne von ihm zu verlangen, dass er sein Studium selber finanziere.

Und wenn sein Vater nun wirklich ein anderes Lebensziel gehabt hätte? Er war nicht Professor geworden. Das Publizieren sei ihm immer zuwider gewesen, hatte er einmal gesagt. Auch Chefarzt eines Spitals wäre ein höherer Status gewesen als operierender Belegarzt einer Privatklinik. Thomas nahm sich vor, ihn einmal danach zu fragen.

Aber je länger er über seinen Vater nachdachte, desto unvereinbarer wurde dieser mit einem ausstrahlungslosen Blödmann, der einem bei der Beerdigung der Mutter eröffnete, er sei der Vater. Da musste er sich schon seinen eigenen Vater vorstellen, wie er sich aus der Trauergemeinde lösen würde, auf ihn zukäme, der noch am offenen Grab seiner Mutter stünde, ihm den Arm um die Schulter legen würde, um ihm zu sagen, er sei sein Vater.

Doch auch diese Vorstellung war letztlich undurchführbar, denn so wie sein Vater war, gab es schlicht keinen Grund dafür, ihm ein Leben lang zu verheimlichen, dass er sein Sohn war.

Modelle waren das, Denkmodelle, und dennoch nicht anzuwenden auf das eigene Leben. Er war eben Thomas und nicht Anna.

Aber er liebte Anna.

13

Manuel erwachte, knipste das Licht neben seinem Sofa an und schaute auf die Uhr. Viertel vor vier. Jemand hatte geklopft. Er stand auf, ging zur Tür und öffnete sie. Auf dem Flur war niemand. Auch nicht auf der Treppe zum unteren Stock, von wo das Nachtlicht heraufschien, das sie immer brennen ließen.

»Julia?« fragte er halblaut.

Es blieb still.

Benommen ging er wieder zu seinem Nachtlager zurück. Das Glas auf seinem Tisch war leer. Er hatte zuletzt doch ein Rohypnol geschluckt, es brauchte also ziemlich viel, um ihn zu wecken.

Eigentlich war er sicher, dass es geklopft hatte. Oder hatte er so stark geträumt? Er konnte sich an nichts erinnern.

Er legte sich hin, löschte das Licht und sank sofort wieder in die Schwere seines künstlichen Schlafs.

Kurz nach fünf schoss er auf, weil es erneut geklopft hatte. Als wieder niemand vor der Tür stand, ging er die Treppe hinunter und öffnete leise die Schlafzimmertür.

»Manuel?« fragte Julia verschlafen.

»Pssst«, sagte Manuel, »ich wollte nur sehen, ob du schläfst.«

»Jetzt nicht mehr«, sagte Julia und richtete sich im Bett auf, »was ist?«

»Es hat an meine Tür geklopft«, sagte Manuel.

»Mirjam?«

»Doch nicht um diese Zeit.«

»Wie spät ist es?«

»Fünf vorbei.«

»Vielleicht hast du geträumt.«

»Na dann, bis gleich.« Er schickte sich an, die Tür wieder zu schließen, da sagte Julia:

»Bleib doch bei mir.«

Seltsam, wie wohl ihm dieser Vorschlag tat. Als ob er sich vor dem Alleinsein fürchtete.

»Ich hätte kein Rohypnol nehmen sollen«, sagte er, als er die Decke aufschlug und sich neben Julia legte, »aber wenigstens bin ich gleich wieder weg.«

»Schlaf gut weiter, Lieber«, sagte Julia und streichelte ihm über den Kopf. Wenig später war er eingeschlummert. Julia ging auf die Toilette, und als sie zurückkam, war sie sehr zufrieden, dass sie zu ihrem Mann ins Bett schlüpfen konnte.

Um viertel nach sechs spielte ihr Handy so lange eine aufsässige kleine Orchestermelodie, bis sie aufstand und es ausschaltete.

Das Bett neben ihr war leer.

Im Badezimmer saß Manuel auf dem Rand der Wanne und rasierte sich mit seinem elektrischen Apparat.

»Schon wach?« fragte sie.

»Wach ist zuviel gesagt – geweckt. Es hat wieder geklopft.«

»Ich hab nichts gehört.«

»Da hast du Glück gehabt.« Missmutig streckte er den Kiefer vor und nahm sich die Stelle unter dem Kinn vor.

»Das tut mir leid für dich«, sagte Julia, »gleich gibt's Kaffee.«

Der Morgenkaffee nach einer schlechten Nacht – das rettende Getränk am Ende einer beschwerlichen Flucht durch unbekanntes Gelände. Julia die Rotkreuzhelferin, ermutigend, positiv, teilnahmsvoll.

»Vielleicht hat Mercedes doch recht«, sagte sie.

Mercedes war ihre Putzfrau aus Bolivien, die ihr schon schaudernd erzählt hatte, sie habe von der Küche aus eine fremde Frau durch den Korridor gehen sehen, und ein anderes Mal, als sie im Keller Wäsche aus der Maschine nahm, sei die Frau unter der Tür gestanden, habe ihr zugenickt, habe sich dann umgedreht und sei verschwunden.

Manuel schüttelte den Kopf. »Ich glaube nicht an Geister, im Gegensatz zu Mercedes.«

»Aber vielleicht glauben die Geister an dich«, sagte Julia.

»Was für Geister denn?«

»Klopfgeister«, sagte Julia, »die gibt es doch.«

»Für Mercedes vielleicht«, sagte Manuel, »die läuft mit so etwas im Kopf herum.«

»Die hat sie vielleicht mitgebracht.«

Manuel lachte. »Auch das noch.«

Er hatte sich immer etwas über ihre Putzfrau geärgert, wenn er hörte, was Julia alles für sie tat. Eine Bolivianerin, mit der es nichts als Probleme gab. Ihr Mann schlug sie, bis sie Zuflucht bei der Frauenhilfe suchte und schließlich zu einer Anwältin ging. Nach der Scheidung begann sie ihr Mann zu verfolgen und ihre zwei gemeinsamen Kinder gegen sie aufzuhetzen.

Obwohl Mercedes noch in drei anderen Haushalten arbeitete, reichte das Geld nicht aus, und sie musste Sozialhilfe haben. Ihr Sohn kam in der Schule nicht mit und wurde in eine Kleinklasse gesteckt – und immer war es Julia, die Mercedes half, die Formulare auszufüllen und die Kontakte herzustellen, sie sprach schließlich Spanisch, und sie sprach es gerne. Gab es ein medizinisches Problem, war Manuels Empfehlung gefragt; es genügte dann nicht, wenn sie von ihm eine Adresse bekam, sondern er musste den Kollegen auch noch anrufen und auf ihren Besuch vorbereiten, und es gab immer wieder medizinische Probleme, die Frau hatte Atembeschwerden, kein Wunder, fand Manuel, und auch kein Wunder, wenn sie Erscheinungen produzierte, kam sie doch aus einer Kultur, in welcher die Geister als Gleichberechtigte zwischen den Menschen lebten. Und nun sollte sie diese Geister eingeschleppt haben wie eine tropische Krankheit und ihn damit angesteckt haben ...

Manuel hatte Julia schon vorgerechnet, dass auf vier Stunden, welche Mercedes im Haushalt half, eine Stunde komme, welche sie Mercedes bei ihren Problemen halfen. Aber mittlerweile gehörte sie zur Familie, Julia mochte sie, das wusste Manuel, Mercedes rief sie »Señora Julia«, und ihn nannte sie, wenn sie ihn sah, respektvoll »doctor«, oder, wenn sie sich bei ihm bedankte, überschwänglich »doctorcito«, Doktörchen also, was geradezu riskant familiär war und ein Zeichen dafür, dass sie ihm wieder einmal besonders dankbar war.

»Wenn es nächste Nacht wieder klopft«, scherzte Manuel beim Abschied, »kannst du Mercedes ja fragen, ob sie einen Exorzisten kennt.«

»Fahr vorsichtig«, ermahnte ihn Julia.

»Also gut«, sagte Manuel, »aber nur dir zuliebe.«

Erst als er gegangen war, merkte Julia, dass sie ihn gar nicht gefragt hatte, wie es denn gewesen sei, ihre alten Briefe zu lesen, was sie sich nachts eigentlich vorgenommen hatte. Sie verschob ihr Vorhaben auf den Abend und machte sich ihrerseits für ihre zwei Italienischlektionen bereit.

Manuels Morgen verging rasch, sein Stundenplan war voll, zwei Konsultationen zogen sich etwas in die Länge, so dass es halb eins wurde bis zur Mittagspause. Er aß in der Kantine des Privatspitals, das eine Straße weiter oben lag, einen Salatteller, trank einen doppelten Espresso, um die letzten Rohypnolnebel zu vertreiben, und eilte dann wieder in seine Praxis. Vielleicht war der Brief, den er suchte, nicht zu Hause in Erlenbach, sondern hier. Das wäre auch der logischere Ort.

Aber er fand ihn nicht. Als er die unterste Schublade seines Schreibtisches wieder zuschob, klopfte es.

»Bitte!« rief er. Die Tür ging nicht auf. Er erhob sich und öffnete sie. Im Flur war niemand. Er ging nach vorn zu seiner Praxisassistentin, die auch schon von der Mittagspause zurück war. »Haben Sie geklopft vorhin, Frau Weibel?« fragte er.

»Nein«, sagte sie erstaunt, um dann hinzuzufügen, »Herr Simonett wäre im Fall schon da.«

»Einen Moment noch«, sagte Manuel und ging zurück in sein Sprechzimmer. Er zog den Ordner »Tinnitus I«, der seine persönliche Materialsammlung enthielt, aus dem Büchergestell und blätterte darin, bis er die Unterlagen jener Tagung in Basel gefunden hatte.

Als der Brief auch dort nicht zum Vorschein kam, stellte er den Ordner zurück und ließ den ersten Patienten des Nachmittags kommen, Herrn Simonett, einen 30-jährigen Bankangestellten mit tadellosem Anzug, einer kecken, leicht pomadisierten Frisur und einem Dreitagebart. Nach der Schilderung seiner Symptome schickte er ihn zu Frau Weibel für ein Reintonaudiogramm. Eine halbe Stunde später eröffnete er ihm nach einem Blick auf seine Werte, dass sein Gehör soweit in Ordnung sei und dass es sich bei dem Geräusch eines fahrenden Zuges, das er immer wieder zu hören glaube, um einen Tinnitus handle. Der Tinnitus sei eine Funktionsstörung des Gehörs, dessen Ursachen meist nicht eindeutig zu eruieren seien, er könne spontan auftauchen und auch spontan wieder verschwinden. Ob er möglicherweise, sei es privat oder beruflich, in einer Stresssituation stehe?

Herr Simonett lachte und sagte, wer Stress nicht aushalte, sollte nicht bei einer Bank arbeiten, er sei für Börsengeschäfte zuständig und spreche oft an zwei Telefonen gleichzeitig, und es störe ihn einfach, wenn er plötzlich das Gefühl habe, es fahre ein Eisenbahnzug durch seinen Hörer, und zwar so laut, dass er den andern nicht mehr verstehe, und ob es da nicht irgendein Antibiotikum gebe. Leider, sagte Dr. Manuel Ritter, gebe es keine erfolgversprechende medikamentöse Behandlung des Tinnitus, da es sich in der Regel um Geräusche handle, welche nur der Betroffene selbst wahrnehme, denn er selbst sei es, der die Geräusche erzeuge, beziehungsweise sein Innenohr.

Sein Patient lachte nicht mehr. »Dann muss man operieren?« fragte er.

Das mache man nur, wenn Veränderungen der Gefäße oder der Ohrmuskulatur die Ursache seien, da Herr Simonett aber nicht über Schwindel klage und das Geräusch auch nicht mit dem Puls synchron gehe, sehe es nicht nach einem objektivierbaren, sondern nach einem subjektiven Tinnitus aus, der eben durch eine Art Fehlverhalten des Informationssystems des Ohres entstehe.

Der junge Mann war besorgt. Ob man denn dieses Fehlverhalten nicht korrigieren könne?

Man könne es versuchen, und er würde ihm raten, darüber nachzudenken, ob der dauernde Stress, unter dem er stehe, nicht vielleicht doch zuviel von ihm verlange und ob es allenfalls innerhalb der Bank eine andere Stelle gebe, die ihn weniger belaste.

»Aber mir gefällt der Job!« rief der Mann, und sein Gesichtsausdruck nahm etwas Verstörtes an, »gerade das Tempo, das es braucht!«

Er könne auch nicht auf Anhieb sagen, ob das die Lösung wäre –

Was denn aber die Lösung sei, fragte der Patient, von den Aussagen seines Arztes sichtlich in die Enge getrieben.

Eine Lösung könne z. B. auch darin bestehen, dass man versuche, mit dem Geräusch zu leben und Maßnahmen zu ergreifen, die dazu führten, dass man es nicht mehr als dermaßen störend empfinde.

Wie denn solche Maßnahmen aussähen, fragte Simonett.

Man könne versuchen, dieses Geräusch durch andere Geräusche zu maskieren, also wenn er z. B. neben einer Eisenbahnlinie wohnen würde, würde er ein Eisenbahngeräusch in seinem Ohr weniger befremdlich finden.

Herrn Simonetts Augen weiteten sich. Ob das ein Scherz sei, fragte er.

Keineswegs, sagte ihm Dr. Manuel Ritter, in diese Richtung könnten entsprechende Maßnahmen durchaus gehen. Natürlich könne man sich auch durch Musik im Frequenzbereich der jeweiligen Störung oder durch andere Schalleffekte wie weißes Rauschen ablenken, er werde ihn jedenfalls gerne an einen Kollegen überweisen, dessen Spezialgebiet der Tinnitus sei und wo dann ganz genau abgeklärt werde, was in seinem Fall die Ursachen sein könnten, welche, wie gesagt, durchaus auch psychischer Natur sein könnten, er würde diesem einen kurzen Bericht zukommen lassen, und sein Reintonaudiogramm könne er, Herr Simonett, ihm selbst mitbringen oder er könnte es ihm auch mailen, falls er dies wünsche. Dr. Mannhart sei eine Kapazität auf diesem Gebiet, den er nur empfehlen könne.

Gut, sagte Simonett kleinlaut, gut, dann werde er sich dort anmelden. Er wolle bei der Bank bleiben und könne keine Eisenbahnzüge im Ohr brauchen.

Als der Patient das Sprechzimmer verlassen hatte, mit einem Schritt, der etwas weniger federnd war als beim Eintreten, blieb Manuel einen Moment sitzen und dachte nach.

Da klopfte es an die Tür, genau gleich, wie es schon heute Nacht und am Mittag geklopft hatte, drei schnelle Schläge. Er zuckte zusammen, reagierte aber weder mit einem »Herein!« noch damit, dass er zur Türe ging. Das hätte auch wenig geholfen, denn soeben war ihm klar geworden, woher das Klopfen kam, und er wunderte sich, wieso ihm das nicht früher in den Sinn gekommen war.

Er nahm den Hörer in die Hand, drückte die Nummer eins und bat Frau Weibel, ihn mit Dr. Mannhart zu verbinden.

14

Also«, sagte Mirjam, »vierter Akt, zweite Szene. Wir drehen eine Seite des großen Buches um, das stünde hier, und auf der linken Seite oben steht ›Ein Garten‹, darunter malt uns Benno einen Garten, der über beide Seiten des Buches geht, Vinz spielt uns ein überbordendes Vogelgezwitscher ein, und nun öffnet sich die Tür in der Seite, und die Gouvernante schiebt Lena auf so'ner fahrbaren Bahre herein, wie man sie in Spitälern hat. Sie bleibt etwa in der Bühnenmitte stehen, das wäre hier, wo wir diese zwei Bänke hingestellt haben. Würdest du dich mal auf die Bank legen, Anna?«

Anna legte sich so auf die Bank, dass sie mit dem Gesicht zum Publikum gewandt war.

»Ganz schön hart«, sagte sie, »ich muss etwas unter dem Kopf haben.« Sie stand nochmals auf, holte ihren Mantel, rollte ihn zusammen und bettete ihren Kopf darauf.

Die Gruppe, welche das Stück probte, hatte sich in einem der Übungsräume der Schauspielschule versammelt. Nach einer Leseprobe war das die erste szenische Stellprobe, in der Mirjam versuchte, mit den Schauspielern ihr Konzept durchzuspielen.

»Sobald du, Livia, den Wagen durch die Tür geschoben hast, beginnst du, Anna, zu sprechen und sprichst diesen irren Text, und sprich ihn wie eine Irre.«

Anna schloss die Augen und stellte sich vor, sie sei in einer psychiatrischen Klinik interniert. Träumerisch und langsam sagte sie: »Ja, jetzt! Da ist es. Ich dachte die ganze Zeit an nichts. Es ging so hin, und auf einmal richtet sich *der* Tag vor mir auf. Ich habe den Kranz im Haar – und die Glocken, die Glocken!« Das mit den Glocken sagte sie ganz schrill und hielt sich dabei die Ohren zu. Dann warf sie den Kopf hin und her und begann ein Glockengeläute zu imitieren, das immer lauter wurde, bis sie es plötzlich abbrach. Dann hob sie die Hände und sprach: »Sieh, ich wollte, der Rasen wüchse so über mich und die Bienen summten über mir hin.« Sie bewegte ihre Finger und imitierte das Summen von Bienen. Auch das Summen wurde immer lauter und brach dann plötzlich ab. Mit dünner, hoher Stimme sagte sie: »Sieh, jetzt bin ich eingekleidet und habe Rosmarin im Haar. Gibt es nicht ein altes Lied: –«

Dann drehte sie den Kopf zu Mirjam und den andern Schauspielern, die auf Stühlen saßen, und fragte: »Hat denn jetzt jemand dieses Lied gefunden?«

Niemand hatte es gefunden.

»Hat es überhaupt jemand gesucht?« fragte Mirjam.

Es stellte sich heraus, dass es niemand gesucht hatte.

»Ich hol's mal auf dem Sekretariat«, sagte Jean-Pierre, ein dünner Blonder, der den Leonce spielte, »die Szene geht mich sowieso nichts an.«

»Und du meinst, dort liegen Volkslieder herum?« fragte Anna.

»Natürlich, dort liegt alles herum.«

»Aber bald wiederkommen, wir proben gleich den zweiten Akt!« rief ihm Mirjam hinterher.

»Na, da bin ich ja gespannt«, sagte Anna, »ich sing jetzt einfach irgendeine Melodie«, legte sich wieder hin und sang:

»Auf dem Kirchhof will ich liegen
Wie das Kindlein in der Wiegen ...«

Dann unterbrach sie die Gouvernante und sagte teilnahmsvoll zu ihr: »Armes Kind, wie Sie bleich sind unter Ihren blitzenden Steinen.«

»Hört mal«, sagte Mirjam, stand auf und ging zu ihnen hin, »ich glaube, wir machen das ganze noch stärker auf Irrenhaus. Du spielst das ja so verrückt, Anna. Wir geben dir, Anna, ein Anstaltskostüm und dir, Livia, eine Wärterinnentracht, mit Häubchen und dem ganzen Zeug, und dann bist du streng und eisig mit der irren Prinzessin, überhaupt nicht mitfühlend.«

Livia wandte ein, sie sei aber im Stück auf der Seite der Prinzessin und verhelfe ihr zur Flucht und wie denn die Stelle »Lieber Engel, du bist doch ein wahres Opferlamm!« gehen solle, wo es in Klammer heiße »*weinend*«?

Sie solle das Weinen spielen, um Mitleid vorzutäuschen, schlug Mirjam vor.

Aber wie sie den Schluss der Szene machen solle? »Mein Kind, mein Kind, ich kann dich nicht so sehen«, das seien doch mitleidige Worte.

Die könne sie genauso kalt und unnahbar sprechen; auch wenn sie beim Gedanken an die Flucht sage, sie habe da so etwas im Kopf, könne sie das ohne weiteres gefährlich klingen lassen, als wolle sie die Prinzessin umbringen.

Aber sie bringe sie ja nicht um, im Gegenteil, sie sage sogar »Es kann nicht so gehen. Es tötet dich.«

Um so überraschender, wenn sie nachher zur Verbündeten der Prinzessin werde.

Aber wieso denn diese Verstellung?

Ob sie es nicht einfach mal ausprobieren könne, fragte Mirjam. Sie ärgerte sich etwas über Livias Rechthaberei, und sie glaubte zu wissen, woher sie kam. Livia hätte lieber die Prinzessin gespielt und wollte ihr jetzt das Leben schwer machen.

»Kann ich schon«, sagte Livia schnippisch, »aber es sollte für mich auch einen Sinn machen.«

»Wenn's nicht geht«, sagte Mirjam, »lassen wir dich als Rotkreuzschwester auftreten, als komische Nummer, mit übertriebener Zuwendung und so. Das geht dann auf alle Fälle auf. Und noch etwas. Wir machen den Auftritt so, dass die Prinzessin mit dem Gesicht zur Gouvernante auf der Bahre liegt, also vom Publikum weg.

Das gefiel nun Anna nicht. So wie sie die Szene spiele, als Irre, müsse man doch ihre Mimik sehen.

Nein, die Gestik genüge, die Gestik und die Stimme, und um so stärker sei dann der Moment, wenn sie sich zum erstenmal umdrehe.

Und wann das sein solle, fragte Anna.

Das werden sie gleich herausfinden, wenn sie die Szene einmal durchspielen, sagte Mirjam, vielleicht dort, wo es heiße »*erhebt sich*«, oder sie solle doch beim Spielen zu spüren versuchen, wann sie sich gern zum Publikum drehen wolle.

Livia meldete sich nochmals und sagte, das mit der komischen Nummer könne Mirjam vergessen, das mache sie nicht.

Immerhin sei es eine Komödie, wandte Mirjam ein.

Das habe sie sowieso nicht begriffen, wieso das eine Komödie sein soll, sagte Livia, und sie werde jetzt also wie gewünscht die Variante »eiskalt« durchgeben.

»Wisst ihr, was das für ein Lied ist?« rief Jean-Pierre und schwenkte einen Zettel.

Natürlich wusste es niemand.

»Es heißt ›Treue Liebe‹ und geht auf die Melodie von ›Weißt du, wie viel Sternlein stehen‹. Die zwei Zeilen sind nicht der Anfang, sondern der Schluss des Liedes.« Er sang sie vor.

»Und das lag auf dem Sekretariat rum?« fragte Mirjam.

»Es lag im Internet rum, ich hab's schnell gegoogelt.«

»Danke«, sagte Mirjam, und sie müsse sich noch überlegen, ob das mit dem Liebeslied eine Bedeutung habe, aber Anna solle es einfach mal singen.

Anna legte sich anders hin und spielte den Anfang der Szene nochmals, etwas dramatischer als beim ersten Mal, machte das Glockengeläute nach und das Summen der Bienen und brach dann, statt das Lied zu singen, in Schluchzen aus, setzte sich auf und hielt beide Hände vor das Gesicht.

Schneidend sagte Livia: »Armes Kind, wie Sie bleich sind unter Ihren blitzenden Steinen.«

»Moment«, sagte Mirjam, »lass sie zuerst singen. Und Anna, das finde ich zu viel, und auch zu früh, um aufzustehen. Aber die Glocken und die Bienen sind sehr schön.«

Doch Anna saß auf den zwei Bänken, welche die Bahre markierten, und hörte nicht auf zu weinen.

Livia setzte sich neben sie und legte ihr den Arm um die Schulter, Mirjam kam dazu, strich ihr über die Haare und fragte sie: »Anna, was hast du denn?«

Anna schüttelte den Kopf. »Das Lied …« stammelte sie, »das Lied … die Melodie … es hat mich … umgehauen … tut mir leid.«

Alle standen nun in einem Halbkreis um sie herum, Mirjam reichte ihr ein Papiertaschentuch.

Anna wischte sich die Augen und schneuzte.

»›Weißt du, wie viel Sternlein stehen‹ – das war das einzige Lied, das mir meine Mutter gesungen hat, und ich war immer so glücklich dabei. Ich wusste nicht, dass das so tief sitzt.«

»Du kannst es singen, wie du willst, Anna, so wie vorhin, oder auch nur sprechen«, sagte Mirjam, »sollen wir eine Pause machen?«

»Gern«, sagte Anna.

Die Probe ging dann gut zu Ende, Thomas holte sie ab, sie hängte sich bei ihm ein, und sie gingen in Richtung Niederdorf, wo sie zusammen Nachtessen wollten.

»Wie ging's, als Prinzessin?« fragte Thomas.

Anna erzählte ihm von ihrem Einbruch und sagte, sie wisse nicht, ob sie wirklich Schauspielerin werden wolle. Eine Irre zu spielen, wirklich zu spielen, sei beängstigend, sie könne das nur, indem sie sich ganz fest vorstelle, verrückt zu sein.

»Und dann musst du einen Schritt zurück machen«, sagte Thomas.

»Müsste ich, natürlich, aber wenn ich spiele, komme ich mir irgendwie vor wie … wie ein Haus, bei dem alle Türen und Fenster offen stehen.«

»Darf ich sie wieder schließen?«

»Das hast du schon fast. Aber eins musst du offen lassen.«

»Wieso?«

»Für dich.«

Thomas blieb mitten auf einem Fußgängerstreifen stehen und küsste sie.

15

Ein paar Tage später saß Manuel gegen 18 Uhr allein im Wartezimmer seines Kollegen, des Tinnitus-Spezialisten Anton Mannhart, und wunderte sich über die Hässlichkeit dieses Raumes. Er hatte nichts gegen die Lithographien von Fritz Hug, dem Tiermaler, aber gleich drei davon kamen ihm als Überdosis vor. Die Störche, Rehe und Waldkäuze, so schön sie gezeichnet waren, wirkten seltsam unaktuell, wahrscheinlich hingen sie hier seit der Praxiseröffnung vor 25 oder 30 Jahren. Die Sessel mit dem grünen Bezug irgendeines Lederimitats waren etwas zu speckig, und das Weiß der Wände hinter den Sesseln war auf Kopfhöhe leicht abgedunkelt. Auch dass der »Nebelspalter« noch existierte, der neben dem »Tagblatt der Stadt Zürich« und der Schwerhörigenpublikation »dezibel« auf dem Wartezimmertischchen lag, erstaunte ihn, er hatte diese Zeitschrift, die sich als satirisch ausgab, nie gemocht und hatte geglaubt, sie sei schon lange eingegangen. Seit er seine Praxis an den Zürichberg verlegt hatte, lagen bei ihm Zeitschriften wie »Schöner Wohnen«, »Animan« oder »Swissboat« auf den Regalen.

Würde er, wenn er ihn nicht kennte, diesem Arzt trauen? Manuel nahm sich vor, sich morgen einmal wie ein Patient in sein eigenes Wartezimmer zu setzen. Sie unterschätzten wohl alle die Wichtigkeit dieses Eindrucks.

Auch dass jeder, der aus dem Sprechzimmer trat, am offenen Warteraum vorbeikam und sah, wer dort saß, fand Manuel unpassend, denn jetzt ging die Tür auf, und er hörte seinen Kollegen sagen:»Auf Wiedersehen, Herr Simonett.« Tatsächlich warf der Banker, der die Merkschrift »Tinnitus-Hilfe« in der Hand trug, im Abgehen einen Blick auf Manuel, grüßte ihn mit offensichtlichem Erstaunen und fragte ihn dann:»Haben Sie etwa auch eine Eisenbahn im Ohr?«

»Nicht direkt«, sagte Manuel lächelnd und ärgerte sich sogleich über diese Antwort. Deutlicher, so schien ihm, hätte er nicht ausdrücken können, dass auch er als Patient hier war.

»Grüß dich, Manuel.«

»Hallo, Toni.«

Sein Kollege Mannhart begrüßte ihn mit einem merkwürdig schwammigen Händedruck und bat ihn in sein Ordinationszimmer.

»Du hast ihn jedenfalls nicht entmutigt«, sagte Manuel, als sie drin waren, mit einer Kopfbewegung zur Türe hin, »er macht schon wieder Scherze.«

»Wir müssen den Verlauf abwarten«, sagte Mannhart, »ich geb dir gelegentlich Bescheid. Und was ist denn mit dir?«

Er war etwas älter als Manuel, knapp an der Pensionsgrenze, hatte gewelltes graues Haar und eine teilnahmsvolle Dauerfalte über der Nasenwurzel.

»Tja, was ist mit mir? Das wollte ich eigentlich dich fragen. Ich glaube, mich hat's mit einem Tinnitus erwischt.«

Und dann schilderte er ihm seine Symptome, zeigte ihm auch sein Audiogramm, das die bewährte Frau Weibel mit ihm gemacht hatte, und sein spezialisierter Kollege stellte ihm viele der Fragen, die Manuel seinen Patienten auch stellte, seit wann, permanent oder von Zeit zu Zeit, nur nachts, auch tagsüber, in welchen Situationen, Veränderung bei anderer Haltung des Kopfes, Störungsgrad, schlafstörend, konzentrationsstörend, Hörsturz, Lärmtrauma, Lärmbelastung im Alltag usw.; er verharrte länger beim Punkt, ob die Schläge, wenn er sie höre, pulssynchron seien, so dass vielleicht eine Angiographie angezeigt wäre, doch die Schläge hatten nichts mit dem Puls zu tun, sie waren zu schnell, Manuel imitierte sie, indem er mit den Fingerknöcheln dreimal auf die Tischplatte schlug, sagte, nach der Qualität der Töne gefragt, es klinge aber eher etwas heller, so, als schlüge man gegen eine sehr dicke Fensterscheibe.

Ob ihm denn zu diesem Geräusch etwas in den Sinn komme, fragte sein Kollege, und die Dauerfalte auf seiner Stirn vertiefte sich zur Furche. Selbstverständlich kam Manuel etwas in den Sinn, und ebenso selbstverständlich sagte er seinem Kollegen nichts davon, denn Schläge an eine Fensterscheibe hingen aufs Engste mit seinem Flecken im Reinheft zusammen, der niemanden etwas anging, und auch als jetzt die ganze psychologische Litanei kam mit Stress, Belastung, unbewältigten Problemen und unbestimmten oder bestimmten Ängsten, blieb Manuel, der seine Patienten immer ermahnte, diese Fragen ehrlich zu beantworten, so vage und ablehnend, als es irgendwie ging.

Sein eigenes Interesse am Phänomen des Tinnitus hatte erheblich nachgelassen, als sich einer seiner Patienten, ein Musiker, das Leben nahm, weil er die tägliche und nächtliche Folter durch den Lärm in seinen Ohren nicht mehr aushielt. Dieser und andere schwere Fälle hatten Manuel so zugesetzt, dass er begonnen hatte, Tinnitus-Patienten weiterzuweisen, bevor er sich mit ihnen auf eine lang andauernde Therapie einließ, von der er zum vornherein wusste, dass sie kaum Aussicht auf Heilung bot.

Ein Krebs war, auch wenn er tödlich endete, ein viel realerer Gegner, und die Patienten hatten dafür mehr Verständnis, ja sie akzeptierten ihn fast leichter als einen Tinnitus, bei dem man gegen ein Phantom kämpfte, ein Phantom mit großer Ausdauer und zermürbenden Kräften.

Eigentlich hielt es Manuel für eine Schande der Medizin, dass sie bei all den Fortschritten auf den verschiedensten Gebieten beim Tinnitus nicht viel weiter gekommen war als jener Franzose, der sich zu Beginn des 19. Jahrhunderts als erster ausführlich damit beschäftigt hatte und der seinen Tinnitus-Patienten z. B. empfahl, sich so oft wie möglich vor heftig knisternde Kaminfeuer zu setzen oder in eine lärmige Mühle umzuziehen, damit ihnen das Getöse in ihrem Ohr weniger auffiel.

Eine Zeitlang hatte er sich vorgestellt, dass es möglich sein müsste, neue Haarzellen auf die Basilarmembran zu implantieren, doch diese Idee scheiterte an der Winzigkeit der Härchen. Ob die Nanotechnologie, die in den letzten Jahren derart boomte, einmal dazu in der Lage sein sollte?

Auch Manuel hatte in erster Linie mit der Maskierung der Geräusche gearbeitet, hatte seinen Patienten Hörapparate mit Frequenzen gegeben, welche den Frequenzen der Störungen nahckamen, war im Übrigen stets pragmatisch vorgegangen und hatte keinen Lösungsansatz von vornherein verworfen. Wenn aber wieder eine Studie über eine neue Methode erschien, in der von 20 oder 30% der Patienten die Rede war, bei welchen eine deutliche Linderung eingetreten sei, und Manuel machte einen Versuch mit dieser Methode, waren seine Patienten zuverlässig bei den 70 bis 80%, die nicht darauf ansprachen. Er fühlte sich hilflos, und wenn die einzige Botschaft des Arztes an den Patienten war, er müsse sich an das Übel gewöhnen, war das eine Kapitulation vor dem Phantom. Diese Botschaft nannte man seit einiger Zeit Retraining, und einer ihrer bekanntesten Botschafter war sein Kollege Mannhart. Vor ihm saß Manuel Ritter nun zu seiner eigenen Überraschung und wollte dessen Meinung zur Tatsache hören, dass neuerdings jemand mit der Faust an sein Innenohr hämmerte.

Zweifellos, sagte dieser, handle es sich um einen Tinnitus, einen subjektiven, und die Plötzlichkeit, mit der er aufgetreten sei, wäre für ihn eigentlich ein Hinweis auf einen psychogenen Charakter; ob ihn nichts erschreckt habe in letzter Zeit, ein Problem, das auf einmal aufgetaucht sei, oder eines, das wieder akut geworden sei. Nein, sagte Manuel etwas ungehalten, und was denn wäre, wenn es ein solches Problem gäbe.

»Dann, mein Lieber, müsstest du dich dringend damit beschäftigen. Ich weiß nicht, wie es in deiner Praxis ist, aber ich habe mehrere Fälle erlebt, in denen die Symptome vollständig zurückgingen, als sich der Patient seinem Lebensproblem stellte.«

»20 bis 30%?« fragte Manuel spöttisch. »Dann bin ich bei den andern 70 bis 80. Wie meine Patienten auch immer, deshalb schick ich sie ja zu dir.«

Ja, er habe sich, ehrlich gesagt, etwas gewundert, weshalb er ihm diesen jungen Banker überwiesen habe, so ungewöhnlich sei der Fall ja auch wieder nicht.

»Er liebt seine Stelle«, sagte Manuel, »und er wird sie verlieren.«

»Nicht zwingend.«

»Meinetwegen. Zu 70 bis 80%, wie gesagt. Bei mir. Du kannst ihn vielleicht in den 20 bis 30%-Bereich lotsen. Der Patient hofft auf mich, und ich kann seine Hoffnung nicht erfüllen. So ist es, und nach dem Suizid meines Musikers ist mir der Tinnitus verleidet.«

»Dafür kommt er jetzt zu dir.«

»Wahrscheinlich will er sich rächen«, sagte Manuel. »Und? Was schlägst du vor?« Er versuchte ein Lächeln. »Das Büchlein ›Tinnitus-Hilfe‹ habe ich schon.«

»Hoffentlich gelesen.«

»Selbstverständlich. Geb ich meinen Patienten, die ich behalte, auch mit. Kein Wort dagegen.«

»Also, da du gegen die psychologischen Aspekte offenbar resistent bist, fangen wir mit einem Cortisonstoß an. 3 x 500 mg, nach 5 Tagen 3 x 250 mg, nach 10 Tagen kommst du wieder zu mir.«

»Na?« sagte Manuel, »ein Cortisonstoß?« Er nahm nicht gern starke Medikamente, Cortison schon gar nicht. Er verschrieb es bloß.

»Scheint mir schweregradadaptiert«, sagte Mannhart, »und nicht aussichtslos.«

Manuel lächelte. »Du meinst, 20 bis 30%? Gut, ich zähle auf dich. Hoffentlich läßt sich mein Innenohr damit umstimmen.«

Falls er nicht mehr in seine Praxis zurückgehe, gebe er ihm die Packungen gleich mit, sagte Mannhart und schob sie ihm über den Tisch. Leider müsse er sich verabschieden, da er einen Vortrag bei einer Tinnitus-Selbsthilfevereinigung halten müsse.

Er könne ja gleich mitkommen, scherzte Manuel, vielleicht sei er dort auch bald Mitglied.

Als er etwas später auf Mannharts Praxis-Parkplatz in seinem BMW saß, den Motor angelassen hatte und die Handbremse lösen wollte, hielt er einen Moment inne.

Es war ihm, als ziehe sich etwas um ihn zusammen. War das möglich, dass er ab jetzt mit einem Tinnitus leben musste, einem Tinnitus, der stark genug war, um ihn nachts zu wecken? Er wusste, was das bedeutete. Er sah die verhärmten Gesichter seiner langjährigen Geplagten vor sich, welche die Hoffnung auf Linderung aufgegeben hatten, und er sah seinen Musiker und hörte seinen letzten Satz in der letzten Konsultation: »Ich kann nicht mehr.«

Und war das möglich, dass er diesen Klopfgeist nur zum Verstummen bringen konnte, wenn er mit dem klar kam, was er jahrelang für sich behalten hatte und was sich nun auf einmal wie ein Lebensproblem gebärdete? Wäre das nicht eine Kraftloserklärung seines bisherigen, so ordentlich und harmonisch verlaufenen Lebens? Dieses Lebens, in dem ständig eine Lüge mitlief, eine Lüge, die ihm jederzeit zu Diensten war, wie auch vorhin wieder? Würde ihm jemand vorwerfen, egal in welchem Zusammenhang, er sei ein Lügner, würde er das als Beleidigung zurückweisen. Dabei war es so. Er war ein Lügner. Ein Feigling und ein Lügner. Manchmal. Wenn es nicht anders ging.

Was sollte er nur tun?

Sich jemandem anvertrauen?

Wem?

Wo war dieser Brief mit dem Foto?

Wer war Anna?

Wieso mußte sie ausgerechnet baseldeutsch sprechen?

Oder genügte das Cortison?

Als es dreimal an die Fensterscheibe klopfte, schloss er die Augen und biss auf die Zähne.

Dann rief eine grauhaarige Frau, die sich zum Beifahrerfenster hinuntergebeugt hatte, er solle entweder wegfahren oder den Motor abstellen, er verstinke hier den ganzen Hof mit seinem Auspuff.

Manuel löste die Handbremse und fuhr weg.

16

Manuel und Julia saßen im »Theater an der Sihl« und applaudierten. Sie waren umgeben von lauter Menschen, die ebenfalls applaudierten. Soeben hatte sich König Peter mit den Worten »Kommen Sie, meine Herren, wir müssen denken, ungestört denken!« von der Bühne ins Publikum begeben, war zwischen den Reihen durchgegangen und hatte immer wieder gemurmelt »Ich bin ich«, war manchmal vor einem Zuschauer stehen geblieben, hatte ihn mit dem Blick fixiert und dann gesagt: »Du bist du«, während sich der Staatsrat durch einen anderen Teil des Publikums gezwängt und, auf König Peter deutend, gemurmelt hatte: »Er ist er.« In ihrer Reihe hatte er Julia ins Auge gefasst und zum König hinübergerufen: »Sie ist sie!«

Und als Leonces Kumpan, der Taugenichts Valerio, in einem »Playboy«-Magazin blätternd, sein Schlusswort gesprochen hatte, in dem er Gott um Makkaroni, Melonen und Feigen, klassische Leiber und eine kommode Religion gebeten hatte, stellte sich der König zuhinterst im Publikum auf einen Stuhl und brüllte das erste Ergebnis seines ungestörten Denkens in den Saal: »Wir sind wir!« Darauf wurde der Massenjubel eines Fußballstadions eingeblendet, der in eine gewaltige Explosion überging, ein blendender Blitz leuchtete auf, dann gab es einen Blackout, und der Ton riss ab.

Es blieb fast eine Minute lang dunkel, niemand wagte sich zu rühren, erst als ganz langsam das Saallicht hochgefahren wurde, setzte Applaus ein, zögernd zuerst, dann immer kräftiger, schwappte über die Schauspieltruppe, die als Ganzes die Bühne betrat, schwoll in Wellen an, als die Akteure aus der Reihe einzeln vortraten, bei Valerio vor allem, einem übergewichtigen Sancho Pansa mit einem wunderbaren komischen Instinkt, aber auch bei Lena und bei Leonce. Er steigerte sich nochmals, als die Schauspieler der Regisseurin winkten, und als Mirjam kam, um sich zu verbeugen, erklangen »Bravo!«-Rufe, was Julia, die ebenso heftig klatschte wie ihre Umgebung, die Tränen in die Augen trieb, und auch wie ihre Tochter jetzt den Bühnenbildner und den Tontechniker und die Beleuchterin auf die Bühne holte, wärmte ihr das Herz, das Bühnenbild mit dem riesigen Märchenbuch hatte sie sofort angesprochen, es brauchte keinen Vergleich zu scheuen mit dem, was man im Schauspielhaus oder im Opernhaus sah. Als nun das ganze Team auf der Bühne stand, begann das Publikum zusätzlich mit den Füssen auf den Boden zu trampeln, etwas, bei dem Julia und Manuel nicht mitmachten, aber kein Zweifel, die Begeisterung über Aufführung und Inszenierung war groß. Natürlich waren Angehörige, Freundinnen und Freunde zahlreich an diesem Abend, doch das war mehr als nur ein Gefälligkeitsapplaus, der hier minutenlang weiterging.

»Was findest du?« fragte sie Manuel leise.

»Professionell«, sagte er, »absolut professionell. Und du?«

»Grandios.«

Die Premièrenfeier im Foyer, wo man Wein, Bier und Orangensaft ausschenkte und wo von Mirjams Klasse Schinkengipfel, Canapés, Parmesanstücke und Fleischspießchen offeriert wurden, war turbulent, und es war eine Stimmung wie nach einem gewonnenen Fußballspiel. Die Freude der Lehrer und Lehrerinnen der Akademie war die Freude der Trainer, die Freude von Mirjams Klasse war die Freude der Mannschaftskollegen, die Freude von Annas Klasse war die Freude des erfolgreichen Teams, die Freude der Eltern der Mitwirkenden war die Freude der Sponsoren und der Stolz auf das eigene Blut, auch die kleinste Rolle hatte ihren Fanclub, und so mischten sich die verschiedensten Triumphe zu einer Art Siegesfeier, deren Lärmpegel den Grad erreichte, der in den Gesprächen bereits das Verständnis von Konsonanten gefährdete, jedenfalls verstand Manuel einmal Lügner statt Büchner.

Manuel und Julia warteten vor allem auf Mirjam, Manuel mit einem Glas Orangensaft und Julia mit einem Weißwein in der Hand. Aber zuerst kamen Thomas und Anna auf sie zu, ein Paar, schoss es Julia durch den Kopf, ein richtiges Paar, Thomas hatte seinen Arm um Annas Hüfte gelegt.

»Sie waren großartig!«, sagte Julia, »einfach großartig!«

»Wirklich?« Anna konnte es noch nicht ganz glauben.

»Ich hatte Angst um Sie«, sagte Manuel.

»Dass ich den Text vergesse?« fragte Anna.

»Ach wo«, sagte Manuel, »gleich in Ihrer ersten Szene im Garten der Irrenanstalt. Sie spielten derart echt. Ich war richtig froh, dass Sie fliehen konnten.«

Anna wusste nicht, was sagen.

»Ich auch!« rief Thomas mit angehobener Stimme ins Getümmel, »wenn sie nur nicht draußen diesen elenden Prinzen gefunden hätte!« Er lachte, Anna lachte auch, dann wurde sie von einer Freundin am Arm gepackt, die sie sogleich abküsste, und Manuel sagte nur, »Wir sehen uns noch!«, bevor die beiden von der Partywoge verschluckt wurden.

»Na, Herr Doktor, was sagen Sie zu Ihrer Tochter?« Eine Schauspielerin mit wohlklingender tiefer Stimme legte ihre Hand auf Manuels Arm. Sie war im Ensemble des Schauspielhauses und unterrichtete auch an der Akademie.

»Die Väter sind immer begeistert«, sagte Manuel, »das ist übrigens die Mutter der Regisseurin – Julia, das ist Lea Losinger.«

»Freut mich«, sagte Julia »auf der Bühne hab ich Sie schon oft bewundert.«

»Was sagen denn Sie zur Inszenierung?« fragte Manuel.

»Hervorragend gemacht«, sagte die Losinger, »frisch, frech, phantasievoll und stimmig. Dieser Schluss, den hab ich so noch nie gesehen.« Sie trat etwas dichter an Manuel heran und kam mit dem Kopf so nahe an sein Ohr, als müsse sie ihm ein Geheimnis verraten. »Bei Büchner geht der König ja einfach ab, aber dass Mirjam nachher diesen Satz variiert, bis zum ›wir‹ – genial! Ich gratuliere!«

Manuel versuchte sich näher zu Julia zu stellen und sagte: »Gratulieren müssen Sie ihr – da kommt sie.«

Und bevor Mirjam, die auf ihre Eltern zusteuerte, diese erreichte, warf sich ihr Lea Losinger in den Weg, umarmte und küsste sie und schüttete ihr ganzes Lob über sie aus. Mirjam strahlte, sie stand da wie jemand, der eine Million gewonnen hatte und es noch nicht fassen konnte.

»Mama, Papa!« rief sie, »wie schön, dass ihr da seid!« und umschlang sie gleichzeitig.

»Ich bin überwältigt«, sagte Julia, »so schön! Ich freu mich für dich.«

»Sehr, sehr beeindruckend«, fügte Manuel hinzu, »damit bist du zur Regisseurin geworden.«

»Ich glaube, es hat allen gefallen«, sagte Julia, »man hört nur Gutes.«

»Wisst ihr was?« sagte Mirjam, »der Chefdramaturg vom Schauspielhaus war da und hat gefragt, ob ich Lust hätte, einen Fosse im ›Schiffbau‹ zu inszenieren!«

»Miri, du musst schnell zu uns rüberkommen!« sagte der Schauspieler, der Leonce gespielt hatte und der jetzt einen breitkrempigen roten Hut trug, nahm sie an der Hand und zog sie weg.

»Bis gleich!« rief Mirjam im Weggehen.

Mittlerweile erklang aus Lautsprechern Musik, irgendetwas Rockiges, das den Dezibelpegel nochmals ansteigen ließ.

Manuel beugte sich zu Julias Ohr. »*Was* soll sie inszenieren?«

»Einen Fosse!«

»Wer ist das?«

»Ein düsterer junger Norweger! Beziehungsdramen und so!« schrie Julia.

Als nun die jungen Leute in einer Ecke zu tanzen begannen und die Musik noch etwas aufdringlicher wurde, zogen es Manuel und Julia vor, die Feier zu verlassen.

»Ich bin ganz glücklich«, sagte Julia, als sie über die Seestraße nach Hause fuhren, »ich hätte nicht gedacht, dass es so gut wird.«

»Hast es ihr nicht zugetraut?«

»Und du? Sag mal ehrlich.«

»Ich war überrascht, ja. Dass sie so souverän mit einem

klassischen Stück umgeht. Dieser Molière kürzlich am Schauspielhaus war doch deutlich weniger gut. Oder täusch ich mich?«

Julia legte ihre Hand auf sein Knie.

»Vielleicht täuschen wir uns beide, weil es unsere Miri ist.«

»Dieser Kerl hat auch Miri zu ihr gesagt.«

»Du meinst Leonce? Vielleicht ist es auch seine Miri, was wissen wir?«

»Den hätt ich lieber nicht als Schwiegersohn.«

»Das macht dir Mühe, nicht, dass unsere Tochter nicht mehr deine Miri ist?«

»Nein, wieso?«, log Manuel. »Sie ist erwachsen. Und diese Inszenierung war ihre Doktorarbeit. Jetzt kann sie ihre Praxis eröffnen.«

»Hoffentlich läuft sie.«

»Immerhin hockt schon ein junger Norweger im Wartezimmer«, sagte Manuel, blinkte nach links und bog in die Spur ein, die nach Erlenbach abbog.

Er zuckte zusammen.

»Ist etwas?« fragte Julia.

»Nein, nein«, sagte Manuel und hielt vor der Ampel, die auf Rot stand.

Aber natürlich war etwas, und zwar immer noch dasselbe.

Es hatte dreimal an sein Innenohr geklopft.

17

Thomas saß am späteren Nachmittag in der S-Bahn nach Erlenbach.

Er hatte sich bei den Eltern zum Nachtessen angesagt. Unruhig war er, denn das, worüber er mit seinen Eltern sprechen wollte, war schon schwierig genug, und es war heute von einer neuen Nachricht überschattet worden, oder überstrahlt, er wusste noch nicht, was er davon halten und wie er darauf reagieren sollte, und hatte noch nicht einmal Anna etwas davon gesagt, die er erst morgen sehen würde.

Es war Mitte April, und die Temperatur war fast vorsommerlich. Die Natur lief ihrem eigenen Kalender davon. Apfel- und Birnbäume hatten den Höhepunkt ihrer Blüte schon überschritten, in vielen Gärten entlang der Bahnlinie waren verwelkte Forsythien zu sehen, ein Magnolienbaum verlor gerade seine rosa Blütenblätter, dafür war das Violett der Fliederbüsche und das helle Lila der Zierkirschen überall, und Glyzinien und Clematis eroberten Hausecken und Balkone. Das Kleidungsstück des Tages war das T-Shirt. Auf demjenigen von Thomas explodierte der Mount St. Helens.

Im vergangenen Winter war der Schnee praktisch ausgeblieben. In Pontresina hatte man nur unter massiver Zuhilfenahme von Schneekanonen die Diavolezza-Piste bis zur Talstation führen können, einige Langlaufloipen zogen sich als Kunstschneestreifen durch segantinibraune Wiesen, und das Tourismus-Büro organisierte Wanderungen mit Grilladen vor hoch gelegenen Alphütten, die sonst geschlossen waren. Trotzdem wurden viele Buchungen rückgängig gemacht, die Hotelbranche jammerte, die Zahlen der Abonnementsverkäufe der Bergbahnen wurden herumgeboten wie eine Katastrophenmeldung, einzig die Hallenbäder waren mit ihren Umsätzen zufrieden.

All die Plakate, mit denen für die Wintersportgebiete geworben worden war und auf denen sich Snowboarder vor gleißenden Bergketten aus stiebendem Pulverschnee in die Luft erhoben oder Skifahrer an jungfräulichen Hängen ihre Spuren zogen, hatten sich als Lügen erwiesen, denn es fehlte dazu eine Kleinigkeit, und das war der Rohstoff für den Wintersport, der Schnee. Bis Weihnachten *müsse* es einfach schneien, hatte Anfang Dezember ein Kurdirektor in einem Interview gesagt, als stelle er der Natur ein Ultimatum. Aber es hatte weder bis Weihnachten geschneit noch bis Ostern, die eben vorbei waren. Damit das Lauberhornrennen in Wengen durchgeführt werden konnte, hatte man anderthalb Tonnen Kunstdünger in den Kunstschnee gemischt, um ihn haltbarer zu machen. Jeder Landwirt, der eine solche Menge auf dieser Fläche ausgebracht hätte, wäre dafür gebüßt worden.

Je länger Thomas Umweltnaturwissenschaften studierte, desto weniger verstand er die Menschen. Die Fakten waren seit Jahren bekannt, aber niemand wollte wirklich etwas unternehmen, weder im privaten noch im öffentlichen Leben. In der Arktis ertranken bereits Eisbären, weil sie kein Packeis mehr fanden, das sie trug. Man war hierzulande gern bereit, das Fernbleiben der USA vom Kyoto-Protokoll zu verurteilen, obwohl man selbst weit davon entfernt war, dessen Ziele zu erreichen, und während der schweizerische Bundespräsident bei der Klimakonferenz in Nairobi eine weltweite CO_2-Abgabe vorschlug, würgte sein Parlament zu Hause am vierten Anlauf seit sechzehn Jahren zur Einführung ebendieser Abgabe, und von den Gegnern waren dieselben Argumente zu hören, welche der Präsident der Vereinigten Staaten immer zur Hand hatte, allen voran: dies schade der Wirtschaft. Thomas fragte sich, ob es anders geworden wäre, wenn Al Gore, dessen Film über die Klimakatastrophe zur Zeit durch die Welt tourte, seinerzeit den amerikanischen Wahlkampf gewonnen hätte oder ob er ebenso rasch zum Sachzwangverwalter kurzfristiger ökonomischer Interessen geworden wäre.

Vor dem Bahnhof Erlenbach standen zwei Isuzu Trooper, ein Cherokee Jeep, ein Subaru Four Wheel Drive und ein VW, drei davon mit laufendem Motor, alle in Erwartung von Heimkehrenden, die es abzuholen galt. Als ob gleich hinter dem Dorf die Wüste oder ein isländisches Hochmoor läge. Und wenn auch nur ansatzweise von einer stärkeren Besteuerung dieses ebenso unnützen wie schädlichen Wagentyps gesprochen wurde, erhob sich die Politik mit seltener Mehrheitsfähigkeit dagegen.

Aus dem Subaru winkte es, und Frau Ziegler, die etwas weiter oben wohnte, rief ihm zu, ob er mitfahren wolle. Von hinten legte sich eine Hand auf seine Schulter, und Pascal, der mit ihm zur Schule gegangen war, lachte ihn an. Er war in Offiziersuniform und trug seine graue Ausgangstasche, wohl mit der schmutzigen Wäsche darin.

»Schön, dass ihr eure Eltern nicht vergesst!«, sagte Pascals Mutter fröhlich, als sie beide einstiegen.

»Wo sonst gibt es eine solche Rindfleischpastete?« gab

Pascal zurück. »Und was machen die Vulkane?« fragte er Thomas mit einem Blick auf sein T-Shirt.

»Sie brodeln – was sonst? Und wie geht's der Landesverteidigung?«

Pascal grinste. »Ihr müsst keine Angst haben, wir üben täglich die Abwehr von Vulkanausbrüchen.«

»Mirjam soll so ein schönes Stück inszeniert haben«, sagte Pascals Mutter zu Thomas, der auf dem Rücksitz saß.

»Ja«, sagte Thomas, »Leonce und Lena. Wird noch heute und nächste Woche gespielt, Theater an der Sihl, Gessnerallee.«

Frau Ziegler seufzte. »Schade, dass das Parking Gessnerallee abgebrochen wurde, da konnte man immer gleich reinfahren.«

»Die S-Bahn bringt Sie auch hin«, sagte Thomas, »es sind 5 Minuten zu Fuß vom Hauptbahnhof.«

Dieser Hinweis war Thomas' Beitrag zur Minderung des CO_2-Ausstoßes an diesem Abend. Er fand es schwer, etwas zu sagen oder zu tun, ohne missionarisch zu wirken. Hätte er die Mitfahrt verweigern sollen mit dem Hinweis, er lehne diese Dreckschleudern ab? Hätte sich diese Beleidigung gelohnt, für die Klimaerwärmung? Das einzige, was sicher war, sie hätte zu einer Klimaabkühlung zwischen ihm und Pascal und dessen Familie geführt, die er alle ganz gern mochte. Thomas hatte begonnen, seine eigenen Unternehmungen immer einer Umweltverträglichkeitsprüfung zu unterziehen, aber eigentlich war die Sozialverträglichkeitsprüfung ebenso wichtig. Wenigstens fuhren seine Eltern keine Offroader. Doch natürlich hatten sie zwei Autos, Vater eins und Mutter eins.

Die Lasagne waren wunderbar. Julia kochte gern, wenn sie Zeit hatte dazu, und heute hatte sie Zeit gehabt. Es war Samstag, und sie freute sich, wenn eines ihrer Kinder zum Essen kam.

»Wer nimmt noch einen Löffel?« fragte sie und blickte aufmunternd in die Runde.

»Aus purer Fresslust«, sagte Manuel und hielt seinen Teller hin, »und weil eine Woche vorbei ist, und weil unser Sohn uns die Ehre gibt. Wer nimmt noch einen Schluck?«

Und da niemand nein sagte, füllte er die Gläser mit dem Rioja nach, von dem er gestern zwei Flaschen aus dem Keller geholt hatte.

Auch Thomas ließ sich ein zweites Mal schöpfen, und dann wollte Manuel nochmals anstoßen.

»Wir haben doch schon angestoßen«, wandte Julia lachend ein, als sie ihre Gläser hoben.

»Aber nur allgemein. Na, Thomas, worauf kann man denn mit dir anstoßen? Heraus mit der Sprache!«

»Ich habe ein Traumpraktikum bekommen«, sagte Thomas, »ein halbes Jahr in Mexiko City, bei einem groß angelegten Forschungsprojekt über die Luftqualität in der Stadt und der Umgebung, bis hinauf zum Popocatepetl.«

Nun klang der helle Glockenton der Gläser durch das Wohnzimmer, und Manuel und Julia begannen nach dem Wann und Wie zu fragen, und Thomas sagte ihnen, was er schon darüber wusste. Allzuviel war es nicht, denn er hatte dieses Praktikum erst an dritter Stelle auf seine persönliche Wunschliste gesetzt und hatte auch seine Bewerbung nicht mit der größten Sorgfalt eingegeben, da sich eine Kollegin und ein Kollege dafür interessierten, die er beide für qualifizierter hielt. Der Kollege, ein Tessiner, hatte sich aber kurzfristig entschieden, bei einer Studie über die Gesundheit der Kastanienbäume im Maggiatal mitzumachen, für die er angefragt wurde, und die Kollegin hatte ihre Anmeldung wieder zurückgezogen, als sie vernahm, dass eine Freundin in der U-Bahn von Mexiko City überfallen und ausgeraubt worden war.

Das Praktikum sollte im Sommer beginnen und bis Weihnachten dauern, und bevor Thomas die Rede darauf brachte, dass es wohl nicht ohne finanzielle Unterstützung der Eltern zu machen wäre, sagte sein Vater, wegen des Geldes brauche er sich keine Sorgen zu machen, das bezahle alles die Krankenkasse. Das war seine Formel, die er auch bei andern Gelegenheiten benutzte, wenn er sich auf seine gutgehende Praxis bezog.

Thomas war wieder einmal gerührt über die väterliche Großzügigkeit und überhaupt über die positive Reaktion der beiden.

Julia sagte, dann könnten sie ihn ja vielleicht in den Herbstferien besuchen. Mexiko gehöre schon lange zu ihren Traumzielen, und seltsamerweise sei es noch nie zu einer Reise dorthin gekommen. Sie hatte bloß einmal den südlichen Teil Lateinamerikas besucht, war in Bolivien, Peru und Ecuador gewesen, aber Mexiko sei eigentlich schon lange fällig, dort kämen ihre spanischen Lieblingsautoren her, Octavio Paz und Juan Rulfo, und auch das Haus von Frida Kahlo würde sie sich gern ansehen, ganz abgesehen von den Murales ihres Mannes Diego Rivera, vor allem diejenigen im Palacio Nacional müssen ja sehr beeindruckend sein.

Thomas staunte, was seine Mutter alles über Mexiko wusste. Seine Kenntnisse waren vergleichsweise bescheiden, namentlich die kulturellen. Ihn faszinierte vor allem die Möglichkeit, eventuell den Popocatepetl zu besteigen.

»Und während deine Mutter der Kultur nachrennt, könnten wir zwei ja auf den Popocatepetl«, sagte sein Vater, als hätte er seine Gedanken erraten, »soll ja nicht schwer zu besteigen sein, das wäre dann mein erster Fünftausender, und wohl auch mein letzter.«

»Was sagt denn Anna zu der Aussicht, dass du ein halbes Jahr wegfliegst?« fragte seine Mutter.

»Tja, eehm … Sie weiß es noch gar nicht.«

Das Mail aus Mexiko sei erst heute Vormittag gekommen, und er wolle mit Anna nicht am Telefon darüber sprechen, sondern erst morgen, wenn sie sich träfen.

Julia sagte, das könne einer Freundschaft auch gut tun, sie sei schließlich auch kurz, nachdem Manuel und sie sich verliebt hätten, ein Semester nach Salamanca gefahren.

Aber er habe sich doch gestern schon zum Essen angemeldet, sagte sein Vater, und zwar mit dem Zusatz, es gebe eine Neuigkeit zu besprechen. Was denn diese Neuigkeit sei.

Das sei eine Neuigkeit, die dazu beitrage, dass er noch gar nicht wisse, ob er die Praktikumsstelle in Mexiko überhaupt annehmen wolle.

»Was denn?« fragte sein Vater, »bietet man dir eine Professur an?« Er lachte über seinen Scherz und trank einen Schluck Rioja.

»Nein«, sagte Thomas, »Anna ist schwanger.«

Manuel stellte sein Glas abrupt ab und begann zu husten. Er hatte sich verschluckt und kam in solche Schwierigkeiten, dass Julia aufstand und ihm auf den Rücken klopfte.

»Das ist allerdings eine Neuigkeit«, sagte er heiser, als er wieder richtig atmen konnte.

»Eine schöne«, sagte Julia, »doch, eine schöne Neuigkeit, ein bißchen früh für euch beide, aber ich freue mich. Ihr seid ein gutes Paar.«

Manuel hob die Serviette zum Mund und hustete nochmals, dann fragte er vorsichtig: »Aber – sie will doch das Kind nicht austragen?«

»Doch«, sagte Thomas, »das will sie.«

»Und ihre Ausbildung? Sie ist ja noch mittendrin.«

»Sie glaubt, dass das geht.«

»Hat sie dich hineingelegt?« fragte Manuel, und es klang hart.

Thomas errötete. »Nein, ich … ich hatte keine Kondome mehr, und es war das Ende ihrer Periode, also völlig unwahrscheinlich.«

Noch nie hatte er über so etwas Intimes mit seinen Eltern gesprochen, das hatten sie bisher immer vermieden.

»Das ist doch Unsinn«, sagte der Vater, »du gehst nach Mexiko, und dann kommst du gerade recht zur Geburt, oder wie?«

»Das weiß ich noch nicht«, sagte Thomas, »es kommt alles etwas überraschend.«

Das schließe sich einfach aus, sagte sein Vater, da solle er sich keine Illusionen machen, und eine Frau, die er erst so kurze Zeit kenne, könne doch nicht die Frau des Lebens sein, zu der sie sich mit diesem Kind offenbar machen wolle. Dass es ihr ihre Karriere verbaue, sei ihre Sache, aber dass es auch ihm die Karriere verbaue, sei wohl auch seine Sache.

Von Karriere verbauen könne keine Rede sein, erwiderte

Thomas, die seinige hänge bestimmt nicht davon ab, ob er ein Praktikum bei diesem oder einem anderen Projekt mache, und eine Abtreibung sei keine Kleinigkeit, da müsse schon Anna selbst darüber bestimmen.

Eine Abtreibung sei überhaupt keine Sache, zu diesem Zeitpunkt sowieso nicht, und er gebe ihr die Adresse eines Kollegen, der so etwas einwandfrei mache und ihr auch gleich sage, bei wem sie vorher das Zeugnis holen müsse, dass es für sie nicht zumutbar sei.

»Warum so heftig?« fragte Julia, »ein Enkelkind, weißt du, wie schön?«, um dann, zu ihrem Sohn gewandt, weiterzufahren, »ich würde dich und Anna jedenfalls unterstützen, so gut ich kann.«

Ihre Augen schimmerten, als sie das sagte.

Manuel starrte entgeistert auf seine Serviette.

18

F ür mich?«

Mirjam war überrascht. Anna hatte ihr ein Päcklein zuge-
schoben, kaum dass sie sich auf den Stufen niedergelassen
hatten, die aus dem Ufer der Limmat eine Einladung zum
Nichtstun machten.

Es war der Sonntag nach der letzten Aufführung von »Leonce und Lena«, und am frühen Nachmittag saßen viele
junge Leute hier, sonnten sich oder liebkosten einander,
rauchten oder hörten aus ihren umgehängten iPods Musik,
zu der sie die Hände oder Füsse oder den ganzen Oberkörper leicht bewegten. Etwas weiter weg saß ein Dunkelhäu-
tiger mit einer farbigen Wollmütze, dessen Finger unglaublich virtuos über eine winzige Trommel wirbelten. Es war so
warm, dass einige der Männer mit nackten Oberkörpern da-
saßen, und einige der Frauen in einem Bikini-Oberteil. Am
Steg der Bootsvermietung herrschte ein beachtlicher Peda-
loverkehr, und vom See her war ab und zu das Hupen eines
Dampfschiffes zu hören.

Anna hatte Mirjam bei der Dernièrenfeier am gestrigen
Abend gefragt, ob sie sich heute hier treffen könnten.

Mirjam öffnete das Päcklein, das mit einem roten Band
mit Goldrändern zugeschnürt war, und war entzückt. Darin lag, neben einem durchsichtigen Säckchen Schokolade-
truffes, ein kleiner Stoffeisbär.

»So schön!« rief Mirjam, »Danke, Anna!« Sie küsste sie.

»Und Truffes, meine Lieblinge!« Mirjam öffnete das Säcklein, hielt es Anna hin, die eins herausnahm, und nahm sich dann selbst eins.

»Und womit hab ich das verdient?« fragte sie, während sie die Schokoladekugel im Munde zergehen ließ.

»Deine Inszenierung war sehr wichtig für mich. Es war meine erste größere Rolle –«

»– du hast es wunderbar gemacht, Anna, ich denke, du hast noch vieles vor dir!«

»– und es wird auch meine letzte sein.«

Mirjam erschrak. Wie denn, was denn, wieso denn.

Es sei ihr klar geworden, entgegnete Anna, dass sie keine Schauspielerin sei.

Aber sicher sei sie das, sagte Mirjam.

Nein, nein, das habe sie ja schon in der ersten Probe gesehen, als sie wegen dieses Liedchens habe weinen müssen. Das alles nehme sie viel zu stark her. Es gelinge ihr nicht, die Distanz zur Rolle zu gewinnen, die sie zu spielen habe. Sie *sei* die Figur, anders gehe es gar nicht. Und das mache sie fertig.

Das komme dann schon mit der Zeit, das sei auch eine Frage der Routine, versuchte Mirjam zu trösten.

Anna schüttelte den Kopf.

»Am schlimmsten war für mich die Stelle: ›Wo ist deine Mutter? Will sie dich nicht noch einmal küssen? Ach es ist traurig, tot und allein.‹ Nie konnte ich sie sprechen, ohne an meine Mutter zu denken, ich spürte jedesmal einen Kloß im Hals, ich kämpfte jedesmal mit den Tränen, und ich fürchtete mich jedesmal davor. So kann man nicht spielen.«

»Es gibt noch andere Rollen.«

»Gretchen? Die Kindsmörderin? Solveig von der dritten hat mich gefragt, ob ich in ihrem Urfaust das Gretchen spielen wolle.«

»Du wärst super, das weiß ich.«

»Gib dir keine Mühe, Mirjam, ich werde im Sommer in die Regieklasse wechseln. Ich glaube, das ist etwas, was ich kann. Beim Theater möcht ich eben schon gern bleiben.«

Ja, Regie mache Spaß, sagte Mirjam, das habe sie jetzt gemerkt, aber leiden müsse man wohl genau gleich wie beim Spielen, bis man dran glaube, dass man seine Ideen auch umsetzen könne und dass sie etwas taugen. Sie finde es natürlich schade, wenn Anna nicht mehr spielen wolle, aber wenn sie sich das überlegt habe, sei es wohl richtig, dass sie so weitermache, man könne ja nie wissen, was noch alles komme.

Allerdings, sagte Anna, das wisse man wirklich nie, und sie habe Mirjam treffen wollen, weil sie ihren Rat brauche.

Das mit der Regieklasse halte sie für einen guten Weg, sagte Mirjam.

Darum gehe es nicht, sagte Anna, es gebe da ein größeres Problem.

Mirjam war erstaunt. Was denn das für ein Problem sei?

»Ich bin schwanger.«

Mirjam ergriff ihre Hand.

»Von Thomas?« fragte sie leise.

Anna nickte. »Ein Missgeschick. Ungeschützt, am Ende meiner Mens.«

Mirjam war baff. Lange Zeit sagte sie nichts, ließ aber Annas Hand nicht los.

»Seit wann weißt du es?«

»Seit vierzehn Tagen.«

»Und weiß es Thomas?«

»Ja, und deine Eltern auch. Und jetzt weißt es auch du.«

»Danke«, sagte Mirjam und streichelte Annas Hand. »Und jetzt? Was machst du?«

»Ich weiß es nicht. Ich weiß es nicht. Ich weiß es nicht.«

Dann erzählte sie Mirjam, dass sie zuerst gedacht habe, sie wolle es austragen, dass dann aber Thomas sein Praktikum in Mexiko bekommen habe, das von Sommer bis Weihnachten gehe und dass er dann wohl etwa zur Zeit der Geburt zurückkäme und sie den entscheidenden Teil der Schwangerschaft ohne ihn bestehen müsste und überhaupt, wie sollte sie mit einem Kind die Schule weitermachen, und wenn sie im Sommer ein Jahr aussetzen würde, hätte sie Angst, den Anschluss zu verpassen. Und außerdem hätten sie und Thomas überhaupt nie davon gesprochen, wirklich zusammenzubleiben, es sei einfach sehr schön gewesen mit ihm, und das alles sei so schwierig.

»Aber du könntest es dir wegmachen lassen.«

»Sicher könnte ich das, und euer Vater hat Thomas schon die Adresse eines Kollegen gegeben und der Psychiaterin, die mir das Gutachten machen würde.«

Wie denn ihre Eltern reagiert hätten, wollte Mirjam wissen.

Thomas habe ihr erzählt, dass die Mutter ihre Hilfe versprochen habe für den Fall, dass dieses Enkelkind zur Welt käme, während der Vater ganz entschieden für eine Abtreibung gewesen sei.

»Er will wahrscheinlich nicht Großvater werden, das gleicht ihm«, sagte Mirjam, »aber dass Mutter dabei wäre, finde ich schön.«

Und wie Thomas reagiert habe?

Der habe sich zuerst gefreut und es als Zeichen angesehen, dass sie beide zusammengehörten, aber als das Praktikumsangebot aus Mexiko gekommen sei und auch als sie darüber gesprochen hätten, was es für ihre Ausbildung bedeute, sei er zunehmend unsicher geworden. Weder er noch sie seien ja mit ihrem Studium zu Ende.

Da wären sie natürlich nicht die einzigen, sagte Mirjam.

Ja, sagte Anna, aber das mache den Entscheid nicht leichter.

Sie seufzte, Mirjam seufzte auch, der Trommler begann zu seinen Rhythmen auch noch zu singen, lange, hohe Töne mit nur wenigen Variationen, weiter gegen den See hin bildete sich ein Gekreisch und Geflatter von Möwen um eine ältere Frau, die mit einem kleinen Kind Brotstücklein in die Luft warf.

»Ich weiß nicht, was ich sagen soll. Außer dass es für mich eine Megafreude wäre, wenn du zu unserer Familie kämst und mir eine Nichte oder einen Neffen mitbrächtest.«

»Sicher?«

»Sicher. Aber entscheiden musst natürlich du selbst.«

Es sei zuviel für sie, sie komme allein nicht weiter.

Mirjam hatte eine Idee. »Wir gehen in die Gessnerallee rüber. Ich habe noch den Schlüssel zum kleinen Proberaum, da ist heute sicher niemand.«

»Und dann?«

»Dann proben wir zwei Szenen.«

Eine halbe Stunde später saß Mirjam auf einem Klappstuhl vor einem Podest, und Anna saß auf dem Podest an einem Tisch. Eine Stehlampe daneben war das einzige Licht im verdunkelten Raum. Ein zweiter Stuhl am Tisch war leer.

»Also«, sagte Mirjam, »wir machen ein Minidrama. Es heißt ›Die Abtreibung‹. Du bist eine junge Frau, die schwanger wurde und bei einer Psychiaterin ist, von der sie eine Bescheinigung will, dass sie ihr Kind abtreiben darf. Wir sind an der Stelle, wo dich die Psychiaterin gefragt hat, ob du es dir gut überlegt hast und ob du wirklich keinen andern Weg siehst. Bitte.«

Anna schaute schweigend auf den Tisch, eine Minute, zwei Minuten. Dann hob sie den Kopf und sagte leise: »Natürlich gibt es einen andern Weg. Es gibt immer einen andern Weg, Frau Doktor.« Sie lächelte, weil sie merkte, dass sie sich auf das Spiel eingelassen hatte. Dann sagte sie entschiedener und etwas lauter: »Aber ich will ihn nicht gehen. Das ist der Punkt. Er führt in die Gefangenschaft. Ich will nicht die Gefangene eines Kindes werden und mich nach seinem Willen richten müssen und aufstehen, wenn es nachts schreit, und bei ihm bleiben, wenn es mich anschaut und ich gehen will, denn ich bin ja noch in meiner Ausbildung, ich muss immer wieder gehen, oder kann ich es zu Ihnen bringen, Frau Doktor, zum Hüten, wo sind die Tagesmütter, die Leihmütter, denen ich das Kind geben kann, damit ich *mein* Leben weiterverfolgen kann, meine eigenen Pläne, nicht die des Kindes? Wir schließen uns aus, wir zwei. Ich lebe vom wenigen Geld, das mir meine Mutter hinterlassen hat, die so oft nicht zu Hause war, wenn ich sie brauchte. Das ist nichts für mich.«

»Aber Frau Anna«, sagte Mirjam aus dem Halbdunkel, »solche Ängste hat jede junge Frau vor dem ersten Kind.«

»Ich bin nicht jede junge Frau!« rief Anna heftig, »ich bin ich! Ich! Und ich will nicht, dass ein Kind jetzt meine Zukunft organisiert für die nächsten zwanzig Jahre und mir sagt, mit wem ich zusammenleben soll und was ich überhaupt tun muss, klar?«

»Es ist klar, Frau Anna, beruhigen Sie sich«, entgegnete Mirjam, »Sie bekommen die Bescheinigung, ich wollte nur sicher sein, dass es Ihnen ernst ist.«

Dann sagte sie zu Anna: »Gut, die erste Szene ist beendet. Wir kommen zu Szene zwei. Der Vater deines Freundes, ein Arzt, hat dich um eine Unterredung in seiner Praxis gebeten. Bereit?«

»Bereit.«

Nun sagte Mirjam mit etwas tieferer Stimme: »Ich wollte Sie nur fragen, Anna, ob alles in Ordnung ist.«

Anna schaute lange ins Halbdunkel und nickte dann: »Ja, Herr Dr. Ritter, ich bekomme die Bescheinigung, es ist alles in Ordnung. Für Sie.« Dann machte sie eine lange Pause und schrie: »Aber für mich nicht! Für mich ist nichts in Ordnung, hören Sie? Ich will dieses Kind!«

»Aber warum nur, Anna?«

»Weil alles dagegen spricht, deshalb! Ich bin noch in der Ausbildung – na und? Ihr Sohn soll ein halbes Jahr nach Mexiko – na und? Ich wollte dieses Kind nicht, aber das Kind wollte mich – oder sich! Ich habe meine Mutter nie so gehasst, wie wenn sie mir sagte, ich sei ihr Wunschkind. Kinder sollen unerwünscht kommen! Ich will eine andere Mutter sein als meine Mutter eine war! Ich kann das.«

»Das können Sie später immer noch, Anna.«

»Wer weiß, ob später noch ein Kind zu mir kommen will? Wieso wollen Sie es mir wegnehmen, das Kind, Herr Dr. Ritter? Wissen Sie, was eine Abtreibung ist?« Anna erhob sich von ihrem Stuhl.

»Ein kleiner medizinischer Eingriff, ambulant und ohne –«

»Mord. Abtreibung ist Mord«, sagte Anna fast tonlos und zutiefst erschrocken, »und ich will keine Mörderin sein. Und jetzt gehen Sie. Ich muss meinen Mann anrufen.«

Anna zog ihr Handy hervor und wählte die Nummer von Thomas.

»Ich bin's, hallo. Thomas, ich wollte dir nur sagen, du kannst machen, was immer du willst, du kannst nach Mexiko gehen, oder auch nicht, ich weiß nicht, wer du bist, aber ich liebe dich – und ich behalte das Kind.«

19

Como está, señor?«

Mercedes stand im Türrahmen von Manuels Arbeitszimmer im oberen Stock. Sie trug einen farbigen Poncho, hatte eine schwarze Melone auf dem Kopf, die leicht schief saß, und hielt eine Biscuitschachtel in ihrer rechten Hand.

»Bien, gracias«, antwortete Manuel lächelnd. Viel mehr konnte er auf Spanisch gar nicht.

»No, doctorcito«, sagte Mercedes, indem sie zu seinem Schreibtisch kam. »Usted no va bien, lo ven mis ojos.«

Sie zeigte auf ihre Augen als Garanten ihrer Wahrnehmung, dass es Manuel nicht gut ging.

Und so war es. Seit Annas Auftauchen hatte sich etwas in ihm eingenistet, gegen das er vergeblich mit der ganzen Gewandtheit seiner Ironie antrat. Angst und Kummer saßen, ungebetene Gäste, in den Gemächern seiner Gefühle und ließen sich durch keine Tricks hinauskomplimentieren. Und als der Tinnitus dazukam, zogen sie ihre Familien nach, Beklemmung, Sorge, Panik, und sie hielten zusammen wie Migranten aus einem tristen fernen Land, mit denen Manuel nichts zu schaffen hatte und die nun einen Anteil von seinem Glück einforderten.

Natürlich war dies Julia nicht entgangen, und er musste ihr von seinem Tinnitus erzählen, auch davon, dass er deswegen einen Kollegen aufgesucht und sogar einem Cortisonstoß zugestimmt hatte, in der vagen Hoffnung, damit zur

20%-Erfolgsquote zu gehören. Gestern war die zehntägige Behandlungsdauer abgelaufen, und heute Nacht war er um drei Uhr erwacht, weil es geklopft hatte.

Ein klein wenig kam ihm der Tinnitus allerdings auch gelegen, diente er doch zur Maskierung seiner Besorgnis, die etwas anderem galt. Julia gegenüber hatte er gesagt, er empfinde es als Niederlage seiner ganzen Tätigkeit als Ohrenarzt, dass er nun selbst zum Opfer eines Symptoms werde, das er so oft erfolglos zu behandeln versucht habe.

Was er selbst denn einem Patienten mit Klopfgeräuschen geraten habe, hatte ihn Julia gefragt.

Einfacher seien natürlich die rauschenden und sirrenden Hörstörungen, sagte Manuel, sogar Eisenbahnen und Motorengeräusche, die an- und abschwellen, seien leichter zu ertragen, weil sie den akustischen Hintergrund unseres Alltags bilden, aber Klopfen und Hämmern gehöre zum aggressiveren Teil und habe ihn immer besonders ratlos gemacht. Eine Frau, und jetzt musste Manuel ein bißchen lachen, eine Frau vom Zürichberg übrigens, die mit einem Hammerschlag-Tinnitus zu ihm gekommen sei, habe ihm auf seine Nachfrage hin sofort gesagt, dass sie eigentlich am liebsten eine Lehre als Schreinerin gemacht hätte, aber dann ins Gymnasium gesteckt worden sei, und der habe er empfohlen, sich eine kleine Werkstatt einzurichten und mit Schreinern zu beginnen, was sie auch getan habe, und tatsächlich habe sie sich durch die Geräusche weniger gestört gefühlt, und wenn er sich recht erinnere, seien sie sogar ganz verschwunden, dies sei schon länger her, gehöre aber zu seinen wenigen Highlights auf diesem Gebiet.

Natürlich fragte ihn Julia sogleich, wie es denn bei ihm

sei, ob er vielleicht auch eine verborgene Schreinerseele habe, doch Manuel hatte von jeher eine Abneigung gegen das Handwerken gehabt, er brachte es schon beim Einschlagen von Bildernägeln fertig, sich auf den Daumen zu hauen oder den Hammer fallen zu lassen, so dass sich die Frage erübrigte. Das feine Führen von Operationsbesteck allerdings war eine andere Klasse von Begabung, über die er durchaus verfügte.

Julias Frage nach einer psychotherapeutischen Beratung hatte Manuel ziemlich schroff verneint, er sei ja wohl kein Psychiatriefall, war seine Antwort, und Julia wusste, dass es sinnlos war, weiterzubohren.

Aber langsam befürchtete er tatsächlich, er könne einer werden, denn sein veränderter Zustand musste so offensichtlich sein, dass er nicht einmal ihrer Putzfrau entgangen war, obwohl sie ihn in dieser Zeit höchstens zweimal gesehen hatte.

Heute war Freitag Abend, und Mercedes war nur seinetwegen gekommen. Sie hatte Julia gefragt, ob sie für den Doktor eine Mesa machen dürfe, um ihm gute Kräfte zu schicken, und Julia hatte die Frage an Manuel weitergereicht, zusammen mit der Erklärung, dass eine Mesa ein kleines Brandopfer für die Pachamama sei, den großen Geist der Natur.

Ob sie ihm das Haus anzünden wolle, hatte Manuel gefragt, und Julia hatte ihm von den vielen kleinen Salzteigfigürchen erzählt, die sie auf dem Markt in Cochabamba an den Ständen der Zauberer gesehen hatte, und die sich die Menschen kauften, um durch ihr Verbrennen die Erfüllung eines Wunsches zu erwirken. Der beste Tag für ein solches Opfer war der Freitag, und der beste Ort dafür war Manuels

Arbeitszimmer, und so hatte er auf Drängen Julias mit einem Achselzucken und den Worten »Gut, dann machen wir das!« versprochen, am Freitag Abend da zu sein.

Nicht dass er sich wirklich etwas davon versprach, er hatte mit indianischen Ritualen schon zweifelhafte Erfahrungen gemacht.

Unter Esoterikanhängern war es zum Beispiel Mode geworden, einen Pfropf mit einer sogenannten Ohrkerze auflösen zu wollen, worunter ein Wachsröhrchen zu verstehen war, das man sich ans Ohr hielt und dann das Ende anzündete. Die Hopi-Indianer, so hieß es, lockten so durch die entstehende Wärme und den Luftsog das Schmalz aus dem verstopften Gehörgang. Das mochte zwar in leichten Fällen gelingen, aber er hatte auch schon heikle Verbrennungen des Trommelfells behandeln müssen, die durch geschmolzene Wachstropfen entstanden waren.

Hier handelte es sich jedoch um etwas anderes, in dem er keine Gefährdung sah, und da er sich im Umgang mit Tinnitus eine pragmatische Haltung angewöhnt hatte, war er mit ein bisschen Rauch in seinem Zimmer einverstanden. Auch Julias Argument, damit könne er Mercedes eine Freude machen, hatte ihm eingeleuchtet. Mercedes wusste wohl, was sie an ihm und Julia hatte, und war erpicht darauf, ihrerseits einmal etwas Besonderes für sie tun zu können.

»Siéntese, doctor, siéntese!« sagte sie, als er zur Begrüßung aufstehen wollte, setzen solle er sich, bedeutete sie ihm, und genau dort bleiben, wo er war, hinter seinem Schreibtisch. Dann stellte sie sich vor ihn, hob die Blechschachtel mit beiden Händen vor ihr Gesicht, senkte den Kopf und schloss die Augen. Lange blieb sie so stehen, wortlos, und Manuel blickte auf ihren seltsamen schiefen Hut, unter dem der schnurgerade Scheitel zu sehen war, der exakt auf der Mitte ihres Schädels verlief und ihre schwarzglänzenden Haare in zwei gleiche Hälften aufteilte. Der Poncho, den sie umgelegt hatte, prangte in wunderbaren Farben, und an einem Lederbändel, den sie um den Hals trug, baumelte eine weiße Tierpfote. Das war ein anderer Anblick, als wenn sie in einer abgetragenen getüpfelten Schürze auf der kleinen Leiter stand und mit einer Ajaxflasche in der einen und einem Lappen in der andern Hand die Fensterscheiben reinigte, und je länger sie so vor ihm stand, desto weiter entfernte sie sich von der Frau, die bei ihnen zum Putzen angestellt war, und wurde zu einer unvertrauten priesterlichen Figur in einer Art Messgewand. Er schüttelte leicht den Kopf, aber etwas verbot ihm, darüber zu lachen. Auch wagte er nicht, etwas zu sagen.

Auf einmal hob Mercedes den Kopf, drehte sich abrupt um, ging zielbewusst auf das Büchergestell zu und sagte: »Aquí!« Sie stellte die Schachtel in der Nähe der Eckwand des Gestells zu Boden, maß mit den Augen nochmals die Distanz und räumte dann einen Teil der untersten zwei Regale aus, indem sie die Bücher auf das Tischchen in der Mitte des Zimmers schichtete. Es war vor allem ältere Fachliteratur.

Manuel verfolgte dies mit einer gewissen Besorgnis, er verstand nicht, weshalb sie ihr Opferfeuerchen nicht z. B. auf der Tischplatte entzünden wollte, versuchte auch einen Einwand, aber Mercedes hob sofort abwehrend beide Hände und schaute ihn mit einem Blick an, den er noch nie an ihr gesehen hatte.

Dann öffnete sie die Schachtel, entnahm ihr ein weißes Brettchen, auf dem verschiedene kleine Figuren und Gegenstände angeordnet waren, und deponierte es auf dem Tischchen.

Die Schachtel stellte sie umgekehrt auf den Teppich, legte den Deckel so darauf, dass die Ränder nach oben schauten, und machte aus einigen Feueranzünderröllchen in der Mitte ein kleines Reisigbett, auf das sie vorsichtig ihr Opferbrettchen hob. Danach zupfte sie Salbeiblätter von einem verdorrten Zweig, den sie bei sich hatte, und verstreute sie auf dem Brett. Jetzt zog sie ein Briefchen Streichhölzer hervor, doch bevor sie eines entflammte, sagte sie zu Manuel: »Doctor, jetzt gut Idee, was du wollen, bien?«

Manuel nickte und murmelte kleinlaut: »Bien, bien.«

Und als nun ein kleines Schmorfeuerchen zu brennen begann, über dem Mercedes, die im Schneidersitz danebensaß, ihren Salbeizweig so schwenkte, dass sich ein feiner Rauch gleichmäßig im Zimmer verteilte, ein Rauch, der überraschend gut und würzig duftete, überlegte sich Manuel, was er eigentlich wollte, und natürlich wusste er das schon lange, auch ohne dass eine Indiofrau mit einem Zweiglein in seinem Zimmer herumwedelte. Er wollte Klarheit darüber, wer Anna war. Dann würde vielleicht auch wieder Ruhe in seinem Ohr einkehren.

Durch den Opfernebel des Altiplano schaute er auf den Zürichsee hinaus, an dessen Ufern nach und nach die Lichterketten angingen und über den ein festlich beleuchtetes Ausflugsschiff glitt. Ein bleicher Halbmond hing so fern am Himmel, als sei er mit der Erhellung anderer Welten beschäftigt.

»Gut Idee, doctorcito?« fragte die Stimme aus Bolivien.

Manuel nickte lächelnd. »Gut Idee, Mercedes.«

Dann stützte er seinen Kopf auf die Hände und schloss die Augen.

Als er sie wieder öffnete, stand Mercedes vor ihm. Die Biscuitschachtel war geschlossen und stand auf dem Tischchen, die Bücher waren ins Regal geräumt. Immer noch hing ein feiner Nebel im Zimmer, und immer noch roch er betörend gut.

Mercedes hielt ihm einen gelben Umschlag hin.

»Estaba detrás de los libros«, sagte sie und deutete auf die unteren Reihen des Büchergestells. »Documentos?«

»Gracias«, sagte Manuel, nahm ihn und legte ihn auf den Tisch, »muchas gracias.«

»De nada, doctor, de nada«, sagte Mercedes, »qué Dios te bendiga«, küsste ihn auf die Stirn, ging dann zum Tischchen, nahm die Schachtel an sich und verließ das Arbeitszimmer.

Manuel blieb eine ganze Weile im Halbdunkel sitzen. Er war schon lange nicht mehr so ruhig und entspannt gewesen.

Endlich zündete er seine Tischlampe an, musste sich ein paar Sekunden an das Licht gewöhnen und machte dann den gelben Umschlag auf.

Darin war der Brief.

Bevor er ihn öffnete, horchte er auf. War das möglich, dass im Garten um diese Zeit noch Krähen krächzten?

20

Das Fest löste sich langsam auf.

Man hatte sich zum 80. Geburtstag von Julias Mutter in einem Ausflugsrestaurant zusammengefunden, dessen bis auf den Boden reichende Fenster den Blick auf den oberen Zürichsee freigaben, auf die Berge, die sich von seinem südlichen Ufer erhoben, Etzel, Fluhbrig und Aubrig, und die Kette der Glarner und Innerschweizer Alpen dahinter, vom Glärnisch über den Drusberg und den Clariden bis zum weißglänzenden kleinen Dreieck des Titlis.

Als die Kellnerin mit der großen, aufgeklappten Sperrholzschachtel um den langen Tisch herumgegangen war, hatten sich Julias Vater und Mutters Bruder und auch Julias Bruder eine der Havanna-Zigarren daraus gegriffen und trotz der sanften Proteste von Julias Mutter angezündet, und ein feines Gewölk begann nun die obere Tischhälfte zu überziehen; mit den Sonnenstrahlen, die sich darin brachen, sah es aus, als ob sich ein Tiefdruckgebiet ankündige, und das schöne Wetter draußen machte den Aufenthalt im Säli immer unerträglicher.

Die jungen Menschen hatten bereits die Flucht ergriffen und vergnügten sich in der Minigolf-Anlage, die zum Gelände des Restaurants gehörte. Thomas hatte, auf die ausdrückliche Einladung seiner Mutter, Anna mitgebracht, und sie, Mirjam und ihre beiden Cousinen Ladina und Luisa schoben die Bälle nun lachend über den Parcours von künstlichen

Bodenwellen, gekrümmten Rampen und läppischen Teichlein, nicht weil sie passionierte Golferinnen gewesen wären, sondern weil es da oben die einzige Vergnügungsmöglichkeit war. Thomas begleitete sie mit einem Notizblock, in dem er ihre Resultate aufschrieb.

Indessen verharrte die Gruppe der Ältesten und der Viererklub der nächsten Generation im Zigarrendunst, denn es wurden nun noch Schnäpse und Liköre angeboten. Julias Tanten, die zwei Schwestern ihres Vaters, bestellten sich beide einen Grand Marnier, Julias Onkel, Mutters Bruder also, entschied sich fröhlich für einen Grappa, und Julias Vater wollte den Quittenschnaps probieren, der hier als Spezialität galt, nur Julias Mutter verlangte einen Pfefferminztee. »Fährst *du?*« fragte Julias Bruder Gino seine Frau Letizia und schloss sich dann der Quittenschnapsbestellung an, während sowohl Julia als auch Manuel bei ihrem Mineralwasser blieben.

»So bleibt man schlank, nicht?« scherzte Julias Bruder, »täusche ich mich, oder hast du abgenommen?« fragte er seinen Schwager Manuel.

»Kann schon sein«, antwortete Manuel, »weißt du, was ein Hometrainer ist?«

»Siehst du, das täte dir auch gut«, sagte Letizia zu ihrem Mann, der nun mit gerötetem Blick eine Havanna-Wolke ausstieß und zufrieden auf den Quittenschnaps schaute, der ihm eingegossen wurde. »Bis zum zweiten Strichlein«, ermunterte er die Kellnerin, und als Letizia hörbar seufzte, sagte er, Mama werde schließlich nicht alle Tage 80.

Mama indessen saß erstaunlich frisch und heiter zuoberst am Tisch neben ihrem Mann, inmitten von Kirschstengeln,

Pralinés und Rosensträußen, vor sich den halben Geburtstagskuchen mit den acht ausgeblasenen Kerzen (für zehn Jahre eine Kerze), ein farbiges Couvert mit einem Gutschein für eine Woche Ferien für zwei Personen in einem Hotel in Pontresina und eines Zopfs in Form einer Bettschere, welche ihr Mirjam und Thomas gebacken hatten.

»Auf unser Geburtstagskind!« rief Gino, hob sein Gläschen in die Richtung seiner Mutter, und alle taten es ihm gleich, nippten dann ein bißchen an ihren scharfen Getränken, während Gino für seine zwei Strichlein nur einen einzigen Schluck brauchte.

Julias Eltern bewohnten immer noch das Haus in Fällanden, obwohl dessen Unterhalt zunehmend mühsamer wurde. Der Altersunterschied zwischen Vater und Mutter betrug sieben Jahre, und der Hausarzt von Julias Vater hatte Manuel gegenüber schon das Wort »dement« benutzt. Er stand manchmal morgens um fünf auf und zog sich an, um seine Kanzlei in Zürich aufzusuchen, die schon seit zwölf Jahren einem andern Rechtsanwalt gehörte. Seine Frau musste den Autoschlüssel sorgfältig verwahren, um sicher zu sein, dass er nicht plötzlich losfuhr. Seinen Fahrausweis hatte er abgeben müssen, als er mit 80 Jahren vor einem Rotlicht auf einen stehenden Wagen aufgefahren war.

Das Geburtstagskind hatte also nicht nur für ein Einfamilienhaus zu sorgen, das für zwei Menschen zu groß war, sondern auch noch für einen Menschen, welchem die Kenntnisse des praktischen Lebens immer mehr abhanden kamen. Brachte aber Julia das Gespräch auf einen Umzug, taten das ihre Eltern mit dem Satz ab, das könne man dann immer noch machen, wenn es einmal Zeit dazu sei. Prospekte von Alterswohnungen und Seniorenresidenzen, welche sie ihnen mitbrachte, waren bei ihrem nächsten Besuch jeweils verschwunden, dafür wurde sie immer häufiger um Chauffeurdienste angegangen, für Zahnarzt- oder Physiotherapiebesuche. Wieso sie kein Taxi nähmen, fragte Julia jeweils am Telefon, und wenn Mutter das Wort wie eine Zumutung wiederholte, schrie ihr Vater aus dem Hintergrund ins Gespräch, das sei sauteuer. Da ihr Bruder Gino als Elektroingenieur bei den Engadiner Kraftwerken arbeitete und mit seiner Familie in Zernez wohnte, hatte sie die ganze Last der Elternpflege zu tragen.

Früher hatte sich Julia vorgestellt, wenn die Kinder einmal erwachsen wären, warte nochmals ein großes Stück Freiheit auf sie, sie sah das wie eine Belohnung für das Älterwerden an. Statt dessen war es offenbar so, dass dann die noch Älteren bestimmten, was man nun zu tun hatte. Nachdem Manuels Eltern gestorben waren, der Vater vor vier Jahren und die Mutter vor zwei, galt es, ihr ganzes Haus zu räumen, eine Arbeit, die wegen der beruflichen Belastung Manuels und dessen Bruder Max weitgehend an ihr und ihrer Schwägerin hängen geblieben war und welche Julia zeitweise mit einer unglaublichen Wut auf all den Ramsch erfüllte, den ihre Schwiegereltern in ihrem viel zu geräumigen Haus, in Dachboden, Keller und Garage gehortet hatten, und ihr Herz hüpfte, wenn Schirmständer, Bilderrahmen, Schuhkästen, Nachttischchen und Ständerlampen in die Abfallmulde vor dem Haus krachten.

Julia schaute durch den Nebel zum oberen Tischende und wurde auf einmal von einem Grauen gepackt, einem Grauen vor der Zeit jenseits von 80. Onkel Markus, der ältere Bruder ihrer Mutter, war allein gekommen, weil seine Frau mit Alzheimer im Pflegeheim war und niemanden mehr kannte, oft nicht einmal mehr ihren Mann, und von den zwei Schwestern ihres Vaters war die eine geschieden, die andere verwitwet, sie lebten allein in ihren Fünfzimmerwohnungen und langweilten sich, die eine in Burgdorf, die andere in St. Gallen, ließen sich das Essen von der »Spitex« bringen und dachten nicht daran, vielleicht zusammenzuziehen, um sich gegenseitig zu unterstützen oder in ein Altersheim zu gehen, wo sie einige Sorgen los wären. Die eine sah fast nichts mehr und konnte höchstens noch eine halbe Stunde am Tag lesen. Julia hatte ihr letzthin einen tragbaren Radioapparat mit einem Kassettenspieler gebracht, damit sie sich das reichhaltige Vorleseprogramm der Blindenhörbücherei zunutze machen könnte, doch ihre Tante zitterte derart, dass sie es nicht mehr fertig brachte, eine Kassette in den Recorder einzuschieben.

War das ihre Zukunft, diese steinernen Gäste, die sich jetzt oben am Tisch mit angehobenen, brüchigen Stimmen über künstliche Hüftgelenke, Oberschenkelhalsbrüche und »Wetten, dass …?« unterhielten, sofern sie sich überhaupt noch verstanden und nicht einfach vor sich hin starrten, in die Rauchwolken vor ihren Gesichtern, wie ihr Vater?

»Wollen wir nicht noch eins singen?« schlug Julia plötzlich vor, verzweifelt fast.

Ratlose, überraschte Gesichter.

»Was denn für eins?« fragte Gino spöttisch.

»Mama, du kannst wünschen«, sagte Julia, und zu ihrem Erstaunen stimmte ihre Mutter mit schöner, klarer Stimme an »Hab oft im Kreise der Lieben«, und sofort fielen ihr Bruder und die beiden Tanten ein, »im duftigen Grase geruht«, und als es an den Refrain ging, sang sogar ihr Mann mit, mühelos eine Terz tiefer, »und alles, alles ward wieder gut.«

Weder Julia noch Manuel noch Gino noch Letizia konnten den Text und die Melodie auswendig, summten ein bißchen mit und hörten verwundert, zu wieviel Schönheit das greise Grüppchen noch imstande war, es war ihr, als habe jemand mit einem Zauberstab an eine Felswand geklopft, aus der nun auf einmal eine Quelle sprudelte.

Als die Jungen vom Minigolf zurückkamen, standen sie vor den hohen Fensterscheiben still und blickten in das neblige Säli hinein, aus dem ihnen ein Lied entgegenklang, »Wir sitzen so traulich beisammen und haben einander so lieb«.

»Das gibt's ja nicht«, sagte Ladina, »jetzt singen die.«

»Sie können es wenigstens«, sagte Mirjam.

Anna spürte einen Kloß im Hals. Sie hatte sich entsetzlich unwohl gefühlt an der Geburtstagsfeier. Thomas' Großvater hatte sie, als sie ihm vorgestellt wurde, mit den Worten begrüßt: »Aha, gibt's Urenkel?« was von Julia mit einem halb verständnisvollen, halb vorwurfsvollen »Aber, aber, Papa!« kommentiert wurde. Anna hatte nie ein solches Fest erlebt, von ihren Großeltern kannte sie nur die Mutter ihrer Mutter, und die war fast in ständigem Streit mit ihrer Tochter gelegen, solange diese noch lebte.

In dieser Familie, hatte sie gedacht, als sie am Tisch saß, wären keine drei Leute miteinander befreundet, wenn sie die Wahl hätten.

Manuel und Julia hatten ihr das Du angetragen heute, aber beim Gedanken, sie werde nun ein Mitglied dieser Gemeinschaft, schauderte sie. Und die Alten, was wollten sie noch, außer Urenkeln? Da saßen sie, die Todeskandidaten, und sangen ein Lied wie einen letzten Wunsch, »ach, wenn es nur immer so blieb!« Das war es, was sie wollten, es sollte einfach immer so bleiben. Unmögliches verlangten sie, zweistimmig, Unmögliches und Grauenvolles. Als sie weitersangen »Es kann ja nicht immer so bleiben hier unter dem wechselnden Mond« kicherten die beiden Kusinen, »Gott sei Dank!«, sagte die eine zur andern, aber Anna spürte wieder ihren Kloß und wusste nicht, warum sie Lieder so anrührten. Nun winkte ihr Thomas' Großmutter durch die Fensterscheibe zu, glücklich, rosarot, das Geburtstagskind.

Wie gut, dass mir das mit dem Lied in den Sinn gekommen ist, dachte Julia. Hoffentlich singen sie nicht noch ein drittes, dachte Gino.

Als sie später begannen, sich zu verabschieden, sagte Manuel zu Anna: »Haben wir eigentlich deine Telefonnummer?«

21

Nein, das ist nicht meine Mutter.«

Manuel stand mit Anna am Fenster seiner Praxis. Gestern hatte er sie gegen Abend angerufen und gefragt, ob sie zufällig Zeit habe, über Mittag kurz bei ihm vorbeizuschauen, er wolle sie etwas fragen. Mehrmals hatte er diesen schweren Satz für sich durchgemurmelt, um ihm am Telefon die größtmögliche Leichtigkeit zu verleihen. Offenbar war ihm dies gelungen, denn Anna war ohne Arg darauf eingegangen und kurz nach zwölf bei ihm erschienen.

Sie hatten sich auf die Patientenstühle vor seinem Schreibtisch gesetzt, und er hatte sie nach ihrem Gesundheitszustand gefragt und wollte wissen, bei welcher Ärztin sie in Kontrolle sei und ob alles in Ordnung sei mit der Schwangerschaft, hatte auch nochmals seine Hilfe angeboten für den Fall, dass sie sich anders entscheide. Dies hatte er sich so zurechtgelegt, damit das Treffen seinem Sohn und allenfalls auch Julia gegenüber unverdächtig war und als Wahrnehmung seiner ärztlichen Verantwortung durchging.

Ein bißchen hatte sich Anna gefürchtet hinzugehen, fand es aber dann richtig und notwendig, vor ihrem möglichen Schwiegervater Position zu beziehen. Bei der Geburtstagsfeier war kein Raum für solche Gespräche gewesen, doch nach dem, was sie von Thomas wusste, war sie mit der Erwartung gekommen, Manuel versuche sie zu einer Abtreibung zu bewegen, und war in Gedanken nochmals die Szene durchgegangen, die sie mit Mirjam geprobt hatte. Es erstaunte sie, dass Manuel sie einzig fragte, ob sie sich ihren Entschluss gut überlegt habe, worauf sie antwortete, so etwas könne man sich schon überlegen, aber letztlich entscheide das Gefühl.

»Ich hoffe, dein Gefühl trügt dich nicht«, sagte er dann.

»Das hoffe ich auch«, sagte Anna. Sie versuchte die direkte Anrede wenn möglich zu vermeiden, da ihr das Du mit diesem Mann nicht leicht fiel.

Dann lachte Manuel fast spitzbübisch und sagte, letzthin sei ihm beim Aufräumen alter Patientengeschichten ein Foto in die Hände geraten, das er von einer Frau bekommen habe, welcher er sehr geholfen habe, und diese Frau habe ihn sofort an sie erinnert. Er stand auf, nahm von seinem Schreibtisch das Foto und hielt es ihr mit der Frage hin, ob das etwa ihre Mutter sei, vielleicht sogar mit der kleinen Anna auf dem Schoß.

Anna war auch aufgestanden, war mit dem Foto einen Schritt zum Fenster getreten, und dann hatte sie den erlösenden Satz gesagt.

»Nein, das ist nicht meine Mutter.«

Manuel war überwältigt, überwältigt wie damals, als er nach einem stundenlangen Aufstieg im Licht des Vollmonds den Gipfelgrat des Montblanc erreichte und gleichzeitig die Sonne aufging.

Er hätte laut schreien mögen, aufspringen, tanzen wie ein Verrückter vor Dankbarkeit. Statt dessen lächelte er und sagte: »Nicht? Wäre ja auch ein Zufall gewesen.«

»Ein Zufall ist es trotzdem«, sagte Anna, »es ist meine Tante.«

Ein Sturmwind erhob sich in Manuels Ohr. Vor seinen

Augen wurde es Nacht. Er setzte sich auf den Schreibtisch und hielt sich mit den Händen an den Kanten. »Ihre Tante?« fragte er fast ohne Stimme.

»Ja, die Schwester meiner Mutter. Und das Kind ist meine Cousine.«

Manuel klammerte sich an den Tisch. Er wusste, dass er den Faden einer normalen Konversation nicht verlieren durfte. »Wie heißt es?« fragte er.

»Manuela.«

Weitersprechen, sagte sich Manuel, immer weitersprechen.

»Und kennen Sie sie – ich meine ... haben Sie Kontakt mit den beiden?«

Anna lachte. »Wir sagen doch du, nicht?«

Manuel nickte und machte eine fahrig entschuldigende Geste.

»Natürlich kenne ich sie. Kontakt habe ich zwar nicht allzuviel. Tante Monika hat vor etwa zehn Jahren einen Diplomaten geheiratet, der jetzt in Washington ist. Manuela besucht dort die Uni, ich glaube, Soziologie.«

Der Sturmwind ebbte etwas ab. Eine kleine Aufhellung. Wenigstens waren sie weit weg, beide. Weitersprechen, Manuel, weitersprechen, und locker!

»Wie hieß sie schon wieder, deine Tante?«

»Fuchs. Damals. Jetzt heißt sie Beck.«

»Ah, richtig ... Fuchs, Eva Fuchs.«

»Nein, Monika. Was fehlte ihr denn, als du ihr geholfen hast?«

Nun wurde Anna neugierig.

Manuel erschrak. Die Lüge hatte sich sofort gerächt.

»Ich, eehm ... ich glaube, ich sollte mich an das Arztge-
heimnis halten.«

Gerettet.

»Klar, schon gut – ich kann sie ja selbst fragen.« Anna lachte. »Die wird sich wundern.«

Achtung, Manuel, das musst du verhindern. Die darf sich
nicht wundern. Bloß – wie soll das gehen? Eben erst befreit,
saß er schon wieder in der Falle. Er sah keinen andern Weg,
als direkt zu werden.

»Anna«, sagte er heftig aufatmend, »ich habe eine Bitte.«

Anna gab ihm das Foto zurück, setzte sich und schaute ihn
an.

Manuel setzte sich ebenfalls. »Es wäre mir lieber, du würdest deiner Tante nichts erzählen.«

»Ah ja?«

»Ja. Es ist ... es ist jetzt etwas zu schwierig zu erklären,
aber ich bitte dich einfach darum.«

Anna war erstaunt. Aus der Autorität Dr. Ritter war unvermutet ein Bittsteller geworden, der etwas eingesunken vor
ihr saß.

»Gut, wenn du meinst ...«

»Das meine ich wirklich, Anna. Und es wäre mir auch
recht, wenn du es Thomas und meiner Frau gegenüber nicht
erwähnen würdest.«

Anna verstand immer weniger.

»Also, dass du einmal Tante Monika behandelt hast?«

»Ja. Bitte.«

»Dann hätten wir so etwas wie ein Geheimnis zusammen?«

»Nicht direkt. Es soll einfach unter uns bleiben.«

»Aber – wieso genau?«

Wie gesagt, das könne er ihr jetzt nicht alles erklären, er wäre einfach froh, wenn sie es vorderhand so halten könnte.

Sie werde es versuchen, sagte Anna und blickte auf ihre Füße, obwohl sie eigentlich Thomas gegenüber ungern Geheimnisse habe.

»Bitte«, sagte Manuel, und es schien ihr auf einmal, in seinem Blick habe sich Angst eingenistet.

Anna ging, nachdem sie die Praxis verlassen hatte, zu Fuß vom Zürichberg in die Stadt hinunter, um die Schauspielschule zu erreichen. Regelmäßig und genügend solle sie sich bewegen, so der Rat ihrer Gynäkologin.

Das Gespräch hatte sie verwirrt. Sein eigentlicher Gegenstand war nicht die Frage gewesen, ob sie das Kind behalten oder abtreiben solle; das Gespräch darüber war überhaupt nicht so verlaufen wie in der improvisierten Szene mit Mirjam, offenbar respektierte Manuel ihren Entscheid. Das hing sicher auch mit der klaren Haltung von Thomas zusammen. Dieser hatte sein Praktikum in Mexiko abgesagt; er hatte mit seinem Tessiner Kollegen gesprochen, und der hatte nun die Gelegenheit doch benutzt, nach Mexiko zu kommen, während sich Thomas vier Monate lang mit den Kastanienbäumen des Maggiatals beschäftigen würde. Seine Mutter hatte ihm bereits einen Schnellkurs in Italienisch angeboten.

Was sie noch nicht wussten, war, ob sie heiraten wollten. Damit eilte es weder ihr noch Thomas. Aber zusammenbleiben, das wollten sie, und das war die Hauptsache. Anna würde keine Alleinerziehende werden.

Sie kam an der Universität vorbei und bog in den Rechberg-Park hinter der Musikhochschule ein, einen terrassierten, stets gepflegten Garten mit alten Brunnen, verschiedensten Blumenrabatten und Spalierbäumen an den Kalksteinmauern.

Auf einer Bank war ein Schattenplatz frei, neben einer Studentin, die mit einem Markierstift in der Hand ein Buch las.

Anna setzte sich und schaute über die Stadt zur Horizontlinie der Uetlibergkette hinüber, über der ruhig eine große Sommerwolke dahintrieb, welche die Form einer Schildkröte hatte.

Soeben war ihr ein bißchen schlecht geworden.

Sie entnahm ihrem kleinen Rucksack eine Petflasche und trank ein paar Schlucke Wasser.

Bei diesem Treffen, so wurde ihr langsam klar, war es einzig und allein um das Foto gegangen, das Foto, das seltsamerweise die Schwester ihrer Mutter mit deren einziger Tochter zeigte. Ihre Tante Monika war demnach einmal Patientin bei Manuel gewesen. Das war zwar ein Zufall, aber an sich nichts Ungewöhnliches.

Das Ungewöhnliche war, dass Manuel dieses Foto so lange aufbewahrt hatte. Es war offenbar wichtig für ihn, so wichtig, dass seine Hände leicht zitterten, als er es ihr hingehalten hatte, das war ihr nicht entgangen. So wichtig, dass er daraus ein Geheimnis machte.

Also konnte es sich fast nur um eine Liebesgeschichte handeln. Eine Liebesgeschichte zwischen Manuel und ihrer Tante Monika, eine Liebesgeschichte, von der Manuels Familie nichts wusste und nichts wissen sollte. Anna lächelte bei diesem Gedanken, auch wenn sie an die Geburtstagsfeier vor zwei Tagen dachte, diese Harmoniebehauptung im Säli des Ausflugsrestaurants. Sie hatte Tante Monika immer gemocht und konnte durchaus verstehen, dass sie als junge Frau auf jemanden wie Manuel oder überhaupt auf Männer anziehend gewirkt hatte. Wie ihre Mutter erzog auch sie ihre Tochter Manuela allein, und zwei oder drei Mal, als sie noch klein war, waren sie alle zusammen in den Ferien gewesen, in Südfrankreich, wo ein Freund von Tante Monika ein Haus besaß. Dann hatten sich die beiden Schwestern zerstritten, und je länger Anna darüber nachdachte, desto wahrscheinlicher schien es ihr, dass damals Monikas Freund ein Auge auf ihre Mutter geworfen hatte.

Sie sahen sich dann fast nur noch an Weihnachten bei der Großmutter, und Tante Monika rief Anna immer etwa einen Monat vorher an, um sie zu fragen, was sie gerne lese oder was für Musik sie gerne höre, und schenkte ihr dann ein Buch oder eine CD, die ihr gefiel.

Sie bedauerte es, dass sie nie zu Manuela in die Ferien durfte, denn eigentlich hatte sie das Gefühl, bei Tante Monika sei es schöner als bei ihr zu Hause. Und als diese dann den Diplomaten heiratete, lebte sie zuerst in Stockholm, später in London und dann in Washington, und Anna beneidete ihre Cousine um die Möglichkeit, auf diese Weise die Welt kennen zu lernen. Sie hatte sie zuletzt bei Mutters Beerdigung gesehen, dort hatte Monika sie auch eingeladen, sie einmal in Amerika zu besuchen, wozu ihr aber irgendwie die Energie gefehlt hatte.

Manuel und Tante Monika ein heimliches Liebespaar – die Vorstellung begann sie immer mehr zu amüsieren.

Aber warum, fiel ihr plötzlich ein, warum hatte er dann ausgerechnet sie in das Geheimnis eingeweiht?

Ein Handy klingelte, und die Studentin neben ihr nahm

es so lange nicht ab, bis Anna merkte, dass es ihr eigenes war.

Es war Manuel, der ihr sagte, er habe noch etwas vergessen. Natürlich wäre er auch sehr dankbar, wenn sie Mirjam nichts von diesem Foto erzähle.

»Okay«, sagte Anna, »schon klar.«

Manuel bedankte sich sehr, und Anna schaute zur Wolke hinauf. Die Schildkröte hatte sich inzwischen in eine Schlange verwandelt. Anna begann sich zu ärgern. Manuel hatte sie, aus welchem Grund auch immer, zur Mitwisserin einer Lebenslüge gemacht, und nun sollte sie mitlügen. Und sie ließ sich das gefallen. Gut, nichts sagen heißt noch nicht unbedingt lügen, aber es war der erste Schritt dazu. Wenn Thomas sie fragen würde, was sie heute gemacht habe, sollte sie nichts vom Treffen mit Manuel sagen. Sie hatte ihm tatsächlich noch nichts davon gesagt, da sie sich weder gestern Abend noch heute Morgen gesehen hatten. Sie sollte auch Mirjam nichts davon sagen, genauso wenig wie Julia. Ihre Tante Monika fiel ebenfalls unter das Schweigegebot.

Und Manuela?

Anna lächelte.

Von Manuela hatte er nichts gesagt.

22

Mom, wieso heiße ich eigentlich Manuela?« Die Frage ihrer Tochter traf Monika unvorbereitet. Sie saß im Arbeitszimmer im ersten Stock ihres Hauses an der Garfield Street in Washington vor ihrem Laptop und suchte im Internet die Zeltplätze rund um den Mount St. Helens ab. Sie wollte Richard, ihrem Mann, der im Sommer 64 wurde, eine Besteigung dieses Vulkans schenken, für den er sich immer interessiert hatte. Der oberste Zeltplatz lag etwa 1000 Meter unterhalb des Kraterrandes, Richard war ein guter Wanderer, und die Wege wurden als problemlos geschildert, so dass es sicher ein besonderes Erlebnis sein musste, frühmorgens aus dem Zelt aufzubrechen und diesen schicksalshaften Berg zu erklimmen. Gerade hatte sie jedoch gesehen, dass immer nur eine begrenzte Anzahl von Touristen in den Park hineingelassen wurde, man sollte sich also rechtzeitig anmelden. Richard würde morgen aus New York zurück kommen, dann wollte sie mit ihm die Details der Reise besprechen.

Nun stand ihre Tochter im offenen Türrahmen, den sie fast ganz ausfüllte. Sie war einen halben Kopf größer als ihre Mutter und war massiv übergewichtig. Bis zu Monikas Heirat war Manuela das gewesen, was man ein herziges Mädchen nannte, groß schon damals, aber schlank, und das war sie auch in der ersten Zeit in Stockholm noch geblieben. Erst mit dem Umzug nach London, als sie 15 war, begann sie langsam Speck anzusetzen, musste Hosen und Röcke weiter machen lassen, um dann in Washington vollends in die Statur einer Kugelstoßerin hineinzuwachsen, ohne dass sie sich allerdings für Sport interessierte. Sie brauchte nun die Kleidergeschäfte für Übergrößen, an denen hier kein Mangel war, und Monika schmerzte der Anblick ihrer Tochter. Eigentlich verstand sie das nicht. Sie hatte immer auf eine ausgeglichene Ernährung geachtet, hatte das Birchermüesli auch im Ausland hochgehalten, so gut es ging, und sobald sie bemerkt hatte, dass Manuela nicht nur in die Höhe, sondern auch in die Breite wuchs, hielten Knäckebrote und Margarine Einzug auf den Frühstückstisch, doch dies hatte bloß zur Folge, dass Manuela in den Schulpausen um so gieriger Muffins, Donuts oder überladene Burgers in sich hineinfraß. Amerika war nicht unbedingt das Land, das zum Schlankwerden einlud, und Monika verabscheute den Kult der Größe, welcher hier auf Schritt und Tritt betrieben wurde. Die kleinste Portion Kaffee im »Starbucks« hiess bereits »Tall«, und bei Pizzas, Hamburgern und Sandwiches war sie meistens mit »Medium« schon überfordert, darüber gab es aber noch »Large« und »Extra Large« oder gar »Giant«. Die Vereinigten Staaten waren das Reich der vereinigten fettleibigen Riesen, und ihre Tochter war eine Bewohnerin dieses Reichs.

Jetzt stand sie unter der Tür, kauend, mit einem angebissenen »Milky Way« in der Hand.

»Wieso fragst du? Bist du nicht zufrieden mit deinem Namen?«

Monika versuchte etwas Zeit zu gewinnen.

»Doch, klar, ich möchte bloß wissen, wie du darauf gekommen bist.«

Monika spürte ihr Herz klopfen.

»Ach weißt du, damals hießen alle neugeborenen Mädchen Sandra, Barbara oder Daniela, und da du ja vor allem meine Tochter warst, wählte ich einen Namen, der wie der meine mit M anfängt und mit a aufhört, und natürlich gefiel er mir auch.«

»Okay, Mom.«

Sie steckte die zweite »Milky Way«-Hälfte in den Mund und drehte sich um.

»Hast du noch was vor heute Abend?« fragte Monika.

»Ich mach noch ein paar E-Mails«, sagte Manuela, »und dann will ich die Letterman-Show kucken. Kuckst du mit?«

»Vielleicht. Wer ist denn Gast?«

»Michael Moore.«

»Dann schau ich auch.«

Manuela ging die Treppe hinunter, und als von ihr nur noch der Oberkörper zu sehen war, drehte sie sich um und rief ihrer Mutter zu: »Anna aus der Schweiz hat gemailt, sie läßt dich grüßen.«

»Danke, gleichfalls!«

»Sie ist schwanger!«

Diese Nachricht kam von der untersten Treppenstufe.

Sofort stand Monika auf und ging zur Treppe. »Was hast du gesagt?«

Manuela drehte sich zu ihr um. »Anna ist schwanger.«

»Ah ja? Freiwillig?«

Manuela zuckte die Achseln, verschränkte ihre Hände über dem Treppengeländer und stützte ihren Kopf darauf.

»Warum hast du mir nie gesagt, wer mein Vater ist?«

Monika seufzte. Es war nicht das erste Mal, dass ihre Tochter diese Frage stellte, und es war nicht das erste Mal, dass ihr die Antwort darauf schwer fiel. Sie hatte sich das, als sie sich bei diesem Arzt in Zürich ihr Kind holte, einfacher vorgestellt. Damals hatte sie nur das Baby vor Augen gehabt, das Baby, das ihr manche ihrer Freundinnen mit verklärtem Lächeln hingehalten hatten, bis ihre Sehnsucht, selbst ein Baby in den Armen zu halten, unbezwingbar wurde, ein Baby, aus dem später ein fröhliches Lockenköpfchen würde, dem sie Pippi Langstrumpf erzählen würde, ein Baby, das sich bestimmt auch als Mädchen in ihrem kleinen Frauenhaushalt pudelwohl fühlen würde.

Diese Rechnung war nicht aufgegangen.

Schon im Kindergarten fragte Manuela, ob sie keinen Papa habe, und wenn sie ihr zur Antwort gab, es hätten eben nicht alle Kinder einen Papa, fragte sie, warum sie keinen habe. Der sei, nachdem er sie gemacht habe, weit weg gefahren und nicht mehr zurückgekommen, und sie wisse nicht, wo er wohne.

Diese Version hatte sie beibehalten, und als Manuela größer wurde, hatte sie ihr von einem Fest erzählt, an dem sie mit einem Fremden getanzt habe, den sie nachher zu sich nach Hause genommen habe, und am andern Morgen sei er weg gewesen, ohne seinen Namen oder eine Adresse zu hinterlassen, sie habe sich bei verschiedenen Leuten erkundigt, die auch auf dem Fest gewesen seien, aber niemand habe ihn gekannt, und er habe sich nie wieder gemeldet.

»War es wenigstens schön?« hatte Manuela einmal schnippisch gefragt.

»Aber sicher«, hatte ihre Mutter geantwortet, »wunderschön.«

Und als sie sich, entgegen allen ihren Erwartungen, in Richard verliebte, den sie auf einem Wirtschaftskongress kennen gelernt hatte, an dem sie als Dolmetscherin angestellt war, und als er sich, entgegen allen ihren Erwartungen, auch in sie verliebte und sie beschlossen zu heiraten, hatte sie zu Manuela gesagt: »Jetzt hast du einen Papa.« Doch Manuela weigerte sich, ihn Papa zu nennen, und benutzte, wenn sie zu ihm oder von ihm sprach, die Verkleinerungsform seines Namens, die auch ihre Mutter benutzte, Richi. Richard war ein paar Jahre älter als sie, hatte eine geschiedene Ehe hinter sich, war Vater zweier Söhne und war überhaupt nicht erschrocken, als ihm Monika gesagt hatte, sie habe eine Tochter.

Eigentlich, so Richard damals, habe er sich immer eine Tochter gewünscht und freue sich, auf diesem Wege noch zu einer zu kommen.

Doch die Erfahrungen mit der heranwachsenden Manuela waren ernüchternd. Sie ließ ihn immer spüren, dass er nicht ihr Vater war, sprach Freundinnen gegenüber vom Lover ihrer Mutter, was diese, als sie es einmal hörte, empörte. Sie sei verheiratet mit Richard, er sei nicht ihr Lover, sondern ihr Mann, und ob Manuela nicht merke, was sie ihm alles verdanke. Solche Wortwechsel pflegten damit zu enden, dass Manuela sagte, sie wäre lieber in Basel geblieben, mit Freundinnen, die zu ihr hielten, als alle vier Jahre in eine neue Stadt irgendwo in der Welt zu ziehen und dort irgendeine doofe deutsche Schule zu besuchen, mit lauter Kids von andern Nomaden, mit denen es gar nicht lohne, sich anzufreunden, weil alle sowieso nur auf Zeit hier seien. Oder, was für Monika noch schlimmer war, der Satz: »Wieso hast du mich nicht abgetrieben?«

Dann begann Manuela zu fressen, quoll immer mehr auf, und es war mit Händen zu greifen, dass sie unglücklich war. Und es war schwer, neben einer unglücklichen Tochter glücklich zu sein. Am schönsten waren für sie und Richard die Zeiten, in denen sie allein waren, also wenn Manuela mit der Schule auf einem Ausflug oder in einem Feriencamp war. Monika war als Teilzeitsekretärin auf der Botschaft beschäftigt, wo Richard als Wirtschaftsattaché arbeitete. Beide hatten insgeheim gehofft, dass Manuela ihr Soziologiestudium an einer Universität in einer andern amerikanischen Stadt aufnehmen wollte, aber Manuela zog es nicht nur vor, in Washington zu bleiben, weil sie an der Hubbard Universität studieren wollte, an der fast ausschließlich schwarze Dozentinnen und Dozenten unterrichteten, sondern auch weiterhin an der Garfield Street zu wohnen und nicht in einem Studentenheim in der Nähe des Campus. Es sei bequemer für sie, hatte sie gesagt.

Und da stand sie nun, unten an der Treppe, und stellte wieder einmal die Frage, von der sie genau wusste, dass sie keine Antwort darauf bekommen würde.

Dieser Fettkloß, dachte ihre Mutter, ich könnte sie umbringen. Und dann sagte sie so ruhig wie möglich den Satz, den sie schon so oft gesagt hatte: »Weil ich es nicht weiß.«

»Ich will es aber wissen.«

»Du weißt, dass ich es nicht weiß. Und was hättest du denn davon, wenn du es wüsstest?«

»Das weiß ich nicht. Es ist einfach ein Menschenrecht.«

»Es gibt wichtigere Menschenrechte«, sagte Monika unwirsch.

Du Schlange, dachte Manuela, ich könnte dich umbringen. Und dann neigte sie ihren Kopf etwas zur Seite, blickte ihre Mutter genau an und fragte sie: »Mein Vater heißt nicht zufällig Manuel Ritter?«

In Monikas Ohren begann es zu hallen, es war ihr, als ob dieser Name als mehrfaches Echo aus der Kuppel und der Krypta einer Kathedrale zurückgeworfen werde. Sie umklammerte mit der Hand den obersten Pfosten des Geländers, drehte sich schweigend weg und schaute zum Fenster hinaus auf die beleuchtete Straße hinunter, auf das Straßenschild »STREET ENDS – NO OUTLET«.

23

Viel Glück, Manuela«, sagte Anna, »ich warte hier auf dich« und setzte sich auf die Bank bei der Bushaltestelle, während Manuela auf den Neubau zuging, vor dem eine Tafel verkündete, dass hier Dr. Eduard Schwegler für dermatologische und venerologische, Dr. Stephan Zihlmann für urologische und Dr. Manuel Ritter für Ohren-, Nasen- und Halsprobleme zuständig seien. Es war kurz vor 17 Uhr.

»So you are a tourist?« fragte Frau Weibel, die Praxisassistentin. Manuela nickte.

Gerade hatte sie auf Englisch gesagt, dass sie schreckliche Ohrenschmerzen habe und froh wäre, wenn sie den Doktor sehen könnte.

»I must see, if the doctor has still time«, sagte Frau Weibel und bat sie, das Blatt mit den Personalien auszufüllen. Sie trug sich unter dem Geschlechtsnamen ihres Stiefvaters ein, Beck, Vorname Nela, und gab als Zürcher Adresse das Hotel Rütli am Central an. Dann wurde sie ins Wartezimmer gewiesen, wo sie sich setzte, mit der Hand am linken Ohr.

Es war Mitte Juli, Manuela wunderte sich über die Hitze. Sie trug nur eine leichte pinkfarbene Bluse und helle Leinenhosen, aber sie schwitzte. Jede Praxis dieser Art wäre in Amerika klimatisiert, die hier war es nicht.

Vor etwa zwei Monaten hatte ihre Cousine Anna ihr ein Mail geschickt, in dem sie ihr die Geschichte mit dem Foto erzählt und sie gefragt hatte, ob sie sich vorstellen könne, warum die Begegnung mit Dr. Manuel Ritter so wichtig für ihre Mutter gewesen sei, dass sie ihm damals ein Bild von sich und ihr geschickt habe. Sie vergaß nicht, Manuels Bitte beizufügen, dass sie, Anna, ihrer Tante Monika nichts davon erzählen solle.

Manuela war sofort klar, dass dies endlich die Spur war, die zu ihrem Vater führte. Es war ein harter Abend gewesen mit ihrer Mutter, Manuela war aufgebracht, dass sie so lange angelogen worden war, und Monika versuchte ihr begreiflich zu machen, dass sie diesem Mann versprochen habe, aus seinem Leben zu verschwinden und alles zu vermeiden, was ihm Schwierigkeiten machen könnte, schließlich habe er ja eine Familie gehabt.

Gehabt? Sein Sohn sei Annas Freund und der Vater ihres Kindes. Diese Mitteilung hatte Monika erschüttert, denn damit war eine Begegnung mit Manuels Familie fast unvermeidlich. Verzweifelt warb sie um Verständnis für ihre Situation.

Ob sie sich vorstellen könne, wie das sei, wenn es einfach nicht klappe mit den Männern?

Natürlich könne sie das, da genüge ihr ein Blick in den Spiegel!

Das sei nun eben ihre Art gewesen, dieses Problem zu lösen.

Lösen, hatte Manuela gesagt, lösen könne man das wohl nicht nennen, es müsse ihr doch klar gewesen sein, dass sie damit nur neue Probleme schaffe, und zwar happige.

Es waren endlose Gespräche voller Vorwürfe, die bis in die Morgenstunden dauerten, und die Wörter und Sätze, die das Zerwürfnis zu mildern vermocht hätten, wollten sich nicht einstellen.

Manuela war noch empörter, als sie am nächsten Tag vernahm, dass Richard die Geschichte ihrer Herkunft gekannt hatte.

Sie sei also ein Leben lang behandelt worden wie ein kleines Kind. »Ich bin betrogen«, hatte sie gesagt, »betrogen, really. Shit.«

Als sie dann ihren Plan bekannt gegeben hatte, in die Schweiz zu reisen, um ihren Vater zu treffen, bat sie Monika mit Richards Unterstützung inständig, dies nicht zu tun, sie könne damit eine Existenz ruinieren. Doch Manuela legte ihr Ticket auf den Tisch, das sie bereits gebucht hatte, und sagte, daran könne sie niemand hindern und sie sollten auch mal darüber nachdenken, ob sie vielleicht ihre Existenz ruiniert hätten mit dieser Lüge, und jedes Kind habe das Recht, seine Eltern zu kennen.

»Und wenn du deinen Vater kennst, was ist dann?« hatte Monika gefragt.

»Dann? Das weiß ich auch nicht«, hatte Manuela geantwortet, »aber es ist besser, als wenn ich ihn nicht kenne.«

Und nun trennte sie nur noch eine Türe oder eine Wand von ihrem Vater, und auf einmal fühlte sie sich wie ein Kind, das im Begriff steht, etwas Verbotenes zu tun. Möglicherweise hatte das wirklich üble Folgen für ihren Vater, wenn ihr Leben bisher ein Geheimnis geblieben war. Was sie vorhatte, kam einer Entlarvung gleich. Sie überlegte sich, ob sie sich schnell wieder davon machen solle. Aber dann dachte sie an die vielen Momente, in denen sie einen Vater in ihrem Leben vermisst hatte, und sagte sich, nein, jetzt gebe es kein Zurück, diese Begegnung habe sie zugut.

Unterdessen behandelte Dr. Ritter seinen letzten Patienten, einen Jungen, der nach einem Disco-Besuch einen Hörsturz erlitten hatte und dem er ein durchblutungsförderndes Medikament verschrieb, obwohl eine Reihe von amerikanischen Studien kürzlich ergeben hatte, dass dessen Wirkung keineswegs signifikant war. Aber der Bursche war beruhigt, als er hörte, dass man dagegen Tabletten einnehmen konnte. Manuel ermahnte ihn darüber hinaus, sich unbedingt Ohrenstöpsel einzusetzen bei seiner nächsten Disco-Party oder überhaupt bei lauter Musik, gab ihm auch ein Zweierpäcklein mit, gratis, wie er betonte, aus einer Präventionsaktion einer großen Krankenkasse.

Als ihn Frau Weibel am Telefon fragte, ob er noch eine amerikanische Touristin mit Ohrenschmerzen nehmen könne, sagte er, er komme gleich, und entließ seinen Hörsturz-Patienten.

Das Hämmern in Manuels Ohr hatte sich verstärkt. Es kam phasenweise in kurzen Abständen, und heute war es besonders arg. Gewöhnlich ebbte es nach einer Weile wieder ab, deshalb wollte er einen Moment warten. Eigentlich hatte er gehofft, es verschwinde ganz, als er die Gewissheit hatte, dass Anna nicht seine Tochter war. Seine Erleichterung darüber war groß, aber zugleich war ihm klar, dass er seinen Flecken im Reinheft damit nicht gelöscht hatte, im Gegenteil, er hatte ihn Anna gezeigt, und sie wusste nun etwas, das seine eigene Familie nicht wusste. Worum es genau ging, konnte sie zwar nicht wissen, aber es war klar, dass da etwas war, was Manuel verbergen wollte, und das war schlimm genug.

Er schaute auf die Hodler-Reproduktion an der Wand, mit dem Montblanc, der sich aus einem Wolkenring über dem Genfersee erhob. Einmal war er auf diesem Gipfel gestanden, in der Klarheit der Morgenfrühe, und um dieses Gefühl hätte er jetzt viel gegeben, in der letzten Zeit war er nur noch unter den Wolken. Es beruhigte ihn, sich mit halb geschlossenen Augen in den weißblauen Berg zu vertiefen. Er wusste nicht, wie lange er das Bild betrachtet hatte, aber das Pochen in seinem Ohr war leiser geworden.

Um so stärker erschrak er, als es dreimal an die Tür klopfte. Er seufzte. Es war also nicht vorbei. Er wusste, dass es sinnlos war, »Herein!« zu rufen, aber er stand auf, weil ihm in den Sinn kam, dass noch eine Patientin im Wartezimmer war.

Zu seiner Verblüffung stand direkt vor seiner Tür eine Hünin, die gerade die Hand angehoben hatte, um ein zweitesmal zu klopfen.

»Sorry«, sagte sie und ließ die Hand wieder sinken, »I didn't see your assistant anymore, and I just wanted to make sure you're still here.«

»Come in, please«, sagte Dr. Ritter und wies auf den Besucherstuhl. Manuela setzte sich und schaute ihn an, und sie musste sich gestehen, dass er ihr sofort gefiel. Sie wusste auf einmal nicht, was sie sagen sollte.

»So, you are American?« fragte Dr. Ritter, der sich ebenfalls gesetzt hatte.

Manuela nickte, sprachlos.

»From which part of the States?« fragte er weiter.

»Washington D.C.« sagte Manuela leise.

Dr. Ritter lächelte. »Oh, from the capital. And what's your problem?«

Actually, sagte Manuela, we can speak German, denn sie wohne zwar schon länger in Amerika, sei aber Schweizerin.

165

Aha, sagte Dr. Ritter etwas erstaunt, gut, und was denn nun ihr Problem sei.

Manuela zog das Foto aus ihrer Tasche, das sie als Baby auf Monikas Schoß zeigte. Mutter hatte es für die Geburtsanzeigen verwendet, die sie verschickt hatte. Manuela hatte es aus ihrem Album herausgenommen und hielt es nun Manuel hin.

»Sie kennen doch dieses Foto«, sagte sie zu ihm.

Manuel schaute das Foto an und schaute Manuela an.

Er wollte etwas sagen, aber die Stimmbänder schwangen nicht mit. Manuela schaute ihn an und schaute das Foto an. Sie wollte etwas sagen, aber ihre Zunge bewegte sich nicht.

Dann, auf einmal, beugte sie sich vor, stützte sich mit den Ellbogen auf die Tischplatte, barg den Kopf in ihren Händen und wurde von einem nie gekannten Weinen überfallen. Tränen brachen aus ihr heraus, als schmölze ein Gletscher in ihrem Innern, sie schluchzte, sie heulte, sie wimmerte, sie winselte, und Manuel beugte sich über den Tisch, berührte mit seinen Händen ihre Unterarme und streichelte sie sacht.

Er konnte es nicht fassen, dass dieses Riesenkind seine Tochter sein sollte. Er merkte, dass er sich immer ein schlankes, rankes und geschmeidiges Wesen vorgestellt hatte, wenn er an sie dachte, er war nie in der Lage gewesen, sie von der betörenden Erscheinung ihrer Mutter zu trennen.

Wie viele Minuten waren so vergangen? Einmal klingelte das Telefon, Manuel nahm es nicht ab, aber Manuela richtete sich plötzlich wieder auf, fragte nach Taschentüchern, und Manuel hielt ihr eine Schachtel Kleenex hin, sie zupfte ein Tüchlein nach dem andern heraus, um ihre Augen abzuwischen, sich zu schneuzen, ihre Wangen zu trocknen, zerknüllte sie alle und ließ sie auf dem Tisch liegen, von wo sie Manuel sorgsam weg hob und in den Papierkorb fallen ließ.

»Sorry«, sagte sie, »I'm so happy, but it hurts, ich meine, es tut einfach weh, aber ich bin glücklich. Und Sie?«

»Ich bin ... berührt«, sagte Manuel. »Wie geht es Ihrer Mutter?«

»Gut. Sie wollte auf keinen Fall, dass ich Sie suche. Nie. Sie habe es Ihnen versprochen, sagt sie. Aber ich habe Ihnen nichts versprochen.«

»Und wieso haben Sie mich gesucht?« fragte Manuel.

Ob da ein leiser Vorwurf in seiner Stimme war?

»Ich wollte wissen, wer mein Vater ist.«

»Und jetzt?«

Manuela zuckte die Achseln. »Vielleicht sollten wir zusammen essen gehn, und Sie fragen mich, was ich so mache und wie ich all die Jahre verbracht habe.«

»Das Problem ist«, sagte Manuel, »dass meine Familie nichts von Ihnen weiß.«

»Außer Anna.«

»Anna gehört noch nicht wirklich zur Familie. Haben Sie von ihr erfahren, dass sie bei mir war?«

Manuela nickte. »Den Rest hab ich selber herausgefunden. Meine Mutter musste es zugeben. Aber sie hat dicht gehalten, 22 Jahre. Das fände ich eigentlich gut, wenn sie mich nicht belogen hätte dabei.«

»Und Thomas?«

»Thomas ist im Tessin, hat Anna gesagt. Er hat mich nicht gesehen, und ich glaube, sie hat ihm bis jetzt nichts von der Geschichte erzählt.«

Manuel atmete auf.

»Zum Glück«, sagte er.

Manuela stand auf, Manuel ebenfalls.

Sie ging um den Tisch herum und stand nun vor ihm. Sie war etwas größer als er, er musste zu ihr heraufschauen, und er roch ihren Schweiß, der sich in Halbkreisen unter den Achseln ihrer Bluse abzeichnete.

»Das ist doch kein Glück«, sagte sie, »wenn jemand etwas nicht weiß, das er wissen sollte.«

»Manchmal schon«, sagte Manuel. »Wie lang bleiben Sie in der Schweiz?«

»Drei Wochen.«

Manuel seufzte.

»Ich wäre froh, wenn Sie keinen Kontakt mit meiner Familie suchen würden.«

»Mit deiner Familie?« fragte Manuela, »und wer bin denn ich?«

24

Julia saß mit einer Tasse Alpenkräutertee in ihrer Ferienwohnung in Pontresina und schaute ins Feuer, das sie sich im
Cheminée angezündet hatte. Sie war zu Beginn der Sommer-
ferien ein paar Tage allein hierher gefahren, Manuel wollte
nächste Woche nachkommen.

Heute war sie ins Rosegtal gewandert und hätte eigentlich
noch Lust gehabt, ein Stück gegen die Coaz-Hütte weiterzugehen, oder sogar bis zur Hütte selbst, doch der Weg war
gesperrt, weil vor einigen Tagen eine Schlammlawine zu Tal
gerutscht war, die auch eine Touristin unter sich begraben
hatte. Die Nachricht hatte Julia erschreckt, offenbar war es
nicht bei Regen oder Sturm passiert, sondern an einem Tag,
der genau so schön gewesen war wie der heutige. Die Berge
konnten ihre eigene Last nicht mehr tragen.

Schon auf dem Weg ins Tal hatten sie die enormen Was-
sermengen des Baches beeindruckt. Hoch oben mussten
ganze Eisgebirge am Schmelzen sein. Einmal war zwischen
Bach und Wegrand eine Gämse gestanden und hatte sich an-
dauernd um sich selbst gedreht. Währenddem sie diese be-
obachtete, fuhr der Wildhüter mit seinem Auto heran und
bedeutete ihr durch die Windschutzscheibe, sie solle weitergehen. Trotzdem blieb sie stehen und fragte ihn, ob das
Tier krank sei. Es habe, sagte der Wildhüter, und nahm dabei
sein Gewehr vom Rücksitz, die Gämsblindheit. Wenig später hörte sie den trockenen Schuss. Als sie auf dem Rückweg

an der Stelle vorbeikam, sah sie das blutige Gras. Weiter unten kamen ihr drei Pferdekutschen mit Russen entgegen, die Champagnergläser in den Händen hielten und ihr lachend zuprosteten. Seit dem Fall des Eisernen Vorhangs kamen sie wieder ins Engadin, die Russen. Zur Zarenzeit waren es die Adligen gewesen, heute waren es die Neureichen. Auf der Fahrt nach St. Moritz saßen sie in den Erstklassabteilen der Rhätischen Bahn, mit einem Laptop auf dem Fenstertischchen, und schauten mit ihren Kindern zusammen, Kopfhörer in den Ohren, brutale Gangsterfilme an, während draussen die Tannenwälder des Albulatals an ihnen vorbeizogen.

Die Veränderungen. Der Schafberg, an dessen Fuß Pontresina lag, galt mit dem langsamen Auftauen des Permafrosts als so unsicher, dass knapp oberhalb ihres Ferienhauses in den letzten Jahren eine gewaltige Auffangmauer gebaut worden war, ein Erdwall, der stark genug sein sollte, um einen eventuellen Bergsturz aufzufangen. Julia erinnerte sich gut an ihren Schrecken, als sie in der ersten Informationsbroschüre gesehen hatte, dass mitten in der rot schraffierten, mit »A« bezeichneten Gefahrenzone auch ihr Haus lag.

Das Lärchenholz, das jetzt in ihrem Kamin knisterte, stammte von Bäumen, die wegen der Bauarbeiten gefällt wurden. Darunter war auch der älteste Baum des Dorfes gewesen, eine 150jährige, majestätische Lärche, die sie einmal mit Manuel zusammen umfasst hatte, der Stamm war so dick, dass sich ihre Fingerspitzen noch knapp berührten.

Wahrscheinlich hatte sich Thomas für das richtige Studium entschieden. Er war jetzt die zweite Woche im Maggiatal mit der Erfassung der Kastanienbäume beschäftigt, und es gefalle ihm sehr, hatte er ihr am Telefon gesagt. Sein Italienisch könnte besser sein, aber das liege nicht an ihren Lektionen, sondern an ihm. Julia war froh, dass er nicht nach Mexiko gegangen war. Da sich Anna entschlossen hatte, das Kind auszutragen, war das der einzig richtige Entscheid. So war es ihm möglich, während des Praktikums an den Wochenenden nach Zürich zu fahren, und zur Zeit hielt er Ausschau nach einer Ferienwohnung in Cevio oder Cavergno, damit Anna auch eine Zeit lang in den Tessin kommen konnte. Anna ihrerseits suchte in Zürich für sich und Thomas eine günstige Wohnung, die spätestens frei würde, wenn das Kind kam.

Julia freute sich auf ihr Enkelkind. Sie hatte Anna angeboten, dass sie das Kind gern einen Tag in der Woche hüten würde. Ein bisschen schmerzte es sie, dass Anna entschlossen war, es in eine Säuglingskrippe zu geben, um ihr Studium weiterführen zu können. Sowohl Thomas als auch Anna hatten gesagt, sobald die Studienpläne für das Wintersemester bekannt seien, würden sie sich einen genauen Wochenplan zurechtlegen, an dem sie beide je einen Tag übernehmen könnten, und wenn Julia auch einen übernähme, blieben nur noch zwei Tage Krippe. Trotzdem würde es ein unruhiges erstes Lebensjahr für das Kleine geben, und das missfiel Julia. Kinder brauchten am Anfang, davon war sie überzeugt, möglichst viel Ruhe und Regelmäßigkeit. Andererseits bewunderte sie Anna für ihren Mut, das Kind zu behalten, obwohl so vieles dagegen sprach.

Mirjam. Sie hatte ihren Abschluss an der Schauspielschule gemacht und durfte schon Mitte August mit den Proben zum Fosse-Stück im »Schiffbau« beginnen. Ein Glücksfall. Der ursprünglich vorgesehene Regisseur war wieder ausgestiegen, und dann hatte der Dramaturg ihren Büchner gesehen. Eine Chance. Bei einem Erfolg würden sich bestimmt noch andere Türen auftun. Im Moment war sie mit Sandra, einer Freundin aus der Kantonsschulzeit, auf einer Reise zum Nordkap in Norwegen, die ihr Manuel und sie zum Diplom geschenkt hatten. Mit einer Freundin. Nie mit einem Freund. Manchmal fragte sich Julia, ob ihre Tochter lieber Frauen hatte als Männer. Und? Was wäre dann?

Julia schob mit dem Feuereisen ein Holzstück auf die Glut, das etwas zur Seite gefallen war.

Dann? Dann wäre es halt so. Das wäre nicht einmal ihr selbst vollkommen fremd. Einmal, bei einer Einladung unter Freunden, hatte eine Frau, ebenfalls verheiratet, sie beim Abschied heftiger umarmt, als es dem Anlass zukam, hatte ihr die Zunge in die Ohrmuschel geschoben und ihr zugeflüstert, wenn sie einmal mit ihrem Mann nicht zufrieden sei, solle sie bei ihr vorbeikommen. Das Flirren, das sie bei diesem Ohrenkuss empfunden hatte, war ihr noch lange nachgegangen, aber besucht hatte sie die Frau nie.

Das Telefon läutete. Julia stand auf und ging in den Flur, doch bis sie am Apparat war, war er verstummt. Sie schaute auf die Uhr. Halb elf. Es war ein älteres Gerät, das nicht anzeigte, wer angerufen hatte, doch es konnte fast nur jemand aus der Familie sein. Sie stellte die Erlenbacher Nummer ein und ließ es lange läuten, acht oder zehn Mal. Manuel antwortete nicht. Ob er es überhaupt gewesen war vorhin, vielleicht vom Handy aus, das dann unterbrochen wurde? Wenn, dann würde er es sicher nochmals probieren. Sie fürchtete auch immer den Anruf mit der Nachricht, ihr Vater oder ihre Mutter sei gestorben. Nach Fällanden mochte sie so spät nicht mehr anrufen.

Ihre größte Sorge, das musste sich Julia eingestehen, galt Manuel. Sein Tinnitus besserte sich nicht, im Gegenteil, nach dem, was er ihr erzählte, intensivierten sich die Geräusche, und es war klar, dass ihm das zu schaffen machte.

Aber sie hatte immer mehr das Gefühl, es gebe noch etwas, das ihn belaste und über das er nicht sprechen wollte. Ob er ihr einen Krebs verheimlichte?

Sie dachte daran, bei wem überall Krebs aufgetaucht war in letzter Zeit. Walter, einer ihrer Deutschlehrer, hatte sich frühzeitig pensionieren lassen, damit er endlich mehr Zeit zum Lesen hatte, und hatte drei Wochen nach seinem Abschiedsfest den Bescheid erhalten, er habe Darmkrebs im fortgeschrittenen Stadium, mit Metastasen im ganzen Körper, und kämpfte seither um sein Leben, Dorothea, eine Sportlehrerin, hatte diesen Winter erfahren, dass sie Leukämie hatte, und war sechs Wochen später tot, oder der junge Katechet mit seinem Hirntumor – ob ein Tinnitus nicht auch ein Zeichen für einen Hirntumor sein konnte? Aber Manuel hatte ihr ja versichert, er sei bei Toni Mannhart in Kontrolle, der hätte so etwas bestimmt gemerkt, dafür war er ja Spezialist.

Oder hatte er irgendetwas Unrechtes getan? Es kam ihr eine Bemerkung in den Sinn, die er einmal gemacht hatte, als bei einem Praxisessen die Rede auf das Zuger Attentat kam, bei dem ein Frustrierter ins Parlamentsgebäude eindrang und in wenigen Minuten 14 Menschen erschoss. Sein Freund Zihlmann hatte gefragt, ob sie sich das vorstellen könnten, dass man an einem schönen Morgen ein Gewehr in die Hand nehme und über ein Dutzend Menschen abknalle, da hatte Manuel trocken und sehr bestimmt gesagt, ja, das könne er sich vorstellen. Und ins verblüffte Schweigen hatte er dann den Satz nachgeschoben, im Prinzip sei jeder Mensch fähig, etwas völlig Verrücktes zu tun, wenn die Umstände so seien, dass sein moralisches Bremssystem versage. Auch du und ich, hatte er dann, zu Zihlmann gewandt, hinzugefügt.

Manuel ein Verbrecher? Der, unabsichtlich vielleicht, in einer schicksalshaften Minute etwas nicht wieder Gutzumachendes angerichtet hatte?

Julia konnte es sich nicht denken, aber plötzlich schien es ihr wieder, sie kenne ihn überhaupt nicht, und der Ausdruck »mein Mann« sei eine Beschwörungsformel, derer sich die Gesellschaft bediene, um die Fremdheit zwischen zwei Menschen zu bannen.

Und plötzlich hatte sie große Sehnsucht, ihn hier zu haben, gerade jetzt, um ihm endlich näherzukommen.

Sie schaltete ihr Handy ein, und sofort kündigte ein heller Dreiklang das Eintreffen eines SMS an. »komme heute nacht nach p.sina, m« stand da.

Was? Heute Nacht? Wieso? Morgen war doch Donnerstag, und er musste in die Praxis.

Julia spürte ihr Herz klopfen.

Sie freute sich, sie freute und fürchtete sich unbändig.

Sie ging in die Küche, nahm das Puschlaver Ringbrot aus dem Kasten, das er so gern hatte, holte etwas Bündnerfleisch und einen Engadiner Käse aus dem Kühlschrank und zog aus dem kleinen Weingestell neben dem Cheminéeofen eine Flasche Veltliner. Dann legte sie neue Holzscheite auf die Glut, die bald wieder aufflackerte.

Es war halb zwölf. »heute nacht«, das konnte auch heißen, um eins oder zwei, je nachdem, wann er losgefahren war.

Julia legte sich auf das Sofa und schloss einen Moment die Augen.

Als sie erwachte, war es drei Uhr.

Manuel war noch nicht da.

Ihre Angst wuchs.

Der nächtliche Felssturz am Julier hatte mindestens drei Autos verschüttet.

Die ersten zwei hatten keine Chance, das dritte, auf das nur noch ein einzelner Brocken stürzte, war dasjenige Manuels. Die Rettungsdienste hatten Trennscheiben und einen Kran gebraucht, um ihn und seine Mitfahrerin aus dem Wagen zu befreien, dessen eingedrückte Kühlerhaube sie beide eingeklemmt hatte.

Die Mitfahrerin hatte Glück gehabt. Ihr zertrümmertes Bein konnte in einer sechsstündigen Operation im Churer Kantonsspital vor der Amputation gerettet werden, und nach drei Tagen konnte sie mit ihren Krücken schon wieder ein paar Schritte machen.

Sie war eine hünenhafte Amerika-Schweizerin, die, wie sie sagte, per Autostopp ins Engadin wollte. Jeden Tag erkundigte sie sich nach dem Zustand des Fahrers, und Julia hatte ihr auch ihre Hilfe angeboten für den Fall, dass sie irgendetwas brauche. Danke, es sei alles in Ordnung, sie habe mit ihren Eltern in Amerika telefoniert und sie beruhigt, sagte die Frau, die sich Nela nannte.

Manuels Zustand hingegen war kritisch. Auch seine Beine waren operiert worden, aber er hatte zusätzlich einen Beckenbruch und verschiedenste innere Verletzungen erlitten, die sich Julia gar nicht alle merken mochte, und lag seit fünf Tagen im Koma. Julia, der man ein Feldbett gegeben hatte, war fast Tag und Nacht bei ihm, Thomas war am zweiten Tag aus dem Tessin gekommen und hatte ein Hotelzimmer genommen, und gestern Nacht war auch Mirjam aus Norwegen eingetroffen.

Nun saßen sie zum erstenmal alle drei für eine Viertelstunde, die ihnen die Ärztin zugestanden hatte, um Manuels Bett; Mirjam schaute verstört auf die Schläuche, Flaschen, Kabel und piepsenden Oszillographen, die eher den Eindruck eines Laboratoriums denn eines Krankenzimmers erweckten. An all das Instrumentarium angeschlossen lag, wie das Objekt eines groß angelegten Versuchs, ein Mensch, welcher der Vater von Mirjam und Thomas und der Mann von Julia war. Sie waren ermahnt worden, leise zu sein, da der Patient größtmögliche Ruhe brauche. Julia saß am Kopfende des Bettes, beugte sich zu Manuel und flüsterte: »Thomas und Mirjam sind da.«

Unter der Sauerstoffmaske regte sich nichts, man hörte nur das regelmäßige Atmen, und irgendein versteckter Lautsprecher gab das Klopfen seines Herzens wieder.

Mirjam hielt sich an Thomas' Arm fest und begann leise zu weinen. »Hat er denn noch nie etwas gesagt?« fragte sie ihren Bruder.

Der schüttelte den Kopf.

Mirjam konnte das alles nicht glauben. Die Fjorde Norwegens, die Wanderwege von einer Herberge zur andern, die Sonne, die aufging, kaum war sie untergegangen, helle Nächte, die keine waren, das Gekreisch von Möwen, das Hupen von Schiffen, die langen Gespräche mit ihrer Freundin Sandra, und nun sollte plötzlich das hier die Wahrheit sein.

Thomas war entschlossen, nach diesem Besuch zurück

nach Zürich zu fahren. Er musste wieder mit Anna sprechen können, die am Telefon immer seltsam wortkarg gewesen war. Als erstes hatte sie gefragt, ob man wisse, wer die
Autostopperin sei, und Thomas musste dies zuerst in Erfahrung bringen. Als er ihr sagte, es sei eine Amerikaschweizerin
namens Manuela Fuchs, hatte sie so lange nichts gesagt, bis
Thomas gefragt hatte, ob sie noch da sei, und sie war noch
da, aber es sei ihr ein bißchen schlecht, wie oft in diesen Tagen.

Mirjam stand auf, weil sie es nicht aushielt, sitzen zu bleiben, Thomas stand auch auf, und da waren sie, ratlos, am Bett
eines Menschen, welcher der Versuchung zu sterben wohl
nicht mehr lange widerstehen konnte.

Die Ärztin trat ein und nickte ihnen zu, machte eine Handbewegung zur Tür hin und sagte zu Mirjam und Thomas:
»Tja, es ist wohl besser …«

Doch bevor sie sich zum Gehen wenden konnten, wurde
die Tür aufgestoßen und eine riesige junge Frau mit gerötetem Gesicht kämpfte sich keuchend an ihren Krücken herein. Es war die Autostopperin.

Die Ärztin stellte sich ihr in den Weg und legte ihre Finger
an die Lippen, doch die Frau stieß sie mühelos weg, schleifte
ihr eingegipstes Bein noch zwei Schritte näher zum Bett und
schrie dann, so laut sie konnte: »Vater! Bleib da!«

Entsetzt starrten alle das Monster an, das in die abge-
schirmte Stille der Intensivstation eingebrochen war, und
im ersten Moment sah niemand, wie Manuel die Augen aufschlug. Erst als er sich mit dem einen Arm, in dem keine Infusion steckte, die Sauerstoffmaske abnahm, merkten sie,
dass er sich regte. Sofort eilte die Ärztin zu ihm und wollte

ihm die Maske wieder aufsetzen, aber Manuel behielt sie in der Hand.

»Schön, dass ihr alle da seid«, sagte er. Seine Stimme war schwach und klang heiser.

»Manuel, Lieber, du bist wieder da!« sagte Julia, und ein Schleier legte sich vor ihre Augen.

»Ich muss mit euch sprechen«, sagte Manuel.

»Später, Manuel, später.«

Manuel schaute von Julia zu Thomas, von Thomas zu Mirjam und von Mirjam zu Manuela und sagte:

»Nein. Jetzt.«

Gleis 4

1

»Darf ich Ihnen den Koffer tragen?«

Hätte sie geahnt, was dieser Satz für Folgen hatte, sie hätte abgelehnt, höflich, aber entschieden, sie wäre ihrer kleinen Stimme, die sie zu hören glaubte und die ihr zuraunte: »Nicht!« gefolgt, hätte rechtsum kehrtgemacht und schnellen Schrittes ihren Rollkoffer hinter sich hergezogen, bis ins Bahnhofscafé, um der unerwarteten Freundlichkeit eines fremden Mannes zu entgehen. Hinterher lässt sich so etwas gut denken, aber im Moment sprach nichts gegen die Annahme dieser Hilfe.

Isabelle war unterwegs zum Zürcher Flughafen. Sie wollte zwei Wochen in Stromboli verbringen und hatte einen Flug nach Neapel gebucht. Da sie in der Nähe des Bahnhofs Oerlikon wohnte, fuhr sie jeweils von dort aus mit der S-Bahn zum Flughafen. Vorher hatte sie noch in der Apotheke Medikamente geholt und stand nun in der Unterführung, von der aus die Treppen zu den Perrons hinaufführten. Zu spät hatte sie daran gedacht, ganz nach hinten zum Ende der Geleise zu gehen, wo es schräg ansteigende Auf- und Abgänge ohne Treppen gab, und erst als sie die Stufen vor sich sah, die ihr so steil und feindlich vorkamen wie noch nie, merkte sie, wie schwer ihr Koffer eigentlich war, und ärgerte sich, dass ein so stark frequentierter Bahnhof wie dieser immer noch nicht über Rolltreppen verfügte, sondern wie die Provinzstation behandelt wurde, die sie vor hundert Jahren einmal war. Sie hatte eine Operation hinter sich und wusste, dass sie mit dem Tragen von Lasten vorsichtig sein sollte.

Wieso also nicht ja sagen, wenn ein gut gekleideter graumelierter Herr mit einem Bärtchen, der ihr Aufseufzen bemerkt haben musste, sich anerbot, ihren Koffer die Treppe hochzutragen? Sie war knapp dran, wie meistens, wenn sie auf Reisen ging, ihr Zug fuhr in drei oder vier Minuten, und da stand dieser Herr da wie ein Gentleman der alten Schule, dem Hilfsbereitschaft ein nobles und selbstverständliches Gesetz war – kein Grund also, abzulehnen, nichts Falsches, wenn sie »Oh, danke!« sagte.

Und als er die kleine Mappe, die er bei sich trug, von der rechten in die linke Hand wechselte, den Koffergriff anfasste und das Gepäckstück mit einem leichten Ruck hochhob (war er doch etwas erstaunt über das

Gewicht?), dabei ein bisschen mit dem herausragenden Zugbügel zu kämpfen hatte, der sich ihm unter die Achsel schob, fragte sich Isabelle, ob sie ihn schon irgendwo gesehen hatte, oder an wen er sie erinnerte.

Aber es kam ihr nur jener Mann in den Sinn, welcher sie und ihre Freundin, die als junge Frauen nach London gereist waren und am Morgen mit einem Stadtplan vor ihrer Hotelpension standen, gefragt hatte: »Can I help you?« Er hatte ihnen den kürzesten Weg zur Westminster Abbey erklärt und war dann weitergegangen.

Diese Freundin erwartete sie jetzt in Stromboli. Sie hatten dort für drei Wochen ein kleines Haus gemietet, in dem sie zusammen ihre Ferien verbringen wollten, doch dann war der Spitalaufenthalt dazwischengekommen, und nun reichte es Isabelle noch für zwei Wochen; die waren ihr zur Erholung von der Operation sehr willkommen.

Gallensteine hatte sie sich entfernen lassen, als die Koliken immer unerträglicher wurden und die medikamentöse Behandlung wirkungslos blieb. Alles war gut verlaufen. Die entfernten Steine hatte man ihr in einem Gläschen überreicht, etwa ein Dutzend waren es, kantige, runde, zentimeterdick vielleicht, sie könne sich ja, hatte Isabelle mit der Krankenpflegerin gescherzt, eine Halskette daraus machen lassen, aus Gallenperlen, das wäre doch etwas Neues. Natürlich war sie froh gewesen, dass beim Eingriff nichts Bedrohliches entdeckt worden war, und nach einer schonend verbrachten Woche zu Hause fühlte sie sich der Reise gewachsen und freute sich darauf.

Sie stieg hinter dem unverhofften Helfer die Treppe hoch, öffnete dazu die Handtasche, um sich zu versichern, dass die Fahrkarte und der Beleg für ihre Buchung darin waren und nickte, als sich der Herr umdrehte und sie fragte: »Zum Flughafen?« Auf Gleis 5 war die S-Bahn nach Rapperswil angekündigt, auf Gleis 4 diejenige nach Effretikon via Flughafen.

Der Mann rollte den Koffer zum Rand des Bahnsteigs, ließ ihn stehen und machte eine galante Geste zu Isabelle hin. »Vielen Dank«, sagte sie, »das war aber sehr nett.« Der Angesprochene nickte lächelnd, doch anstatt den Kopf wieder hochzuheben, ließ er ihn auf die Brust sinken, hielt sich einen Moment am Kofferbügel fest und fiel dann der Länge nach hin. Sein Schädel schlug mit einem bösen Geräusch auf dem Boden auf, und er blieb mit geöffnetem Mund und geschlossenen Augen liegen. Der eine Arm ragte ein bisschen über die Bahnsteigkante hinaus, auch die Mappe wäre beinahe auf das Geleise hinuntergefallen.

Isabelle entfuhr ein Schreckenslaut, sofort eilten einige Leute herbei, Isabelle kniete neben dem Mann nieder und beugte sich zu seinem Gesicht. »Hallo, hören Sie mich?« fragte sie ihn. Er öffnete seine Augen, die irgendwohin ins Weite schauten, und als er auf ihren

Blick traf, sagte er leise: »Bitte …« Der einfahrende Zug pfiff, als erschrecke er selbst, und jemand ergriff schnell die Hand des Mannes und legte sie ihm auf seine Brust. Eine Frau nahm die Mappe von der Perronkante auf und stellte sie auf Isabelles Koffer.

Ein junger Mann mit pomadisierten Haaren rief auf seinem Handy die Ambulanz. Ein anderer rannte die Treppe hinunter zum Bahnhofsgebäude hinüber. Zwei asiatische Touristen hasteten am Verletzten vorbei auf die S-Bahn, die ungerührt und pünktlich abfuhr.

Isabelle erkannte den Tod sofort. Sie war Stationsleiterin in der Pflegeabteilung eines Altersheims und hatte schon viele Menschen beim Sterben begleitet. Sie suchte den Puls des Unbekannten, fühlte keinen mehr, hielt ihr Gesicht so nahe wie möglich an seinen Mund, ohne einen Atemzug zu spüren, öffnete ihm dann unverzüglich das Hemd und versuchte es mit einer Herzmassage, aber sie merkte, dass sie keine Chance hatte, ihn zurückzuholen.

Zwei Bahnangestellte kamen mit einem weißen Zelt, fragten in die Runde, ob jemand die Ambulanz benachrichtigt habe. Der junge Mann bejahte, und dann fragten sie Isabelle, ob sie fachkundig sei. »Ausgebildete Pflegefachfrau«, sagte sie kurz, während sie mit der Massage fortfuhr, und die Bahnangestellten richteten ihr Zelt über ihr und dem Liegenden auf und baten die Leute, weiterzugehen.

Die Rettungssanitäter, die nach zehn Minuten eintrafen, hatten einen Defibrillator, einen Beatmungsbeutel mit Sauerstoff und ein Infusionsbesteck dabei, aber Isabelle winkte ab, sie hatte die Massage schon abgebrochen. Eine Ärztin aus der Permanence-Praxis gleich beim Bahnhof, die ebenfalls von jemandem gerufen worden war, stellte den Tod des Mannes fest. Sie sagte zu Isabelle, dass es ihr sehr leidtue und fragte sie, wie es denn genau passiert sei. Er habe ihr den Koffer die Treppe hochgetragen und sei dann kollabiert, sagte sie. Ob er Herz- oder Kreislaufbeschwerden gehabt habe, fragte die Ärztin weiter, und war etwas erstaunt, als Isabelle zur Antwort gab, sie habe keine Ahnung, und dann erst hinzufügte, dass sie sich gar nicht kannten.

Nun betraten zwei junge Streifenpolizisten das Zelt und ließen sich über das Geschehene informieren. Draußen ging der Normalbetrieb weiter, Züge hielten an, Leute stiegen aus und ein, manche blieben neben dem Zelt stehen und versuchten einen Blick ins Innere zu werfen. »Sicher ein Selbstmord«, war einmal zu hören, oder »Nein, es ist einer zusammengebrochen«, Mutmaßungen, die sich über das Geräusch der aufsetzenden Schuhe legten, das bei der Ankunft eines Zuges dem Trampeln einer Schafherde glich, Durchsagen ertönten, »Achtung, Zugdurchfahrt auf Gleis 5!«, gefolgt vom Lärm eines vorbeibrausenden Schnellzuges, der jedes Gespräch zudröhnte.

Der eine der Polizisten kniete nun nieder und griff dem Toten in die Jacke seines Anzugs, auf der Suche nach einer Brieftasche oder einem Kreditkartenetui oder sonst etwas, aus dem sich seine Identität ablesen ließe. »Seltsam«, sagte er, nachdem er alle Taschen abgesucht hatte, »gar nichts, kein Ausweis«. Er bat die Sanitäter, den Mann etwas zur Seite zu drehen, sodass er ihm sein Portemonnaie aus der Gesäßtasche ziehen konnte, doch da war auch kein Portemonnaie. In der rechten Hosentasche fand sich ein kleiner Schlüssel und ein weißes Taschentuch mit einem blauen Rand und den Initialen M B. »Das ist nicht gerade viel«, sagte er, während sein Kollege, dem er den Schlüssel gegeben hatte, sagte, »kopierfähig«. Ein Allerweltsschlüssel also. Ob er nichts bei sich gehabt habe, Gepäck oder so, fragte er, doch Isabelle war nicht in der Lage, wirklich hinzuhören, und von den Zufallspassanten war niemand mehr da.

Und sie habe ihn also nicht gekannt, wandte sich einer der Polizisten nun an Isabelle. Nein, sagte diese und musste nochmals erzählen, was vorgefallen war, und obwohl sie beteuerte, sie habe mit dem Verstorbenen nicht das geringste zu tun, wollte er ihre Personalien, ihre Adresse mit E-Mail, Telefon und Handy-Nummer sowie die Nummer ihres Arbeitgebers wissen und bat sie, sich noch für eine Befragung zur Verfügung zu halten.

Dann sprachen fast alle gleichzeitig. Die Sanitäter fragten, ob sie aufbrechen konnten oder ob sie den Toten gleich in die Gerichtsmedizin bringen sollten, die Ärztin wollte wissen, ob der Totenschein vom Amtsarzt erstellt werde, der eine der Polizisten versuchte diesen zu erreichen, der andere informierte die Fahndungsabteilung und fragte nach einem Staatsanwalt, und als auf Gleis 5 wieder ein Schnellzug durchdonnerte und alle ihre Stimmen anhoben und sich die telefonierenden Polizisten mit einer Hand das freie Ohr zuhielten, nahm Isabelle ihren Rollkoffer und verließ unbemerkt und ohne sich zu verabschieden das Zelt.

Auf Gleis 4 war der nächste Zug zum Flughafen angekündigt, er kam zwei Minuten später, und Isabelle stieg ein. Erst als sie drin war, merkte sie, dass die kleine Mappe noch auf ihrem Koffer lag. Unmut stieg in ihr auf, und da sie ihren Flug nicht verpassen wollte, ging sie nicht nochmals zurück ins Zelt, sondern öffnete den Reißverschluss ihres Koffers und schob die Mappe hinein.

Wie viel Zeit sie mit dem Zwischenfall verloren hatte, wurde ihr erst klar, als man ihr am Check-in-Schalter bedauernd sagte, ihre Maschine sei bereits gestartet.

2

Isabelle saß an ihrem Küchentisch, hob das Säcklein mit dem Verveinetee aus der Tasse, wusste nicht, wohin damit, stand auf und legte es auf das Abtropfbrett der Spüle, setzte sich, sah die Tropfspur auf dem Tisch, stand wieder auf und riss ein Haushaltpapier von der Rolle, wischte die Tropfen auf, zerknüllte es und legte es neben sich, rührte mit dem Löffel den Zucker um und nahm dann einen Schluck.

Eigentlich müsste sie jetzt in Neapel sein, unterwegs zum Hafen, wo die Aliscafi nach den Liparischen Inseln anlegten. Am Schalter der Airline hatte sich herausgestellt, dass die nächsten möglichen Flüge alle entweder über Frankfurt, Amsterdam oder Paris gingen, mit langen Wartezeiten, und Neapel so spät erreichten, dass sie dort übernachten müsste und erst tags darauf ein Boot nehmen könnte. Dazu fühlte sie sich nicht in der Lage und hatte sich von einem Taxi nach Hause bringen lassen. Schon nur der Gedanke, zuerst nordwärts fliegen zu müssen, um in den Süden zu gelangen, hatte sie entmutigt.

Dann war sie nochmals zum Bahnhof gegangen.

Das Zelt war noch da, und einer der jungen Polizisten stand davor und war sehr froh, sie zu sehen. Er hätte sie nicht gehen lassen dürfen, sagte er und bat sie in das gläserne Wartehäuschen auf dem Perron, aus dem er ein älteres Paar hinausschickte. Als er sich entschuldigte und sagte, das sei eben sein erster AGT, tat er Isabelle fast ein bisschen leid. Was denn ein AGT sei, fragte sie. Ein außergewöhnlicher Todesfall, und dann musste sie nochmals erzählen, wie sich dieser genau abgespielt hatte. Der Polizist schrieb auf einem Formular mit, das er auf einer Mappe auf den Knien hatte, ihre Personalien waren schon eingetragen, die Leute, welche draußen auf ihre Züge warteten, warfen neugierige Blicke hinein, und zuletzt unterschrieb Isabelle das Befragungsprotokoll.

Nun saß sie wieder zu Hause und nahm nochmals einen Schluck Tee. Auf einmal war sie unglaublich müde. Der Schrecken über den plötzlichen Tod, mit dem sie so unselig verkettet war, die Aufregung und die Enttäuschung über den verpassten Flug ließen sie spüren, dass ihre Gesundheit doch noch nicht so robust war, wie sie sich erhofft hatte. Wieso hatte sie den Ausdruck »postoperativ«, den sie in ihrem Beruf so oft benutzte, nicht auf sich selbst anwenden wollen? Auf einmal kam ihr die geplante Reise, auch wenn sie diese einfach um einen Tag verschieben würde, als krasse Überforderung vor. Was sie brauchte, war eine ruhige Zeit ganz in der Nähe, in Braunwald in den Glarner Bergen, oder am Vierwaldstättersee, in Weggis vielleicht, aber wenn sie schon nur an das Rütteln eines Tragflügelbootes bei unruhigem Wellengang dachte, wurde ihr halb schlecht.

Sie nahm die Tasse, stellte sie in ihrem Wohnzimmer auf den kleinen Glastisch und legte sich mit einem Seufzer, der schon fast ein Stöhnen war, auf die Couch. Sie schloss die Augen und atmete tief. Gleich würde sie ihre Freundin anrufen müssen, und sie würde ihr nicht sagen, dass sie erst morgen komme, weil sie ihren Flug verpasst habe, sondern sie würde ihr sagen, dass sie überhaupt nicht komme.

Als sie wieder erwachte, war es späterer Nachmittag, und sie brauchte eine Weile, um sich wieder zurechtzufinden. Sie war es nicht gewohnt, tagsüber zu schlafen und hatte einen schweren Kopf. Im Badezimmer ließ sie das Wasser aus dem Hahn laufen, bis es ganz kalt war, hielt dann beide Hände darunter und kühlte sich damit das Gesicht. Danach rieb sie sich mit einem Frottiertuch trocken und schaute sich im Spiegel an.

Sie sah eine Frau zwischen vierzig und fünfzig, mit schwarzem Kraushaar, blauen Augen, einer Stupsnase und ganz leichten Sommersprossen. Mit diesem Gesicht war Isabelle durchaus zufrieden; überhaupt gefiel sie sich so, wie sie war, außer dass sie gern ein paar Kilo weniger gehabt hätte. Im Übrigen wurde sie öfters jünger eingeschätzt, dabei hatte sie eine 22jährige Tochter.

Was ging in einem Mann vor, der dieser Frau im Spiegel behilflich sein wollte? Wollte er sich bei ihr einschmeicheln? Wollte er sie kennenlernen? Wäre er mit ihr zum Flughafen gefahren? Hätte er sie um ihre Adresse gebeten? Oder wollte er einfach ohne jeden Hintergedanken freundlich sein und der Frau, die mit einem Koffer etwas hilflos am Fuß einer Treppe stand, einen Dienst erweisen? Denn dass sie eine Frau war, spielte zweifellos mit, er sah aus wie jemand, der einem auch in den Mantel helfen würde, jemand, der über Umgangsformen verfügte und der mit Vergnügen in die alte und heute etwas vergessene Rolle des Gentleman schlüpfte.

»Hätte ich mir, wenn ich ein Mann wäre, auch geholfen?« fragte sich Isabelle, merkte jedoch, dass ihre Vorstellungskraft bei dieser Frage versagte. Tatsache war, ihr hatte jemand geholfen, ein fremder Mann, und war dann oben auf der Treppe tot zusammengebrochen. Hatte er sich mit dem Gewicht des Koffers zu viel zugemutet? Aber so schwer war dieser nun auch wieder nicht, ohne ihre Operation hätte sie das locker geschafft. Wäre der Mann auch gestorben, wenn er ihr nicht den

Koffer getragen hätte? Ein Herzversagen, wenn es denn das war, kommt ja nicht aus dem Nichts, das baut sich auf, Kreislaufprobleme, Herzrhythmusstörungen, zu hoher Blutdruck, oder sogar ein Herzklappenfehler, möglicherweise nicht diagnostiziert, schwere Sorgen, Stress... Der Mann hatte nicht gewirkt, als ob er im Stress wäre, dann wäre er auch kaum auf die Idee gekommen, jemandem einfach so zu helfen. Sein Alter? Nicht ganz leicht zu schätzen, doch eher älter, als er sich gab. Ein Bärtchen strafft das Aussehen und verbirgt Hautfalten, aber als sie ihm die Hand von der Brust genommen hatte, um sein Hemd zu öffnen, das fiel ihr jetzt ein, hatte sie braune Leberflecken und Runzeln darauf gesehen, also bestimmt über sechzig, um die siebzig eher, bei entsprechendem Vorleben ohne weiteres Zeit für ein Herzversagen, das ja auch bedeutend Jüngere trifft. Isabelle suchte dringend nach Gründen, warum nicht sie und ihr Koffer die Hauptschuldigen sein konnten.

Ihre Freundin war furchtbar enttäuscht, als Isabelle ihr am Telefon mitteilte, dass sie nicht kommen konnte. Bei der Schilderung des fatalen Vorfalls geriet sie ins Stocken und brach auf einmal in Tränen aus. »Ich konnte es nicht wissen!« rief sie weinend in den Hörer, »nicht wahr, Barbara, ich konnte es nicht wissen?« Barbara versuchte sie zu beruhigen. Auf keinen Fall habe sie das wissen können, das sei doch klar, und sie habe den Mann ja nicht gebeten, er habe es offenbar von sich aus getan, freiwillig, ein Gutmensch eben. Isabelle hörte auf zu weinen. Nein, sagte sie entschieden, nein, ein Gutmensch sei das nicht gewesen, eher der Typ mit perfekten Manieren.

Ob sie denn nicht vielleicht ein paar Tage später noch fahren wolle, fragte ihre Freundin, es sei prächtiges Spätsommerwetter und das Meer angenehm warm, doch Isabelle erklärte ihr, wie ihr erst durch dieses Malheur klar geworden sei, dass sie noch viel zu rekonvaleszent sei für eine solche Reise und bat sie um Entschuldigung.

Nach diesem Gespräch war sie erschöpft, aber auch erleichtert, als hätte sie geschenkte Zeit vor sich, legte sich nochmals etwas hin, ohne einzuschlafen, und ging dann in die Küche, um sich ein Essen zuzubereiten. Da sie sich auf eine zweiwöchige Abwesenheit eingestellt hatte, war nichts Frisches mehr da, und sie machte sich einen Teller Makkaroni mit einer Sauce aus der Büchse, öffnete dazu auch ein Zweideziliterfläschchen Chianti. Der war eigentlich als Kochwein vorgesehen, aber sie hatte Lust auf einen Hauch von Italien, pasta e vino, und hob das Glas vor sich in die Höhe. »Prost Barbara«, sagte sie, trank dann einen Schluck und machte sich hungrig über die Nudeln her.

Als sie die Hälfte gegessen hatte, hörte sie aus dem Korridor ihr Handy klingeln. Sie erhob sich, ging zur Garderobe und holte den Apparat aus ihrer Manteltasche. Er war ausgeschaltet. Nun merkte sie, dass das

Klingeln aus ihrem Koffer kam, der immer noch unge-
öffnet dastand. Sie kippte ihn auf den Boden, kniete nieder, machte ihn auf und sah zuoberst die Mappe, die sie
im Zug zum Flughafen schnell hineingelegt und dann in
der ganzen Verwirrung vergessen hatte. Jetzt verstummte
das Klingeln, aber es gab keinen Zweifel, dass es aus der
Mappe gekommen war, denn ein zweites Handy besaß
sie nicht.

Isabelle bekam eine Gänsehaut. Da war ein Anruf für
einen Toten. Und sie hatte nichts damit zu tun. Vorsichtig nahm sie die Mappe heraus, erhob sich und legte
sie auf den Hocker, der im Gang stand. Sie blieb einen
Moment stehen. Nein, die Mappe ging sie nichts an.
Gleich nach dem Essen würde sie damit zur Polizei fahren und sie abgeben. Sie ging zurück in die Küche, setzte
sich vor ihren Teller, aber sie hatte keinen Hunger mehr.
Dann stand sie auf, ging wieder in den Korridor, öffnete den Reißverschluss der Mappe, spreizte sie mit der
linken Hand auseinander und angelte neben einer Zeitung das Handy heraus, ein weinrotes Sony Ericsson,
dieselbe Marke wie ihr eigenes. Wenn man nicht wusste,
wer der Tote war, dachte sie, dann wäre ein eingeschal-
tetes Handy eine wichtige Spur. Sie entsperrte es, und
auf dem Display, das nun aufleuchtete, sah sie als Erstes
das rote Signal bei der Ladungsanzeige. Würde der Akku
zusammenbrechen, wäre bestimmt auch der Code weg,
den niemand kannte, und ohne Code wäre das Gerät

nicht mehr zu gebrauchen. Gar nichts hatte sie tun wollen, und nun tat sie doch etwas. Sie holte ihr Ladegerät, steckte es in das Handy des Fremden ein, es passte, und schloss es dann an die Steckdose im Badezimmer an, die sie sonst für den Haarföhn benutzte. Sogleich bewegte sich auf dem Bild das Zeichen für den Ladevorgang. Isabelle setzte sich nochmals vor ihren Teller in der Küche, trank aber nur einen Schluck Wein. Wenn sie nichts mit dem Toten zu tun hatte, wieso lud sie dann sein Handy auf? Klar war, dass dies sofort getan werden musste, denn bis sie auf dem Polizeiposten wäre, wären die Funktionen des Geräts vielleicht schon erloschen und der Kontakt mit dem Umfeld des Mannes verloren. Isabelle stützte den Kopf in ihre Hände. Es ging sie eben doch etwas an. Sie hatte erste Hilfe geleistet, und nun musste sie auch zweite Hilfe leisten.

3

Da Isabelle nicht recht wusste, was sie mit dem Rest des Tages anfangen sollte, hatte sie begonnen, ihren Koffer wieder auszupacken und stand gerade mit drei Blusen vor ihrem Kleiderschrank, als sie das Handy im Badezimmer klingeln hörte. Sie legte die Blusen auf ihr Bett, eilte ins Badezimmer und blieb dann zögernd stehen. Wieder wollte jemand den Toten anrufen. Den Toten, nicht sie. Sie ging dieser Anruf nichts an. Aber wer immer es sein mochte, er sollte wissen, dass der Angerufene tot war. Sie griff nach dem Handy, drückte auf die grüne Empfangstaste und hob das Gerät an ihr Ohr. Zu spät, der Anrufer hatte aufgehängt.

Isabelle ärgerte sich. Das wäre eine Spur zum Verstorbenen gewesen. Sie hätte geholfen, zu klären, wer er war.

Ein bisschen seltsam war es ja schon, dass jemand herumlief, ohne irgendein Dokument bei sich zu tragen.

Dann dachte sie daran, wie sie einmal noch schnell die Jacke gewechselt hatte, bevor sie wegfuhr, und bei der Kontrolle in der Straßenbahn weder ihre Monatskarte noch irgendeinen Ausweis dabeigehabt hatte. Natürlich war so etwas möglich, aber dennoch schien es ihr merkwürdig, wenn sie an diesen Mann dachte. Er hatte nicht ausgesehen, als ob er noch schnell die Jacke gewechselt hätte.

Wer mochte der Anrufer sein? Oder die Anruferin? Und wie würde sie reagieren, oder er, auf die Nachricht, dass der Angerufene tot war? Es wäre nicht das erste Mal, dass sie jemandem mitteilen müsste, ein Angehöriger sei gestorben. Im Altersheim kam das immer wieder vor. Aber da waren die Söhne und Töchter darauf gefasst, und man wusste von allen Bewohnern, wer zu verständigen sei.

Das Handy war noch nicht fertig aufgeladen.

Auf einmal kam ihr in den Sinn, dass ihre Tochter noch nicht Bescheid wusste. Sie setzte sich ins Wohnzimmer, wo ihr Telefon auf einem Tischchen stand, und wählte die Nummer. Besetzt.

Der Kugelschreiber und der leere Block neben dem Apparat verlangten nach einer Notiz.

Zeitung? Post? schrieb sie untereinander. Sie hatte die Zeitung für 14 Tage abbestellt und die Post zurückbehalten lassen. Morgen würde sie sich überlegen müssen, ob sie daran etwas ändern wollte. Hierbleiben, als ob sie gar nicht da wäre, schien ihr auch ganz reizvoll, ins Kino gehen, wozu sie sonst meistens zu müde war, und ins Hallenbad, oder in ein Konzert. Ihre Schwester wohnte im Toggenburg und sprach manchmal mit einem gewissen Neid davon, wie toll es sein müsse, in der Stadt zu wohnen, mitten im großen Vergnügungskuchen, wie sie sich ausdrückte, und Isabelle fragte sich dann, ob sie eigentlich von diesem Kuchen genügend esse. Das Tessin kam ihr in den Sinn, ihr Cousin und seine Frau hatten dort ein Ferienhaus, im Verzascatal, hatten sie schon einmal dorthin eingeladen und wurden nicht müde, ihr das Haus für einen Aufenthalt anzubieten, wann immer es sie gelüste. Sie war aber nicht ganz sicher, ob sie sich dort entspannen konnte, denn es musste alles genau so sein, wie es sich ihr Cousin vorstellte, an jeder zweiten Schranktür klebte ein Zettel mit Anweisungen für die Gäste, die Benützung von Dusche, Kochherd und Waschmaschine war an ganz bestimmte Regeln geknüpft, die mit 1., 2., 3. aufgeführt wurden, es galt, zusätzliche Hahnen und Vorsatzventile auf- und nach Gebrauch wieder abzudrehen, sodass Isabelle das Gefühl hatte, sie würde die Zeit vor allem mit dem Lesen und Verstehen von Gebrauchsanleitungen verbringen. Aber es gab ja auch hübsche Hotels und Pensionen.

Tessin? schrieb sie unter Zeitung und Post.

Erneut wählte sie die Nummer ihrer Tochter. Besetzt. Wenigstens war sie da. Manchmal fragte sie sich, was in den endlosen Telefongesprächen ihrer Tochter mit ihren Freundinnen und Freunden alles besprochen werden musste. Wer mit wem, und wer nicht mehr mit wem, und warum es gar nicht anders kommen konnte, und was man sich besser vorher überlegen würde, und wohin man jetzt ging, und warum es da besser war als dort, wo man vorher hinging, und die Wortwahl vibrierte zwischen Location, mega, shit und affengeil, Isabelle hatte sich das öfters angehört, als Sarah noch bei ihr wohnte. Vor einem Jahr war sie in eine WG mit zwei Studienkolleginnen gezogen. Sie hatte ein Jus-Studium angefangen, und Isabelle wartete vergeblich darauf, dass sich ihr Vokabular dadurch etwas versachlichen würde.

Das Handy am Ladegerät klingelte. Entschlossen stand Isabelle auf, ging ins Badezimmer, drückte den Empfangsknopf und meldete sich mit »Hallo?«

Eine Männerstimme antwortete mit »Hallo.«

Als darauf nichts Weiteres folgte, fragte Isabelle: »Mit wem spreche ich, bitte?«

Im Hintergrund waren Geräusche zu hören wie in einem Restaurant, und nach einer Weile knackte es, und die Verbindung brach ab.

Noch während sie auf den blauen Himmel und die Wölklein des Grundbildes starrte, ging das Telefon im Wohnzimmer. Sarah war am Apparat und fragte sie erstaunt, ob sie denn nicht in Italien sei. Isabelle erzählte ihr, was dazu geführt hatte, dass sie zu Hause geblieben war, auch dass sie dabei sei, das Handy des Verstorbenen aufzuladen und dass sie soeben einen Anruf für ihn entgegengenommen habe. Das sei ja aufregend, sagte ihre Tochter, und ob sie schon nachgeschaut habe, von wem der Anruf sei. Wie sie denn das könne, fragte Isabelle. Aber Ma, sagte Sarah, so wie ich gesehen habe, dass du mich erreichen wolltest. Aufs Menü gehen, runterfahren zum Symbol für Anrufe, anklicken, und dann hast du's.

Mit dem Hörer in der Hand ging Isabelle ins Badezimmer, bat Sarah, einen Moment zu warten, legte den Hörer hin, tat dann, was sie ihr geraten hatte, nahm danach den Hörer wieder hoch und sagte: »Anonym«.

»Aha«, rief Sarah, »der will nicht, dass man ihn zurückrufen kann! Wenn's wieder klingelt, nimm nicht ab.«

Isabelle sagte, so werde sie es machen, und sobald das Handy fertig aufgeladen sei, werde sie es zur Polizei bringen. Das sei sicher das Beste, fand Sarah, und ob sie mitkommen solle. Sehr lieb, sagte Isabelle, aber das sei nicht nötig. Sie werde ihr Bescheid geben, wenn sie sich entschieden habe, ob sie in den vierzehn Tagen noch verreise.

Kaum hatte sie aufgelegt, als sich das Handy im Badezimmer erneut meldete.

Isabelle ging hin und drückte ohne zu überlegen auf das kleine grüne Telefonzeichen: »Hallo?«

»Hallo«, sagte die Männerstimme, »wo ist Marcel?«

»Sagen Sie mir, wer Sie sind«, antwortete Isabelle. Ihre Stimme zitterte ein wenig.

»Wir wollen ihn morgen im Nordheim nicht sehen. Sag ihm das.«

»Es ist so, dass –«. Die Verbindung brach ab.

Isabelle öffnete das Symbol »Anrufe«, und es erstaunte sie nicht, dass auch dieser Anruf anonym war. Jetzt erst erblickte sie noch drei weitere Anrufe, aber auch die waren alle anonym. Außer einem, der hatte statt des blauen Pfeils einen roten. Eine Festnetznummer. Sie holte sich den Block aus dem Wohnzimmer und schrieb sie auf. Sie rief nochmals ihre Tochter an, um sich erklären zu lassen, was die roten und blauen Pfeile bei »Anrufe« bedeuteten.

Es war kurz vor 18 Uhr. Isabelle schloss ihren Fernsehapparat wieder an, dessen Stecker sie vorsichtshalber herausgezogen hatte, und schaltete den Lokalsender ein. Vielleicht, dachte sie, kam eine Nachricht über den Todesfall oder ein Aufruf mit seinem Bild. Aber nichts dergleichen, Querelen über das neue Fußballstadion, Beginn der Gerichtsverhandlung wegen eines Milliardenkonkurses, eine der größten Pensionskassen auf Schleuderkurs, eine Musicalpremière und das Wetter, schön und ungewöhnlich mild für die Jahreszeit.

Bei der Pommes-Chips-Werbung schaltete Isabelle aus und lehnte sich zurück.

Marcel hieß er also, der höfliche Herr, der so unhöfliche Bekannte hatte.

Das Nordheim, wo sie ihn nicht sehen wollten, war der große Friedhof in Oerlikon. Nein, sie würden ihn morgen bestimmt nicht sehen, aber sie wussten noch nicht, warum. Eines seiner nächsten Ziele war wohl eine Beerdigung gewesen, und nun musste er selbst beerdigt werden.

Nach kurzem Nachdenken wählte sie die Festnetznummer, die sie sich aufgeschrieben hatte. Der rote Pfeil hieß, dass er selbst versucht hatte, dorthin anzurufen. Im Hörer, den sie an ihr Ohr presste, spürte sie ihren Pulsschlag, der schneller ging.

Die Frauenstimme eines Telefonbeantworters hieß sie auf der Stadtverwaltung Uster willkommen und gab ihr die Öffnungszeiten bekannt. Vielleicht wollte er nach Uster fahren, auf dem Gleis nebenan.

War es ein neues Gerät, da er erst einmal angerufen hatte? Oder ein ausgeliehenes? Oder hatte er die Anrufe gelöscht? Und was ging sie das überhaupt an? Hatte das alles irgendetwas mit ihr zu tun, außer dass sie zufällig bei seinem Tod zugegen gewesen war?

Sie rief sich nochmals die kurze Begegnung mit ihm in Erinnerung, hörte ihn »Zum Flughafen?« sagen, sah ihn einknicken und am Boden aufschlagen und traf dann seinen sterbenden Blick. Aber er hatte ja noch etwas gesagt, »Bitte...«, hatte er gesagt, bevor er verstummte. Er wollte sie um etwas bitten. Worum denn um Himmels willen? Und warum gerade sie?

Isabelle ging ins Badezimmer. Das Handy war fertig geladen. Sie zog den Stecker heraus und legte den Apparat in die Mappe, die im Korridor auf einem Stuhl lag. Sie schlüpfte in ihre Schuhe und nahm eine Jacke vom Bügel. Ob sie zum Polizeiposten Oerlikon sollte oder auf die Hauptwache in der Stadt?

Nach einer Weile zog sie Jacke und Schuhe wieder aus und setzte sich auf das Sofa im Wohnzimmer.

4

Es gab an diesem Tag drei Beerdigungen auf dem Friedhof Nordheim.

Um Viertel nach 10 Uhr setzte sich Isabelle gleich neben dem Mittelgang auf die hinterste Bank der Fried-
hofskapelle und wartete auf die Trauerfeier für Isidor
Gemperle. Es saßen schon etliche schwarz gekleidete
Menschen da, vor allem alte, Isabelle kannte das, sie hatten immer Angst, zu spät zu kommen und waren deshalb viel zu früh. Vorn stand die Urne, von Blumen-
gestecken und Kränzen umgeben, in einem Ständer
steckte auch eine Fahne mit rotgoldenen Borten, aber
wegen ihres Faltenwurfs waren nur die Wortfragmente
»delchö« und »perö« zu lesen, worauf sich Isabelle keinen Reim machen konnte, es hörte sich am ehesten un-
garisch an; vielleicht hatte der Verstorbene den Flücht-
lingen geholfen, die seinerzeit nach dem gescheiterten

Aufstand in großer Anzahl in die Schweiz gekommen waren, wie die alten Szabos, die Nachbarn ihrer Jugendzeit?

Auf der Empore hörte man Menschen murmeln und tuscheln, da war offenbar etwas in Vorbereitung, aber Isabelle konnte von ihrem Sitzplatz nicht hinaufsehen. Vereinzelt kamen Leute herein und nahmen in den Bänken Platz, Lücken gab es mehr als genug, und als nun die Trauerfamilie eintrat, suchte sie Isabelle nach einem Gesicht ab, das sie mit dem Anrufer verbinden konnte, doch die zwei Männer, welche die Witwe stützten, blickten so bekümmert drein, dass sie sich keinen davon vorstellen konnte.

Dennoch blieb sie sitzen, hörte sich das schleppende Orgelspiel und die Worte des Pfarrers über Gott, den Allmächtigen und seinen Ratschluss an, sowie den Lebenslauf des pensionierten Schulhausabwarts Gemperle, der immer ein offenes Ohr für die Anliegen der Lehrer und Schüler hatte, sie erhob sich zum Vaterunser, und als das »Jodelchörli Alperösli« zu singen anhub, musste Isabelle, die Jodelmusik nicht mochte, auf einmal mit der Rührung kämpfen. Sie stellte sich den cholerischen Schulhausabwart vor, wie er einmal pro Woche mit seiner städtischen Unzufriedenheit in den Scheinfrieden der ländlichen Dreiklänge abtauchte, und sah darin die unerfüllte Sehnsucht jedes Menschen nach einer harmonischen Welt.

Am Ende der Feier, als die Familie zum Ausgang schritt, ließ Isabelle nochmals verstohlen ihren Blick über alle Männer gleiten und fühlte sich in ihrem anfänglichen Urteil bestätigt.

Danach suchte sie ein Café in der Nähe auf, bestellte ein Stück Käsewähe und eine Apfelschorle und blätterte sorgfältig die beiden Tageszeitungen durch, aber weder fand sie eine Notiz über das gestrige Ereignis, noch war ein Foto des Toten abgebildet. Der Grund war wohl: Es war kein Verbrechen, es war auch kein Unfall, es war einfach ein Todesfall, ein außergewöhnlicher zwar, ein AGT, aber doch war da jemand ganz von selbst gestorben, ohne dass jemand anderes in Mitleidenschaft gezogen worden wäre. Niemand, außer ihr. Und wenn kein Foto mit einem Aufruf veröffentlicht wurde, hieß das wohl, dass die Identität des Mannes inzwischen geklärt war.

Das war Isabelle recht so, denn die Mappe und das Handy des Toten lagen immer noch bei ihr zu Hause. Beim Gedanken, sie müsse ihre Wohnung nochmals verlassen, hatte gestern Abend eine solche Trägheit von ihr Besitz ergriffen, dass sie sich sagte, morgen sei es noch früh genug, aber heute trieb sie die Neugier auf den Friedhof.

Kurz vor halb zwei stand sie wieder vor der Kapelle.

Gerade stiegen die Angehörigen aus einer Limousine, ein gut sechzigjähriges Ehepaar, die Frau, die sich ein Taschentuch vors Gesicht hielt, wurde von einer jüngeren

Frau getröstet, während eine andere junge Frau wie versteinert vor dem Portal stehen blieb und ein älterer Mann zwei Kinder an die Hand nahm. Isabelle wartete, bis sie hineingegangen waren und trat dann auch ein. Alle Sitzbänke waren besetzt, sodass Isabelle an der Rückwand stehen blieb.

Da war ein junger Arzt einer heimtückischen Krankheit erlegen, und der Geistliche gab sich die größte Mühe, den tapferen, verlorenen Kampf gegen den Tod in einen Sieg umzudeuten, einen Sieg des Lebens durch Jesus Christus, unsern Herrn, Amen. Eine Band war da, in welcher der Verstorbene auch eine Zeit lang mitgemacht hatte, die Musiker hatten sich vorne aufgestellt und spielten »Summer of '69« von Bryan Adams, und bei der Zeile »Those were the best days of my life« musste sich der Sänger umdrehen und die Augen wischen, bevor er mit Mühe weiterfahren konnte, und auf den Bänken wurden Taschentücher herausgezogen, ein Schneuzen ging durch den ganzen Saal, die junge Witwe des Arztes beugte sich vor und schluchzte hemmungslos, und das alles war so traurig, dass auch Isabelle, die niemanden kannte, die Tränen herunterliefen, und sie vergaß, dass sie sich über die salbungsvollen Worte geärgert hatte, und sie vergaß, dass sie gekommen war, um · nach einem anonymen Anrufer Ausschau zu halten und weinte mit allen andern über die Vergänglichkeit.

Die Kapelle hatte sich geleert, es war schon 15 Uhr

vorbei, die Zeit für die letzte Abdankung, und Isabelle saß als Einzige da. Ein Friedhofsdiener kam, um die Tür zu schließen, sie fragte ihn nach der Feier für Meier Mathilde und bekam zur Antwort, die finde direkt beim Grab statt, Erdbestattung Abschnitt D.

Isabelle beeilte sich, dorthin zu kommen, fand sich nicht gleich zurecht im Gräberlabyrinth und entdeckte schließlich ein kleines Grüppchen im Halbkreis an einer offenen Grube. Sie verlangsamte ihre Schritte und blieb vor einem frischen Grab stehen, von dem aus sie zur Beerdigung hinübersah. Der Pfarrer warf mit den Worten »Erde zu Erde« eine kleine Schaufel voll Erde, die er aus einer bereitgestellten Schale genommen hatte, auf den Sarg, und nach ihm ergriffen zwei Männer aus der Gruppe die Schaufel ebenfalls und taten es ihm gleich. Ein dritter Mann wollte nicht, die vier Frauen standen reglos da, eine tupfte sich die Augen mit einem Tüchlein ab. Ein Halbwüchsiger schaute zum Himmel hinauf, wo ein Flugzeug zwei Kondensstreifen durchs Blau zog.

Der Pfarrer verabschiedete sich, packte sein Gebetbuch in eine schwarze Mappe und hatte es recht eilig, wegzukommen, dann gingen alle dem Ausgang zu, auf einem Weg, der beim Grab vorbeiführte, vor dem Isabelle stand. Bei den zwei Männern hatten sich ihre Frauen eingehängt, alle schätzte Isabelle um die siebzig, und sie blickten ungerührt vor sich zu Boden, der dritte war älter, ging am Stock und hinkte ein bisschen, und dahinter kamen die zwei andern Frauen mit dem Burschen, dem das alles sichtlich unangenehm war. Als sie an Isabelle vorbeikamen, hob der eine Mann seinen Kopf und streifte sie kurz mit seinem Blick, und Isabelle bemühte sich, auf das Grab zu ihren Füßen zu schauen.

Das mussten sie also gewesen sein, die Leute, die etwas mit dem Toten von gestern zu tun hatten und auf keinen Fall wollten, dass dieser sich hier blicken ließe. Isabelle wusste nicht, was sie tun sollte, und ob sie überhaupt etwas tun sollte. Wenn die Polizei herausgefunden hatte, wer der Tote war, hatte sie die Angehörigen sicher benachrichtigt. Aber woher wusste sie, ob es wirklich seine Angehörigen waren? Die Männer seine Brüder? Und die Verstorbene? Sie brach sich von den Blumen des frischen Grabes eine weiße Rose ab und ging langsam zum Grab, wo zwei Friedhofangestellte die Bänder heraufzogen, mit denen der Sarg heruntergelassen worden war und sie um das Metallgestell wickelten, auf dem er vorher gelegen hatte. Als sie kam, traten die beiden respektvoll zur Seite. Mathilde Meier – Schwegler, 1923 – 2012, stand auf dem Holzkreuz.

»Das war eine kurze Beerdigung«, sagte Isabelle zu den beiden.

»Es wollen nicht alle einen Lebenslauf und eine Ansprache«, sagte der eine, und ihr schien, er verkneife sich ein Lächeln.

Isabelle senkte ihren Kopf und warf die Rose auf den Sarg hinunter.

Als sie sich umdrehte, stand einer der beiden Männer vor ihr.

»Wer sind Sie?« fragte er.

»Mein Name ist –« Isabelle unterbrach sich und fragte zurück: »Und wer sind Sie?«

»Wer sind Sie, dass Sie hierherkommen?«

»Ich ...« Isabelle stockte. Wieso war sie genau gekommen, und was ging es diesen Mann an? Sie war ihm keine Rechenschaft schuldig.

»Sie sind Herr Meier, nehme ich an, Mathildes Sohn?«

»Ich ...« jetzt wurde der Mann unsicher.

»Ein Bruder von Marcel, nicht wahr?«

»Tut nichts zur Sache, aber jetzt sagen Sie mir, woher Sie Marcel kennen. Sind Sie seine Freundin?«

Zu ihrer eigenen Überraschung sagte Isabelle: »Ja«, um dann hinzuzufügen, »Sie wollten ja nicht, dass er kommt, deshalb habe ich ihn vertreten.«

Der Mann schaute sie verächtlich an und sagte nur: »Dann ist es besser, wenn Sie aus unserm Leben verschwinden«, drehte sich um und machte sich mit langen Schritten davon.

»Herr Meier!« rief ihm Isabelle nach, »Herr Meier, warten Sie!«

Aber Herr Meier wartete nicht, und Isabelle blieb eine Weile wie angewurzelt am Grab seiner Mutter stehen.

Als sie ihm schließlich durch die Friedhofruhe nach-
schrie: »Marcel kann gar nicht mehr kommen!«, war er
schon nicht mehr zu sehen.

Isabelle schüttelte den Kopf und schlug dann langsam
zwischen Trauerweiden und Familiengräbern den Weg
zum unteren Eingangstor ein.

Verwundert hatten die Bestattungsmänner die Begegnung verfolgt.

»Das war ja doch noch eine Ansprache«, sagte der eine
und zog das Holzkreuz aus der Erde, um Platz für den
kleinen Bagger zu machen, der weiter hinten schon bereitstand.

»Ein bisschen kurz«, meinte der andere.

»Kurz, aber gut verständlich«, gab der erste zurück.

Beide lachten, und der zweite hob den Kranz, der vor
dem Kreuz gelegen hatte, auf und deponierte ihn auf
dem Nachbargrab. Auf seiner Schleife stand: Deine Kinder.

5

»Vielen Dank ... Ihnen auch ... auf Wiederhören.«
Isabelle stellte den Telefonhörer in die Basisstation, erhob sich vom Sofa und öffnete das Schränklein unter
ihrem Fernseher. Von den paar Flaschen, die dort drin-
standen, nahm sie einen Apfelbranntwein heraus, ein
Geschenk einer Bauernfamilie, deren alte Mutter sie gepflegt hatte.

Sie trank sehr selten etwas Hochprozentiges, aber
nach diesem Gespräch brauchte sie einen Schnaps. Aus
der Küche holte sie sich ein Gläschen, setzte sich an den
Esstisch und schenkte sich ein. Er war so scharf, dass sie
ihn ohne weiteres zur Wunddesinfektion hätte brauchen
können, und der Geruch, der beim Öffnen aus der Flasche entwich, verbreitete sich sogleich im ganzen Wohnzimmer.

Was ihr der Polizeibeamte soeben mitgeteilt hatte, war

derart unerwartet, dass sie das Gefühl hatte, es müsse jemand anderes gemeint sein.

Der Tote war identifiziert. Man hatte beim nochmaligen Durchsuchen seiner Kleidung doch noch etwas gefunden, nämlich ein Streichholzbriefchen in einem Brusttäschchen seines Hemdes. Darauf stand der Name eines Hotels, man hatte dort mit dem Foto des Verstorbenen nachgefragt, und zwei Frauen an der Rezeption hatten ihn erkannt. Sein Name war Martin Blancpain, ein Kanadier aus Montreal, man hatte für den Fall, dass sie sich doch täuschten, die Nacht verstreichen lassen, und als er nicht zurückkam, drang man in das Zimmer ein, fand dort auch seinen Pass und die Reiseunterlagen, die zeigten, dass er am Tag vor seinem Tod auf dem Flughafen Zürich angekommen war.

Aber ... er habe doch deutsch gesprochen, schweizerdeutsch ...

Dann sei er wahrscheinlich irgendeinmal ausgewandert und habe die kanadische Staatsbürgerschaft angenommen, meinte der Polizist. Sie hätten seine Frau verständigt, und die werde morgen in Zürich eintreffen, um ihren Mann zu identifizieren.

Und wie sie denn die Frau –

Wenn es eine Adresse gebe und eine Flugbuchung, und zudem ein Handy, das zum Aufladen eingesteckt gewesen sei – da gebe es wahrlich schwierigere Probleme, sagte der Beamte.

Isabelle ärgerte sich über ihre dumme Frage; sie dachte daran, dass sie noch immer die Mappe und das Handy des Toten hatte, und fand den Weg nicht, es dem Polizisten zu sagen.

Wie alt er denn gewesen sei?

72.

Und ob es ein Herzversagen gewesen sei?

Die Obduktion sei noch nicht abgeschlossen, aber da sei noch etwas, fuhr der Beamte fort, und deswegen rufe er sie eigentlich an: Das Careteam lasse fragen, ob sie für den Fall, dass die Witwe gern mit ihr, Frau Rast, sprechen würde, ob sie für den Fall morgen oder vielleicht auch übermorgen in Zürich sei und dazu bereit wäre? Es sei oft so, dass Angehörige von Unfalltoten oder ähnlichen Fällen gern mit der letzten Person sprächen, die den Verstorbenen noch gesehen hätte.

Ja, sagte Isabelle, ja, sicher, das würde sie.

Der Beamte sagte, sie solle doch in nächster Zeit ihr Mobiltelefon eingeschaltet lassen, damit sie erreichbar sei, das Careteam habe heute bereits erfolglos versucht, sie anzurufen und werde sich bei ihr melden, wenn es aktuell werde.

Und nun saß Isabelle am Tisch und versuchte mit dem Gedanken klarzukommen, dass der unglückliche Marcel ein Kanadier sein sollte, oder ein Kanada-Schweizer.

Was sollten denn die Anrufe auf dem Handy, das bei

ihr lag und die offenbar einem Marcel galten? Eine Verwechslung? Oder ein Mensch mit zwei Identitäten? Ein Handy im Hotel für Martin und eins in der Mappe für Marcel? Und warum wollte er zu dieser Beerdigung, bei der er so unwillkommen war?

Isabelle nahm noch einen Schluck. Ein Feuer fuhr ihr in den Rachen und durch die Nasenlöcher wieder hinaus.

So oder so, sie hatte zugesagt, die Witwe des Verstorbenen zu treffen, falls diese das wünschte. Vielleicht würde sie bei diesem Gespräch mehr erfahren. Das hieß, dass sie bis morgen oder übermorgen in Zürich bleiben würde. Vorderhand kein Braunwald, kein Weggis, kein Tessin. Die drei ausgepackten Blusen hatte sie gestern wieder eingepackt und den Koffer zugemacht, sodass er genauso reisefertig dastand wie für die Abreise nach Stromboli.

Die Mappe mit dem Handy lag immer noch auf dem Hocker im Gang.

Wieso hatte sie dem Polizeibeamten nichts davon gesagt?

Aber jetzt, da alles klar war, war es auch nicht mehr nötig. Sie konnte ja beides der Witwe geben, wenn sie sie treffen würde. Eigentlich war sie sicher, dass diese ein solches Gespräch wünschte. Wenn jemand im Altersheim starb, ohne dass Angehörige dabei waren, wollten diese meistens wissen, wie es gegangen sei, ob die sterbende Person noch etwas gesagt habe und zu wem. Es gab offenbar ein Bedürfnis, die letzten Spuren des Lebens zu sichern.

Dann würde sich also die Witwe des Verstorbenen mit dessen Freundin unterhalten, dachte Isabelle und musste bei diesem Gedanken lächeln. Sie fragte sich, wieso sie sich als Marcels Freundin ausgegeben hatte. Es war wohl eine Art Trotz gewesen, irgendwie hatte sie ihn schützen wollen gegen die Kälte und Feindseligkeit eines Mannes, der ihm das Recht abgesprochen hatte, einem Menschen die letzte Ehre zu erweisen. Immer wieder sah sie die Szene auf dem Bahnhof vor sich, das Zusammensacken des Unbekannten, den erlöschenden Blick und seine Bitte um Hilfe. War das nicht eine Art Hilfe gewesen, dass sie auf dem Friedhof zu ihm gestanden war?

Sie versuchte sich vorzustellen, sie wäre die zuständige Sachbearbeiterin bei der Polizei. Wäre dieser Fall für sie geklärt? Sie würde, wie ihr das vorhin am Telefon ja auch gesagt wurde, einzig noch den Obduktionsbericht abwarten, und wenn der keinen Verdacht ergäbe, etwa auf eine Vergiftung, gäbe es keinen Handlungsbedarf mehr und das Dossier Blancpain könnte geschlossen werden. Dass es da noch eine Mappe und ein zweites Handy des Verstorbenen in der Wohnung der Pflegefachfrau Isabelle Rast gab, konnte die Sachbearbeiterin ja nicht wissen. Das hätte den beiden Polizisten im Einsatz auffallen müssen.

Und an dieser Mappe und ihrem Inhalt, dachte Isabelle, an dieser Mappe lag es, dass der Fall für sie überhaupt nicht geklärt war. Bloß: sie arbeitete nicht bei der Polizei, also konnte es ihr gleichgültig sein. Es ging sie nichts an, sie brauchte nichts aufzuklären. Für sie war es kein Fall, bloß ein Vorfall.

Sie erhob das Gläschen mit dem letzten Schluck des abscheulichen Getränks, sagte mit einem Blick zur Zimmerdecke: »Marcel, à toi!« und trank es aus.

Das Telefon klingelte, und ihre Tochter Sarah fragte sie, wie denn ihre Erste-Hilfe-Geschichte weitergegangen sei. Isabelle erzählte ihr, dass die Polizei die Identität des Toten herausgefunden habe und dass sie sicher noch zwei Tage in Zürich bleiben werde, falls die Witwe mit ihr sprechen wolle. Ob sie Mappe und Handy zur Polizei gebracht habe, fragte Sarah. Nein, erwiderte Isabelle, das sei ja nun nicht mehr nötig, sie werde beides der Witwe übergeben. Und ob nochmals angerufen worden sei auf dem Handy des Toten, fragte Sarah weiter. Sie glaube nicht, meinte Isabelle.

»Ma«, sagte Sarah, »wenn die Witwe nicht mit dir sprechen will, bring's bitte der Polizei.«

Das werde sie tun, versprach Isabelle, und sie solle sich keine Sorgen machen.

»Ich finde es einfach Scheiße, wenn du anonyme Anrufe bekommst«, sagte Sarah.

»Keine Angst, sie waren ja nicht für mich.«

»Aber sie kamen in deine Wohnung.«

Als Isabelle aufgehängt hatte, blieb sie eine Weile sitzen. Die Anteilnahme ihrer Tochter rührte sie. Ihre Schilderung der Ereignisse war unvollständig gewesen. Sie hatte Sarah die ganze Friedhofgeschichte verschwiegen, ebenso wie das Gespräch mit dem Anrufer. Das hätte sie nur in noch größere Unruhe versetzt.

Dann ging sie zum Handy, öffnete »Anrufe« und sah, dass inzwischen nochmals angerufen worden war. Anonym.

6

Nein, Kinder hätten sie keine mehr gehabt, dazu sei es schon zu spät gewesen, sagte die blonde Frau mit den großen braunen Augen, und blickte an Isabelle vorbei durch die Scheiben des Cafés auf die beiden Türme des Zürcher Großmünsters – et vous?

Sie sprachen französisch zusammen, die Sprache Montreals, wobei Isabelle genau hinhören musste, um hinter dem eigenartigen kanadischen Akzent das herauszuhören, was ihr vertraut war. Auch war ihr das Französische nicht mehr so geläufig wie in ihrer Jugend, als sie während ihrer Ausbildung ein Jahr im Genfer Universitätsspital arbeitete, aber trotzdem konnte sie ihrer Gesprächspartnerin mühelos erzählen, dass sie eine 22jährige Tochter hatte, die étudiante en droits war, Jus-Studentin.

»Et le mari?«

Isabelle lächelte: »Parti en Afrique.«

So war es. Sarahs Vater war ein afrikanischer Assistenzarzt, mit dem sie damals in Genf eine heftige Liebesgeschichte hatte, die nicht nur damit endete, dass sie schwanger wurde, sondern auch damit, dass sie erfuhr, dass ihr Amadou zu Hause schon eine Frau und zwei Kinder hatte, und dass er eines Tages, noch vor der Geburt ihrer Tochter, abgereist war, zurück nach Bamako, capitale de la république du Mali.

Dann habe sie eine farbige Tochter?

Isabelle zeigte ihr ein Foto mit einer lachenden dunkelhäutigen Schönheit, die mit flatterndem Schal vor einer Schweizerfahne am Heck eines Vierwaldstätterseeschiffes stand.

»Vous avez de la chance«, sagte die Frau, und wieder traten ihr, wie schon mehrmals während ihres Gesprächs, Tränen in die Augen.

Véronique Blancpain hatte Isabelle erzählt, wie sie ihren Mann kennengelernt habe. Sie sei vor 20 Jahren auf einem Schiffsausflug auf einem Seitenarm des St. Lawrence Rivers gewesen, wo man weiße Wale habe sehen können, und sei dort auf einem erhöhten Deck gleich unter der Kabine des Steuermanns gestanden, als ihr vom Wellengang derart übel geworden sei, dass sie sich habe auf den Boden legen müssen. Als sie die Augen wieder geöffnet habe, habe sich der Kapitän des Schiffes über sie gebeugt, mit der Frage, ob sie Hilfe brauche, und sie sei sicher gewesen, dass das ihr Mann werde, ihr Mann für den zweiten Teil ihres Lebens, denn sie sei schon über vierzig gewesen damals. So sei es gekommen, dieser Mann war Martin, und heute Morgen, in der Leichenhalle, als er so ruhig dalag, habe sie gedacht, gleich schlage er die Augen auf und frage sie, ob er ihr helfen könne.

Sie hatte einen Moment geweint und dann zu Isabelle gesagt, es freue sie, dass er zuletzt noch jemandem habe helfen wollen. Isabelle hatte Martins Witwe den Hergang seines Todes schon erzählt und war froh gewesen, dass diese nicht den Hauch eines Vorwurfs hatte erkennen lassen.

Vielleicht, sagte Isabelle dann, habe er aber auch sie um Hilfe bitten wollen, bloß wie und warum?

Sie glaube, sagte Véronique, er wollte ihr noch einen Gruß an sie mitgeben.

Ob sie denn genauer wisse, warum Martin in die Schweiz gereist sei.

Ein Todesfall, sagte Véronique, die Frau, die seine Mutter gewesen sei, sei gestorben, und er habe zur Beerdigung gehen wollen.

Also die Mutter?

Nein, er sei in einer Pflegefamilie aufgewachsen, doch viel mehr wisse sie auch nicht, er habe ihr fast nichts von seiner Jugendzeit erzählt. Aber leicht sei es wohl nicht gewesen, das habe sie seinen Andeutungen entnommen.

Sie könne sich vorstellen, dass die Pflegemutter für ihn eine wichtige Person gewesen sei.

Und der Kontakt mit der Schweiz?

Nul, sagte Véronique, nul, gar keiner. Sie glaube, er habe die Schweiz gehasst... nul – ou presque. *Eine* Frau habe es in der Familie gegeben, die seine Adresse hatte, und die habe ihn angerufen, als seine Pflegemutter gestorben sei. Er habe sie ihr gegenüber als »ma tante« bezeichnet, aber wer sie sei und wie sie heiße, wisse sie nicht.

Und wann denn Martin nach Kanada gekommen sei?

Kanadischer Bürger sei er seit etwa vierzig Jahren, aber im Land gewesen sei er schon wesentlich früher, das brauchte es auch zur Erlangung des Bürgerrechts. Bevor sie heirateten, habe sie ihm versprechen müssen, dass sie ihn nie über seine Jugendzeit ausfragen werde. Er habe ihr jedoch versichert, sie müsse keine Angst haben, dass er irgendetwas Schlimmes getan habe, je n'ai jamais fait du mal à personne.

Was sie sich im Moment überlege, sei, ob sie ihn nach Kanada zurücknehmen solle, was wohl ziemlich kompliziert sei. Bestimmt wäre es einfacher, ihn hier zu bestatten, immerhin sei es auch das Land seiner Herkunft.

Ein Bild schob sich Isabelle in den Kopf, eine ausgehobene Grube neben dem Holzkreuz für Mathilde Meier, vor welcher nur sie und Véronique Blancpain standen. Und auf einmal tauchte der Meier-Sohn hinter ihnen auf und herrschte sie an, sie sollen aus ihrer Familie verschwinden, samt der Marcel-Leiche, die jetzt eine Martin-Leiche war.

Die wenigen Male, als sie über den Tod sprachen, fügte Véronique hinzu, habe sich Martin gewünscht, dass sie seine Asche in den St.Lawrence River streuen solle, falls sie ihn überlebe.

Sie könne ihn doch hier kremieren lassen und seine Asche mitnehmen, meinte Isabelle.

»Vous croyez que ça va?«

»Pourquoi pas?«

Véronique seufzte. Sie habe immer gehofft, einmal mit Martin in die Schweiz reisen zu können. Und jetzt sei sie endlich hier, aber allein.

»Sie sind nicht allein«, sagte Isabelle, »ich kann Ihnen helfen.«

Sie sei so lieb, sagte Véronique und schneuzte sich, »vous êtes tellement gentille.«

Dann sei da noch die Mappe, sagte Isabelle, zog aus einer Tragtasche die Mappe des Verstorbenen und berichtete, wie es dazu gekommen war, dass sie diese mitgenommen hatte.

Ja, sagte Véronique, das sei seine Mappe gewesen, in die er meistens die Zeitung gesteckt habe, und manchmal auch sein Mobiltelefon. Sie öffnete sie und zog daraus die »Neue Zürcher Zeitung« hervor, die das Datum von Martins Tod trug. Sein Mobiltelefon habe er ja im

Zimmer gelassen, sagte sie. Sie hatte sich im selben Hotel einquartiert, in dem Martin gewesen war und hatte dort auch seinen Koffer und alles, was im Zimmer gelegen hatte, ausgehändigt bekommen.

Isabelle kam in den Sinn, dass sie das Handy zu Hause wieder zum Aufladen angeschlossen hatte, verpasste aber den Augenblick, es zu sagen.

Sie müsse zurück ins Hotel, sagte Véronique, sie merke erst jetzt, wie müde sie sei und kämpfe auch noch mit der Zeitverschiebung.

Ich habe denselben Weg, sagte Isabelle, ich kann Sie gern begleiten.

Das Hotel war gleich beim Bahnhof in Zürich Oerlikon und wurde oft von Flugpassagieren und Airline-Crews gebucht. Isabelle ging mit Véronique durch die Altstadt zum Paradeplatz, löste dort für sie eine Fahrkarte am Automaten und fuhr mit ihr im Tram bis zum Hotel.

Beim Abschied sagte sie, wenn Véronique sich entschieden habe, was sie mit Martins Leichnam machen wolle, werde sie ihr auf jeden Fall mit den Formalitäten behilflich sein.

Ob sie denn Zeit habe für so etwas, fragte Véronique, sie müsse doch bestimmt arbeiten.

Ich bin immer noch in den Ferien, antwortete Isabelle lächelnd, einfach nicht in Stromboli, sondern in Zürich.

Merci infiniment, sagte Véronique, küsste sie und

ging an einer Gruppe rauchender Amerikaner vorbei durch die Schiebetür in die Empfangshalle.

Als Isabelle nach Hause kam, ging sie ins Badezimmer, kontrollierte, ob das Handy geladen war, zog den Stecker heraus und sah, dass wieder ein Anruf gekommen war. Wieder anonym.

7

»Hier sehen Sie eine Urne, die zum Abholen bereit ist«, sagte der Herr im anthrazitfarbenen Anzug mit der dunkelblauen Krawatte, der den beiden Frauen auf dem städtischen Bestattungsamt Auskunft gab.

Er hob eine verschnürte hochformatige Kartonschachtel mit einer Adressetikette hoch und stellte sie zwischen sich und den Frauen auf die Abstellfläche, sein Kopf schaute gerade noch darüber hinaus.

Da sei allerdings das kupferne Modell drin, deshalb sei sie recht schwer, aber mit der Variante aus Eschenholz werde das Paket natürlich leichter, »ce n'est pas tellement lourd«, sagte er zu Véronique, die es gerade kurz mit beiden Händen angehoben hatte. Sie nickte.

Sie werde, fuhr der Bestattungsbeamte fort, zusammen mit der Urne eine offizielle Bescheinigung des Inhalts bekommen, die sie bei der Einreise nach Kanada am Zoll vorweisen könne, falls das verlangt werde.

Auf dem Empfangsbestätigungsformular werde sie ausfüllen müssen, was sie mit der Urne und der Asche zu tun gedenke, also ob sie die Asche zu Hause aufbewahren oder verstreuen wolle, wenn ja, in einem See, in einem Fluss, im Meer, im Wald oder in den Bergen, aber das sei eine Formsache.

In einem Fluss, sagte Véronique.

Es sei eigentlich ohne Bedeutung, sagte der Bestattungsbeamte.

In einem Fluss, wiederholte Véronique, im St. Lawrence River.

Schön, sagte der Trauermann, »in einem Fluss« werde genügen.

Doch, im St. Lawrence River, sagte Véronique und schneuzte sich. Dann fragte sie, ob sie die Rechnung mit der Kreditkarte zahlen könne.

Selbstverständlich, sagte der Bestatter, wenn sie ihm die Nummer gebe, könne er ihre Gültigkeit noch kurz überprüfen, und ob sie eine Kontaktadresse in der Schweiz habe.

Als sie ihr Hotel angab, sagte Isabelle, er solle ihre Adresse aufschreiben, sie sei eine Freundin.

Etwas später waren sie wieder im Café, von dem aus man die Münstertürme sah, diesmal saßen sie draußen in der Vormittagssonne und tranken einen Schwarztee.

Isabelle hatte Véronique geholfen, alles Notwendige zu erledigen, der Totenschein von Martin, den die Polizei Véronique ins Hotel gebracht hatte, war abgegeben, sein Leichnam zur Kremation angemeldet, die Wartezeit bis zur Abholung der Urne sollte längstens drei Tage betragen.

Véronique dankte Isabelle, eine große Hilfe sei das für sie gewesen, eine Hilfe, zu der sie ja gar nicht verpflichtet gewesen wäre.

Das habe sie gerne gemacht, sagte Isabelle.

Drei Schwäne schwammen langsam gegen die Strömung der Limmat der Seemündung zu. Auf der Stadthausbrücke stand eine grauhaarige Frau mit einem zappligen kleinen Mädchen. Das Mädchen griff in eine Papiertüte, die ihr die Großmutter hinhielt, und warf den Schwänen eine Handvoll Brotstücke zu.

»Voilà«, sagte Véronique, »et la vie continue.«

Isabelle nickte. Das Leben geht weiter, das denke sie auch immer, wenn jemand von ihrer Abteilung verabschiedet worden sei, wenn man aus der Krematoriumshalle heraustrete und die Vögel pfeifen und die Sonne scheine, und dann denke sie immer, wie schön es sei, noch zu leben.

Sie wisse noch gar nicht, ob sie irgendeine Trauerfeier für Martin machen solle, sagte Véronique, zur Kirche seien sie ja beide nicht gegangen... eine Einladung für die Familie und den Freundeskreis, das vielleicht.

Auf der Brücke ließ sich ein japanisches Paar von einem Passanten fotografieren. Beweismaterial für die Schweizer Reise.

Véronique rührte in ihrer Teetasse.

Sie habe noch ein Anliegen, sagte sie, aber das sei wohl ein bisschen viel verlangt.

Bitte, sagte Isabelle.

Ob sie ihr den Ort zeigen könne, wo Martin gestorben sei.

Ja, bestimmt, das tue sie gerne.

Gerne? Wirklich? Ob das keine schlechte Erinnerung sei für sie?

Isabelle überlegte einen Augenblick. Ihr schien, das alles sei noch gar nicht zur Erinnerung geworden, und es kam ihr immer noch unwahrscheinlich vor, wie eine Szene, die man wiederholen könnte, mit einem anderen Ausgang. Er hätte ihr noch geholfen, den Koffer in den Zug zu heben, wäre dann stehen geblieben und hätte sich mit einer kleinen Verbeugung verabschiedet, sie wäre zum Flughafen gefahren, nach Neapel geflogen, hätte dort den Aliscafo bestiegen und säße nun nicht in Zürich mit einer Frau aus Kanada, die sie erst seit gestern kannte, sondern in Stromboli, und würde mit ihrer alten Freundin Barbara einen Tee trinken oder ein Glas sizilianischen Nero d'Avola, unter einer Pergola, von der man die reifen Trauben pflücken könnte.

Die beiden Frauen gingen zu Fuß zum Hauptbahn-

hof, und Isabelle führte Véronique über den Lindenhof, einen ihrer liebsten Plätze der Stadt, die Erhebung,
auf der einst das römische Kastell stand und von der aus
man auf die Limmat, das Rathaus und das Niederdorf
hinunterblickte. Die Großmünstertürme hatte man nun
fast auf Augenhöhe, und sie sahen weniger rechthabe-
risch aus.

Eine Klasse Halbwüchsiger saß mit Zeichenblöcken
da, der Lehrer, der seine angegrauten Haare zu einem
Pferdeschwanz gebunden hatte, ging von Gruppe zu
Gruppe und gab Kommentare und Hinweise ab, weiter hinten schoben alte Männer mit Mützen und wolle-
nen Kappen große Schachfiguren hin und her. Die zwei
Frauen setzten sich in der Nähe des großen Brunnens
auf die Mauer, welche den Platz abschloss und steil zu
den Häusern am Flussufer abfiel.

Der Tod, sagte Véronique, sei das Unwahrscheinlichste
im Leben. Sie könne sich nie daran gewöhnen. Dann
blickte sie Isabelle an. Oder wie es ihr damit gehe?

Im Altersheim, gab Isabelle zur Antwort, sei der Tod
ein regelmäßiger Gast, aber wirklich sachlich können
wohl nur die Bestatter mit ihm umgehen, jedenfalls berühre es sie jedes Mal, wenn jemand, mit dem man eben
noch gesprochen habe, plötzlich leblos daliege. »Wohin
ist das Lachen gegangen, die Sprache, wohin die Gedanken und Erinnerungen? Der Reichtum eines ganzen
Lebens?«

Manchmal stelle sie sich das Leben als einen großen, brodelnden Suppentopf vor, aus dem einem ein Löffel voll in einen Teller geschöpft wird, wenn man zur Welt kommt, man esse davon, und am Ende werde das, was übrig bleibt, wieder in den Topf zurückgeschüttet.

Véronique lächelte. Das Bild gefiel ihr. Das Leben selbst gehe nicht verloren, ja, aber dennoch, Martins Leben sei verloren, und es sei verloren, ohne dass sie es richtig gekannt habe.

Martin habe sein Leben leben können, sagte Isabelle, da vorn sei in der Mauer ein römischer Grabstein eingelassen, auf dem Zürich zum erstenmal erwähnt werde, vor zweitausend Jahren, und es sei der Grabstein für ein Kind.

Véronique seufzte.

Dann zog sie ein Päckchen Zigaretten aus ihrer Handtasche und hielt es Isabelle hin.

»Danke«, sagte Isabelle, »ich rauche nicht.«

»Stört es Sie?« fragte Véronique.

»Gar nicht«, antwortete Isabelle und blickte verwundert auf das Foto eines Beinstumpfes, das unter dem Namen der Zigarette prangte.

»Die kanadische Warnung«, sagte Véronique, »sie nützt bloß nichts, wie Sie sehen.«

Mit dem Feuerzeug zündete sie sich die Zigarette an und nahm einen tiefen Zug.

»Die Schulkinder sammeln die Bilder sogar und tauschen sie aus. Ein Beinstumpf gegen eine Raucherlunge, eine verengte Arterie gegen einen Tumor.«

Die zwei Frauen lachten.

Als sie sich von der Mauer erhoben und den Lindenhof verlassen wollten, sah Isabelle, dass einer der Schüler sie abgezeichnet hatte. Mit leichter Hand hatte er den Brunnen skizziert, die Mauer mit ihnen beiden, Véronique mit einer Zigarette in der Hand, im Hintergrund die Kuppeln der ETH und der Universität, und zuletzt die Großmünstertürme.

Sie blieb einen Moment stehen.

Der Schüler blickte zu ihr hoch. »Erkennen Sie sich?«

Isabelle nickte. »Darf ich es haben?«

Der Schüler riss das Blatt vom Block und reichte es ihr mit einer graziösen Geste. »Macht eine Zigarette«, sagte er.

Isabelle rief Véronique, die schon etwas weitergegangen war, und bat sie um eine Zigarette »für den Künstler«, und zeigte ihr das Blatt.

»Oh«, sagte Véronique, »wie schön, das sind ja wir«, und hielt dem Zeichner das Päckchen hin. »Mais attention!« fügte sie hinzu und zeigte auf den Beinstumpf.

»Geil«, sagte der Schüler und grinste.

8

Um die Mittagszeit standen sie in der uringelb gekachelten Bahnhofsunterführung Oerlikon am Treppenaufgang zum Gleis 4 still und wurden sogleich zu einem Hindernis. Hier unten war alles in Bewegung, und zwar in einer Hast, als ob alle noch in letzter Minute einen lebensrettenden Zug erreichen wollten. Ein Mann mit einem Sandwich in der Hand stieß Isabelle mit seiner Laptoptasche an, als er um sie herumbog und die Treppe hinaufeilte, indem er zwei Stufen auf einmal nahm.

Isabelle erzählte Véronique, wie sie hier mit ihrem schweren Koffer angehalten und die Treppe hochgeschaut habe und wie dann auf einmal Martin aufgetaucht sei.

Woher er denn gekommen sei, fragte Véronique.

Das wusste Isabelle nicht mehr genau. »Er war einfach plötzlich neben mir, hier, da wo Sie jetzt stehen.«

Dann gingen sie zusammen die Treppe hinauf, und als sie oben ankamen, musste sich Isabelle zusammennehmen, damit sie den Hergang erzählen konnte. Als Véronique hörte, dass man den toten Martin mit einem weißen Zelt geschützt hatte, begann sie haltlos zu weinen.

Isabelle nahm sie sacht am Arm, führte sie von der Stelle weg zu einer der metallenen Wartebänke auf dem Bahnsteig, und zusammen setzten sie sich. Nach einer Weile schneuzte sich Véronique und sagte dann, Martin habe vor vier Jahren einen Herzinfarkt gehabt, habe seither immer wieder mit Herzrhythmusstörungen gekämpft, gegen die er auch ein Medikament eingenommen habe, aber bei seinen Sachen im Hotel habe dieses gefehlt, vielleicht habe er es in der Eile des Aufbruchs vergessen. Und natürlich sei ein Interkontinentalflug mit der Zeitverschiebung eine Anstrengung, und der Koffer sei wohl das kleine bisschen zu viel gewesen, das er sich zugemutet habe.

Aber mitten im Leben sei er gestorben, das sei immerhin besser als an einem Sauerstoffschlauch mit Morphiumspritzen, bloß ein bisschen warten hätte er schon noch gekonnt. Und, sagte sie mit einem Blick zu Isabelle, dass er als Letztes sie gesehen habe, und nicht irgendeinen Bahnbeamten, sei für ihn bestimmt ein schöner Abschied gewesen, denn er habe die Frauen geliebt, il aimait les femmes.

»Excusez«, sagte sie dann, zog ihr Zigarettenpäckchen hervor und zündete sich eine Zigarette an. Schweigend saßen sie da, bis Véronique fertig geraucht hatte und den Stummel in den Sandbehälter eines Abfallkübels warf.

Wie gut, sagte sie dann, dass Isabelle fachkundig sei und sofort Erste Hilfe habe leisten können, so müsse man sich nicht sagen, man habe vielleicht eine mögliche Rettung verpasst.

Auch dass er ihr eine Bitte anvertrauen wollte, könne sie gut verstehen, jetzt, wo sie Isabelle ein bisschen kennengelernt habe. Sie sei eigentlich sicher, dass er sie gebeten hätte, sie, Véronique, zu benachrichtigen.

Nein, dachte Isabelle, das war es nicht. Es war etwas so Dringliches, fast Flehentliches in seinem Blick gewesen ... Sie war auf einmal sicher, dass es mit seinem schweizerischen Leben zu tun hatte, und nicht mit dem kanadischen.

»Sie kannten sich 20 Jahre?« fragte Isabelle.

Véronique nickte.

»Und er war nie in der Schweiz in dieser Zeit?«

Véronique schüttelte den Kopf. Sein Verhältnis zur Schweiz sei, wie gesagt, nicht gut gewesen.

»Aber Sie wollten doch einmal zusammen hinfahren?«

»Ich schon, aber er nicht.«

»Und als er zu dieser Beerdigung aufbrach, wollten Sie da nicht mit?«

Das sei viel zu schnell gegangen, sie sei am Samstag

von der monatlichen Teamsitzung nach Hause gekommen, da sei er schon mit gepacktem Koffer bereitgestanden und habe ihr gesagt, er fliege nach Zürich. Völlig überrumpelt sei sie gewesen, der Anruf seiner Tante war in der Nacht gekommen, und er hatte dann am Vormittag einen Flug gebucht, als sie schon weg war, nur für sich natürlich. Im Übrigen sei sie Lehrerin und hätte nicht von einem Tag auf den nächsten den Unterricht absagen können, bloß weil die Pflegemutter ihres Mannes gestorben sei. Damit das geht, muss schon der Mann selbst sterben, fügte sie mit einem bitteren Lächeln hinzu.

Für wann sie denn ihren Rückflug gebucht habe, fragte Isabelle.

»Für nächsten Mittwoch.«

Wenn sie wolle, sagte Isabelle, könne sie die restliche Zeit bei ihr wohnen statt im Hotel. Seit ihre Tochter ausgezogen sei, habe sie ein Gästezimmer.

Véronique war gerührt.

Das sei sehr lieb, vraiment très gentil, aber das könne sie nicht annehmen.

Sie überlasse das ganz ihr, sagte Isabelle, und wenn sie es sich anders überlege, könne sie jederzeit anrufen, sie verstehe auch, wenn sie allein sein wolle.

Danke, antwortete Véronique, sie sei einfach sehr erschöpft. Zudem müsse sie nun noch mit ein paar Menschen in Kanada telefonieren.

Aber ob sie sie heute zum Nachtessen bei sich zu Hause einladen dürfe, fragte Isabelle, es sei keine zehn Minuten vom Hotel entfernt, und sie würde sie abholen. Sie verabredeten sich für sechs Uhr abends, dann standen sie auf, und Isabelle führte Véronique zum andern Abgang in die Unterführung, damit sie nicht nochmals an der Stelle von Martins Tod vorbeikamen.

Durch den Hauptaufgang stiegen sie nachher die Treppe hoch, wichen drei dunkelhäutigen Jugendlichen aus, welche sich auf den obersten Stufen breitmachten, und gingen durch die Öldämpfe eines asiatischen Take-Aways zum Fußgängerstreifen, der zum Hotel hinüberführte.

Eine Viertelstunde später war Isabelle in ihrer Wohnung, machte sich einen Tee und nahm das Käse-Sandwich heraus, das sie sich unterwegs gekauft hatte. Während sie es am Küchentisch zu essen begann, überlegte sie sich, wie es die nächsten Tage weitergehen sollte.

Für sie war klar, dass sie dableiben würde, um Véronique beizustehen bei dem, was sie hier brauchte, also bei der Übergabe der Urne oder bei der Abreise aus der Schweiz. Und vielleicht, dachte sie, kommt in dieser Zeit auch etwas heraus von dem, was ich an dieser Geschichte gern verstünde.

Die Pflegemutter von Martin, der früher Marcel hieß, war die Mutter des unwirschen Mannes auf dem Friedhof gewesen. Vielleicht waren noch Brüder dabei gewesen, oder eine Schwester, der Hinkende und der zweite Mann mit einer Frau am Arm waren alle im ähnlichen Alter. Der Anrufer hatte von »wir« gesprochen, derjenige, der sie angesprochen hatte, und dessen Stimme der am Telefon glich, wollte, dass sie »aus unserm Leben« verschwinde. Auf jeden Fall hatte die Familie versucht, eine Begegnung mit Marcel zu vermeiden. Also musste es irgendein Zerwürfnis geben, eines, das weit zurücklag, wenn es stimmte, dass Martin mindestens in den 20 Jahren, seit Véronique ihn kannte, praktisch keinen Kontakt mit der Schweiz hatte.

Wer darüber etwas sagen könnte, war bestimmt die von Marcel »Tante« genannte Frau. Hoffentlich hatte Véronique ihre Telefonnummer. Sonst müsste man wissen, wie sie hieß; im besten Fall auch Meier, dann wäre sie eine unverheiratete Schwester des Ehemannes von Mathilde Meier, im zweitbesten Fall eine verheiratete Schwester des Ehemannes von Mathilde, welche hinter dem Bindestrich noch Meier hieß, im drittbesten Fall eine unverheiratete Schwester von Mathilde, welche den ledigen Namen ihrer Schwester trug, Schwegler, wenn sie richtig gelesen hatte, und im viertbesten Fall war es eine verheiratete Schwester Mathilde Meiers, die den ledigen Namen ihrer Schwester hinter dem Bindestrich nach ihrem Nachnamen trug. Dann gab es noch den schlimmsten Fall, nämlich den, dass Martin sie bloß »Tante« nannte, ohne dass sie mit der Familie verwandt war. Isabelle selbst hatte in ihrer Jugendzeit eine Freundin ihrer Mutter »Tante Anna« nennen müssen, was ihr immer zuwider gewesen war, da Anna offensichtlich keine Verwandte war.

Aber eigentlich war der Name Meier schon schlimm genug bei einer solchen Suche. Diese Tante jedoch, wer immer sie war, könnte nicht nur eine Spur zu den widerborstigen Meiers legen, sondern auch zurück zu Marcels Jugendzeit und dem, was ihm damals widerfahren war. Denn dass sich der Schweizer Marcel grundlos in den Kanadier Martin verwandelt hatte, konnte sich Isabelle nicht vorstellen, dass hingegen die Meiers etwas damit zu tun hatten, sehr wohl.

Bloß, wie sollte sie herausfinden, was es war? Und warum überhaupt?

Isabelle begann sich eine Einkaufsliste zu machen für das Nachtessen mit Véronique:

Bio-Lachs

Kartoffeln

Lattich

Tomaten

schrieb sie als Erstes darauf und überlegte sich dann, ob Véronique wohl gern Fisch hatte.

9

Sarah saß in der Straßenbahn, hatte ihre Tasche auf den Nebensitz gestellt und war in Gedanken versunken. Sie kam aus einer Ausstellung mit afrikanischer Kunst im Museum Rietberg. Eine Kollegin, die Ethnologie studierte, hatte ihr davon geschwärmt: »Eine Wucht«, hatte sie gesagt, »da musst du hin! Gerade du.« Wieso gerade sie, hatte Sarah gefragt, und die Kollegin hatte geantwortet, das seien doch auch ihre Wurzeln.

Waren sie das wirklich? Sarah war nie in Afrika gewesen, ihre Mutter hatte ihr zwar gesagt, wer ihr Vater war, aber sie hatte nie den Versuch gemacht, Kontakt mit ihm aufzunehmen. Auch ihre Mutter hatte, soviel sie wusste, keine Verbindung mehr mit ihm, hatte auch nie irgendwelche Ansprüche an ihn gestellt und war für ihre Erziehung und Ausbildung immer allein aufgekommen. Aus Afrika bekam man kein Geld, nach Afrika *schickte* man welches.

Sarah war als Schweizer Kind groß geworden, vom Hort über den Kindergarten, die Primarschule bis zur Mittelschule mit Matura-Abschluss, sie interessierte sich nicht stärker für Afrika als ihre weißen Mitschüler und Mitschülerinnen, ja oft sogar weniger, jedenfalls machte sie keine der Ethnomoden mit, die ebenso Schwarzafrika wie Lateinamerika imitieren konnten und sich in besonders bunten Kleidern ausdrückten, die plötzlich »in« waren, oder in kleinen Kultfigürchen, die auf einmal an jeder zweiten Halskette ihrer Freundinnen baumelten.

Sie hielt es sonst nicht lange in Ausstellungen aus, war aber heute, nachdem sie in das Souterrain des Museums hinuntergestiegen war, längere Zeit geblieben, war zwischen den Masken, Statuetten, Grabfiguren, Herrscherinsignien und Zeremonialstäben hin und her gegangen und hatte sich auf eine eigenartige Weise davon angezogen gefühlt. Als neben ihr ein ergrauter Mann in einem gut geschnittenen Anzug zu seiner Frau, die mit Ekel und Faszination auf eine Königsstatue mit einem riesigen Penis starrte, sagte: »Das ist halt schon eine ganz andere Kultur«, stieg Ärger in ihr hoch, Ärger über diese spießbürgerliche Ablehnung, Ärger über diese Sicherheit, dass dies alles nichts mit uns zu tun habe. Zugleich war in ihr ein sonderbares Gefühl wach geworden, ihr kam es vor, als wären hier Nachrichten für sie gelagert, die nur darauf gewartet hatten, dass sie sie abholte.

Vor einer Frauenmaske mit geschlossenen Augen und

halb geöffneten Lippen, hinter denen die Zähne zu sehen waren, verweilte sie länger. Ein Diadem und goldene Ohrringe wiesen sie als jemanden der gehobenen Klasse aus, aber der Kopfschmuck war eine wilde Mischung aus Geflochtenem, Gesticktem und Gezöpfeltem, mit wirren Netzen, die links und rechts hinunterhingen, und Sarah ertappte sich beim Gedanken, dass ihr diese Kopfbedeckung auch gut stehen würde. Ein strenges Antlitz mit rätselhaften Verzierungen. Stellten sie Tätowierungen dar, Symbole? Waren es Narben? Zeichen für zugefügtes Leid? Und die Schlange auf der Stirne? Sarah hätte Lust gehabt, die Maske anzuziehen, um zu sehen, wie es sich dahinter anfühlte.

Und zu einer Ahnenfigur war sie noch ein zweites Mal gegangen, aus dunkel glänzendem Holz war sie geschnitzt, der Kopf war im Verhältnis zum Körper zu groß, die Nase zu lang, die Augen gleichgültige Schlitze, nicht zum Sehen dieser Welt gemacht, die Arme fast affenartig lang und die Beine mit gebogenen Knien zu kurz, der Bauchnabel stand wie ein kleiner Vulkan vor, dessen Kraterrand immer noch an die Wunde der Geburt gemahnte, und unter einer Gürtelschnur hing der Penis hinunter, der Samenträger und Produzent künftiger Näbel. Die Figur erinnerte Sarah auf schmerzliche Weise daran, dass sie eine ganze Reihe von Vorfahren hatte, von denen sie nichts wusste, und der hier vor ihr stand, aus dunkel glänzendem Holz geschnitzt, und ihren Blick in sich hineinsaugte, war der Anführer einer Ahnenkolonne, die sich irgendwo in der zentralafrikanischen Savanne verlor.

Einmal, als Sarah in der vierten Klasse war, mussten sie einen Aufsatz schreiben mit dem Titel »Meine Großeltern«. Die Lehrerin hatte vorgeschlagen, sie sollten damit beginnen, wo sie wohnten, also »Meine Großeltern wohnen in Hinwil«, oder »Meine Großeltern wohnen in Brig«, oder auch »Meine Großeltern wohnen in Spanien«. Mit dem letzten Vorschlag wollte sie die Kinder von Migranten ermutigen, denn das komme ja häufig vor, sagte sie, dass Großeltern im Ausland wohnten, und das sei für die Enkelkinder bestimmt sehr spannend. Sarah hätte gut von ihren Schweizer Großeltern in Winterthur erzählen können, die sie sehr gerne mochte, doch stattdessen schrieb sie: »Meine Großeltern wohnten in Afrika im Urwald. Als dies zu schwer wurde, kamen sie in die Schweiz und wurden Schweizer. Ich habe sie sehr gern.« Dann wusste sie nicht mehr weiter.

Die Lehrerin, die um alles Multikulturelle sehr bemüht war, fand das interessant, aber als Sarah vor der Klasse Auskunft geben sollte, wie das gegangen sei und wo die Großeltern denn jetzt in der Schweiz wohnten, erschrak sie und sagte, sie seien bald darauf gestorben. Dann, sagte die Lehrerin, müsse sie »Ich *hatte* sie sehr gern« schreiben statt »Ich *habe* sie sehr gern«. Seither hatte Sarah, wenn immer es ging, vermieden, ihre Herkunft anzusprechen.

Eine weibliche Figur war da noch gewesen in der Ausstellung, vor der sie lange stehen geblieben war. Sehr schmal war sie, aus rötlichem Holz, mit spitzen, nach unten weisenden Brüsten, einem großen Bauchnabelwulst und einem Lendenschurz. Um den Hals trug sie eine Kette, die Haare waren durch einen eng anliegenden Kopfschmuck bedeckt, ihr Blick ging in die Weite, und sie hatte beide Hände hoch erhoben. Zur Abwehr oder zum Triumph? Die eine Hand war zur flachen Faust geballt, die andere war offen. Ein Dogon-Meister habe sie im 14. Jahrhundert gemacht, war auf der kleinen Begleittafel zu lesen.

Sarah war fasziniert von dieser dünnen Frau, die schon seit 600 Jahren ihre Hände in die Höhe hielt. Oder war es eine Warnung? Wem galt sie? Die Dogon lebten in Mali, das war dort, wo ihr Vater herkam. Ob er selbst zum Volk der Dogon gehörte? Dann wäre sie, Sarah, auch eine Dogon-Frau, mindestens zur Hälfte. Die andere Hälfte stammte von Winterthur ab, vom Volk der Winterthurer sozusagen.

Die Figur war in einer Glasvitrine ausgestellt, und als Sarah plötzlich ihr eigenes Spiegelbild sah, hinter dem die Afrikanerin ihre Hände erhob, war sie eigentümlich berührt und konnte sich lange nicht von ihr loslösen. Der Gedanke, sie sei vielleicht zwei Wesen, war ihr noch nie in dieser Deutlichkeit erschienen und hatte sie auch noch nie so erschreckt. Etwas Unklares war da, das sie verwirrte und dem sie nun nachhing.

Sie fuhr zusammen, als eine Frau aus dem Volk der Zürcher sie in ihrem schneidenden Dialekt anherrschte: »Händ Sie für Ihri Täschen au es Bileet zahlt?« Rasch ergriff sie ihre Tasche, stand auf, ohne ihre Gegnerin anzusehen, und ging zur nächsten Tür. Als diese sich öffnete, stieg sie aus und merkte, dass sie zu weit gefahren war.

Sie stand am Schaffhauserplatz, blickte einen Moment etwas ratlos auf die Tramschienen, die sich hier verzweigten, ging dann zur Haltestelle in der Gegenrichtung hinüber, doch als nun als nächstes ein Elfer dahergefahren kam, stieg sie ein und beschloss, mit ihm ein paar Stationen weiter zu fahren und ihre Mutter zu besuchen.

Am Bahnhof Oerlikon stieg sie aus, kaufte in der Confiserie ein paar Pralinés und schlenderte dann an einem Einkaufszentrum vorbei, vor dem ein Schwarzer ein Straßenmagazin feilbot, blieb einen Moment vor dem Schaufenster eines Modegeschäfts stehen, in welchem alle ausgestellten Kleider wie Gehenkte an Drahtschlingen hingen, trank an einem Brunnen, der während ihrer Schulzeit hier aufgestellt worden war, ein paar Schlucke Wasser, das aus einem Fisch floss, den ein sitzender Bronzeknabe in der Hand hielt, um dann etwas hangaufwärts zum großen Wohnblock zu gehen, in dem ihre Mutter wohnte und in dem sie bis vor kurzem auch gewohnt hatte.

Im Eingangsraum des Wohnblocks stand ein älterer Mann vor den Briefkästen, drehte sich zu Sarah und blickte ihr nach, als sie zum Lift ging. Sarah war es gewohnt, dass ihr Männer nachschauten, und gewöhnlich reagierte sie nicht darauf. Aber etwas an dem hier gefiel ihr nicht; als sie im Lift stand, drehte sie sich um und sah, dass er ihr immer noch nachblickte. Die Lifttür schloss sich, und sie drückte die Nummer 5.

Aus der Wohnungstür »Rast« drang der Geruch von gebratenem Fisch. Sarah hatte zwar immer noch einen Hausschlüssel, wollte jedoch ihre Mutter nicht erschrecken und klingelte. Ihr schien, ihre Mutter erschrecke trotzdem.

»Sarah – was für eine Überraschung!«

»Hallo Ma, ich wollte nur mal kurz vorbeikommen und schauen, wie's dir geht – oh, du hast Besuch.«

Sarah schloss die Wohnungstür und sah, dass im Wohnzimmer eine blonde Frau vor einem Aperogetränk saß, eine Frau, die sie nicht kannte. Der Tisch war fast festlich gedeckt, und einen Moment lang überlegte sie sich, ob ihre Mutter vielleicht eine lesbische Seite hatte, die ihr bisher entgangen war. Doch dann stellte Isabelle die beiden Frauen einander vor, und bei Véronique fügte sie hinzu, dass sie die Frau des Mannes sei, der auf dem Bahnhof gestorben war.

Oh, sagte Sarah in schlechtem Französisch, das tue ihr leid, ihre Mutter habe ihr davon erzählt.

»Merci, c'est gentil«, antwortete Véronique und fügte dann hinzu, sie könne auch englisch sprechen, if you prefer.

Sarah lachte und sagte: »Yes, please. My French is not too good.«

Ob sie nicht mit ihnen essen wolle, sagte Isabelle zu Sarah, es gebe Bio-Lachs, und sie habe sehr reichlich eingekauft, den Reis habe sie noch gar nicht aufgesetzt, da sie den Fisch niedergare, und das dauere noch etwas.

Sarah hatte sich zwar vorgenommen, heute Abend Völkerrecht zu lernen, das sie für die nächste Prüfung brauchte, denn sie hatte schon den Nachmittag ausgelassen, wegen der Ausstellung, die morgen zu Ende ging, aber es war so ungewöhnlich, ihre Mutter mit dieser Frau hier zu sehen, der Frau, die mit der seltsamen Geschichte zu tun hatte, welche ihrer Mutter passiert war, dass sie beschloss, hierzubleiben. Vielleicht, dachte sie, konnte sie ja auch nach dem Essen, wenn die Kanadierin gegangen wäre, mit ihrer Mutter über das sprechen, weswegen sie eigentlich hierhergekommen war.

10

Sie beneide sie schon ein bisschen darum, dass sie studieren könne, sagte Véronique zu Sarah, sie selber habe bloß die Ausbildung zur Primarlehrerin gemacht, vier Geschwister seien sie gewesen, der Vater Buchhändler mit einem eigenen Laden, ständig im Kampf ums Überleben, die Mutter habe in einem Kinderhort gearbeitet, da sei der finanzielle Spielraum nicht groß gewesen, und sie habe auch darauf geachtet, möglichst bald unabhängig zu werden.

»Und warum Jurisprudenz?« fragte sie Sarah.

Das könne sie auf zwei verschiedene Arten beantworten, sagte Sarah. Die erste sei die, dass sie Menschen, denen Unrecht getan wurde, zu ihrem Recht verhelfen möchte, also Opfern von Gewalt, Missbrauch oder Betrug, Menschen, die sich selbst nicht wehren können oder die Möglichkeiten dazu nicht kennen. Gerade gestern sei in der Zeitung die Geschichte eines Mannes geschildert worden, der in seiner Kindheit in einem Kloster von einem sadistischen Pater furchtbar gequält worden sei, und der beim Versuch, die heutige Klosterschule zur Rechenschaft zu ziehen, gescheitert sei. Für so jemanden würde sie sich gerne einmal einsetzen, das sei ja das Letzte, in unserm viel gerühmten Land.

Véronique nickte. »Und die zweite Antwort?«.

»Dass ich möglichst viel verdienen möchte«, sagte Sarah, und ein Lächeln ließ ihre zwei schneeweißen Zahnreihen sehen.

»Mit Opfern?«, fragte Isabelle.

»In der Wirtschaft. Joint Venture-Verträge internationaler Firmen und so. Verstöße von Multis gegen Regeln eines Landes. Habt ihr mal gehört, um welche Summen es da geht? Da werden Bußen von 400 Millionen verhängt, in der EU oder in den USA. Bei solchen Rechtsfällen musst du als Anwalt dabei sein, dann hast du bald einen goldenen Arsch.«

»Na, na«, sagte Isabelle, »und das interessiert dich wirklich?«

»Warum nicht?«, antwortete Sarah, »ein Freund von mir arbeitet jetzt in einer Zuger Kanzlei, dort, wo all die Holdings sitzen, von Glencore an aufwärts, die schwimmen im Geld, kann ich euch sagen.«

»Das musst du selbst wissen«, sagte Isabelle, »wenn

du mich fragst, ich finde, dein Arsch ist auch ohne Gold schön genug.«

Die drei Frauen lachten, Isabelle schenkte noch etwas Weißwein nach und fragte, ob sich jemand für das letzte Stück Lachs interessiere. Véronique winkte ab, Sarah sagte, sie nehme es schon, wenn es sonst niemand wolle.

Während sich Sarah mit Genuss über ihr Supplément hermachte, sagte Véronique, dieser Lachs sei wirklich ausgezeichnet geraten, und immerhin komme sie aus einer Gegend, wo man sehr viel Lachs esse. Bei ihnen werde er allerdings meistens gebraten oder grilliert, aber das Niedergaren werde sie sich merken.

Dann seufzte sie und sagte leise, bloß für wen – but for whom?

Alle drei schwiegen einen Moment.

Sarah kaute ganz langsam weiter, da war aus dem Badezimmer der Klingelton eines Handys zu hören. »Ist das deins?« fragte Sarah. Isabelle verneinte. »Is it yours?« Véronique schüttelte den Kopf.

»Dann lass mich mal«, sagte Sarah, stand auf und ging ins Badezimmer.

Sie sprach so laut, dass man jedes Wort ihres Gesprächs im Wohnzimmer hörte.

»Wer sind Sie?- Geben Sie mir Ihre Nummer! – Was Sie wollen, ist mir scheißegal. – Hören Sie sofort auf, meine Mutter zu belästigen – sie ist nicht allein! Ist das klar?«

Mit gerötetem Gesicht kam sie zurück zum Tisch. »Das war wieder der anonyme Macker, der irgendwas von dir will, aber dem hab ich's gegeben.«

Véronique nickte erstaunt und anerkennend und fragte dann, worum es gegangen sei. Sarah fragte ihre Mutter, ob denn Véronique das Handy ihres Mannes noch nicht zurückbekommen habe, worauf Isabelle sagte, sie habe es ihr heute Abend geben wollen.

»Okay, so this is yours«, sagte Sarah und schob es Véronique über den Tisch, »it belonged to your husband.«

Nein, sagte Véronique, Martins Handy habe sie schon, es sei im Hotel gewesen.

Nun erzählte ihr Isabelle, wie sie zu diesem Handy gekommen war, und wie da plötzlich einer dran gewesen sei, der offenbar diese Nummer kannte und Martin daran hindern wollte, zur Beerdigung von Mathilde Meier zu kommen, also die Beerdigung, deretwegen Martin in die Schweiz gereist war. Im Übrigen habe er sie nach Marcel gefragt, nicht nach Martin.

»Und hast du ihm gesagt, er sei tot?«

»Ich kam nicht dazu, nein, auch auf dem Friedhof nicht.«

»Wieso auf dem Friedhof? Was hast du auf dem Friedhof gemacht?« Sarah war richtig aufgebracht, und Isabelle wurde klar, dass sie diese Episode, die sie sowohl ihrer Tochter als auch Véronique verschwiegen hatte, nun erzählen musste. Dass sie sich als Marcels Freundin ausgegeben hatte, ließ sie allerdings aus.

»Also ist es ein Sohn von Mathilde Meier, der Martin sucht«, sagte Sarah, nachdem sie die Geschichte gehört hatte.

»Das hat er nicht zugegeben«, sagte Isabelle, »und er sucht Marcel, den Martin von früher.«

Sarah wurde heftig: »Du musst ihm unbedingt sagen, dass er tot ist, und dass du damit nichts zu tun hast!«

»Das werde ich«, sagte Isabelle, »das werde ich, sobald er wieder anruft.«

»Ich hab ihm grad gesagt, er soll nicht wieder anrufen.«

Isabelle seufzte. »Das hab ich gehört.«

Véronique fragte nun, ob sie richtig gehört habe, dass Martin in seiner Schweizer Zeit Marcel geheißen habe.

Ob sie das nicht gewusst habe, fragte Isabelle.

Véronique schüttelte ratlos den Kopf.

Als Sarah sie nun nach dem fragte, was sie von Martins früherem Leben wusste, erhielt sie dieselbe Antwort wie Isabelle. Nichts habe er ihr erzählt, gar nichts, er habe sie auch gebeten, nicht danach zu fragen, habe ihr aber versichert, er habe nichts Schlechtes getan.

Sarah blickte auf ihren Teller mit dem halb gegessenen Stücklein Lachs und nahm Messer und Gabel wieder in die Hand. Dann legte sie das Besteck gleich wieder hin, stand auf, hastete zur Wohnung hinaus, ohne die Tür zu schließen, und rannte das Treppenhaus hinunter.

»Sarah!«, rief Isabelle und ging zur Wohnungstür, »was ist los?«

Als Sarah nach ein paar Minuten zum Lift heraustrat, sagte sie ihrer Mutter, also, sie gebe ihr jetzt ein Signalement des Anrufers durch, ca. 175 cm groß, leicht vorgebeugt, ein eher plattes Gesicht, stechender Blick, wahrscheinlich über 70jährig, dunkelbraune Jacke, dunkelbrauner Filzhut.

Isabelle lächelte, verständnislos.

»Sicher könnte er das sein, oder auch nicht. Auf dem Friedhof war er schwarz gekleidet. Wie kommst du denn darauf?«

So einer habe unten bei den Briefkästen gestanden, als sie gekommen sei, sagte Sarah, leider sei er jetzt weg.

Der könne doch gar nicht wissen, wo sie wohne, sagte Isabelle.

»Warum nicht?«

»Er hat nur diese Handynummer, und er weiß nicht, wie ich heiße.«

Sarah fragte nach den andern Angehörigen, die bei der Beerdigung waren, und Isabelle versuchte die Gruppe in Gedanken wieder zusammenzusetzen.

»Aha«, sagte Sarah, als sie vom Halbwüchsigen erzählte, »den könnte er dir doch nachgeschickt haben.«

Isabelle schwankte zwischen Verärgerung und Verzweiflung.

»Ach was, ich hab die Leute ja gar nicht mehr gesehen!«

»Aber sie dich, vielleicht.«

»Und was heißt das?«

»Was weiß ich? Aber glaub mir, der spioniert dir nach. Mir macht das Angst.«

Sie rückte ihren Teller etwas von sich weg.

Véronique sagte, dass Isabelle auf den Friedhof gegangen sei, rühre sie sehr, und es tue ihr leid, dass sie nun ihretwegen »into trouble« gerate. Was sie ganz und gar nicht verstehe, sei dieser zweite Apparat und dass da jemand von der andern Familie die Nummer kenne. Aber das müsse mit seiner Jugend zusammenhängen, und sie ahne jetzt, warum er ihr nie etwas erzählt habe.

»Warum?« fragte Sarah.

»Da gibt es offensichtlich eine Geschichte, und die Meiers wollen nicht, dass sie irgendjemand erfährt.«

Isabelle trug die Teller ab und brachte dann Schalen mit Fruchtsalat. Es kam kein Gespräch mehr auf.

Als Sarah ihre Mutter fragte, ob sie heute hier übernachten könne, erfuhr sie, dass Véronique bei ihr zu Gast war.

»Und sie schläft in meinem Zimmer?«

»In deinem früheren Zimmer, Sarah.«

Natürlich, dachte Sarah, ich bin ja ausgezogen. Aber

sie merkte erst jetzt, was das bedeutete. Ihre Mutter konnte über ihr Zimmer verfügen, als hätte sie nie darin gewohnt.

11

Als Véronique erwachte, wusste sie nicht gleich, wo sie war. Sie hielt einen großen Stoffeisbären im Arm, und ein Seelöwe blickte sie an, der auf einer Klippe in der Meeresbrandung saß. Sie drehte den Kopf und sah den Schwanz eines Walfisches, der in die Tiefe abtauchte.

Die Poster hingen in Sarahs Zimmer, das ihr Isabelle zum Übernachten angeboten hatte, und den Eisbären hatte sie sich gestern Nacht von einem Regal geholt, als sie sich verlassen und elend fühlte. Gerade noch war sie im Traum mit Martin in einem Bus gesessen, der durch eine endlose Ebene fuhr, und hatte sich seltsam geborgen gefühlt, doch nun wusste sie wieder, es gab keinen Martin mehr, der Platz neben ihr war leer und würde leer bleiben.

Bevor sie weinen musste, stellte sie das Kuscheltier auf das Regal, stand auf, kurbelte die Jalousien hoch und blickte zum Fenster hinaus. Es war Tag, und durch einen leichten Dunstschleier schien die Sonne. Über den Dächern sah sie das Hotelhochhaus, in dem sie nach ihrer Ankunft gewohnt hatte, daneben ein zweites Hochhaus mit farbigen Ringen zuoberst an der Fassade, weiter entfernt hohe Kamine, mit roten Streifen bemalt, aus beiden stiegen Rauchfahnen, und an beiden blinkten Warnlichter. Das sollte die Schweiz sein?

Sie setzte sich auf den Bettrand und stützte ihren Kopf in die Hände. Halb neun. Die Zeitumstellung war ihr noch nicht gelungen. Lange hatte sie wach gelegen gestern, und wäre sie nicht vom unausweichlichen Drang zur Toilette geweckt worden, hätte sie sich jetzt sofort wieder umdrehen können, um weiterzuschlafen. Als sie leise die Tür öffnete und zum Badezimmer ging, duftete es in der Wohnung bereits nach Kaffee, und Isabelle streckte ihren Kopf aus der Küche.

»Bien dormi?«

»Plus ou moins, merci.«

Véronique verschwand im Bad, und Isabelle rief ihr nach, sie brauche sich nicht zu beeilen.

Wieder im Zimmer, legte sie sich nochmals einen Moment hin, nahm den Stoffeisbären mit bciden Händen an ihre Brust und dachte darüber nach, was sie heute noch tun musste.

Ihre Geschwister hatte sie vor ihrer Abreise in die Schweiz informieren können, und ihr älterer Bruder hatte sie vorgestern Abend auf ihrem Handy angerufen, um zu hören, was genau passiert sei. Den Club der pensionierten Schiffsangestellten, in dem Martin seine Kollegen traf, hatte sie gestern von Zürich aus erreicht, sein Freund Percy, den sie gut kannte, war schockiert und wollte es fast nicht glauben. Auch Frédéric vom Reisebüro »Grands tours«, bei dem Martin seinen Flug gebucht hatte und der auch Véroniques Flug organisiert hatte, war fassungslos gewesen. Er hatte sie dann zurückgerufen, um ihr zu sagen, sie bekomme von der Airline etwas von Martins Retourticket zurückerstattet, diese verlange aber einen Totenschein. Ob sie ihm den faxen könne? Man hatte ihr auf dem Bestattungsamt eine Kopie davon gegeben, doch beim Auschecken hatte sie nicht mehr daran gedacht. Sicher wusste Isabelle, von wo aus sie das am besten tun könnte.

Bei der Aussicht, noch länger im Hotel bleiben zu müssen, in dem Martin logiert hatte, war sie gestern auf einmal von einer Panik gepackt worden, hatte Isabelle angerufen, und diese hatte sie sofort samt ihrem und Martins Gepäck abgeholt und zu sich nach Hause gebracht.

Ob man die Kreditkarte sperren lassen musste, wenn jemand starb? Aber die Karte war bei ihr, und ein Toter konnte nicht unterschreiben. Musste man das Einwohneramt von hier aus benachrichtigen? Die Rentenkasse? Die Lebensversicherung, in die er bis zuletzt Prämien einbezahlt hatte? Ob die auch den Totenschein per Fax wollten? Aber sie hatte gar keine Nummer bei sich, die lag sicher zu Hause bei Martins Unterlagen. Eine Todesanzeige für die Zeitung? *Nous avons le regret d'annoncer le décès de...* Wir haben die schmerzliche Pflicht... Das hatte alles Zeit bis nach ihrer Rückkehr. Mit Angéline, ihrer besten Freundin, hatte sie gestern lange telefoniert, das genügte ihr vorderhand.

Doch, den Schulleiter sollte sie anrufen, wegen der Dauer ihrer Abwesenheit, das musste sie sich für den Nachmittag vormerken, denn Kanada hinkte der Schweizer Zeit um sechs Stunden nach.

Véronique seufzte. Sie hatte keine Erfahrung im Verwitwen. Gab es hier noch etwas, das sie tun musste, außer auf die Asche ihres Mannes zu warten?

Was sie bedrückte, war die Geschichte mit Martins früherer Pflegefamilie, und dass diese Geschichte nun auf Isabelle übergegriffen hatte, mit den unangenehmen Anrufen. Hatte sie die Möglichkeit, darüber noch irgendetwas in Erfahrung zu bringen?

Die Tante. Die musste über die Familie Bescheid wissen, und von ihr würde sie endlich auch etwas über Martins Jugendzeit erfahren. Wieso hatte er ihr nie mehr von ihr erzählt? Sie wusste nicht einmal ihren Namen. Die wenigen Male, da sie ihn mit ihr am Telefon sprechen gehört hatte, hatte er sie nur »Tanti« genannt. War ihre Nummer in seinem Adressbüchlein, das sie nicht bei seinen Effekten im Hotel gefunden hatte? Wahrscheinlich hatte er es in der Hast des Aufbruchs zu Hause liegen gelassen. Nach dem Frühstück würde sie nochmals Martins ganzen Koffer durchsuchen, er sollte sich doch irgendwo aufgeschrieben haben, wo sie wohnte. Dass er sie nicht besuchen wollte, wenn er in Zürich war, schien ihr unwahrscheinlich. Ob sie allerdings in Zürich wohnte, wusste sie nicht. Aber bestimmt in der Schweiz, etwas anderes konnte sie sich nicht vorstellen.

Diese Adresse würde auch Isabelle helfen.

Isabelle. Wie gut, dass sie bei ihr sein durfte.

Der Abend gestern, mit Isabelles Tochter, das war wie bei einer langjährigen Freundin gewesen, wäre ihr bloß nicht ständig in den Sinn gekommen, weshalb sie hier war. Es fiel ihr schwer, das als Wirklichkeit anzuerkennen, und nicht als einen Traum zu sehen, aus dem sie irgendeinmal wieder erwachen würde.

Sie legte den Eisbären ans Kopfende des Bettes, stand auf und sah auf dem Schreibtisch die Zeichnung, die der Schüler gestern gemacht hatte. Erstaunlich gut war sie, beide waren sie darauf zu erkennen. Sie war wie eine Bestätigung, dass sie wirklich in Zürich war. Sie stellte das Papier an die Tischlampe und legte einen Radiergummi davor.

Eigentlich, überlegte sie sich, könnte sie Isabelle auch hassen. Wäre sie nicht in der Unterführung gestanden, anmutig und etwas hilflos, hätte er ihr nicht den Koffer die Treppe hinaufgetragen und wäre noch am Leben. War nicht sie letztlich schuld an Martins Tod?

Auf einmal schlich sich ein hässlicher Verdacht in ihre Gedanken. Stimmte es überhaupt, was ihr Isabelle erzählte? Martin war am Sonntagmittag in Zürich angekommen und am Montagvormittag gestorben. Isabelle wohnte im selben Viertel, in dem das Hotel stand. Hatte er sie am Abend vorher zufällig kennengelernt, mit ihr die Nacht verbracht und sie dann zum Flughafen begleiten wollen? Das wäre auch ein Grund für ein Herzversagen, und Isabelle war ein Typ von Frau, der Martin gefiel, da war sie sicher. Isabelles Darstellung der Begegnung mit Martin war in keiner Weise überprüfbar, und dann wäre ihre Hilfsbereitschaft nichts als eine Folge ihres schlechten Gewissens. War sie nicht unsicher geworden, als sie sie gefragt hatte, woher Martin gekommen sei?

Véronique zog ihren Morgenmantel über ihr Pyjama, schaute sich im Spiegel neben der Tür kurz an und strich ihre Haare zurecht. Sie würde sich zwingen, Isabelle so zu begegnen, als kenne sie sie nicht.

Doch das war ihr nicht möglich.

Isabelle hatte in der Küche ein Frühstück bereit gemacht, kam auf sie zu und küsste sie.

»Bonjour, ça va avec le jet lag?«

Sogleich schämte sich Véronique ihres Verdachts, denn hier sprach ohne Zweifel keine Lügnerin.

Sie spüre ihn schon noch, den Jetlag, sagte sie, und fügte dann hinzu, vielleicht sei es ebenso ein death lag, denn Martins Tod sei immer noch nicht wirklich bei ihr angekommen, im Traum sei sie heute mit ihm Bus gefahren.

Das tue ihr leid, sagte Isabelle, fragte dann, ob Café au lait für sie in Ordnung sei, was Véronique bejahte, hielt ihr das Körbchen mit den Croissants hin, die sie heute Morgen in der Bäckerei geholt hatte, und dann frühstückten sie eine Weile schweigend.

Bei der zweiten Tasse Kaffee fragte Isabelle Véronique, ob sie heute noch etwas erledigen müsse, und diese erzählte ihr die Geschichte mit dem Totenschein, den sie offenbar faxen sollte. Das könne man von der Post aus machen, sagte Isabelle, und als Véronique fortfuhr, sie wolle nochmals Martins ganzen Koffer durchsuchen, um die Adresse seiner Tante zu finden, nickte Isabelle und sagte, das würde ihnen beiden weiterhelfen, denn sie selbst könnte auf die Weise auch den Sohn von Mathilde Meier finden, der sie mit diesen seltsamen Anrufen belästige.

Ihr Telefon klingelte. Es war Sarah, die ihr sagte, sie sei in der Museumsgesellschaft und habe die beiden Zürcher Zeitungen nach einer Todesanzeige für Mathilde Meier durchgesehen, aber keine gefunden. Dann habe sie die Friedhofsverwaltung angerufen und nach den Angehörigen gefragt, aber die gäben keine Auskunft, aus Datenschutzgründen.

Das sei sehr lieb, sagte Isabelle, aber sie brauche sich wirklich nicht darum zu kümmern, sie habe bestimmt Gescheiteres zu tun.

Es beunruhige sie einfach, sagte Sarah, dass da eine Geschichte am Laufen sei, die sie nicht verstehe, und der Typ unten am Eingang gestern habe ihr gar nicht gefallen.

»Sarah, wenn ich das Gefühl haben sollte, ich sei in irgendeiner Gefahr, würde ich es dir sagen.«

»Aber sicher?«

»Sicher, Schatz.«

Gut, sagte Sarah, aber eine Frage wäre da noch. Sie habe sie doch gefragt, was die roten und die blauen Pfeile auf dem Handy bedeuteten. Wie viele rote es da gegeben habe.

Einen, sagte Isabelle, und bevor ihre Tochter weiter-fragen konnte, sagte sie, sie habe die Nummer auspro-biert, das sei die Stadtverwaltung von Uster gewesen, die Martin offenbar am Montagmorgen angerufen habe.

»Aha«, sagte Sarah, »jetzt wissen wir doch schon ein kleines bisschen mehr.«

»Was denn?«

»Der Kanadier Martin Blancpain stammt aus Uster.«

12

»Also«, sagte der Zivilstandsbeamte der Einwohner-
gemeinde, schaute durch seine Lesebrille nochmals auf
Martins Totenschein und dann über die Brillenränder
hinweg zu seinen Besucherinnen, »das Geburtsdatum
wäre der 28. Januar 1940.«

Er legte ein großformatiges, schweres schwarzes Buch
auf die Theke und bat die beiden Frauen, sich auf die
zwei Stühle vor dem Bürocorpus zu setzen. Als Sarah
sagte, es mache ihnen nichts aus zu stehen, präzisierte er,
dies sei mehr als eine Bitte, es sei notwendig, damit sie
keine Einsicht in das Buch bekämen.

»Oh, natürlich«, sagte Sarah und erklärte Véronique,
sie hätten sich zu setzen, damit sie keine Dinge sähen,
die nicht für ihre Augen bestimmt seien.

Der Beamte warf ihr einen Blick zu, der verriet, dass
er die Ironie wohl gehört hatte, und Sarah nahm sich

vor, so korrekt wie möglich zu bleiben, denn eigentlich hätte Véronique ein Gesuch beim Kanton einreichen müssen, um diese Abklärung machen zu können, doch der Beamte war ihr bei der Schilderung ihrer Situation entgegengekommen und hatte zu Sarah, die sich als Véroniques Übersetzerin vorgestellt hatte, gesagt, sie drückten in dem Fall ein Auge zu.

Er begann nun im Buch zu blättern. 1940, sagte er lächelnd, das sei eben noch ein kleines bisschen vor der Digitalisierung gewesen, und Sarah lächelte pflichtbewusst mit.

Sie war kurz nach ihrem Anruf bei Isabelle erschienen und hatte sich anerboten, mit Véronique auf das Einwohneramt in Uster zu fahren, um nachzuforschen, ob sie dort einen Hinweis auf Martins frühere Existenz fänden.

Véronique hatte versucht abzuwehren, bestimmt brauche sie ihre Zeit für ihr Studium, Isabelle hatte vorgeschlagen, sie könne mitfahren, aber Sarah hatte lachend gesagt, sie sei im Moment froh um jede Ausrede, nicht lernen zu müssen, und Isabelle solle daran denken, dass sie immer noch Rekonvaleszentin sei und sich nicht zu viel zumuten sollte.

Und so blickten nun die beiden Frauen auf den grauhaarigen Mann in seinem hellblauen Blazer, der eine Seite nach der andern umblätterte, bis er innehielt und eine Stelle im Buch fixierte. Er verglich sie mit dem Totenschein, schaute dann die Besucherinnen an und gab

ihnen bekannt, dass an diesem Tag zwei Geburten eingetragen seien, eine von Weber Anna, die falle ja wohl weg,
und die andere von Wyssbrod Marcel, doch, indem er
mit dem Kopf auf den Schein wies, das stimme ja auch
nicht mit diesem Namen überein.

»Aber Marcel käme in Frage«, sagte Sarah, »so hieß er
früher – oder gibt es auch ein Todesdatum?«

Da müsse er, sagte der Beamte, das Bürgerregister holen, denn als Heimatort der Mutter sei Uster angegeben.
Ob sie das wollten?

Sarah nickte. »Gerne. Sehr gerne.«

Er bat sie um einen Moment Geduld, und während
er auf die Suche nach Marcel Wyssbrod, Bürger von Uster, ging, versuchte Sarah Véronique zu erklären, was der
Unterschied zwischen Einwohner- und Bürgergemeinde
war, was ihr nicht ganz leichtfiel. Man habe hier einen
Ort, an dem man wohne, und einen Ort, woher man
stamme oder woher die Vorfahren stammten, und das
zweite sei eben die Bürgergemeinde. Sie zum Beispiel
habe als Bürgerort ein Dorf im Kanton Luzern, in dem
sie noch nie gewesen sei. Véronique wunderte sich. Bei
ihnen werde nur der Geburtsort verzeichnet.

Der Beamte kam mit einem ebenso gewichtigen und
ebenso schwarzen Buch zurück, das er auf das andere
legte. »Noch ein prähistorisches Dokument«, sagte er,
öffnete es und hatte schon bald die richtige Seite gefunden.

»Und?« fragte Sarah, »gibt es ein Todesdatum?«

»Das nicht, bloß –«, er rückte seine Brille zurecht und stockte einen Moment.

»Bloß was?«

»Marcel Wyssbrod ist am 4. August 1962 für verschollen erklärt worden.«

Véronique blickte Sarah fragend an, doch diese wusste nicht, was »verschollen« auf englisch hieß.

Sarah wandte sich an den Beamten: »Wissen Sie –«

»Missing«, sagte der.

»That would also fit«, meinte Véronique, das würde auch passen.

Ob er ihnen die beiden Einträge fotokopieren könne, fragte Sarah.

Das dürfte schwierig sein bei dem Format, sagte der Beamte mit dem Anflug eines Lächelns, aber er schreibe ihnen von beiden einen Auszug, mit dem Stempel der Gemeinde, der als offizielle Bestätigung gelte. Die Gebühr betrage allerdings 30 Franken pro Dokument.

»But what about the name?« fragte Véronique, indem sie Sarah und den Beamten anschaute.

Dass Menschen, die sich in einem anderen Land eine andere Existenz zulegen wollen, den Namen wechseln, komme immer wieder vor, sagte der Beamte, und wenn sich Marcel oder Martin im französischsprachigen Teil Kanadas niedergelassen habe, wäre es logisch, wenn er auch einen französischen Namen angenommen hätte, und eine kleine Parallele falle da ja sofort ins Auge, n'est-ce pas?, und er schaute Sarah an.

Sarah fiel keine Parallele ins Auge.

»Was isch es Wyssbrot uf französisch?« fragte er sie.

»Un pain blanc?«, sagte Sarah.

»Eben.«

»Blancpain!« rief Sarah, sprang auf und schlug sich an die Stirn, »Klar!«

Der Beamte schloss sofort den Buchdeckel, behielt aber eine Hand zwischen den Seiten.

Sarah erklärte Véronique den Zusammenhang. Diese nickte. Es wurde immer wahrscheinlicher, dass sie auf Martins Spur gestoßen waren.

In einer Cafeteria tranken sie einen Cappuccino, und wenig später betraten sie die Eingangshalle des Bezirksgerichtes. Sarah erläuterte der jungen Frau am Empfang, die hinter einer Panzerglasscheibe stand, worum es ging. Sie legte die Kopie aus dem Bürgerregister vor und fragte, ob sie die Akten des damaligen Gerichtsverfahrens einsehen dürften, die zur Verschollenheitserklärung geführt hatten.

Sie bekam zur Auskunft, heute sei Freitag, und leider arbeite die zuständige Gerichtsschreiberin nur 80% und sei erst am Montag wieder da. Diese müsste dann vorgängig feststellen, ob sie zur Einsicht legitimiert seien.

Aber die 50-Jahresfrist sei doch gerade abgelaufen, warf Sarah mit einem Blick auf die Kopie ein.

Da gebe es verschiedene Fristen, und das abzuklären sei eben Sache der Gerichtsschreiberin, doch wenn die Legitimation anerkannt werde, müssten sie das Dokument wohl noch am selben Tag zu sehen bekommen. Die Gerichtsurteile würden alle in ein Buch eingebunden.

Sarah übersetzte Véronique den Bescheid. Sie ärgerte sich über den Persönlichkeitsschutz und über Teilzeitstellen und Job Sharing, über all das, wofür sie sich sonst einsetzte.

Als Véronique sagte, ihr Rückflug sei erst für Mittwoch gebucht, und sie sei sehr zufrieden, wenn sie am Montag mehr von Martins Geschichte erführe, seufzte Sarah und sagte, ihre Geduld möchte sie haben.

Plötzlich schnipste sie mit den Fingern, schaute auf die Uhr und bat Véronique, nochmals mit zur Stadtverwaltung zu kommen, sie habe etwas zu fragen vergessen.

Mit schnellen Schritten durcheilten sie die Gerichtsstraße, und um fünf vor zwölf waren sie wieder im Stadthaus.

»Glück gehabt«, sagte Sarah keuchend zum jungen Mann im Empfangsbüro, »ihr macht sicher gleich Mittag.«

»Glück gehabt«, antwortete dieser salopp, »Freitag haben wir durchgehend bis halb vier offen – worum geht's denn diesmal?« Er hatte sie am Vormittag schon zum Zivilstandsamt verwiesen. Sarah fragte ihn, ob er am Montag Dienst gehabt habe.

»Ich war die ganze Woche auf dem Posten«, sagte er, der sichtlich Gefallen an Sarah fand.

»Erinnern Sie sich an einen Telefonanruf am Montagmorgen?«

Na, sagte der junge Mann amüsiert, an welchen der drei Dutzend er sich denn erinnern solle und warum.

Sarah legte ihm die Kopie des Eintrags von Marcel Wyssbrod hin, erklärte ihm, dass er für verschollen erklärt wurde, jedoch in Wirklichkeit nach Kanada ausgewandert sei, dass Véronique seine Frau sei, aber nichts von seiner Vergangenheit wisse, und dass sie nun auf der Suche nach seiner Herkunft seien.

Der Mann wollte nicht recht begreifen. Warum sie ihn denn nicht selbst frage?

Er sei letzten Montag Mittag in Zürich gestorben, habe aber laut seinem Handy am Morgen noch auf der Stadtverwaltung angerufen, und sie hätten einfach gern gewusst, mit wem er da gesprochen habe und warum.

Jetzt wurde der Mann ernster. »Hören Sie«, sagte er, »ich darf Ihnen da –«

»Bitte kein Persönlichkeitsschutz«, fiel ihm Sarah ins Wort, »der Mann ist tot, und die wichtige Persönlichkeit ist jetzt seine Frau, eh, seine Witwe, die hier steht, und die aus Kanada angereist ist und auf seine Asche wartet und – verstehen Sie mich?«

Sie blickte ihn aus ihren dunklen Augen an, bis er seinen Blick senkte. Dann hob er seinen Kopf wieder:

»Und wer sind Sie, wenn ich fragen darf?«

»Ihre Nichte«, sagte Sarah, ohne zu überlegen.

Der Mann spielte mit seinem Kugelschreiber und schaute zum Telefon.

»Also«, sagte er dann, »weil Sie's sind – einer rief an und fragte nach der Armenbehörde, und dieser Ausdruck fiel mir auf, weil er von früher ist, ich wollte ihn mit dem Sozialamt verbinden, doch die hatten an diesem Vormittag eine große Sitzung, und bis 11 Uhr war niemand telefonisch zu erreichen.«

»Danke«, sagte Sarah, »danke, ich glaube, das war er. Hat er sich mit Blancpain angemeldet?«

»Könnte sein, ja, ich hab ihn nicht so gut verstanden. Es kam auch kein zweiter Anruf mehr.«

»Um 11 Uhr war er schon tot«, sagte Sarah.

»Oh – das tut mir leid«, sagte der Mann mit Blick auf Véronique, »I am very sorry.«

»Thank you«, sagte Véronique.

Der Mann nickte und sagte zu Sarah: »Das Sozialamt ist im ersten Stock.«

Die hagere Frau, die ihnen dort wenig später gegenübersaß und sich als Frau Stehli, Sozialarbeiterin, vorstellte, hatte einen etwas bekümmerten Gesichtsausdruck, und Sarah fragte sich, ob das ihr Berufsblick war, den sie aufsetzte, wenn sie am Morgen ihr Büro betrat.

Nachdem ihr Sarah erzählt hatte, weshalb sie hier waren, und ihr auch den Geburtsschein von Marcel Wyssbrod und den Eintrag im Bürgerregister vorgelegt hatte, mit der Frage, ob wohl über jemanden dieses Namens in den Akten zwischen 1940 und 1962 etwas bekannt sei, wurde ihr Blick noch bekümmerter. Leider seien diese Jahrgänge noch nicht digitalisiert, sodass sie im Archiv in jedem einzelnen Jahr den Buchstaben W durchsehen müsste, und dazu komme sie heute nicht mehr. Ob es denn sehr wichtig sei?

Sarah wies sie darauf hin, dass die Witwe von Herrn Wyssbrod, der sich eben später in Kanada Blancpain genannt habe, nächsten Mittwoch wieder nach Montreal zurückfliege, und dass sie bis dahin Klarheit über Marcel Wyssbrods Jugendzeit erlangen möchte, und wenn sie wolle, komme sie gern mit ihr ins Archiv, damit sie bei der Suche schneller vorwärtskämen.

Das komme leider gar nicht in Frage, sagte Frau Stehli, aus Gründen des Datenschutzes.

Sarah nickte, bevor das Wort ausgesprochen war, und fragte dann etwas gereizt, ob es ihr denn möglich wäre, die Nachforschungen bis am Montagnachmittag zu machen, dann kämen sie ohnehin nochmals nach Uster wegen der Gerichtsakte zur Verschollenheitserklärung.

Die Sozialarbeiterin blickte sie mit einem Ausdruck von Zurechtweisung an, sagte dann aber, sie werde es versuchen. Danach ging sie mit den beiden Dokumenten in den Nebenraum, um sie zu kopieren.

Da seien sie ihr sehr dankbar, sagte Sarah, die mit Véronique zum Gehen bereitstand, als ihr Frau Stehli die Dokumente zurückgab. Sie wollte sich verabschieden, hielt jedoch einen Moment inne und fragte:

»Was können die Gründe sein, dass ein siebzigjähriger Auslandschweizer, der seine Jugendzeit in Uster verbracht hat, das Sozialamt anruft?«

Frau Stehli zeigte auf den Geburtsschein.

»Sie haben gesehen, wer sein Vater war?«

Sarah nickte. »Ja, das heißt –«

»unbek., also kannte er seinen Vater nicht, und vielleicht kannte er auch die Mutter nicht und wuchs im Waisenhaus auf, oder bei Pflegeeltern, vielleicht war er ein Verdingkind, oder es ging um Vormundschaft oder Adoption. Zu jeder dieser Möglichkeiten gibt es Fragen, die man als Betroffener später noch stellen möchte.«

Sarah war etwas betreten. »Vielleicht können ja wir diese Fragen stellen.«

»Vielleicht«, sagte Frau Stehli, und fügte dann mit Blick auf Véronique hinzu: »Aber die Antworten können schmerzhaft sein.«

Auf einmal war sie Sarah sympathisch.

13

»Er ist also tot?«, sagte der Mann mit den Kugelaugen und dem braunen Filzhut zu Isabelle, halb als Frage, halb als Aussage, und schaute ihr scharf in die Augen. Sie saßen an einem Tisch der »Brasserie Fédéral« in der großen Halle des Zürcher Hauptbahnhofs. Die Halle wurde von einem blauweiß karierten Bierzelt dominiert, das zwei Wochen lang das Münchner Oktoberfest unter dem Titel »Züri Wiesn« nachstellte. Aus dem Zelt erklangen Musikfetzen in wechselnder Lautstärke, offenbar machte eine Volksmusik- oder Schlagerformation ihren Soundcheck. Ein Stand verkaufte Lebkuchenherzen und andere Süßigkeiten, an einem andern hingen T-Shirts mit der Aufschrift »I MOG DI«, weiter hinten gab es eine Schießbude, eine junge Frau hielt einladend ein Gewehr in der Hand, ohne dass jemand einen Schuss riskieren wollte.

Der Mann, der sich Meier nannte, hatte Isabelle, kurz nachdem Sarah und Véronique das Haus verlassen hatten, auf ihrer normalen Nummer angerufen und ihr ein Treffen vorgeschlagen.

Und da saßen sie nun auf den Holzbänken der Brasserie, beide mit einem Kaffee vor sich, und Isabelle antwortete auf seine Frage: »So ist es. Leider.«

»Tot zusammengebrochen auf dem Bahnhof Oerlikon?«

»Wie ich Ihnen sagte, ja.«

»Am letzten Montag?«

»Am Montag, ja.«

»Und Sie waren seine Freundin?«

Isabelle zögerte einen Moment und sagte dann:

»Ich bin es erst nach seinem Tod geworden.«

Nun war Meier verblüfft.

»Was soll das heißen?«

Das heiße, sagte Isabelle, dass sie ihn erst zwei Minuten vor seinem Tod kennengelernt habe und nachher das Gefühl gehabt habe, dass sie ihm helfen müsse.

»Einem Toten helfen?«

»Man kann einem Toten helfen, seine Würde zu bewahren. Zum Beispiel gegenüber Leuten wie Ihnen.«

»Erzählen Sie keinen Quatsch.«

»Wieso wollten Sie denn nicht, dass er zur Beerdigung seiner Pflegemutter kam?«

»Was wissen Sie von seiner Pflegemutter?«

»Zu wenig. Könnten Sie mir nicht etwas erzählen von ihr?«

»Ich erzähle Ihnen, was *ich* will.«

»Das merke ich.«

Isabelle drehte den Kaffeerahmdeckel in ihren Fingern. Auf ihm war das Wirtshausschild der Brasserie Fédéral abgebildet, ein Oval mit einem Schweizerwappen unter dem Wort »FEDERAL«. Dieses war groß geschrieben, und die Akzente fehlten. Aus dem Zelt drang das Lied »So ein Tag«, von einer Frauenstimme gesungen, die bei »wunderschön« plötzlich abbrach und dann erneut anhob, diesmal von irgendeinem vibrierenden Instrument begleitet.

Meier hatte einen der blauen Bierdeckel mit der Aufschrift »Unser Oktoberfest!« in der Hand, die auflagen, und klopfte damit von Zeit zu Zeit auf den Tisch.

»Woher wissen Sie, dass Mathilde Meier seine Pflegemutter war?«

»Von seiner Frau.«

Meier kniff seine Augen zusammen. Isabelle hatte bisher noch nichts von ihr erzählt.

»Er hatte eine Frau?«

»In Kanada, ja. Sie wissen doch, dass er in Kanada lebte?«

Meier nickte.

»Seine Frau ist am Tag nach seinem Tod angereist.«

»Und was hat sie Ihnen sonst noch erzählt?«

»Sie weiß kaum etwas von seiner Jugendzeit.«

Meier hob seine Augenbrauen und ließ den Bierdeckel in der Schwebe.

»Da sind Sie erleichtert?« fragte Isabelle nach einer Weile.

Meier blickte sie nur an und klopfte dann mit dem Deckel wieder auf den Tisch.

»Von seiner Jugendzeit gibt es nicht viel zu erzählen.«

»Sie waren also fast sein Bruder?«

»Bruder? Nein. Er wohnte bei uns, ja.«

»Wie lange?«

»Bis er weg musste.«

»Wieso musste er weg?«

»Weil er Mist gebaut hatte.«

»Und wohin musste er?«

»In die Anstalt.«

»In welche?«

»Weiß ich nicht. Ich habe ihn nicht mehr gesehen seither. Wieso interessiert Sie das alles?«

Isabelle blickte in die Höhe und sah auf den Hintern des farbenfrohen Riesenengels, der am Deckengewölbe und der Seitenmauer mit Drahtseilen befestigt war. Dann schaute sie ihn lächelnd an und sagte:

»Weil ich mit ihm befreundet war.«

Meier stieß etwas wie ein Lachen aus und schüttelte den Kopf.

»Befreundet – mit einem Toten …«

»Ja. Und mit seiner Witwe. Auch sie wüsste gern mehr über seine Vergangenheit.«

»Wenn sie bis jetzt nichts gewusst hat, braucht sie auch weiterhin nichts zu wissen. Und da soll sie froh sein.«

»Wurde er schlecht behandelt?«

»Nicht schlechter als wir.«

»Sie hatten Geschwister?«

»Hab ich immer noch. Einen Bruder. Wieso fragen Sie mich das? Ich frage Sie ja auch nicht nach Ihren Geschwistern.«

»Das dürften Sie aber.«

»Was interessiert mich das?«

Von einem Stand gegenüber erklang Kindergeschrei. Zwei dunkelhäutige Buben mit Kickboards bestürmten ihre Mutter, eine mit Kopftuch und bodenlangem Gewand verhüllte Frau, sie solle ihnen einen der Lebkuchen kaufen, die an einem bunten Band von einer Stange herunterbaumelten. Die Frau verneinte entschieden und ging weiter, die Buben riefen ihr wütend nach, bis sie schließlich verdrossen hinter ihr herfuhren.

»Und wer ist seine Tante?« fragte Isabelle.

»Wer?«

»Die Tante, von der er wusste, dass seine Pflegemutter gestorben war. War sie Ihre Tante?«

Meier trank einen Schluck Kaffee und wischte sich mit dem Handrücken die Lippen ab.

»Kenn ich nicht. Vielleicht jemand aus der Anstalt.«

Isabelle musterte ihn wie einen dementen Patienten.

Es war klar, dass er log.

»Was war denn der Mist, für den er in die Anstalt kam?«

»Schlimm war das. Es hat unsere Familie kaputt gemacht.«

»Seiner Frau sagte er, er habe nie etwas Unrechtes getan.«

»So. Hat er gesagt. Ja, ja. Das kann jeder sagen, in Kanada.«

»Und wenn es so wäre?«

»Es war nicht so!«

Er schlug mit der linken Faust auf den Tisch, dass die Kaffeelöffel klirrten.

»Wie war es denn?«

Meier drückte seinen Bierdeckel auf den Tisch, bis er knickte.

»Hören Sie, Frau… Isabelle Rast. Ich wollte von Ihnen nur wissen, was mit Marcel ist. Sie haben es mir gesagt. Ob ich es Ihnen glaube, ist eine andere Sache. Aber Ihnen bin ich keine Auskünfte schuldig. Über nichts. – Zahlen!«

»Ist schon gut, Herr… Albert Meier.«

»Konrad!« zischte Meier und merkte im selben Moment, dass sie ihn erwischt hatte.

»Ist schon gut, Herr Meier. Ich lade Sie ein.«

Meier sagte nichts und blieb sitzen, bis der Kellner kam. »Zusammen?« fragte er.

Isabelles Ja und Meiers Nein kamen fast gleichzeitig.

Der Kellner lachte. Dann nahm er Isabelles acht Franken und bedankte sich. Meier schob die Sitzbank mit einem Ruck zurück und erhob sich.

Isabelle stand ebenfalls auf.

»Herr Meier, das Handy von Martin habe ich seiner Witwe zurückgegeben. Bitte rufen Sie dort nicht mehr an, sie versteht sowieso kein Deutsch.«

»Wieso Martin?«

»In Kanada nannte er sich Martin. Martin Blancpain.«

Meier stützte beide Hände auf den Tisch und beugte sich unangenehm nahe zu Isabelle vor. »Martin Blancpain? Dann war er's doch nicht, und Marcel lebt noch.«

Isabelle wich nicht zurück.

»Marcel lebt nicht mehr. Sie brauchen also keine Angst zu haben, dass er mit Ihnen über seine Jugendzeit sprechen will.«

»Ich habe überhaupt keine Angst. Weder vor Marcel noch vor Ihnen.«

Es war so offenkundig, dass er Angst hatte, dass Isabelle fast Mitleid empfand. Doch die Erinnerung, wie ihr einmal ein 95jähriger überraschend einen Faustschlag versetzt hatte, machte sie vorsichtig, und sie trat einen Schritt zur Seite.

»Sie haben ja jetzt meine Telefonnummer. Wenn Ihnen in den Sinn kommt, wer seine Tante sein könnte, dürfen Sie mich jederzeit anrufen. Auf Wiedersehen, Herr Meier.«

»Ade.«

Sie verließ den Tisch und ging zu den Tramhaltestellen hinaus, am Bierzelt vorbei, aus dem jetzt »Trink, trink, Brüderlein trink!« erklang.

Meier blieb einen Moment stehen, machte zwei Schritte in Richtung der Bahngeleise, kehrte dann wieder um und nahm die vier Franken, die er für seinen Kaffee auf den Tisch gelegt hatte, an sich. Dann ging er damit zum Stand mit den Süßigkeiten und kaufte sich ein kleines Säcklein Magenbrot.

14

Isabelle erwachte auf ihrem Sofa und fühlte sich so schwer, dass sie auf einmal die alte Frau Maurer im zweithintersten Zimmer ihrer Abteilung verstand, die jeden Morgen sagte:

»Ich kann nicht aufstehen.«

Wenn Isabelle dann fragte: »Fehlt Ihnen etwas?«, antwortete sie: »Die Kraft.«

Wie froh wäre sie jetzt gewesen, es hätte ihr eine Pflegerin den Arm um ihre Schultern geschoben und ihr aufgeholfen. Sarahs Bemerkung mit der Rekonvaleszenz kam ihr in den Sinn, und es wurde ihr bewusst, dass sie Recht hatte. Dass man mitten am Tag nur so müde sein konnte. Zusammen mit den Gallensteinen musste man ihr auch einen Teil ihrer Energievorräte entfernt haben. Sie blieb liegen und dachte an Herrn Michel, der einmal Rektor einer Schule gewesen war und sie jedesmal, wenn er aufstehen sollte, aus halb geschlossenen Augen traurig anschaute und fragte: »Wozu?«

Wozu, das wusste sie allerdings. Sie hatte sich vorgenommen, eine Liste zu machen von allem, was sie über die Geschichte, in die sie hineingeraten war, nicht wusste. Bis zu Véroniques Abreise nächsten Mittwoch, das war ihr nach dem Gespräch heute Vormittag klar geworden, würde sie sich ohnehin mit nichts anderem beschäftigen können.

Nachdem sie vom Treffen im Hauptbahnhof nach Hause gekommen war, hatte sie sich eine jener Pulversuppen zubereitet, die man bloß mit heißem Wasser übergießen musste und nach einer Minute Umrühren schon verspeisen konnte, ohne genau zu wissen, was man zu sich nahm. Dazu hatte sie ein Stück Brot gegessen und danach ein Früchtejogurt, dann hatte sie sich einen Moment aufs Sofa gelegt und war sofort eingeschlafen.

Fröstelnd rappelte sie sich auf und sagte halblaut den Satz zu sich, den sie ihren Heimbewohnerinnen immer sagte: »Sie sollten sich zudecken, Frau Rast, wenn Sie sich hinlegen.«

Sie ging in die Küche, warf sich eine Jacke über, machte sich einen chinesischen Räuchertee, setzte sich ins Wohnzimmer, nahm den Telefonnotizblock und begann einen Zettel zu schreiben.

Zuoberst zeichnete sie mit ihrem Kugelschreiber ein

großes Fragezeichen. Den Punkt darunter machte sie als Kugel. Sie überlegte einen Moment, womit sie beginnen sollte, und zog zum Fragezeichen eine zweite Linie derselben Form, die sie zuletzt mit zwei Strichen an den Enden mit der ersten Linie verband.

»Jugend« schrieb sie darunter.

Darüber wusste sie zwar seit heute Morgen etwas.

Sie zog in der Mitte einen senkrechten Strich über das Blatt, damit sie rechts Platz hatte für das, was sie wusste. »Pflegefamilie« und »Anstalt« schrieb sie dorthin. Aber wieso er in die Pflegefamilie gekommen war, wusste sie ebenso wenig wie den Grund, warum er in die Anstalt gekommen war, und in welche, also schrieb sie auf der linken Seite unter »Jugend« nochmals »Pflegefamilie« und »Anstalt«.

Sie zeichnete um die Kugel des Fragezeichenpunktes eine zweite Kugel.

»Name« schrieb sie, und »Kanada«. Wann war er nach Kanada ausgewandert? Hatte er auch einen andern Nachnamen gehabt? Oder wurde er adoptiert? Wieso hatte sie das den düsteren Meier nicht gefragt? Fraglich, ob er ihr dazu etwas gesagt hätte, es war schwierig genug gewesen, das Wenige aus ihm herauszuholen. Aber diese Liste hätte sie besser vor dem Gespräch erstellt.

Sie begann den Leerraum im Fragezeichen mit feinen Strichen zu füllen.

Unter »Pflegefamilie« fügte sie noch »Mist« ein. Wenn

sie wüsste, was der Mist war, den der junge Marcel gebaut hatte, wüsste sie wohl auch, weshalb ihn die Meiers auf keinen Fall bei der Beerdigung haben wollten.

Sie fuhr fort, ihre Striche in das Fragezeichen zu kritzeln. Der Kugelschreiber schmierte ein bisschen, ein Werbegeschenk, der Name einer Krankenkasse stand darauf.

Aber eigentlich war das alles nicht so wichtig. Was sie unbedingt benötigte, wäre eine Spur zur Tante.

Sie schrieb TANTE und fuhr dann weiter mit ihren Strichlein, bis das Fragezeichen wie ein Regenwurm aussah. Sie war ziemlich sicher, dass Meier wusste, wer diese Tante war, und sie war ziemlich sicher, dass sie zur Meier-Familie gehörte und weder zu Martins Herkunftsfamilie noch zur Anstalt. Wenn Meier ihren Namen nicht preisgeben wollte, wusste wahrscheinlich auch sie über das Geheimnis Bescheid, das die Familie für sich behalten wollte und das auf irgendeine Weise mit dem Mist zusammenhing, den Marcel gebaut hatte.

Sie strichelte nun auch den Ring des Fragezeichenpunktes, bis er einem Autopneu glich.

In den meisten Familien gab es dunkle Flecken. Mehr als einmal hatte sie erlebt, wie alte Familienrechnungen beglichen wurden und wie Angehörige empört die Tür zuknallten und durch den Korridor davonschnaubten, weil sie erfahren hatten, dass das Haus schon längst einem Sohn überschrieben war, von dem niemand etwas gewusst hatte, oder sie schlichen sich still und verstört weg, weil sie vernommen hatten, dass ihr sterbender Vater gar nicht ihr leiblicher Vater war.

Der misstrauische Meier, das stand für Isabelle fest, würde mit dem Namen der Tante nicht herausrücken. Was gab es sonst für Wege, diesen herauszufinden?

Isabelle begann unter dem Fragezeichen Wellenlinien zu ziehen, vom linken bis zum rechten Seitenrand.

Sie würde Véronique nochmals fragen. Martin musste doch irgendwo eine Adresse oder eine Telefonnummer notiert haben. Vielleicht hatte er allerdings erwartet, die Tante bei der Beerdigung zu sehen und hatte sie gar nicht angerufen. Das schien ihr am wahrscheinlichsten, schließlich war er eben erst mit einem Interkontinentalflug gelandet, und auf seinem Handy war kein anderer abgehender Anruf gespeichert als derjenige vom Montagmorgen nach Uster. Oder hatte er sie von woanders angerufen?

Isabelle liebte Klarheit, und so viele Unklarheiten machten sie missmutig. Sie ließ auf der rechten Seite eine Vulkaninsel aus den Wellen aufsteigen, und ihr schmierender Krankenkassenkugelschreiber schleuderte Aschewolken und Lavastriemen aus dem Krater heraus.

Dann schrieb sie in die Fragezeichenrubrik HANDY, wieder mit Großbuchstaben.

Martins kanadisches Handy war bei seinen Effekten im Hotel gewesen, also hatte er sich das Sony Ericsson in der Schweiz besorgt, entweder gleich am Flughafen – man konnte ja auch welche mieten für die Dauer eines Aufenthalts – oder im Hotel. Was sie aber nicht verstand, war, woher Konrad Meier die Nummer hatte. Martin war am Sonntagmittag in Zürich angekommen, und am Montagvormittag rief ihn Meier auf dieser Nummer an. Hatte ihn Martin vom Hotel aus angerufen und ihm die Handy-Nummer gegeben? Aber sie erinnerte sich gut an den Anruf, den sie an Martins Stelle entgegengenommen hatte. Meier sprach wie einer, der endlich jemanden erreicht, er wollte eine Botschaft hinterlassen und nicht eine frühere Botschaft bekräftigen.

Isabelle seufzte und zeichnete winzige Häuschen am Ufer der Vulkaninsel. Stromboli... Dort könnte sie jetzt mit Barbara in der Sonne liegen, ab und zu ein paar Züge im Meer schwimmen, und abends würden sie sich zusammen Spaghetti kochen oder irgendwo eine Pizza essen gehen, hätte sie bloß »Nein, danke« gesagt.

Sie lebte in einem Land, in dem normalerweise jedes Hilfsangebot zuerst einmal abgelehnt wurde. »Nein, danke, es geht gut«, sagte man keuchend, ächzend, mit verzerrtem Lächeln, damit man sich ja nicht etwas abnehmen lassen muss. Bösiger, der im Rollstuhl saß, wurde wütend, wenn man ihn auf dem Weg zum Speisesaal schieben wollte, obwohl er nur noch mit einer

Hand ein Rad drehen konnte und durch Anschieben mit dem Fuß mühsam etwas nachhalf. Irgendeinmal hatte Isabelle beschlossen, Hilfe anzunehmen, wenn sie angeboten wurde, damit sie nicht so wurde wie Bösiger. Wenn der einmal stirbt, dachte sie, und man ihn einsargen kommt, wird er sich nochmals aufrichten und sagen: »Nein danke, es geht schon.«

Isabelle zeichnete eine Sonne, die zwischen dem Fragezeichenwurm und Stromboli noch Platz hatte.

Dann schrieb sie unter HANDY das Wort »Bitte«.

Wenn sie der sterbende Martin hätte bitten wollen, seine Frau zu benachrichtigen, hätte sie es verstanden. Das wäre die einfachste Erklärung und ihr auch die liebste.

Wenn es aber mehr war?

Sein Blick war so flehentlich gewesen, dass sie vom Gedanken nicht loskam, er habe sie, Isabelle Rast, um etwas ganz Bestimmtes bitten wollen. Doch dazu hätte er sie kennen müssen, und das war ja nicht der Fall, mehr als das, es war unmöglich.

Isabelle schaute durch das Fenster auf die obersten Stockwerke der Hochhäuser. In der Fensterfront des Swissôtels spiegelte sich die Sonne so stark, dass es sie blendete. Dann blickte sie wieder auf ihr Blatt. Das waren ihre Fragen. Sie zählte nach. Neun insgesamt, und nach unten wurden sie immer schwieriger.

Sie zog zwei parallele Striche durch das Fragezeichen

hinab, ließ sie wie einen Masten in ein Schiff münden, das sie auf den Wellen zeichnete, und nun sah das Fragezeichen wie ein Segelboot aus und der gestrichelte Punkt wie ein Rettungsring.

Da war ein Kapitän ertrunken, dachte sie, und hat noch nach einem Rettungsring gesucht, und es war keiner da außer mir.

15

»Wyssbrod?«

»Ja, Ma, so hieß er früher – merkst du etwas?«

»Was soll ich merken?«

Sarah lachte. »Was isch es Wyssbrot uf französisch?«

»Un pain blanc – ach so, Blancpain!«

Isabelle schlug sich an die Stirn.

Sarah und Véronique saßen mit ihr in der Küche und erzählten von ihrer Spurensuche in Uster.

Isabelle stand auf, ging ins Wohnzimmer und kam zurück, das Blatt mit den Fragen in der Hand.

»Dann kann ich das mit dem Namen schon mal abhaken«, sagte sie und setzte mit ihrem Kugelschreiber einen Haken hinter das Wort »Name«.

Was das sei, fragte Sarah.

Sie habe sich eine Liste gemacht von allem, was sie über Martins Leben und Tod nicht wisse.

Véronique war beeindruckt, dass sie sich eine solche Mühe gab, und Sarah bemerkte mit einem amüsierten Blick auf die Zeichnung: »Dein Stromboli spuckt aber ganz schön – oh, und zu ›Kanada‹ wissen wir mehr!«

Sie berichtete von der Verschollenheitserklärung im Jahre 1962. Da man dafür mindestens fünf Jahre ohne Nachricht vom Vermissten bleiben müsse, sei Martin spätestens 1957 nach Kanada ausgewandert. Er habe es ihr nie genau gesagt, fügte Véronique hinzu, aber sehr jung sei er bei seiner Ankunft gewesen, das wisse sie.

Isabelle nickte, 17, ja, das sei sehr jung, und das heiße wohl, dass er direkt aus der Anstalt gekommen sei.

Sarah war verwundert. Aus welcher Anstalt?

Er sei offenbar nach seinen Jahren bei der Pflegefamilie in eine Erziehungsanstalt gesteckt worden.

Davon hatte Véronique noch nie gehört. Woher sie denn das wisse?

»Ich habe heute Vormittag den Meier getroffen.«

Sarah sprang von ihrem Stuhl auf. »Allein?«

»Ja.«

»Spinnst du?«

»Wieso?«

»Ma, der Mann ist doch gefährlich, merkst du das nicht?«

Sie könne schon auf sich aufpassen, sagte Isabelle und bat Sarah, sich zu beruhigen. Er habe sie eben angerufen –

»Angerufen? Auf deine Festnetznummer?«

»Ja.«

»Ich sag dir's, das war der Typ gestern, hab ich ja gleich gedacht, dass er dir nachspioniert! Jetzt weiß er, wie du heißt und wo du wohnst!«

»Na und? Das wissen so und so viele andere auch.«

»Aber die sind dir nicht feindlich gesinnt!«

»Nicht, dass er mir sympathisch wäre, doch er wollte von mir hören, was mit Martin war, und ich hab es ihm gesagt. Jetzt wird er wohl Ruhe geben.«

»Der hat sich bestimmt gefreut, dass Martin tot ist, das Aas.«

»Er schien erleichtert, ja.«

»Und hast du auch seine Adresse?«

»Nein, aber seinen Vornamen. Konrad.«

»Sonst nichts?«

Isabelle ärgerte sich, dass sie ihm nicht wenigstens seine Telefonnummer entlockt hatte.

»Es war schon ein kleines Kunststück, seinen Vornamen aus ihm herauszukriegen.«

Sarah ging zum Telefon ihrer Mutter, schaute das Display an, drückte auf das Menü mit den Funktionen und sagte dann: »Ich sag dir schon lang, du solltest einen neuen Anschluss haben, der die Anrufe speichert.«

»Damit ich lesen kann ›anonym‹?«

Bei diesem schnellen Wortwechsel waren sie in den

Dialekt verfallen, und nun fragte Véronique, worum es genau gehe.

»She met that asshole Meier this morning«, sagte Sarah.

Und was sie denn dabei herausbekommen habe?

Das wichtigste sei wohl, dass Martin die Pflegefamilie verlassen musste und in eine Anstalt kam, und der Grund, so Meier, sei gewesen, dass er einen Mist gebaut habe, der ihre ganze Familie kaputt gemacht habe.

»Wenn wir herausfänden, was Meier mit diesem Mist meinte, wüssten wir wohl auch, weshalb sie Martin auf dem Friedhof nicht dabeihaben wollten.«

Alle schwiegen.

Dann sagte Véronique, Martin habe ihr immer versichert, er habe nichts Unrechtes getan, und sie glaube ihm das und werde es immer glauben.

Sarah sagte, dass sie hoffentlich am Montag beim Gericht die Unterlagen zur Verschollenheitsverhandlung einsehen könnten sowie das, was auf dem Sozialamt über seine Jugend bekannt sei. Dort erführen sie vielleicht mehr. Martin habe übrigens am Montag versucht, und das sei der Grund seines Anrufs nach Uster gewesen, mit dem Sozialamt Kontakt aufzunehmen.

Véronique betonte nochmals, wie gerührt sie sei über ihre Hilfsbereitschaft, aber sie finde, sie könnten es nun auch bleiben lassen, es sei doch bloß ein Zufall, dass Isabelle mit Martins Geschichte in Berührung gekommen sei, mit der sie ja gar nichts zu tun habe, und auch Sarah habe bestimmt genug Arbeit mit ihrem Studium.

Das habe sie sich heute auch überlegt, entgegnete Isabelle, aber es gebe Geschichten, die treffen einen, ob man es wolle oder nicht, und so sei sie Teil von Martins Geschichte geworden, doch die sei offenbar noch nicht zu Ende erzählt.

Ja, sagte Sarah, solange dieser Zombie von Meier herumschleiche und etwas unter dem Deckel halte, sei die Geschichte noch nicht zu Ende, weder für ihre Mutter noch für Véronique, und sie glaube, je mehr sie über Martins Vergangenheit herausfänden, desto eher verstünden sie, was passiert sei. Und von wegen Studium, eigentlich gehöre das zu ihrem Studium, sie sei gerade dabei, jemandem zu helfen, dem wahrscheinlich Unrecht geschehen sei. Leider sei er schon tot. Und Véronique tue ihr leid.

Auf einmal begann Véronique zu weinen. »C'est tellement triste, tout ça«, das sei alles so traurig.

»Oui, c'est triste«, sagte Isabelle und legte ihren Arm um Véroniques Schulter.

Nach einer Weile zog Sarah die Kopien des Zivilstandsamtes hervor. »Übrigens, Martins Mutter war ledig und sein Vater unbekannt.«

Isabelle nahm das Blatt in die Hand. »Natürlich, da gab's ja auch eine Mutter… Anna-Maria Wyssbrod… 1940… die könnte sogar noch leben.«

Véroniques Handy meldete sich.

Es war Frédéric vom Reisebüro, der immer noch auf den Totenschein wartete, und Sarah anerbot sich, mit Véronique auf die Post zu gehen.

Als die beiden zurückkamen, war Sarah empört über den Preis für ein einziges Faxblatt, heute, wo ein E-Mail nichts koste und man stundenlang gratis skypen könne. Isabelle aber saß an ihrem Notebook und hatte vier Blätter ausgedruckt.

»Schaut mal, ich habe das Telefonverzeichnis abgefragt. Meier Konrad gibt es im Kanton Zürich 7, Meier Conrad mit C gibt es 4.«

Sie schob ihnen die zwei Blätter zu.

»Aber Anna-Maria Wyssbrod gibt es in der ganzen Schweiz nur eine.«

Sie legte das dritte Blatt hin.

Berthod Anna-Maria (-Wyssbrod)

«Le Vieux Vignoble«

chemin des chipres 39

2016 Cortaillod/NE

032 751 29 49

»Und was ist auf dem vierten Blatt?« fragte Sarah.

»Der Ortsplan von Cortaillod, damit wir wissen, wie wir dahin kommen.«

16

Véronique wunderte sich, dass Isabelle am Bahnhof Neuchâtel kein Taxi nahm, sondern zielstrebig auf einen Bus zusteuerte. Ob sie sich hier auskenne?

Nein, antwortete Isabelle, aber das könne man alles im Internet nachschauen, bei einer Adresse werde ja im Ortsplan die nächstgelegene Bushaltestelle angezeigt, die Buslinien auch, und die Verbindungen könne man ebenfalls abfragen – ob das in Kanada nicht auch so sei?

Das wisse sie gar nicht, sagte Véronique, sie brauche das nie, und die Ausflüge habe immer Martin organisiert, und meistens hätten sie das Auto benutzt. Ob sie kein Auto habe?

Nein, in einer Stadt wie Zürich sei das nicht nötig, der öffentliche Verkehr sei gut genug, und das gelte für die ganze Schweiz. Fahren könne sie schon, und wenn sie einmal eins brauche, für einen Transport oder so, dann miete sie eins.

Isabelle und Véronique saßen im Bus nach Cortaillod, Isabelle hatte einen großen Blumenstrauß quer über die Knie gelegt, den sie heute Morgen auf dem Markt in Oerlikon gekauft hatte, mit Sonnenblumen, Zinnien, Kornblumen und Getreiderispen, bei einer pausbäckigen alten Marktfahrerin, welche solche Sträuße in ihrem Bauerngarten zusammenstellte. Véronique war mitgekommen und war sehr angetan gewesen von der bunten Mischung der Stände, an denen von Gemüse, Salat, Obst, Beeren und Brot bis zu Fischen, Geflügel, Kaninchen und Pferdefleisch alles zu haben war. Seien es griechische Oliven, Tessiner Ziegenkäslein, persische Datteln, Steinpilze aus Montenegro oder frisch gepresster Apfelsaft, den man sich selbst abfüllen konnte, da machte sich ein einziges Nebeneinander von Genüssen breit und rief gleichzeitig zum Kauf und zur Lebensfreude auf, zum Bummeln und Grüßen und Schwatzen, und an den Rändern versuchten Überzeuger neben Plakaten, auf denen stand »NEIN zur…« oder »JA zu…«, die Bummelnden für ihre JAs oder NEINs zu gewinnen. Wenn sie am Samstag nicht Dienst habe, hatte Isabelle gesagt, gehe sie immer auf den Markt, und Véronique hatte geantwortet, er erinnere sie ein bisschen an den Marché Jean-Talon in Montreal, auf dem die Bauern aus der Umgebung ihre Produkte anböten, viele

Italiener auch, Martin habe nach seiner Pensionierung gerne dort eingekauft.

Sarah hatte sich für heute und morgen abgemeldet, da die Völkerrechtsprüfung näher rückte, und nun saßen die beiden Frauen im Bus nach Cortaillod, der sie zunächst durch den alten Teil der Stadt fuhr. Véronique war sehr angetan davon, un peu comme Québec, fand sie, das liege auch leicht erhöht über dem St.Lawrence River wie Neuchâtel am See, aber bei ihnen seien die Altstädte viel weniger alt.

Wie schade, dass Martin das nicht sehen könne, sagte sie, und wurde wieder an den Grund ihrer Reise erinnert.

Auf einmal drehte sie sich zu Isabelle, fasste sie am Oberarm und sagte, sie habe Angst, »j'ai peur«, und ob sie nicht besser umkehren sollten.

Sie sei auch etwas nervös, sagte Isabelle, aber sie finde, sie sollten hingehen, schließlich habe sie im Heim angerufen, und sie seien angemeldet.

Als was sie sie denn angemeldet habe, fragte Véronique.

Als einen Besuch aus alter Zeit, sagte Isabelle.

Véronique bat Isabelle, vor allem sie solle sprechen, sie habe da mehr Erfahrung.

Isabelle beruhigte sie. Klar, sie werde gerne sprechen, und ob sie die Fotos dabeihabe.

»Bien sûr«, sagte Véronique, ließ Isabelle wieder los

und öffnete nochmals kurz ihr Handtäschchen, in dem der Umschlag mit den Fotos zuoberst lag.

Bei der Haltestelle, welche der Plan angab, stiegen sie aus, gingen ein paar Schritte an der Straße entlang weiter, bogen dann nach rechts ab und gingen zwischen Ein- und Zweifamilienhäusern mit kleinen Gärten auf ein Gebäude zu, das einmal herrschaftlich gewesen war und das für alles mögliche gebaut worden war, nur nicht für ein Altersheim. Aber sie waren bei der richtigen Adresse.

»Le Vieux Vignoble«

stand auf dem Schild am Pfeiler des Eingangstores, und darunter

»Home pour personnes âgées«.

Sie gingen über den kleinen gekiesten Vorplatz zum Haupteingang, Isabelle drückte die schwere Klinke, und mit elektrischer Unterstützung öffnete sich die große Tür.

Der Eingangsraum war ziemlich düster, der mächtige Kronleuchter, der von der Decke hing, war nicht eingeschaltet, nur die Bürolampe am Pult der Rezeption. Frau Berthod, so sagte man ihnen, sei im ersten Stock, in Zimmer 108, links. Ob sie den Lift benützen wollten, der sei gleich rechts.

»Nein, danke, es geht gut«, sagte Isabelle, ohne Véronique zu fragen, und zusammen stiegen sie die Treppe hoch, die ein abgewetzter roter Teppich vor den Fußtritten schützte.

Das Täfelchen neben der Tür von Zimmer 108 war angeschrieben mit

Berthod, Anna-Maria

Prêtre, Fabienne

»Alors«, sagte Isabelle und blickte Véronique an, »on y va?« Dann klopfte sie an.

Als niemand reagierte, öffnete Isabelle vorsichtig die Türe, und sie traten ein. Im einen der beiden Betten lag, unter dem goldgerahmten Foto eines Brautpaars, eine Frau mit geschlossenen Augen, das zweite Bett gegenüber war nicht benutzt, aber neben einem kleinen Tisch mit einem verwelkten Blumenstrauß saß eine Frau in einer grünen Strickjacke mit gekrümmtem Rücken in einem Lehnstuhl am Fenster und wandte ihnen den Kopf zu. Véronique ging sofort auf sie zu, beugte sich zu ihr und küsste sie.

»Hortense?« fragte die Frau im Lehnstuhl.

»Non, je suis –«

»Annette?«

»Non, je suis –«

»s Emmi?«

»Non, je suis Véronique, la femme de …« in plötzlicher Hilflosigkeit kehrte sie sich zu Isabelle.

Isabelle wickelte die Blumen aus dem Papier und sagte: »Schauen Sie, Frau Berthod, was wir Ihnen gebracht haben, da kommen wir ja gerade recht.« Sie legte ihr den Strauß auf die Knie, ging mit der Vase zum Lavabo, nahm die welken Blumen heraus und drückte sie in den etwas zu kleinen Abfallkorb, spülte die Vase aus, füllte sie dann mit frischem Wasser, kam zum Tisch zurück und stellte ihren Blumenstrauß ein.

»Gefallen sie Ihnen?«

Frau Berthod nickte.

»Aber – ich weiß nicht, ob ich euch kenne«, und sie blickte forschend von einer der Besucherinnen zur andern.

Isabelle holte den einzigen Besucherstuhl des Zimmers, damit Véronique Platz nehmen konnte, und sie selbst setzte sich auf die Bettkante am Fußende.

»Also«, sagte Isabelle, »das hier ist Véronique, und sie ist die Frau von Marcel Wyssbrod.«

Sie machte eine Pause.

Frau Berthods Blick blieb so fragend wie zuvor.

Isabelle korrigierte sich. »Sie *war* die Frau von Marcel Wyssbrod, denn leider ist er in dieser Woche verstorben. Wir haben herausgefunden, dass Sie seine Mutter waren. Das stimmt doch, oder?«

Nun richtete sich Frau Berthod in ihrem Lehnstuhl auf. »Marcel? Est-ce que vous avez des nouvelles de Marcel?«

Nun begann Véronique zu erzählen, von Marcels Auswanderung nach Kanada in jungen Jahren, und wie er Schifffahrtskapitän geworden sei und wie sie beide in reiferem Alter geheiratet hatten, und was er für ein feiner, flotter, anständiger Mensch gewesen sei, nur dass er ihr unglücklicherweise nie etwas von seiner Jugendzeit erzählt habe und wohl auch gar nicht gewusst habe, wer seine Mutter gewesen sei. Sie reichte ihr ein Foto von ihm als Kapitän.

Isabelle brachte Frau Berthod die Brille, die sie auf dem Nachttischchen gesehen hatte, und sie schaute nun lange auf das Foto. Dann ließ sie es sinken und sagte: »Voilà. Enfin«, endlich.

Sie bat um ein Glas Wasser, und Isabelle brachte es ihr.

Lange sagte niemand etwas. Die Frau im andern Bett hustete und verfiel dann wieder in ihren Dämmerzustand.

Schließlich riskierte Isabelle eine Frage:

»Wann haben Sie Ihren Marcel zum letzten Mal gesehen?«

Frau Berthod dachte nach.

»Mit sechs Monaten.«

»Und wie kam das?«

Wieder sagte sie lange nichts und schaute zum Fenster hinaus, vor dem sich eine große, dunkle Zypresse erhob. Ihr Zimmer lag nicht auf der Seeseite.

»Ich hatte Marcel mit 18 Jahren. Sein Vater war der Bauer, bei dem ich Magd war. Er drohte, mich umzubringen, wenn ich ihn verrate. Ich hatte Angst vor ihm und sagte nichts. Sie haben mir Marcel weggenommen und nie mehr gesagt, wo er ist. Eine wie ich könne keine gute Mutter sein. Ich kam in ein Heim, bis ich zwanzig war – und wo ist Marcel jetzt?«

»Wie wir Ihnen schon sagten, er ist leider diese Woche gestorben, als er zum ersten Mal wieder in die Schweiz zurückkam.«

Aber er sei so ein lieber Mensch gewesen, und er habe es im Leben zu etwas gebracht, und das habe sie ihr einfach sagen wollen, fügte Véronique hinzu.

Frau Berthod nickte.

»Die Schweiz hat ihm kein Glück gebracht. Es waren Sauhunde, des salauds. Alle, der Bauer, der Pfarrer, die von der Armenbehörde. Niemand hat mir geholfen. Niemand.«

Und auf einmal schrie sie: »C'étaient des salauds! Des salauds!«

Frau Prêtre im andern Bett bekam einen Hustenanfall, Isabelle half ihr, sich aufzurichten, klopfte ihr auf den Rücken und versuchte ihr etwas Wasser einzuflößen. Eine Pflegerin kam herein, um zu fragen, was es gebe, und auch ihr schrie Frau Berthod entgegen: »C'étaient des salauds!«

Die Pflegerin bat die Wütende, sich zu beruhigen, es sei hier niemand, der ihr etwas antun wolle, worauf ihr Madame Berthod mit scharfer Stimme sagte, sie hätten ihr ihren Sohn gestohlen, »ils m'ont volé mon fils.«

Isabelle bewog die Pflegerin, mit ihr zusammen das

Zimmer zu verlassen und erzählte ihr draußen auf dem Korridor, was Frau Berthod soeben erfahren habe und was sie von Frau Berthod erfahren hatten. Darauf sagte die Pflegerin, nun verstehe sie endlich, was der Satz bedeute, den die Frau so häufig wiederholt habe und der manchmal das Einzige gewesen sei, das sie überhaupt gesagt habe. Welcher Satz denn, fragte Isabelle.

»Est-ce que vous avez des nouvelles de Marcel?«

Der ältere Mann, der jetzt im Korridor auftauchte und auf das Zimmer 108 zuging, begrüßte die Pflegerin, die ihn Isabelle als Sohn von Madame Berthod vorstellte. Zugleich sagte sie, sie glaube, es sei soeben ein Rätsel gelöst worden.

»Vous avez des nouvelles de Marcel?« fragte der Mann ungläubig, denn auch er hatte den Satz von seiner Mutter oft genug gehört, wenn er zu Besuch kam.

Die Pflegerin wurde zu einem andern Zimmer gerufen und ließ die beiden allein.

Als Isabelle Herrn Berthod die Geschichte erzählte, stellte sich heraus, dass ihm seine Mutter nie etwas gesagt hatte.

»Quelle surprise«, sagte er zu Isabelle, was für eine Überraschung, aber irgendwie auch nicht. Marcel hätte ja auch eine Jugendliebe seiner Mutter sein können, aber eigentlich habe er immer das Gefühl gehabt, er habe einen Bruder.

Als sie das Zimmer betraten, saß Frau Berthod im

Lehnstuhl, hielt das Foto von Martin in der Hand, während Véronique, die Hand auf Frau Berthods Schulter, ihr von der ersten Begegnung mit ihrem Sohn erzählte und von den weißen Walen, die neben seinem Schiff herschwammen, als ob sie mit ihm befreundet wären.

17

»Dann wohnen Sie also seit über vierzig Jahren hier?«
fragte Sarah, und die Frau, die ihr gegenübersaß, nickte
und griff nach einer der Lindor-Kugeln, die ihr Sarah
angeboten hatte.

Sie sei Studentin und müsse eine Arbeit über genossenschaftliches Wohnen machen, hatte Sarah gesagt, als
sie bei »K. Meier« geklingelt hatte und ihr die pumme-
lige kleine Frau geöffnet hatte. Ob ihr Mann auch da sei
und ob sie zehn Minuten Zeit habe für ihre Fragen?

Ihr Mann war nicht da, und sie hatte zuerst abgelehnt,
doch als Sarah geklagt hatte, es sei so schwer, Leute zu
finden, die ihr auf ihre paar Fragen Auskunft gäben, und
mit den Worten, es gebe sogar eine kleine Belohnung
dafür, das Päcklein Lindor-Kugeln aus ihrer Tasche gezogen hatte, hatte Frau Meier sie schließlich eingelassen,
und nun saß sie bei ihr in der Stube auf einem Stoffses-

sel mit kurzen Beinen, dessen Kopflehne mit einem gestickten Deckchen geschützt war, und auf dem Kanapee gegenüber saß Frau Meier und schaute sie leicht befremdet an. Zwischen ihnen war ein kleiner Nierentisch, auf dem einige Illustrierten und Zeitungen lagen, zuoberst der »Anzeiger von Uster«, auf den Sarah ihre Schokoladekugeln hingelegt hatte. Auf einem Buffet, das etwas zu groß war für das Zimmer, stand ein Hochzeitsfoto, auf dem Sarah den jungen Meier sofort an seinem Blick erkannte. In einem Stehrähmchen daneben war ein Foto eines Mädchens im Schulalter, es trug eine Schürze, und seine zwei langen Zöpfe reichten bis über den unteren Bildrand hinaus. Der Stubentisch war mit Stoffstücken bedeckt, daneben stand eine Nähmaschine, an der Frau Meier gerade gearbeitet hatte.

Sarah hatte einen Notizblock auf den Knien und schrieb auf.

Und ob sie damals Kinder gehabt hätten?

Ja, eine Tochter.

Ob die Wohnung groß genug gewesen sei?

Sarah blickte sich um. Es war die Art von Wohnung, in der sie Angst hätte zu ersticken.

Ja, doch. Große Ansprüche habe man damals nicht gehabt.

Und als die Tochter erwachsen gewesen sei, ob man von ihnen nicht verlangt habe, in eine kleinere Wohnung zu ziehen.

Frau Meier sagte gar nichts.

Das sei doch öfters ein Problem in genossenschaftlichen Wohnungen, dass man als junge Familie hineinziehe, und wenn die Kinder groß seien, sei die Wohnung zu groß und neue junge Familien beklagten sich darüber. Das sei also bei ihnen nicht so gewesen?

Frau Meier schüttelte den Kopf und nahm noch eine Lindor-Kugel.

Ob vor vierzig Jahren auch andere Paare hier eingezogen seien, die nun alle ebenfalls älter geworden seien? Es habe auch Wechsel gegeben, antwortete Frau Meier.

Oft?

Nicht sehr oft, nein, das Paar im unteren Stock sei geblieben, das Paar im obersten Stock auch, aber im zweiten Stock, also über ihnen, seien etwa drei Mal Leute ein- und wieder ausgezogen. Im Moment habe es leider ein Paar mit einem Kind.

Wieso leider?

Es schreie oft nachts, und die Wohnungen seien nicht gut isoliert.

»Und haben Sie schon von Plänen gehört, dass die Wohnungen renoviert und modernisiert werden sollen?«

Frau Meier erschrak.

»Wieso denn? Gibt es solche Pläne?«

Das wisse sie nicht, sagte Sarah, deshalb frage sie ja, aber die gebe es für viele genossenschaftliche Bauten, und natürlich würden dann die Mieten ansteigen.

Sie hoffe nicht, dass sie das noch erlebe.

Wieso nicht?

»Man gewöhnt sich eben daran, wie es ist.«

»Sie wünschen sich also keine Modernisierung?«

»Nein«, sagte Frau Meier und griff nochmals nach einer Lindor-Kugel, »was würde denn das nützen?«

Meistens würden doch Küche und Bad erneuert, sagte Sarah, mit moderneren Installationen.

Das brauche sie nicht, sagte Frau Meier und ließ sich die Schokolade im Mund zergehen.

Sarah überlegte sich, was es noch für Fragen gäbe, wenn sie wirklich eine Arbeit über genossenschaftliches Wohnen machen müsste.

Dann fragte sie, ob sie schnell auf die Toilette dürfe.

Alles in dieser Wohnung war eng, selbst die Luft. Vor dem Eintreten in die Toilette streifte man die Regenmäntel, die an den Garderobehaken im Korridor aufgehängt waren.

Die WC-Schüssel war direkt neben einer Sitzbadewanne, sodass man sich mit einer Hand auf den Rand der Wanne stützen konnte. Gern hätte Sarah das Fenster geöffnet, wären da nicht mehrere Rollen Toilettenpapier und eine Aktionspackung Seifen auf dem Sims davor gelegen. Sie musste gar nicht auf die Toilette, setzte sich aber, um Zeit zu gewinnen, trotzdem auf die Klobrille und überlegte sich, wie sie weiterfahren könnte.

Im Moment vollzog sie ihren Plan B, »K.Meier nicht

da«. Bei Plan A, »K.Meier da«, hätte sie ihn direkt und ohne Umschweife nach der Tante gefragt. Bei ihrer Suche nach Meier Konrad war sie nach dem Ausschlussverfahren vorgegangen, hatte einen Garagisten und einen Tontechniker gestrichen, ebenso die drei, welche außerhalb von Zürich wohnten, hatte am Samstagmorgen die zwei Adressen aufgesucht, die übrig geblieben waren, die eine erwies sich als Villa am Zürichberg, und als sie kurz vor Mittag bei der zweiten über dem Eingang das Relief einer knienden Frauenfigur mit einer Garbe in den Händen sah, wusste sie, dass sie vor der richtigen Wohnung stand und nahm sich den Besuch für den Nachmittag vor.

Ob die Mieten in den 40 Jahren stark gestiegen seien, wäre sicher eine Frage, ob sie an die Versammlungen der Genossenschaft gehen, eine andere, und ob sich viele Freundschaften ergeben haben im Laufe der Jahre eine weitere.

Sie schrieb sie auf, zusammen mit der Frage, ob es Feste gebe, die von der Siedlung organisiert würden, richtete dann den Blick nach oben und dachte weiter.

Neben dem Spiegel, der über dem kleinen Waschbecken angebracht war, hing ein Monatskalender einer Tierschutzorganisation mit dem Foto eines Igels. Daneben waren, über einer kleinen Kommode, zwei Regale mit ein paar Fläschchen, einem Rasierpinsel und einer Rasierseife. Auf dem oberen Regal war eine Spielzeugpuppe, wahrscheinlich ein Relikt aus den Kinderzeiten ihrer Tochter.

Ob die Tochter noch Freundinnen aus ihrer Jugendzeit in der Genossenschaftssiedlung habe, könnte sie noch fragen.

Und vielleicht noch, ob sie sich schon für ein Altersheim angemeldet hätten.

Das müsste genügen, um den Schein zu wahren.

Sie notierte die Fragen, zog die Spülung, erhob sich zum Rauschen des Wasserfalls, der im Spülkasten entsprang, und stand nun auf Augenhöhe mit der Stoffpuppe. Da fiel ihr etwas Eigenartiges auf. Die Nadel mit dem roten Köpfchen war nicht ein Schmuck des Lockenhaares, sondern sie steckte in der Schläfe der Puppe, und die zweite Stecknadel mit dem blauen Köpfchen war keine Brosche am rosa Strickjäckchen, sondern sie drang durch das Jäckchen durch und steckte in der Herzgegend der Puppe. Sie zog ihr Handy aus der Jackentasche und machte ein Foto. Es blitzte, Sarah erschrak und merkte erst jetzt, wie düster es im Bad war.

Als sie die Tür öffnete, stand Konrad Meier im Gang. Sarah erblasste, er musste während des Spülens eingetreten sein und hatte noch seinen Filzhut auf, unter dem er sie mit aufgerissenen Augen anschaute.

»Wer sind Sie und was machen Sie hier?«

»Eine Studentin!« rief seine Frau aus der Stube, und »Eine Studentin«, sagte Sarah fast gleichzeitig. »Ich mache«, fuhr sie fort, »eine Arbeit über genossenschaftliches Wohnen und befrage verschiedene Leute in Genossenschaftssiedlungen.«

Meier kniff seine Augen zusammen.

»Und was wollen Sie wissen?«

»Z. B. wie lange Sie schon hier wohnen, ob die Mieten in dieser Zeit angestiegen sind, ob man Genossenschaftsversammlungen besucht, wie gut man sich innerhalb der Genossenschaft kennt – es sind eher … soziale Fragen.«

»Und was haben Sie auf der Toilette gemacht?«

Sarah versuchte einen kleinen Scherz. »Was man so macht auf der Toilette.«

Kein Erfolg. Meier stand so, dass sie nicht an ihm vorbei in die Stube konnte. Er schwieg und musterte sie von oben bis unten. Sarah war mehr als einen Kopf größer als er. Jetzt müsste sie einen Plan C haben, »K.Meier kommt nach Hause«, doch es gab keinen Plan C.

»Sie sind Herr Meier, nehme ich an?« fragte sie so höflich wie möglich.

»Und Sie?«

»Kanté, Sarah Kanté«. Den Nachnamen ihres Vaters hatte sie für die wenigen Fälle bereit, wo er ihr günstiger schien als Rast.

»So, so. Eine Negerin.« Meier stützte seine Hände in die Hüften.

Sarah beherrschte sich.

»Mein Vater ist ein afrikanischer Arzt, meine Mutter ist Schweizerin.«

»Und wie heißt sie?«

»Auch Kanté – darf ich bitte in der Stube meinen Rucksack holen?«

»Und wie hieß sie ledig?«

»Entschuldigung, Herr Meier, aber das ist hier nicht von Interesse. Ich glaube, es ist wohl besser, ich gehe.«

Meier trat zur Seite, Sarah ging in die Stube, nahm ihren Rucksack, den sie neben den Sessel gestellt hatte, schob ihren Notizblock hinein, hängte sich einen Träger über die linke Schulter und reichte Frau Meier, die ziemlich verdattert auf ihrem Kanapee hockte, die Hand.

»Danke für die Auskünfte, Frau Meier, die Schokolade lasse ich Ihnen gerne da. Auf Wiedersehn.«

Frau Meiers Hand war ein schlaffer Klumpen.

»Ade«, sagte sie nur.

»Ade, Herr Meier«, sagte Sarah im Korridor.

Er stand so, dass sie neben ihm durchkam. Die Hände hatte er jetzt in den Hosentaschen und behielt sie drin, obwohl ihm Sarah ihre Hand hinstreckte.

Als Sarah die Wohnungstür öffnen wollte, war sie abgeschlossen.

Sie drehte sich um, und Meier stand nun einen Schritt vor ihr.

»Was wollten Sie auf der Toilette?« fragte er.

»Das hab ich Ihnen gesagt, ich musste auf die Toilette.«

»Zum Fotografieren?«

Sarah sah, dass die Toilettentür oben zwei Milchglasscheiben hatte.

»Ich wollte schnell sehen, ob ein SMS gekommen ist und bin aus Versehen in die Fotofunktion geraten.«

Meier machte einen Schritt auf sie zu und stand so nahe, dass er sie fast berührte.

»Und was haben Sie dabei fotografiert?«

Sarah ballte eine Hand zur Faust und überlegte sich eine Sekunde, ob sie zuschlagen sollte, doch auf einmal bekam sie es mit der Angst zu tun. Sie trat einen Schritt zurück, stieß mit dem Rücken an die Tür und hob abwehrend die Hände in die Höhe.

»Den Boden. Ich musste wirklich auf die Toilette. Ich bin schwanger«, sagte sie leise, aber bestimmt.

»So, so. Auch von einem Neger?«

»Ich bitte Sie – was wollen Sie von mir?«

»Und was wollen Sie von *mir*, Fräulein Sarah Rast, dass Sie bei uns herumschnüffeln?«

Sarah war empört.

»Sie haben auch bei uns herumgeschnüffelt!«

»Also«, sagte Meier, zog den Schlüssel aus seiner Hosentasche, ging zur Tür und öffnete sie, »dann sind wir ja quitt. Und merken Sie sich: ich will Sie hier nicht mehr sehen.«

Sarah schob sich an ihm vorbei ins Treppenhaus. »Und ich Sie bei uns nicht mehr, das können Sie sich auch merken!«

Nach ein paar Stufen drehte sie sich nochmals um und rief: »Und wie Sie Marcel Wyssbrod fertiggemacht haben, finden wir auch ohne Sie heraus!«

Doch da war die Wohnungstür schon geschlossen.

18

Sie saßen auf einer Bank auf der Rigi, etwas unterhalb der Bergstation Rigi Kulm. Isabelle hatte Véronique am Sonntag zu einem Ausflug auf den klassischen Schweizer Aussichtsberg eingeladen, war mit ihr in der Rigi-Bahn bis zur obersten Station gefahren, von der aus man in ein paar Minuten auf den Gipfel gelangte.

Das Wetter war etwas weniger schön, als sich Isabelle erhofft hatte. Zwar schien noch die Sonne, aber das Alpenpanorama war nicht lückenlos zu sehen, Wolken zogen auf und begannen sich vor die Bergspitzen zu legen oder sie einzuhüllen. Immerhin hatte Isabelle Véronique von der Aussichtsplattform aus noch Eiger, Mönch und Jungfrau zeigen können, bevor der Vorhang vor ihnen zugezogen wurde. Sie gehörten zu den wenigen Gipfeln, die sie zuverlässig kannte, und der Blick hinunter auf den Zuger- und Vierwaldstättersee und, auf der andern Seite, auf die Seen des Mittellandes war auch noch frei gewesen und hatte Véronique ebenso beeindruckt wie die ganze Gebirgskette.

Bei der Fahrt in die Höhe waren sie mitten in einer japanischen Reisegruppe gesessen. Die asiatischen Touristen, so schien es, wollten den Gipfel nur erreichen, um sich gegenseitig zu fotografieren, und als Isabelle einen der Japaner fragte, ob er sie beide mit ihrem Apparat fotografieren würde, knipste dieser freundlich lächelnd einige Bilder, wechselte vom Querformat ins Hochformat, schlug ihnen vor, sich noch etwas zu verschieben, because of the lake, und bat dann Isabelle, mit seinem Apparat ein Bild von Véronique und ihm zu schießen, »with a lady from Switzerland«. Sie sei Kanadierin, sagte Véronique, die Schweizerin sei Isabelle, worauf er seinen Apparat Véronique in die Hand drückte und sich neben Isabelle vor das Geländer der Plattform stellte.

Isabelle hatte zu Hause zwei Eier hart gekocht, zwei Rüben und zwei Äpfel und eine Nussschokolade eingepackt, am Bahnhof für jede von ihnen ein Sandwich und ein Fläschchen Mineralwasser gekauft, und das hatte sie nun zwischen ihnen beiden auf zwei farbigen Papierservietten auf der Bank ausgebreitet. Sie zog das Picknicken den Ausflugsrestaurants vor, deren Terrassen voller Familien mit quengelnden Kindern, Senioren mit großen Hunden und fröhlichen Wandergruppen waren und wo man endlos auf das überforderte Servierpersonal warten musste.

Véronique freute sich über diesen improvisierten Tisch, biss mit Appetit in ihr Sandwich und sagte: »Now I feel like a lady from Switzerland.«

Zum Picknick gehöre auch, sagte Isabelle, dass man die Eier mit den Spitzen aufeinanderschlage, bevor man sie schäle. Wer das härtere Ei habe, dürfe dem andern befehlen, den Abfall mitzunehmen. So hätten sie es immer mit ihren Eltern gemacht, wenn sie an einem Sonntag oder in den Ferien wandern gegangen seien.

Ob sie denn eine glückliche Jugend gehabt habe, fragte Véronique.

Isabelle überlegte einen Moment.

Ja, doch, das könne man sagen. Sie sei mit ihrer jüngeren Schwester zusammen in Winterthur aufgewachsen, ihr Vater sei Buchhalter gewesen bei einer Textilmaschinenfabrik, ihre Mutter habe als Arztgehilfin in der Praxis eines Gynäkologen gearbeitet, Teilzeit, als sie noch klein waren, später Vollzeit. Ihr Vater sei gerade rechtzeitig pensioniert worden, bevor die große Krise über die Textilmaschinenbranche hereingebrochen sei. Sie habe das machen können, was sie gewollt habe, es sei schon als Kind ihr Wunsch gewesen, Krankenschwester zu werden, und so habe sie die Pflegerinnenschule in Zürich besucht und habe sich später noch zusätzlich in Gerontologie aus- und weitergebildet, aber da sei sie schon lange erwachsen und selbständig gewesen.

Wieso man eigentlich Alte pflegen wolle, wenn man jung sei?

Das frage sie sich manchmal auch, wenn sie höre, was die jungen Pflegerinnen nach dem Wochenende von ihren Discobesuchen und Parties erzählen, das sei etwa das Gegenteil der Welt im Heim, mit all den langsamen und hilflosen Leuten, für welche die Zeit nicht mehr dieselbe Bedeutung habe und die doch dauernd fragen, wie spät es ist. Genau das habe sie aber immer fasziniert, dass die Menschen im Alter so anders werden, die Starken werden schwach, die Geraden werden krumm, die Gescheiten werden verwirrt, und alle brauchen Hilfe. Doch natürlich heiße das auch, künstliche Darmausgänge entleeren und Katheterbeutel auswechseln, und das müsse man ertragen, gerade kürzlich habe eine Junge deswegen ihre Ausbildung abgebrochen.

Und als das Kind kam?

Das sei nicht leicht gewesen, sie sei von Genf wieder nach Winterthur gezogen, habe eine Wohnung in der Nähe ihrer Eltern gefunden, ihre Mutter sei ihr beigestanden, indem sie ihre Arbeit von Vollzeit auf Teilzeit reduzierte, sie selbst konnte Teilzeit arbeiten, dann gab es noch eine Schwester ihres Vaters, die einsprang, und natürlich den Kinderhort, sie musste sich einfach einen genauen Fahrplan machen, der dann auch von Sarah immer wieder über den Haufen geworfen wurde, wenn sie plötzlich den Keuchhusten oder die Masern hatte, aber irgendwie ging es, jedenfalls glaube sie nicht, dass Sarah Schaden genommen habe an ihrer Kindheit.

Nein, diesen Eindruck mache sie nicht, sagte Véronique, und fragte sie dann: »Kannst du dir vorstellen, sie hätten dir deine Tochter mit sechs Monaten weggenommen?«

Isabelle schüttelte den Kopf.

Eigentlich, sagte Véronique, könne sie immer noch nicht glauben, was ihnen Martins Mutter gestern erzählt habe.

Ja, das falle auch ihr schwer, sagte Isabelle, aber neu sei es ihr nicht, von den Menschen im Pflegeheim habe sie mehr als eine solche Geschichte gehört. »Eine Patientin hatte ich, die war Kindergärtnerin und bekam nach der Geburt eines unehelichen Kindes keine Stelle mehr. Man hatte wohl einfach in jener Zeit ganz genaue Vorstellungen, was recht war und was nicht. Eine andere Patientin war als Kind einer Zigeunerfamilie aufgewachsen und mit sieben Jahren aus dieser Familie geholt worden, weil man überzeugt war, dass Fahrende ein falsches Leben führten. Die Pflegefamilie war dem Unglück dieses Kindes nicht gewachsen, und es begann eine Heim- und Anstaltskarriere, man hat den Menschen die Kinder gestohlen, und den Kindern die Jugend, und war überzeugt, das Richtige zu tun.«

Martin habe einen sehr starken Charakter gehabt, sonst hätte er das nicht überlebt, sagte Véronique. Das werde ihr erst jetzt richtig klar. »So ein wunderbares Land«, fügte sie hinzu, »Berge, Seen, lauter Wohlstand und saubere Häuser, und dann so etwas.«

»Eine schöne Landschaft macht die Menschen nicht besser«, sagte Isabelle.

Sie glaube, die Moral sei die Mutter der Lügen, sagte Véronique, »la morale est la mère des mensonges«. Diesen Spruch habe einmal jemand ans Mitteilungsbrett der katholischen Schule gehängt, in die sie gegangen sei. Verlogen sei die Erziehung durch die Nonnen gewesen in dieser Schule, man habe nicht einmal das Wort »Bauchweh« benützen dürfen, Schmerzen wegen der Periode hätten sie mit dem Satz »J'ai mal en dessous du tablier« anmelden müssen, es tut mir weh unter der Schürze. Und zur Beichte habe man sie gezwungen, für die sie sich Sünden ausgedacht hätten, die sie gar nicht begangen hatten, weil sie wussten, dass man so beim Pfarrer besser wegkomme.

Völlig sicher zu sein, was gut und böse sei und Regeln dafür aufzustellen, die strikte einzuhalten seien, gehöre wahrscheinlich zu den Übeln, die auf der ganzen Welt verbreitet seien, sagte Isabelle.

»Ein solcher Hund gehört an die Leine!« rief hinter ihnen die Mutter eines kleinen Buben, der soeben von einem Labrador beschnüffelt wurde und laut aufschrie.

»Er will nur spielen«, sagte dessen Meister jovial, ein Mann mit einer roten Golfermütze, der sich die Hundeleine über seine Windjacke geschnallt hatte, »komm, Rocco, Fuß!«

Aber Rocco kam nicht Fuß, sondern fuhr fort, sich hautnah für den Kleinen zu interessieren, worauf die Mutter ihn zu sich hochhob und dem Hundehalter empört sagte, er solle seinen Köter endlich an die Leine nehmen.

Das sei dann übrigens kein Köter, sagte der Besitzer, sondern ein reinrassiger Labrador, und setzte seinen Weg bergauf fort, ohne die Leine von seiner Schulter zu nehmen, während die Frau, welche mit dem Buben bergab ging, sagte, mit Hundebesitzern könne man sowieso nicht reden, die seien blöder als ihre Viecher.

Reden schon, rief der Mann ihr nach, aber nicht in dem Ton!

Sie könne ja bellen, rief die Frau zurück.

Isabelle, welche den Dialog verfolgt hatte, sagte zu Véronique, dass man auf einem solchen Spazierweg einen Hund an die Leine nehmen müsse, sei allerdings eine Regel, deren strikte Einhaltung sie verteidigen würde.

Véronique lächelte. »J'ai toujours eu la chienne des toutous.«

Was sie damit meine, fragte Isabelle, die den Satz nicht verstand.

»I've always been afraid of dogs«, sie habe immer Angst gehabt vor Hunden, und als Martin pensioniert worden sei, habe er mit dem Gedanken gespielt, sich einen Hund anzuschaffen, aber sie sei dagegen gewesen. »Oder was sollte ich jetzt mit einem Hund machen?« Sie schneuzte sich.

Isabelle schlug vor, weiterzugehen. Sie wollten bis Rigi Staffel hinunter, vielleicht sogar bis Rigi Klösterli. Das Wetter war nochmals etwas trüber geworden, nun war das gesamte Alpenpanorama hinter den Wolken verschwunden, und von den Voralpen ragten einzig die beiden Mythen aus einer Wolkenbank heraus, die sich vom Vierwaldstättersee her über den Lauerzersee geschoben hatte.

Véronique fragte, was das für Berge seien, und Isabelle nannte ihr die Namen und sagte, dass auf den höheren und steileren der beiden sogar ein Weg führe, den sie als Kind mit ihren Eltern auch schon gegangen sei.

»Wirklich?« Véronique wunderte sich sehr. Die beiden Gipfel erschreckten sie, sagte sie, »ils m'effraient«, sie sähen wie zwei riesige Haifischzähne aus, die jederzeit zubeißen könnten.

Isabelle lachte über den Vergleich und sagte, so gefährlich seien sie nun auch wieder nicht.

»Wer weiß?« antwortete Véronique, »qui le sait?«

Sie zogen die Reißverschlüsse ihrer Jacken zu, schlugen die Kapuzen hoch und begannen im einsetzenden Nieselregen vorsichtig in die Tiefe zu steigen.

19

Wie kam es dazu, dass Sarah am frühen Sonntagnachmittag zusammen mit Nubi, einer nigerianischen Studentin, vor diesem Wohnblock in Volketswil stand, von dessen vier Balkonen einer mit zwei kleinen Wagenrädern und einem Schweizerfähnchen geschmückt war und ein anderer mit einer einzigen Blumenkiste, aus der Fuchsien über den Balkonrand hinunterhingen?

Der gestrige Besuch bei Konrad Meier und dessen Frau hatte sie verstört, sie hatte das Gefühl, alles falsch gemacht zu haben und wusste dennoch nicht, wie sie es sonst hätte anstellen können, mit den Meiers in Kontakt zu kommen.

Die Vorlesungsnotizen über das Kriegsvölkerrecht musste sie wieder weglegen, sie war außerstande, sich darauf zu konzentrieren. Meier hatte sie nicht angerührt, trotzdem hatte sie das Gefühl, es sei ihr Gewalt angetan worden. Welches Verschulden traf sie dabei? Sie hatte gelogen, ganz klar, sie hatte sich den Zugang zur Wohnung mit unwahren Angaben erschwindelt und hatte sich dann in ihrem eigenen Gespinst verstrickt. Meier hatte sie sofort wiedererkannt, so wie sie ihn wiedererkannt hatte. Wäre er von Anfang an zu Hause gewesen, hätte sich das Spiel mit der Befragung erübrigt.

Dass sie sich überhaupt auf solch ein Spiel einließ, war ihr an sich selber neu. Es hing mit der Wut zusammen, die sie auf diesen Schnüffler hatte, der ihre Mutter mit seinen Anrufen belästigte und sie sogar verfolgte – wieso wollte er wissen, wo sie wohnte, was ging ihn das an? War es da nicht logisch, dass auch sie ein Recht darauf hatte, zu wissen, wo er wohnte?

Am Abend war sie dann in eine Studentendisco gegangen, welche immer am letzten Samstag des Monats von Kolleginnen und Kollegen der juristischen Fakultät organisiert wurde. Diese fand jeweils in einem leer stehenden Restaurant, das auf seinen Abbruch wartete, unter dem Titel »Aufschiebende Wirkung« statt.

Dort hatte Nubi sie angesprochen. Sarah kannte Nubi vom Sehen, sie war eine der wenigen schwarzen Jus-Studentinnen und war zwei oder drei Semester weiter als sie. Sie hatte ihre Haare bis auf einen Millimeter geschoren und trug ein Piercingringlein unter der Nasenspitze. Sie saß auf einem Barhocker, als Sarah an der Theke einen Gin Tonic verlangte, hatte die Beine übereinandergeschlagen, sodass ihre Schnürstiefel auffielen, deren Schäfte über und über mit goldglänzenden spitzen Stiften bestückt waren. Sie waren ins Gespräch gekommen, Nubi hatte von ihr wissen wollen, ob ihre Hautfarbe von ihrem Vater oder ihrer Mutter stamme, hatte ihrerseits erzählt, dass sie mit ihrer Familie als Kind aus Nigeria gekommen sei, aber inzwischen das Schweizer Bürgerrecht habe, »eine waschechte Zürcherin!« Ihre Eltern hätten zwar kürzlich das Einbürgerungsgesuch eingereicht, aber ein Problem dabei sei wohl, dass ihr Vater nicht wirklich Deutsch lernen wolle.

Sarah hatte zu den Schwarzafrikanern ein zurückhaltendes Verhältnis. Manchmal, wenn sie diese Familien sah, die Mütter je nachdem in farbig bedruckten langen Gewändern oder in hautengen Jeans, die Väter in modischer Casual Wear gekleidet, mit drei oder vier glacé-schleckenden Kindern im Schlepptau, und dem kleinsten in einem blitzblanken gefederten Kinderwagen, ertappte sie sich bei einem spießbürgerlichen Abwehrreflex. Woher kommen die? Wieso sind es so viele? Wo gehen die zur Schule? Wer bezahlt das alles? Für sie war jedenfalls klar, dass sie nicht zu denen gehörte. So lange, bis der Abwehrreflex auf sie selbst angewandt wurde. Sie nannte das den »Negerhammer«, in den sie immer wieder hineinlief, zuletzt bei Meier, und dann schämte sie sich ihres Mangels an Solidarität mit den Menschen des schwarzen Kontinents, die ihr Glück hier versucht hatten und denen es auf irgendeine Art gelungen war, hier anzukommen. Hatte nicht sie selbst einen solchen Vater? Und hatte er nicht das Glück gehabt, auf ihre Mutter zu stoßen? Doch dann, und das war der Unterschied, dann war er zurückgekehrt in seinen Kontinent, und die einzige Spur, die er zurückgelassen hatte, war sie, Sarah.

Nubi sagte von sich, sie wolle nach dem Abschluss noch ein Postgraduate-Jahr machen, in England oder den USA, und danach habe sie im Sinn, in Nigeria als Anwältin zu arbeiten.

Sarah nickte ihr anerkennend zu, die Musik, die von einem DJ namens »Summa cum laude« aufgelegt wurde, schwoll zu fast unerträglicher Lautstärke an, irgendein Technosound war gerade angesagt, und als Sarah von der Theke wegwollte, neigte sich Nubi zu ihr, fasste sie mit der Hand am Kopf, kam mit den Lippen ganz nah an ihr Ohr und fragte sie, halb flüsternd, halb rufend: »Hast du Sorgen?«

Sarah war frappiert. Man sah es ihr also an. Sie fragte Nubi pantomimisch, ob sie mit ihr hinauskomme, sie schlugen die Aufforderung zweier Männer, mit ihnen auf die Tanzfläche zu kommen, aus, und draußen, wo die Rauchenden saßen, setzten sie sich auf eine Mauer. Nubi bot Sarah eine Zigarette an, und dann erzählte ihr Sarah die Geschichte von heute Nachmittag und, in einer Kurzform, die Vorgeschichte dazu.

Nubi lachte über Sarahs Frechheit und fragte, wieso sie denn die Puppe fotografiert habe. Statt einer Antwort zog Sarah ihr Handy aus der Tasche, fuhr auf den Fotomodus und zeigte Nubi das Bild. Nubi pfiff leise durch die Zähne. Schon oft habe sie gehört, dass es das hier auch gebe, aber gesehen habe sie es noch nie, zum Glück.

Und deshalb standen sie nun vor diesem Vorortswohnblock, Nubi hatte den Haupteingang mit ihrem Schlüssel geöffnet, klopfte kurz an die Tür der Parterrewohnung, die nicht abgeschlossen war, und trat mit Sarah zusammen ein.

Sie hatte ihr gestern gesagt, ihr Vater, der heute als Friedhofgärtner arbeite, sei in Nigeria Medizinmann gewesen und kenne sich mit diesen Dingen aus, und wenn sie ihm das Bild zeige, könne er ihr bestimmt etwas dazu sagen.

Die Wohnung sah überhaupt nicht so aus, wie sie sich Sarah vorgestellt hatte. Nichts Farbiges, lauter normale Mäntel und Jacken an der Garderobe, keine Felle und Jagdspeere an der Wand, da hing sogar ein Poster vom Landwasser-Viadukt der Rhätischen Bahn, und aus der Küche trat, in einen wunderbaren Backofenduft gehüllt, eine füllige Frau mit einer blauweiß gestreiften Kochschürze, die sich als Nubis Mutter Amanda vorstellte und sagte, sie habe gerade Cookies und Chin-chin gemacht, und ob Sarah einen Tee dazu wolle, oder lieber erst nachher, Jo sei in seinem Zimmer und erwarte sie. Nubi half nach, Jo ist mein Vater.

Nachher gerne, sagte Sarah, sie würde lieber zuerst mit Jo sprechen. Nubi klopfte an die Tür neben der Küche, öffnete sie einen Spalt und rief Sarahs Namen. Dann schob sie Sarah sanft hinein, blieb selber draußen und schloss die Tür wieder.

Sarah war überrascht und erschrocken.

Das Zimmer war vollkommen leer, es stand kein einziges Möbel darin, es hing kein einziges Bild an der Wand, und auf dem Parkettboden saß mit gekreuzten Beinen ein Mann in Shorts mit nackten Füßen und entblößtem Oberkörper. Er war von ihr abgewandt, und ohne sich nach ihr umzudrehen, forderte er sie auf: »Come here.«

Zögernd ging Sarah um ihn herum und ließ sich dann ihm gegenüber auf ihre Knie nieder.

»Hello, I'm Sarah«, sagte sie.

Der Mann nickte.

Seine rechte Hand hielt einen gewundenen hölzernen Stab mit einem gekerbten Muster, und um den Kopf trug er ein feines Lederband.

»Whom are you worried about?« fragte er sie, um wen sie Angst habe.

»About my mother«, antwortete Sarah.

»Why?«

»My mother has an enemy. I was in his house. I saw

this.« Sie zog das Foto der Puppe, das sie sich ausgedruckt hatte, hervor und zeigte es ihm.

Jo nahm es in die Hand und blickte es lange an.

Dann fragte er: »A picture of your mother?«

Daran hatte Sarah nicht gedacht. Da kam ihr in den Sinn, dass sie ja das Handy dabeihatte. Sie öffnete es und suchte unter den Fotos eines, das sie von ihrer Mutter an ihrem letzten Geburtstag gemacht hatte, während einer Schifffahrt auf dem Vierwaldstättersee, sie hatten sich gegenseitig unter der Schweizerfahne am Heck des Schiffes geknipst. Mit dem Zoom ließ sie Isabelle noch ein bisschen näher rücken und reichte dann den Apparat dem Medizinmann.

Jo schaute Isabelles Bild an, danach das Bild der Puppe, dann legte er das Handy und das Foto vor sich auf den Boden, ließ etwas Raum dazwischen, zog einen Zuckerstreuer voll Sand aus seiner Hose und streute um jedes Bild einen Kreis. Dann beugte er sich hinunter und hielt seinen Kopf so, als horche er an den Bildern, zuerst an demjenigen Isabelles, dann an dem der Puppe. Dabei atmete er stoßweise, es klang fast wie ein Stöhnen.

Sarah wurde es immer unwohler. Was mache ich hier, dachte sie, was soll dieser Zauber?

Es dauerte ziemlich lange, bis Jo sich wieder aufrichtete. Er war schweißnass, legte den Stab zwischen die beiden Bilder, wartete lange und sagte schließlich, sie brauche keine Angst um ihre Mutter zu haben: »Don't worry about your mother.«

»Sure?« fragte Sarah und merkte, wie erleichtert sie war.

»Yes«, sagte Jo, und fügte dann hinzu, jemand anderes sei das Ziel: »It's against somebody else.«

Sarah erschrak.

»Against whom?« fragte sie fast tonlos.

»I don't know«, sagte Jo.

Er wusste also nicht, gegen wen.

Bis jetzt hatte Sarah das Gefühl gehabt, er schaue über sie hinweg in eine unbestimmte Weite, nun aber fixierte er sie mit seinem Blick und wiederholte: »I don't know«, und fügte dann hinzu: »But it's dangerous.«

Gefährlich also. Sie hatte es geahnt.

20

Als Isabelle die Tür zu ihrer Wohnung öffnete, duftete es nach Spaghettisauce. Einen Moment fragte sie sich, ob sie sich in der Tür geirrt habe, dann sagte sie zu Véronique »Attends« und ging vorsichtig in die Küche.

Auf dem Tisch lag ihr Rüstbrett mit einem Messer, umgeben von Zwiebelhäuten, Zucchettischalen, Peperonistielen, Tomatenresten, offenen Gewürzdöschen, einem großen Kopfsalat und einer aufgeschnittenen »Arrabbiata«-Packung, und auf dem Herd stand eine Pfanne. Die Platte war auf Stufe 1 gestellt, eine Sauce blubberte vor sich hin, rot und vielversprechend, trieb Blasen an die Oberfläche, welche beim Zerplatzen kleine Farbtupfen an die Pfannenwand warfen. Etwas Trotziges ging von der Pfanne aus, wie von einem allein gelassenen Kind, das mit sich selbst spielt. Isabelle drehte die Herdplatte auf 0 und rief halblaut: »Sarah!«

Sie ging zur Tür des Badezimmers, drückte vorsichtig die Klinke nieder, aber Sarah war nicht dort.

Als ob ein Mann am Kochen wäre, sagte Véronique lächelnd, als sie in die Küche schaute.

Beide hatten ihre Schuhe und Regenjacken noch nicht ausgezogen.

Das könne nur Sarah sein, sagte Isabelle.

Sie setzte sich, und auf einmal bekam sie es mit der Angst zu tun. Ob etwa Meier hierhergekommen war, um sie, Isabelle, noch einmal zur Rede zu stellen, und hatte dann Sarah vorgefunden, die offensichtlich ein Überraschungsessen vorbereitete? War es zu einer Auseinandersetzung gekommen? Oder hatte er sie weggelockt? Aber was konnte er von ihr wollen? Es wurde ihr bewusst, wie unberechenbar dieser Mann war.

Oder war er hier gewesen, und Sarah war ihm nachgeschlichen? Wenn sie nur auf sich aufpasste, sie war manchmal so ungestüm und unbedacht.

Was sie sich denke, fragte Véronique, und Isabelle sagte, dass die Köchin weggegangen sei, sei doch seltsam, sie hoffe, dass nicht etwa Meier aufgetaucht sei und es zu einem Zwischenfall gekommen sei.

Was denn Meier für einen Grund hätte, hier aufzutauchen.

»Zum Beispiel, um mit dir zu sprechen«, antwortete Isabelle, »er hat mir nicht wirklich geglaubt, dass Martin nicht mehr lebt.«

Ob sie schon versucht habe, Sarah anzurufen, fragte Véronique.

Ach natürlich, das werde sie gleich tun. Sie ging zu ihrem Telefonapparat und tippte Sarahs Nummer ein. Aus der Küche ertönte ein Klingelton. Sarahs Handy lag hinter dem Kopfsalat auf dem Küchentisch.

Entmutigt legte Isabelle den Hörer hin. Véronique fasste Isabelle am Arm und bat sie, sich nicht zu ängstigen, sicher werde Sarah jeden Moment zurückkommen.

»Und wenn sie nicht kommt?« Isabelle traten die Tränen in die Augen.

»Mais écoute…«, sagte Véronique und legte den Arm um ihre Schulter.

»Hallo, Ma!« rief Sarah, und blieb dann verblüfft unter der Türe stehen, als sie die zwei Frauen in ihren Regenjacken sah.

»Kind, wo warst du?« Isabelle ging zu ihrer Tochter und schloss sie heftig in die Arme.

»Kind?« Sarah lachte. »Ich hab keine Spaghetti gefunden im Küchenschrank und war schnell im Bahnhofsladen.« Sie löste sich aus der Umarmung ihrer Mutter und hob ihre Tragtasche mit der Spaghettipackung in die Höhe. »Die hatten sogar die mit der Frau und den Ähren drauf, wie in der Geschichte von der ›Spaghettifrau‹, die ich als Kind so gern hatte. Siehst du?«

Dann sah sie, dass Isabelle geweint hatte.

»Ma, was ist? Hast du dir Sorgen gemacht?«

Isabelle nickte.

»Wegen mir?«

Isabelle nickte nochmals. Sie kämpfte immer noch mit den Tränen.

»Ich wollte euch doch überraschen.«

»Das ist dir gelungen, Sarah. Ich weiß nicht, wieso ich plötzlich so erschrocken bin.«

»Aber sonst geht's dir gut? Kein Kopfweh, kein Herzrasen?«

»Nein, nein, wie kommst du denn darauf?

»Einfach so. Weil du so – so verändert bist.«

»Wir hatten einen schönen Ausflug, und jetzt bin ich etwas müde. Das ist alles.«

»Also, dann geht euch jetzt umziehen, du legst dich einen Moment hin, und in einer halben Stunde gibt es Spaghetti, okay?«

»Sehr okay sogar.«

Sarah war erleichtert. Sie hatte keinen großen Hunger, da sie nach der Sitzung mit Nubis Vater noch von Amandas Cookies und vor allem von ihren Chin-chins gegessen hatte, einem verführerischen Bananen-Snack. Jo hatte sich im Übrigen nicht mehr sehen lassen, und Amanda hatte sie gefragt, ob es wohl in der Wohnung schweizerisch genug aussehe, für den Fall, dass jemand von der Gemeinde vorbeikomme, »isch es bitzeli wie Schwiz?« Das hatte ihr Sarah gerne bestätigt, und von dort war sie dann gleich hierhergefahren.

Später, als sie am Tisch saßen und zu einem Glas Chianti ihre Spaghetti mit den Gabeln aufrollten, erzählte Isabelle Sarah von ihrem gestrigen Besuch bei Martins Mutter, und wie diese ein Leben lang gehofft hatte, etwas von ihrem Sohn zu hören.

Sarah schüttelte den Kopf. So etwas sei ja nicht zu fassen, eine solche Schweinerei. Und an jedem 1. August eine Rede über unsere Freiheit.

Wenigstens glaube sie, dass das heute nicht mehr passieren könne, meinte Isabelle.

Das habe Martin nicht mehr geholfen, sagte Sarah.

Eine Weile aßen sie schweigend weiter.

»It's delicious«, sagte Véronique zu Sarah.

»Thank you.«

Dann fragte Isabelle, ob sie weitergekommen sei mit ihrem Völkerrecht.

Ein bisschen, antwortete Sarah, aber auf einmal habe sie der ganze Stoff furchtbar genervt. Da sei also dieser Grotius gewesen in Holland, der im 17. Jahrhundert Grundregeln für die Kriege aufgestellt habe und dabei als einer der Ersten den Schutz der Zivilbevölkerung bei der Kriegsführung verlangt habe.

Was sie denn daran genervt habe?

»Dass er ein Mann war!« rief Sarah so laut, dass die beiden Frauen zusammenzuckten und ihre Gabeln niederlegten. »Wieso hat das keine Frau verlangt? Die Frauen waren doch dauernd die Opfer in den Kriegen.

Überhaupt die ganze Rechtsgeschichte wurde von Männern gemacht! Die Geschichte auch, die Philosophie, die Theologie, die Literatur – wo waren wir? Wir haben sie bloß auf die Welt gestellt, all die Klugscheißer!«

Isabelle nickte. »Zeit, dass sich das ändert.«

Aber dass sich die Geschichte nicht mehr ändern lasse, das stinke ihr manchmal gnadenlos, sagte Sarah, dass all das, was sie da lernen müsse, von Männern ausgedacht worden sei, und fuhr weiter, zu Véronique gewandt, auch Martins Geschichte lasse sich ja nicht mehr ändern, und sie könne sicher sein, dass alle, die damals über sein Schicksal und das seiner Mutter entschieden hatten, Männer waren, und seit wann in Kanada eigentlich die Frauen das Stimmrecht hätten.

»Seit 1940.« Véronique lächelte. »In Québec, meiner Provinz, zuletzt.«

»In der Schweiz 1971. Und der letzte Kanton musste 1990 vom Bundesgericht dazu gezwungen werden! 1990 bin ich zur Welt gekommen.« Ob sie sich das vorstellen könne?

Ja, sagte Véronique, und 1940 sei Martin zur Welt gekommen. Das sei alles noch keine Ewigkeit her.

Sie aßen weiter, »eine Zwischenrunde Salat«, wie sich Sarah ausdrückte.

Meier sei damals sicher auch gegen das Frauenstimmrecht gewesen, sagte sie, und fügte hinzu: »Ich war gestern bei ihm. I was in his house yesterday.«

Erneut legten die beiden Frauen ihre Gabeln auf den Tisch.

Eigentlich hatte Sarah nur sehen wollen, ob es ihrer Mutter gut ging und ob Jo Recht hatte mit seiner Behauptung, der Voodoo-Zauber gelte nicht ihr, und sie hatte sich vorgenommen, nichts von ihrem samstäglichen Abenteuer zu verraten. Aber nun erzählte sie, wie sie sich eingeschlichen hatte und zeigte ihnen auch das Foto mit der Puppe aus der Meier'schen Toilette.

»Deshalb hast du mich nach Kopf- und Herzweh gefragt?« sagte Isabelle.

»Ja, aber der Medizinmann war sicher, dass es nicht dir gilt. Ich hab ihm auch ein Foto von dir gezeigt.«

»Der Medizinmann?« Isabelle glaubte sich verhört zu haben. Sarah biss sich auf die Lippen. Auch das hatte sie für sich behalten wollen, aber nun gab sie diese Episode ebenfalls preis und gestand, dass sie sich eben trotzdem um Isabelle gesorgt habe und froh sei, dass ihr wirklich nichts fehle.

Ihre Mutter war ihrerseits gerührt, dass ihre Tochter sie schützen wollte, wandte aber dann ein, dass sie deswegen einen afrikanischen Medizinmann aufsuche, erstaune sie schon, das sei ja nun etwas, was wir in unserer Zeit überwunden hätten.

Jetzt legte Sarah ihre Gabel nieder.

»Wer ist wir? Wir in Zürich und in Winterthur? Hast

345

du dich nicht mit einem Afrikaner ins Bett gelegt? Was hast du dir dabei gedacht?«

»Ich habe ihn geliebt. Das ist alles.«

»Und ich? Ich habe ihn nicht geliebt, weil ich ihn gar nie kennenlernte. Ich war ein Missverständnis. Ein Arzt und eine Krankenpflegerin werden ja wohl wissen, wie man verhütet, auch wenn man sich liebt.«

»Sarah, ich bitte dich –«

»Alle meine Vorfahren haben Medizinmänner aufgesucht!« Sie schloss einen Moment die Augen und sah wieder die dunkel glänzende Holzfigur vor sich, mit einer langen Ahnenkolonne dahinter. Dann schaute sie ihre Mutter an. »Du kennst nur deine Zürcher Sarah, aber die Sarah aus Afrika kennst du nicht!«

Isabelle war konsterniert. »Und du?« fragte sie leise.

»Ich auch nicht, verdammt noch mal!« schrie Sarah, »aber wenn ich sie kennenlernen will, dann bitte keine Kritik! Das Recht auf Kontakt mit der Familie steht sogar im Kriegsvölkerrecht!«

Véronique erhob sich und sagte, sie gehe wohl besser in ihr Zimmer.

»No, stay here«, sagte Sarah, und fügte hinzu: »You belong to the family!«

Als Véronique zögerte, sagte Sarah: »After all you are my aunt, don't you remember?« und brach unvermutet in Gelächter aus.

Véronique musste auch lachen und setzte sich wieder.

Isabelle fragte, was das bedeute, und Sarah erzählte ihr, als was sie sich in Uster ausgegeben habe, und es sei gut, dass ihr das wieder in den Sinn gekommen sei, bevor sie morgen dahin führen.

Das Gespräch wurde nun ruhiger, Véronique erzählte vom Rigi, dem Wolkenmeer und den beiden Haifischzähnen. Isabelle war froh darüber, aber es war ihr, als sei ein Vulkan ausgebrochen. Die Eruption war vorüber, doch sie nahm sich vor, vorsichtig zu sein. Es war ein Vulkan, der jederzeit wieder ausbrechen konnte.

21

Dann sei also der Antrag auf eine Verschollenenerklä-
rung von der Vormundschaftsbehörde gestellt worden,
sagte Sarah zur Gerichtsschreiberin, als sie das Blatt mit
dem Urteil des Zivilgerichts vom 4. August 1962 durchgesehen hatte.

Sie saß mit Véronique in einem Sitzungszimmer des
Bezirksgerichts Uster und hatte einen geöffneten Band
vor sich, in dem die Urteile des Jahres 1962 eingebunden
waren, das Spruchbuch, wie es die Gerichtsschreiberin
genannt hatte.

Diese hatte sich als Gerichtsschreiberstellvertreterin
vorgestellt; sie war sehr jung und hätte eine Assistentin
an der juristischen Fakultät sein können. Ja, sagte sie, der
Verschollene sei zur Zeit seines Verschwindens 17-jährig
und offenbar bevormundet gewesen, und im Interesse
einer offiziellen Beendigung der Vormundschaft, die nie

stattgefunden habe, sei dieser Antrag wohl gestellt worden. Angehörige habe es anscheinend keine gegeben.

Sarah war mit Véronique schon um neun Uhr morgens erschienen, und es war überraschend schnell gegangen, bis ihnen bestätigt worden war, dass sie die Erklärung einsehen durften und bis sie sie hier in diesem Sitzungszimmer auch zu Gesicht bekamen.

»Und die Verhandlung, die dazu geführt hat?« fragte Sarah.

Die müssten sie im Staatsarchiv in Zürich suchen, hier seien nur die Urteilssprüche, und auch die gingen Ende dieses Jahres dorthin, nachdem die 50-Jahresfrist abgelaufen sei.

»Aber dort könnten wir sie einsehen?«

Wohl kaum, war die Antwort, die Frist für die Zugänglichkeit sei bei Gerichtsakten gewöhnlich 80 Jahre oder mindestens 30 Jahre nach dem Tod des Betroffenen.

Sarah war baff. »Und das gilt auch für die Witwe des Betroffenen?«

Ja, sagte die Gerichtsschreiberin, denn vielleicht kämen ja in den Protokollen Tatsachen zur Sprache, von denen der Verstorbene nicht wollte, dass seine Frau sie erfahre.

Sarah übersetzte diese Auskunft für Véronique und sagte, sie finde solche Vorschriften übertrieben und irgendwie »foolish«, und außer dass Martin bevormundet gewesen sei, hätten sie nichts Neues erfahren.

Vielleicht, meinte Véronique, erführen sie ja auf dem Sozialamt noch etwas.

Tatsächlich erfuhren sie auf dem Sozialamt etwas, aber etwas ganz anderes, als sie erwartet hatten.

Frau Stehli, die ihnen am Freitag widerstrebend Bescheid versprochen hatte, teilte ihnen nämlich mit, dass sie bei ihrer normalen Suche nach etwaigen Akten nicht fündig geworden sei. Das sei weiter nicht erstaunlich, da es für das, was über 50 Jahre her sei, keine Aufbewahrungspflicht mehr gebe, und pro Jahr nur etwa fünf oder zehn Dossiers erhalten würden, als Beispiele damaliger Verfahrensweise.

Dann habe sie aber in der Ecke mit den Schachteln gesucht, die sie hier scherzhaft als »XY ungelöst« bezeichneten, in Anlehnung an die bekannte Fernsehsendung, und in denen Fälle abgelegt würden, die nicht richtig abgeschlossen werden konnten oder auf irgendeine Art ein Rätsel enthielten, und dort habe sie unter Wyssbrod Marcel eine Mappe mit ein paar wenigen Hinweisen gefunden.

Die wichtigste Notiz darin:

Die Akten seien seit Ende Mai 1957 verschwunden.

Die Erziehungsanstalt Uitikon, deren Zögling er offenbar gewesen sei, habe damals gemeldet, dass Wyssbrod entwichen sei, was zur Notiz führte »Ausbruch aus Anstalt am 28. Mai 1957. Akten verschwunden, 31. Mai 1957.« »Ev. Diebstahl/Entwendung durch Wyssbrod?« stehe weiter, mit Fragezeichen.

Vorhanden sei bloß der Antrag auf Verschollenheit, unterzeichnet vom damaligen Amtsvormund A.Baumann, und die Verschollenenurkunde selbst, ausgestellt am 4. August 1962.

Sarah starrte auf das Blatt, einen Durchschlag der Urkunde, die sie schon beim Bezirksgericht gesehen hatte, Name, Vorname, geboren am, Bürger von, in Anbetracht der Tatsache, zuletzt gesehen worden am, Ermangelung jeglichen Lebenszeichens, wird hiermit, und fasste dann Véronique zusammen, was ihr Frau Stehli mitgeteilt hatte.

Véronique schüttelte tief aufatmend den Kopf und sagte, es sei so traurig, dass sie ihn selbst nicht mehr fragen könnten, »it's so sad we can't ask him anymore.«

Ob der Amtsvormund auch Marcels Vormund gewesen sei, fragte Sarah.

Nicht zwingend, nein. Er habe in dieser Angelegenheit nur die Vormundschaftsbehörde vertreten. Sie nehme an, das Verfahren sei anstelle einer formellen Aufhebung der Vormundschaft wegen Volljährigkeit angestrengt worden, damit dieser Fall einen Abschluss gefunden habe.

Das sei auch die Ansicht der Gerichtsschreiberin gewesen, sagte Sarah, und ob etwa der damalige Amtsvormund noch lebe.

Baumann? Nein, der sei vor mindestens 30 Jahren gestorben, sie habe schon mal eine Rückfrage nach ihm bearbeiten müssen.

Das »Ev.« vor »Diebstahl/Entwendung« und das Fragezeichen dahinter deute für sie darauf hin, dass es kein offensichtlicher Einbruch gewesen sei, also müsste Marcel sehr geschickt vorgegangen sein, wenn er sich seine Akten geholt habe, sagte Frau Stehli weiter.

Véronique nickte, als ihr Sarah dies übersetzte. Warum nicht, er sei sehr geschickt gewesen, »very skilfull«, und habe Schlosser gelernt, »he was a learned metalworker.« Sie fände es großartig, wenn er es getan hätte, und absolut richtig. Und sie erzählte der Sozialarbeiterin vom Besuch bei Marcels Mutter, die sie aufgrund der Geburtsurkunde gefunden hätten und die ein Leben lang auf ein Lebenszeichen ihres Sohnes gewartet habe, den man ihr nach der Geburt weggenommen habe. Ob sie sich das vorstellen könne, »can you imagine that?«

Ja, das sei leider kein Einzelfall gewesen, antwortete Frau Stehli, sie seien in letzter Zeit vermehrt mit solchen Nachfragen konfrontiert, und sie könne solche Praktiken überhaupt nicht nachvollziehen, manchmal schäme sie sich geradezu, dass sie bei derselben Behörde arbeite, und möchte sich auch gern bei ihr, Frau Blancpain, im Namen dieser Behörde entschuldigen.

Danke, das sei sehr lieb, »very kind«, aber es ändere nichts mehr an Martins Schicksal. Sie berichtete Frau Stehli, was aus ihm geworden war und zeigte ihr auch ein Foto von Martin in seiner Kapitänsuniform.

Ob man herausfinden könne, wer sein Vormund gewesen sei, falls es nicht der Amtsvormund war, fragte Sarah.

Theoretisch ja, das könne aber länger dauern, da es kein systematisches Verzeichnis der Personen gegeben habe, die als Vormund amteten, und falls man ihn fände, sei die Chance, dass er noch lebe, nicht sehr groß, das seien in jener Zeit gewöhnlich bestandene Männer gewesen, und der Altersunterschied zu den Mündeln beträchtlich.

Sarah konnte sich die Bemerkung nicht verkneifen, das sei natürlich praktisch für die Ämter, wenn man nach 50 Jahren alle Ungerechtigkeiten, die sie begangen hatten, dem Reißwolf verfüttern könne.

Da könne sie ihr nicht widersprechen, sagte Frau Stehli, aber sie ihrerseits gebe sich Mühe, vorhandene Spuren aufzufinden, und da habe sie in einem Faltblatt der Mappe noch zwei Zeitungsausschnitte gefunden, die sie interessieren dürften, die habe sie ihnen fotokopiert.

Sie reichte sie ihnen über den Tisch. Sarah überflog sie beide.

Das eine war eine Todesanzeige von Christian Meier, 11.4. 1913 – 5.6.1955, wurde uns durch einen tragischen Unfall entrissen, Mathilde Meier-Schwegler, Konrad und Alfons Meier, Elsa Schwegler. Abdankung am, ehrendes Andenken bewahren.

Das andere war eine Zeitungsnotiz aus dem »Boten der Urschweiz« vom 6. Juni 1955 unter dem Titel »Bergunfall«.

Da wollte ein Vater mit seinen drei Söhnen am Sonntag, dem 5. Juni den Großen Mythen besteigen, war im oberen Drittel ausgerutscht und abgestürzt. Einer der Söhne habe ihn noch vergeblich zu halten versucht. Die Rettungskolonne habe ihn auf einem Absatz der Felswand nur noch tot bergen können.

Am Rande stand, mit Bleistift von unten nach oben geschrieben: »Verh. JG 14.9.d.J.«

Das heiße, sagte Frau Stehli, dass am 14.9. desselben Jahres, also 1955, eine Verhandlung vor dem Jugendgericht stattgefunden habe, und natürlich liege die Vermutung nahe, dass sie mit der Einweisung in die Erziehungsanstalt geendet habe.

Aber warum?

Das wisse sie auch nicht, doch die Bleistiftnotiz deute eigentlich darauf hin, dass die Maßnahme im Zusammenhang mit diesem Unfall ergriffen worden sei.

Und ein Protokoll der Gerichtsverhandlung?

Wenn, dann im Staatsarchiv.

Mit 80jähriger Geheimhaltungsfrist?

Frau Stehli nickte. Oder mit einem Gesuch um Einsicht an den Kanton, und das könne auch wieder dauern.

Und die Erziehungsanstalt Uitikon?

Die gebe es noch, ja, und dort könnten sie es natürlich versuchen. Aber dort sei man auch nicht gerade erpicht gewesen, alte Akten aufzubewahren.

Nach Sarahs Übersetzung seufzte Véronique: »It's so hard«, und sie habe den Eindruck, Martin sei von den Behörden im ganzen Leben nicht so geschützt worden wie im Tod.

Das alles tue ihr sehr leid, sagte Frau Stehli zu ihr, als sie sich verabschiedeten, »I am very sorry about all this«.

22

Jetzt war der Koffer leer.

Isabelle hatte gemerkt, dass sie keine Lust mehr hatte, irgendwohin zu verreisen. Wenn Véronique übermorgen zurückfliegen würde, blieben ihr nur noch vier Tage bis zur Wiederaufnahme ihrer Arbeit. Die wollte sie in aller Ruhe zu Hause verbringen, könnte ins Kino gehen oder in ein Konzert, würde vielleicht wieder einmal ihre Eltern besuchen oder ihre Schwester, und möglicherweise mit Sarah einen Tag verbringen, an dem sie sich aussprechen konnten über das, was gestern so unvermutet aufgebrochen war. Da gab es auch einen alten Freund, dem sie kurz vor ihrem Eintritt ins Spital zufällig in der Stadt begegnet war, sie hatten zusammen einen Kaffee getrunken und Kurzfassungen ihrer Lebensumstände ausgetauscht, und seine Neugier hatte ihr gefallen, sie hatten sich für die Zeit nach ihrer Operation und der Strombolireise ein Treffen vorgenommen, völlig unverbindlich, einfach mal so, wäre schön, gemeinsam Nachtessen, die Art von Treffen, hinter der die Verbindlichkeit geradezu lauerte.

Sie war in ihren Beziehungen zu Männern nach Sarahs Geburt sehr zurückhaltend geblieben, die Kränkung durch das Verschwinden ihres afrikanischen Geliebten war tief gewesen und hatte sie härter gemacht, aber auch vorsichtiger ihren eigenen Gefühlen gegenüber.

Sie stellte sich auf ein Leben als alleinerziehende Mutter ein, machte sich keine Hoffnungen auf einen Mann, der sich mit ihr und einem Töchterchen zusammentun würde, hatte während längerer Zeit eine Verbindung mit einem um etliches älteren Architekten, der von seiner Frau verlassen worden war und der sie zu ihrer Überraschung sogar heiraten wollte, aber Sarah, die gerade in die Schule gekommen war, hatte ihn derart heftig abgelehnt (»sonen dumme Löli!«), dass die Hölle programmiert war. Männer waren ihr aber nicht gleichgültig, und so ging sie eine längere Liaison mit einem verheirateten Computerfachmann ein, mit dem sie bei einem Ausbildungswochenende im Bett gelandet war. Ihre Abmachungen mussten stets gut organisiert werden, sowohl von seiner wie auch von ihrer Seite, und das Geheime daran steigerte die Erotik und machte ihr so lange Spaß, bis sie einmal in seiner Jacke einen Zettel fand, auf dem stand »Bis bald! Deine Wölfin.«

Eine Zeit lang las sie dann doch Heiratsinserate und traf sich einmal mit einem verwitweten Mann, der ebenfalls eine Tochter hatte und erneut eine Familie gründen wollte. »Hast auch Du ein Kind? Kein Hindernis!« war im Text gestanden, aber als sie ihm ein Foto von Sarah zeigte, erschrak er sichtlich und cachierte seinen Rückzug mit Entzücken über das herzige Meitli.

Isabelle kniete zum Koffer nieder, der die ganze Zeit im Korridor gestanden war und den sie zum Auspacken einfach auf den Boden gelegt hatte, um ihn nicht auf einen Tisch oder ihr Bett heben zu müssen, klappte den Deckel nach unten und zog den Reißverschluss zu, stellte ihn dann auf und sah, dass die Tasche auf der Vorderseite offen war. Bevor sie auch diesen Reißverschluss zuzog, griff sie hinein, aber das Fach war leer, bis auf ein Papier, das sie mit den Fingern ertastete. Sie fasste es, nahm es heraus und sah, dass es ein Zettel mit einer Nachricht war.

»Bitte aufpassen auf 044 423 57 88« stand darauf. Die Telefonnummer war mit Bleistift geschrieben, der Text mit Kugelschreiber. Die Handschrift kannte sie nicht.

Sie drehte das Blatt um, auf der Rückseite stand nichts. Es war ein kariertes Blatt eines Notizblocks, am kürzeren Rand war die Perforierung zu erkennen. Langsam ging sie damit in die Küche und setzte sich an den Tisch. Was war das für eine Botschaft und für wen? Und wie war sie in ihren Koffer gekommen?

Und die Nummer? Sie kam ihr eigenartig bekannt vor. Zu wem gehörte sie? Wer war in Gefahr?

Gerade wollte sie aufstehen, um im Internet-Telefonverzeichnis nachzusehen, wer hinter dieser Nummer steckte, als ihr klar wurde, dass 423 57 das Altersheim »Steinhalde« war, in dem sie arbeitete, und die 88 war ein Zimmeranschluss. Die zwei Endzahlen waren nicht mit den Zimmernummern identisch, und nach kurzer Überlegung hob sie den Hörer ab und stellte die Nummer ein.

Nach längerem Läuten wurde auf der andern Seite abgenommen, es folgten aber noch einige Geräusche, als schlüge der Hörer gegen diverse Gegenstände, bis sich eine brüchige Stimme mit »Maurer« meldete.

»Da ist Rast, guten Tag, Frau Maurer!«

»Wer?«

»Rast, Isabelle Rast!«

»Ah, Frau Isabelle, guten Tag!«

»Ich wollte nur fragen, wie es Ihnen geht.«

»Nicht gut – aber sind Sie nicht in den Ferien?«

»Doch – und warum geht es Ihnen nicht gut, Frau Maurer?«

»Schmerzen hab ich.«

»Wo denn?«

»Es sticht mich überall.«

»Das tut mir leid. Wissen Sie was? Ich bin heute in Zürich und komme Sie rasch besuchen.«

»Das ist nicht nötig, Frau Isabelle.«

»Ja, aber ich komme trotzdem. Bis bald, Frau Maurer!«

Isabelles Kolleginnen wunderten sich, als sie eine Stunde später in der »Steinhalde« erschien. Sie saßen gerade bei der Teambesprechung im Abteilungsbüro, das durch große Scheiben vom Ess- und Aufenthaltsraum abgetrennt war. Isabelle öffnete kurz die Tür, sagte, sie sei schon zurück und gehe schnell Frau Maurer besuchen, privat.

»Und wie war's in Stromboli?« rief ihr Cécile zu, ihre Stellvertreterin, etwas zu laut, wie meistens.

»Erzähl ich später, lasst euch nicht stören«, sagte Isabelle, schloss die Tür und ging durch den Korridor zum hintersten Zimmer. Es war ein seltsames Gefühl, ohne Funktion hier zu sein, noch nie war sie in der Straßenkleidung an den Zimmern entlanggegangen. So musste es sein, wenn man pensioniert war, dachte sie, und war froh, dass sie es noch nicht war.

Frau Maurer sah nicht gut aus. Ihr weißes Haar war nach hinten gekämmt und zu einem Knoten gebunden, aber an einigen Stellen schimmerte schon die blasse Kopfhaut durch. Eine hellrosa Bluse machte ihr Gesicht noch bleicher, als es schon war. Sie trug eine dicke Hornbrille, saß im Rollstuhl und hatte ein Buch auf den Knien.

Isabelle nahm einen Stuhl und setzte sich neben sie.

»Frau Maurer, da bin ich, guten Tag.«

»Frau Isabelle, guten Tag – dass Sie kommen …«

»Ich habe Ihnen vier Sprüngli-Pralinés mitgebracht.«

»Das ist aber lieb. Ich glaube, ich nehme gleich eins.«

»Bitte.«

Frau Maurer öffnete die kleine Schachtel, griff sich eins heraus und steckte es sich in den Mund. »Wollen Sie auch eins?«

»Nein, die sind für Sie, ich habe welche zu Hause.«

»Ist gut gegen die Schmerzen.« Frau Maurer lächelte. »Kopfweh hab ich halt, dass ich fast nicht mehr lesen kann.«

»Was lesen Sie denn?«

»Der König der Bernina. Aber kaum hab ich's gelesen, vergess ich's wieder.«

Sie blickte auf die aufgeschlagene Seite.

»Da hat Markus Paltram gerade einen gerettet und nach Österreich gebracht. Der ist ihm aber nicht dankbar dafür. Es muss einen Grund haben, nur weiß ich ihn nicht mehr.«

»Woher haben Sie das Buch?«

»Von meiner Mutter. Die hat auch gern gelesen. Es gab sogar einen Film davon, den habe ich gesehen. Er lief im Kino ›Central‹.«

»In Zürich?«

»Nein, in Uster.«

»Sie kommen aus Uster?«

362

»Ja, ursprünglich. Wissen Sie, was ein Camogasker ist?«

Isabelle schüttelte den Kopf. »Hab ich nie gehört, nein.«

»Die müssen einen besonderen Blick haben – ich glaube eben, der Markus Paltram ist einer.« Sie seufzte. »Wissen Sie, Frau Isabelle, das Gute, wenn man so dran ist wie ich, ist, man braucht nicht mehr viele Bücher. Wenn man mit einem fertig ist, kann man gleich wieder von vorn anfangen.«

Isabelle lachte.

»Sie haben den Humor noch nicht verloren, Frau Maurer, so lange geht's einem doch noch gut.«

»Nein, mir nicht. Letzte Woche ist meine Schwester gestorben, das macht einen auch nicht fröhlicher. So holt er einen nach dem andern von uns ab, der Saukerl.«

»Wer?«

»Der Tod. Hoffentlich haut er nicht mit der Sense drein, wenn er kommt.«

»Aber, Frau Maurer.«

»Bei mir würde eine Sichel genügen, glauben Sie nicht?«

»Der wird wohl noch nicht grad kommen.«

»Aber in die ›Steinhalde‹ kommt er doch häufig. Immer, wenn vorne eine Kerze brennt und ein Foto dasteht. Sie müssten ihm eigentlich schon begegnet sein, wenn er durch die Gänge schleicht, oder nicht?«

Isabelle lachte.

»Zum Glück nicht, Frau Maurer.«

»Ja, ja, er ist wie das Christkindlein. Wenn man die Tür aufmacht und die Bescherung sieht, ist er schon weg.«

Isabelle wusste nicht, was sagen.

»Und bis er kommt, vertrocknen wir. Könnten Sie mir nicht einen Schluck Tee bringen, wenn Sie schon da sind? Es steht noch ein Glas auf dem Nachttischchen.«

»Mach ich, Frau Maurer.«

Isabelle stand auf und ging zum Nachttischchen.

Da sah sie das Foto.

23

Sarah und Véronique saßen in der S-Bahn nach Zürich und rätselten über die Zeitungsnotiz vom Bergunfall und in welchem Zusammenhang sie mit dem Jugendgericht und Martins Einweisung in eine Anstalt stehen könnte.

Wenn bei der Familie Meier der Vater tödlich verunglückt sei, habe er als Pflegekind wohl so oder so gehen müssen, vermutete Véronique, aber weshalb nicht zu einer andern Familie, sondern in die Anstalt? Er habe ihr immer versichert, er habe nichts Unrechtes getan, und das glaube sie ihm nach wie vor. Wenn er dort zu Unrecht war, hatte er Recht, auszubrechen, und sogar wenn er in das Amt eingebrochen wäre, um seine Akten mitzunehmen, hätte er Recht gehabt.

Das sehe sie auch so, sagte Sarah, sie frage sich einfach, wie es dazu gekommen sei. Die Zeitung spreche ja von drei Söhnen, und in der Todesanzeige stünden nur zwei, also müsste der dritte Marcel Wyssbrod gewesen sein. Für eine kurze Zeitungsnotiz könne man keine langen Recherchen erwarten. Da habe es offenbar einen Rettungsversuch gegeben, einer der drei habe versucht, den Stürzenden zu halten.

»Martin«, sagte Véronique schnell, »sûrement c'était lui, il voulait toujours aider.« Bestimmt sei es Martin gewesen, der ja immer helfen wollte.

Angenommen, er sei es gewesen, sagte Sarah, dann wäre das am allerwenigsten ein Grund, ihn in einer Anstalt zu versorgen, das verstehe sie nicht.

Ob sie einmal auf diesem Mythen gewesen sei, fragte Véronique, und Sarah verneinte.

Isabelle habe ihr gestern erzählt, sie sei als Kind schon dort hochgestiegen, sagte Véronique, da gebe es einen Weg, aber sie verstehe nicht, wieso man da hinaufgehe, und auch noch mit Kindern, sie habe den Berg ja vom Rigi aus gesehen, und es wundere sie überhaupt nicht, dass man da abstürzen könne. Und weshalb der Vater abgestürzt sei, stehe das nicht in der Zeitung?

»Ausgerutscht«, sagte Sarah, »he slipped.«

Dann fragte sie Véronique, ob sie noch nach Uitikon fahren wolle, das sei nicht weit, aber Véronique verneinte. Sie sei zu müde und würde sich lieber etwas hinlegen.

Oerlikon wurde angesagt, und sie machten sich bereit zum Aussteigen. Als sie aufstanden, meldete sich Sarahs Handy mit einer SMS. Sie zog es aus ihrer Tasche, öffnete die Nachricht und war perplex. Dann sagte sie zu Véronique, sie könne sich wieder setzen, sie führen gleich weiter bis zum Hauptbahnhof.

Der Text lautete: »Tante gefunden. Kommt in die Steinhalde, B 17«.

Als Sarah und Véronique etwa dreiviertel Stunden später vorsichtig die Türe 17 der Pflegeabteilung B öffneten, fanden sie dort Isabelle, die neben einer schlafenden Frau im Rollstuhl saß und ihren Finger an die Lippen hielt.

Sie setzten sich beide auf das Bett und schauten Isabelle fragend an.

Isabelle flüsterte ihnen zu: »Frau Maurer-Schwegler. Die Schwester von Mathilde Meier. Die Tante der Meier-Brüder und die Tante von Marcel, eh Martin.« Als sie dasselbe noch auf Französisch wiederholte, sagte Frau Maurer laut: »Ich bin nicht die Tante von Marcel, aber er nannte mich so.«

»Oh«, sagte Isabelle, »ich dachte, Sie schlafen.«

»Das wissen Sie doch, Frau Isabelle, alte Weiber sind wie Katzen, die schlafen nie richtig.« Frau Maurer blickte die beiden Besucherinnen an. »Hab schon vergessen, wer ihr seid. Wer ist das Königskind?«

Isabelle lachte.

»Meine Tochter Sarah.«

Sarah nickte. »Danke fürs Kompliment.«

»Und wer war der König?«

Die Antwort kam von Sarah: »Ein afrikanischer Medizinmann.«

Frau Maurer ergriff Isabelles Hand und sagte zu ihr: »Das haben Sie gut gemacht! So was hab ich in Uster vergebens gesucht. Und die Dame?«

»Frau Maurer, jetzt müssen wir wieder ernster werden: Das ist Véronique, die Frau, die Marcel in Kanada geheiratet hat und die jetzt leider seine Witwe ist.«

»Marcel ist tot?«

»Ja, Frau Maurer, das hab ich Ihnen schon gesagt.«

Frau Maurer nahm ihre Brille ab und fuhr sich mit dem Handrücken über die Augen.

»Er hat mich doch eben noch besucht. Und hat mir kanadische Guezli mitgebracht, mit Ahornaroma. Die hab ich alle gegessen.«

»Erzählen Sie es doch nochmals der Reihe nach, Frau Maurer.«

Die alte Frau schloss die Augen einen Moment, setzte die Brille wieder auf und sagte dann:

»Am Nachmittag, ich glaube, es war Sonntag, ja, Sonntag vor einer Woche. Er wollte ja zu Mathildes Beerdigung. Ich hab ihm telefoniert deswegen, die Nummer hab ich in meiner Schublade. Wir haben jedes Jahr einmal telefoniert, ich hatte ihn eben gern, den Bub. Er kam direkt vom Flughafen zu mir, wir haben schön zusammen geschwatzt, er hat mir erzählt von Kanada, und wie es ihm gut ergangen war dort, er hat mir das Foto von sich dagelassen, und auch seine Telefonnummer in der Schweiz, die hat er neben sein Foto gelegt, er wollte nochmals kommen nach der Beerdigung, aber er kam nicht mehr, und seine Telefonnummer hab ich nicht mehr gefunden, vielleicht hat sie der Konrad mitgenommen, als er am nächsten Morgen kam, um zu fragen, ob ich auch mit zum Friedhof wolle, aber ich wollte nicht, im Rollstuhl, wissen Sie, das war mir zu mühsam.«

Dann schaute sie Isabelle an. »Als er mich fragte, wie es mir denn hier gehe, habe ich gesagt, wenn die Frau Isabelle nicht Stationsleiterin wäre, ginge es mir sicher schlechter, mit der könne ich es besonders gut, und die vertrage auch ein Späßchen.«

Véronique wollte wissen, seit wann sie Martin kenne, und Isabelle übersetzte es Frau Maurer.

»Unsere Mutter, also die Mutter von Mathilde und mir, starb jung, und kurz danach hat meine Schwester den Christian geheiratet, der hatte einen Bauernhof oberhalb von Uster, und ich war noch nicht volljährig und kam einfach mit und half im Betrieb, und da war eben der Marcel als Verdingbub, weil er keine Mutter und keinen Vater hatte, und es haben ihn alle schlecht behandelt, vor allem der Christian, aber auch meine Schwester, weil sie sich nichts getraute gegen den

Christian, und die beiden Brüder auch. Ich habe ihm manchmal etwas zugesteckt, wenn es niemand sah, und ich hab ihn dann auch einmal besucht, als er in die Anstalt musste.«

Sarah beugte sich vor. »Wieso musste er in die Anstalt?«

Frau Maurer atmete tief ein und griff sich mit der rechten Hand an die Stirn. »Ich hab solches Kopfweh.« Und nach einer Pause fuhr sie weiter: »Also, das war die schlimme Geschichte, als Christian verunglückte. Ein Sonntagsausflug auf den Großen Mythen. Mathilde wollte nicht mit auf den Gipfel und blieb im Bergrestaurant unten sitzen, und so blieb ich bei ihr. Und nach zwei Stunden kam Alfons heruntergerannt und sagte, der Vater sei ausgeglitten und abgestürzt und man solle die Rettungskolonne alarmieren.«

»Aber – die Anstalt?« Sarah war an die äußerste Kante des Bettes gerutscht.

Frau Maurer schüttelte den Kopf.

»Konrad sagte der Polizei, Marcel habe seinen Pflegevater am Bein gepackt und absichtlich hinuntergestoßen, um sich an ihm zu rächen. Darauf kam die Sache vors Jugendgericht. Es gab nur einen Zeugen, der gesehen hatte, dass Marcel Christians Bein hielt, aber der meinte eher, er habe ihn halten wollen. Man hat Marcel nicht verurteilt, aber misstraut hat man ihm trotzdem, denn Verdingkinder hatten einen schlechten

Ruf, und weil sie nicht wussten, was sie mit ihm machen sollten, hat ihn sein Vormund in die Anstalt geschickt.«

»Und der durfte das?« Sarah war aufgestanden.

Frau Maurer nickte. »Ja. Die durften alles.«

Als Isabelle Véronique zusammenfasste, was sie soeben hörte, brach diese in Tränen aus und sagte, was sie schon Sarah gesagt hatte, nämlich sie sei sicher, dass Marcel den Pflegevater retten wollte.

Isabelle übersetzte das Frau Maurer, und die sagte, ja, da sei sie auch sicher, mehr als das, sie wisse es.

»*Was* weißt du?«

Die Tür war, von allen unbemerkt, aufgegangen, und auf der Schwelle stand, in seiner braunen Jacke und seinem braunen Filzhut, mit einer kleinen Mappe in der Hand, Konrad Meier.

Er schloss die Tür hinter sich zu und blickte von einer zur andern. »Da seid ihr ja alle.« Und zu Véronique: »Und Sie sind Marcels Frau?«

Véronique brauchte keine Übersetzung und nickte.

»Marcel tot? Dead man?«

»Glauben Sie's doch endlich«, sagte Isabelle, stand auf und stellte sich neben Véronique.

»Muss ich wohl. Das war er, nicht?« Er zeigte auf das Foto auf dem Nachttischchen.

»Ja«, sagte Isabelle, »das war er.«

»Ist für mich auch ein Stuhl frei?« Er wollte sich neben Frau Maurer setzen, doch die fuhr auf und herrschte ihn an: »Nein. Du bleibst stehen!«

»Oho, geht man so mit Besuchen um, die sehen wollen, wie's einem geht?«

»Du bist kein Besuch, Konrad. Du bist der Angeklagte.«

»Halt den Mund.«

»Den hab ich lang genug gehalten.«

»Dann geh ich wohl lieber.«

Er drehte sich um, aber Sarah war vor die Tür getreten. »Uns interessiert es aber, was Frau Maurer zu sagen hat.«

Meier stellte seine Mappe ab, suchte das Zimmer nach einer andern Sitzgelegenheit ab, ging rückwärts auf das Fenster zu und lehnte sich an den Sims.

»Dein Vater war jähzornig, Konrad, das wussten wir alle. An jenem Sonntag ging er zuvorderst, blieb dann stehen, bis ihr nachkamt, und brüllte euch an, ihr sollt schneller gehen, ihr faulen Kerle. Da gabst du ihm einen Faustschlag ins Gesicht, dass er hinfiel und über den Wegrand hinabstürzte, und Marcel wollte ihn noch am Bein halten, musste ihn aber fahren lassen. Du hast ihm gedroht, du bringst ihn um, wenn er das verrät, und er hat es niemandem gesagt, auch der Polizei nicht. Er wusste ja auch, dass man einem Verdingbub nicht geglaubt hätte.«

»Woher willst du das wissen?«

»Mir hat er es erzählt, als ich ihn in der Anstalt besuchte, und ich bin sicher, dass er nicht gelogen hat. Aber ich hab's Mathilde nie gesagt, ich wollte nicht, dass sie erfährt, dass ihr Sohn der Mörder seines Vaters ist.«

»Du hast keinen Zeugen!«

»Ja, keinen außer dir.«

»Und jetzt? Was willst du?«

»Ich wollte, dass Marcels Frau die Wahrheit weiß. Fertig.«

»Hab ich dir etwas zuleide getan?«

»Ja«, rief Sarah, »das haben Sie! Sie wollten jemanden aus dem Weg haben, der die Wahrheit wusste.« Sie hatte Meiers Mappe geöffnet und zeigte den andern die Puppe mit den Nadeln im Kopf und im Herz. »Die hab ich schon bei Ihnen zu Hause gesehen. Haben Sie nicht über Kopfweh geklagt, Frau Maurer? Das bringen wir rasch wieder weg«, und sie zog die erste Nadel aus dem Kopf und die zweite aus dem Herz.

»Her mit der Puppe!«

»Die behalte ich. Für den Gegenzauber, falls Sie es noch einmal probieren. Wissen Sie, eine Negerin kann so etwas besser als ein Zombie aus Uster. Hier ist Ihre Mappe. Kapitalverbrechen verjähren nach zwanzig Jahren. Ich glaube, Sie können gehen.« Sarah öffnete ihm die Türe.

Misstrauisch blickte Meier in die Runde, nahm dann die Mappe und machte einen Schritt zur Tür.

Da trat Isabelle zu ihm, legte ihm die Hand auf den Arm und sagte: »Herr Meier, wollen Sie sich nicht noch entschuldigen?«

»Was meinen Sie damit? Bei wem?«

»Vielleicht bei Marcels Frau?«

»Die hat nichts davon.«

Dann tat Meier etwas Unerwartetes.

Er ging zum Nachttischchen, nahm Martins Foto in die Hand, blickte es lange an und sagte dann: »Marcel, es tut mir leid. Wir haben alle gelitten.«

Danach verließ er, ohne sich umzusehen, das Zimmer B 17, und alle schwiegen, bis seine Schritte im Gang verhallt waren.

Dann sagte Frau Maurer:

»Frau Isabelle – mein Kopfweh ist weg.«

24

»Merci infiniment!«

Véronique stand mit Isabelle vor der Passkontrolle am Flughafen und umarmte sie. Sie wisse nicht, was sie ohne sie gemacht hätte. Ihre Handtasche hatte sie umgehängt, den Behälter mit Martins Asche hatte sie neben sich auf den Boden gestellt.

Sie habe das gern gemacht, sagte Isabelle, obwohl das eigentlich so nicht stimmte. Sie musste es einfach machen, die Ereignisse ließen ihr keine andere Wahl. Gestern war sie mit auf das Bestattungsamt gegangen, um die Urne abzuholen, das war für Véronique nochmals ein harter Moment.

Am Abend hatte Véronique sie zum Essen in ein mexikanisches Restaurant am Marktplatz eingeladen, in dem ihnen fröhliche junge Kellnerinnen geduldig den Unterschied zwischen Fajitas und Burritos erklärten.

Sie hatten versucht, die Zeit von Martins Ankunft bis zu seinem Tod zu rekonstruieren und hatten es sich so zurechtgelegt:

Martin war um die Mittagszeit in Zürich-Kloten angekommen, hatte sich am Flughafen am Werbeaktionsstand einer Telefongesellschaft ein spottbilliges Handy samt einem Ladegerät und einem Prepaidbetrag gekauft. Den Stand hatten sie soeben beim Einchecken gesehen, die Werbeaktion lief immer noch. Das Ladegerät war bei seinen Effekten im Hotel gewesen, Véronique hatte es zunächst für das kanadische Gerät gehalten.

Wahrscheinlich hatte er sich dann etwas ausgeruht, bevor er ein Taxi ins Altersheim genommen hatte, denn die diensthabende Pflegerin sagte, er sei erst am späteren Nachmittag bei Frau Maurer zu Besuch gewesen, sie erinnerte sich gut an den gepflegten Herrn. Und an noch etwas erinnerte sie sich: Er hatte sich nach dem Besuch nach Isabelle erkundigt, und als er erfuhr, sie fahre nach einem Klinikaufenthalt in die Ferien und sei erst in vierzehn Tagen wieder da, hatte er sich für alle Fälle ihre Adresse geben lassen. Er solle ihr, hatte er gesagt, im Auftrag von Frau Maurer noch ein Geschenk überbringen.

Er hatte seiner Tante Ahorn-Cookies mitgebracht und hatte ihr ein Foto von sich in Kapitänsuniform dagelassen, sowie seine schweizerische Handy-Nummer.

Am nächsten Morgen könnte er zu Isabelles Wohnung gegangen sein, könnte gesehen haben, wie sie gerade das

Haus verließ, könnte, in der Annahme, das müsse sie sein, ihr gefolgt sein, und dann auf seinen Zettel mit der Telefonnummer der Tante seine Bitte gekritzelt haben, falls er sich ihr nicht würde erklären können. Der Zettel, so hatte Véronique sofort erkannt, gehörte zu seinem Notizblock in Kanada, die Nummer hatte er sich noch zu Hause notiert, die Bitte aber erst hier draufgeschrieben, vielleicht sogar, während er ihr folgte, und er musste ihn auf der Treppe in das Außenfach von Isabelles Koffer gesteckt haben. Isabelle hatte, daran erinnerte sie sich, beim Hinaufsteigen zur Anzeigetafel von Gleis 4 geblickt.

Und warum Martin um seine Tante in Sorge war, war ihnen nun auch klar. Sie kannte die Wahrheit über das Bergunglück und wäre, falls es während der Beerdigung zu einer Konfrontation zwischen ihm und den Brüdern gekommen wäre, eine Gewährsperson für diese Wahrheit gewesen. Darüber mussten sie an diesem Sonntag gesprochen haben. Martin wusste um Konrad Meiers Bösartigkeit und hatte Angst um Elsa Maurer.

Was er nicht wusste, war, dass Konrad Meier am selben Montagmorgen, an dem Martin den Kontakt zu Isabelle Rast suchte, zu seiner Tante ins Altersheim ging, um sie zu fragen, ob sie zur Beerdigung ihrer Schwester komme. Dort erfuhr er, dass Marcel da war, nahm sich seine Schweizer Handy-Nummer mit und versuchte ihn anzurufen.

Martin sei, hatte Véronique gesagt, in letzter Zeit vergesslich geworden. Der Anzug, den er am Sonntag getragen hatte, war im Schrank seines Hotels aufgehängt, mit dem Flugticket und seinem Pass, dem Hotelbadge und dem Geldbeutel drin, und er hatte sich am Montag wohl den andern angezogen, den er eingepackt hatte, ohne daran zu denken, Ausweis und Zimmerschlüssel einzustecken.

Dass er Isabelle angesprochen hatte, war also kein Zufall, sie war persönlich gemeint. Er suchte einen Schutzengel für seine Tante und ahnte nicht, dass er seinen Todesengel fand.

Die Aufregung über diese ungewöhnliche Annäherung und über die bevorstehende Begegnung mit dem ganzen Unglück seiner Jugend, diese Aufregung verbündete sich mit der Anstrengung des Interkontinentalfluges zum tödlichen Angriff auf sein Herz.

Sie habe, sagte Véronique, als sie sich aus der Umarmung löste, eine neue Freundin gefunden.

Moi aussi, sagte Isabelle, ich auch, und im Moment, als sie sich verabschieden wollten, schrie jemand so laut »Just a minute!« durch die Halle, dass sich verschiedene Leute umdrehten. Sarah kam die Treppe hochgerannt und schwenkte eine Rose.

Sie hatte am Morgen ihre mündliche Prüfung gehabt und angekündigt, dass sie nicht mit zum Flughafen komme. Nun hatte es ihr aber doch gereicht, und sie küsste Véronique, überreichte ihr die Rose mit den Worten »I wanted to say good-bye to my aunt«, sie habe ihrer Tante auf Wiedersehn sagen wollen.

Véronique war gerührt. Da sei sie stolz, eine solche Nichte zu haben, sagte sie und fragte, ob es denn gut gegangen sei heute Morgen.

Doch, doch, sie glaube schon, sie habe jedenfalls gewusst, wer wann weshalb Krieg führen dürfe und mit welchen Mitteln und diese ganzen Männerabmachungen, »all these deals between men.«

Als Véronique zum Schalter mit der Passabfertigung ging, trug sie in der rechten Hand ihre Tasche und in der linken Sarahs Rose. Sie drehte sich nochmals um und winkte mit der Rose, bevor sie hinter dem Schalter verschwand.

Isabelle hängte sich bei Sarah ein und lud sie zum Mittagessen in einem der Flughafenrestaurants ein.

Etwas später wurde die Halle vor der Passkontrolle evakuiert, ein Spezialtrupp der Polizei barg das herrenlose Handgepäckstück mit einem Sprengroboter, wodurch es zu einer Reihe von Abflugverspätungen kam. Da man dem Pulver und den Stützdrähten des Behälters, die bei der Durchleuchtung auf dem Bildschirm zu sehen waren, nicht traute, wurde die Urne in einem dafür vorgesehenen Steinbruch gesprengt, und Marcels Asche vermischte sich mit dem Sprühnebel des eingesetzten Wasserwerfers und fiel als

sanfter Regen auf den lehmigen Boden einer Wald-
lichtung, im Land, in das er nie mehr zurückkehren
wollte.

Epilog

Einige Wochen später erhielt Isabelle einen Brief aus Kanada.

Darin schrieb ihr Véronique, der kleine Schlüssel, den Martin bei seinem Tod bei sich getragen habe, sei für ein verschlossenes Fach seines Schreibtischs gewesen, und in diesem Fach habe sie das Heft gefunden, das sie ihr beilege. Es sei auf Deutsch geschrieben, und da sie das nicht lesen könne, habe sie es für sich kopiert und schicke ihr das Original.

Geschrieben habe es Martin, wie sie am Datum sehe, lange bevor sie sich kennengelernt hätten. Eine Kollegin, die deutsch spreche, habe ihr den Titel übersetzt, aber sie habe ihr das Heft nicht gegeben, da sie fand, das dürfe nur jemand lesen, der Martin gekannt habe, und sie sei natürlich gespannt, was er von seiner Herkunft erzähle.

Isabelle nahm das Heft in die Hand und setzte sich an ihren Tisch. Es hatte einen blauen Umschlag, und im weißen Feld für den Titel stand »Wo ich herkomme«. Sie schlug es auf, es war liniert, die vorderste Seite war leer, der Bericht begann erst auf der nächsten Seite. Er war in einer gut lesbaren Handschrift abgefasst, aber Isabelle glaubte ihr anzumerken, dass sie von jemandem stammte, für den das Schreiben nichts Alltägliches war.

Ich bin am 28. Januar 1940 in Uster im Kanton Zürich zur Welt gekommen.
Mein Name war Marcel Wyssbrod.
Wer meine Eltern waren, hat man mir nie gesagt.
Ich bin zuerst in einem Waisenhaus aufgewachsen.
Als ich zur Schule kam, suchte man einen andern Platz für mich, und ich kam als Verdingkind in eine Bauernfamilie.
Verdingkinder nennt man Kinder, welche die Armenbehörde mit einem Kostgeld in eine Familie gibt. Am liebsten hat man Pflegeeltern, welche mit einem geringen Betrag zufrieden sind. Ich bekam das oft zu hören, z. B. so: »Mit dem, was wir von der Gemeinde für dich bekommen, können wir dir nicht auch noch neue Hosen kaufen.« Ich hatte immer nur alte, geflickte Kleider an und musste die gebrauchten Schuhe der zwei älteren Söhne tragen. Auch konnte ich jederzeit

aus der Schule zur Arbeit abkommandiert werden, z. B.
wenn Heuet war.

Meistens musste ich am Morgen eine Stunde früher aufstehen, um die Ziegen zu melken, und wurde abends
oft noch zum Putzen in den Stall geschickt, statt dass
ich meine Aufgaben machen konnte. So wurde ich kein
guter Schüler. Ich hätte aber gerne mehr gelernt.

Neben dem Küchentisch, an dem meine Pflegeeltern
mit ihren beiden Söhnen assen, gab es noch ein niedri-
geres Tischchen. Das war mein Platz. Meine Portionen
waren kleiner als die für den grossen Tisch. Wenn ein
zweites Mal geschöpft wurde, dann nur für die andern.
Ich hatte ständig Hunger. Manchmal ass ich sogar etwas
aus dem Schweinetrog, wenn ich die Schweine füttern
musste.

Der Bauer war jähzornig. Wenn er dreinschlug, konnte
es zwar manchmal auch seine zwei Söhne Konrad und
Alfons treffen, aber meistens traf es mich. Die Söhne
schoben denn auch gerne die Schuld auf mich, wenn
etwas schiefging. »Es war der Bub«, sagten sie. Niemand sagte Marcel zu mir.

Wo ich Hilfe suchen sollte, wusste ich nicht. Einmal,
als man beim Turnen meine Striemen vom Lederriemen
auf dem Rücken sah, fragte der Lehrer, woher ich die
habe. Ich sagte, vom Vater, da fragte der Lehrer, wofür.
Ich gab zur Antwort, für nichts.

Das werde ja nicht sein, sagte der Lehrer, ich müsse mir

einfach Mühe geben, immer zu gehorchen. Aber der Lehrer war selbst ein Prügler und schlug mir mit dem Lineal auf die Finger, wenn ich einen Tintenfleck ins Heft gemacht hatte. Und wenn ich die Hausaufgaben nicht gemacht hatte, musste ich vor der Klasse auf ein Holzscheit knien.

Einmal behielt mich der Pfarrer nach der Christenlehre zurück und fragte mich, warum ich so verstockt sei und nie etwas sage. Ich antwortete, wenn der Heiland wirklich helfen würde, würde er mich aus dieser Familie wegnehmen. Dem Pfarrer fiel nichts anderes ein als die Aufforderung, mehr zu beten und ein gottgefälliges Leben zu führen.

Der einzige Mensch, bei dem ich manchmal ein bisschen Trost fand, war Elsa, die Schwester meiner Pflegemutter Mathilde. Sie wohnte im selben Haushalt und steckte mir ab und zu einen Apfel oder ein Stück Brot oder etwas Schokolade zu, aber nur, wenn es niemand sah.

So war es also: Der Bauer hasste mich. Seine zwei Söhne hassten mich. Meine Pflegemutter hasste mich vielleicht nicht, aber sie tat nichts, das meine Lage verbesserte. Und Elsa, die nur geduldet war, weil sie zu ihrer Schwester gehörte, war nicht stark genug, um offen zu meinen Gunsten aufzutreten.

Dann kam dieser Sonntagsausflug. Man ging auf den Großen Mythen, einen steilen Berg in der Innerschweiz.

Er sieht unbesteigbar aus, aber es führt doch ein Fuss-
pfad hinauf. Man hatte mich nur mitgenommen, da-
mit ich nicht allein zu Hause blieb und etwa hinter
die Vorräte ging. Die Mutter wartete mit Elsa in der
Wirtschaft am Fuss des Berges, und der Vater ging mit
den Söhnen und mir hinauf. Sein Tempo konnten wir
alle fast nicht mithalten.

Als er nach einer der vielen Wegkurven stehen blieb
und uns anbrüllte: »So, ihr fuule Sieche, mached e
chli!«, schlug ihm Konrad die Faust ins Gesicht. Der
Vater taumelte, glitt aus und rutschte am Rand des stei-
len Wegs mir entgegen. Ich versuchte, ihn am Bein zu
halten, aber er hatte das Gleichgewicht schon verlo-
ren. Ich musste ihn loslassen, und der Bauer fiel über
die Felswand in die Tiefe. Alfons rannte sofort hinunter
zur Bergwirtschaft, wo eine Rettungskolonne alarmiert
wurde.

Der ältere Sohn, Konrad, der zugeschlagen hatte, be-
hielt mich zurück und sagte: »Du hast nichts gesehen,
hörst du? Der Vater ist ausgerutscht. Ein Wort von dir,
und es geht dir gleich wie ihm.«

Es dauerte einige Stunden, bis der Verunfallte tot gebor-
gen werden konnte. Ein Bergführer musste sich bis zu
dem Absatz abseilen lassen, auf dem er lag.

Den Faustschlag hatte niemand sonst gesehen. Aber es
gab einen Zeugen, der gerade um die Wegbiegung kam,
als ich das Bein des Pflegevaters losliess. Der Bezirks-

anwalt kam zusammen mit der Rettungskolonne und befragte uns über den Hergang. Ich sagte, der Vater sei ausgeglitten und auf mich zugerutscht, und ich habe ihn halten wollen. Das stimme nicht, sagte Konrad, Vater habe zu mir hingehen wollen, weil ich nicht schnell genug gegangen sei, und da habe ich ihn einfach am Bein gepackt, und deswegen habe Vater das Gleichgewicht verloren und sei hinuntergestürzt. Ich war entsetzt. Ich weinte und sagte, ich habe ihn nur halten wollen. Der Zeuge sagte zwar, das mit dem Packen habe er nicht gesehen, nur dass ich ihn am Bein hielt, aber natürlich sei alles eine Sache von Sekunden gewesen. Ich war damals 15, es kam zu einer Verhandlung vor dem Jugendgericht, die keine Klärung brachte. Ich sagte nichts vom wirklichen Hergang, man hätte mir das ohnehin nicht geglaubt. Verurteilt wurde ich nicht, aber trotzdem kam ich in ein Heim für schwer erziehbare Jugendliche.

Solche Heime wurden damals meist von Sadisten geleitet. Meines bildete keine Ausnahme. Man behandelte uns alle als Kriminelle, schlug uns und sperrte uns beim geringsten Anlass bei Wasser und Brot in eine Dunkelzelle. Gut, dachte ich, dann werde ich eben kriminell. Einmal fragte ich, wo eigentlich meine Dokumente seien, ich wüsste gern, wer meine Eltern gewesen sind. Die Auskunft war: Da musst du deinen Amtsvormund fragen. Diesen Vormund hatte ich bis jetzt erst zwei-

mal gesehen, einmal bei seiner Ernennung auf dem Vormundschaftsamt nach dem Tod des Pflegevaters, das zweite Mal, als er nach einem Jahr für fünf Minuten zu Besuch in die Anstalt kam. Ich schrieb ihm einen Brief mit der Frage nach meinen Dokumenten und erhielt die kurze Antwort, die bekomme ich, wenn ich zwanzig sei, und vorher gingen sie mich nichts an.

Von dem Moment an begann ich, meine Flucht zu planen.

Ab und zu erhielt ich von Tante Elsa ein Paket mit einigen Esswaren. Das musste ich aber immer mit den andern teilen. Einmal besuchte sie mich, und ich durfte mit ihr allein eine Stunde unter den Bäumen des Vorplatzes zusammensitzen. Da erzählte ich ihr die Geschichte vom Tod des Ziehvaters, wie sie sich wirklich abgespielt hatte. Tante Elsa fuhr mir mit der Hand über den Kopf und sagte nur: »Armer Bub.«

Mehrmals musste ich zur Strafe an einem Samstagnachmittag, wenn die andern Fussball spielen durften, in der Wäscherei arbeiten. In einem grossen Spind wurden unsere privaten Kleider aufbewahrt. Da gelang es mir, ein Hemd, eine Hose und eine Jacke meiner Grösse zu entwenden und unter meiner Matratze aufzubewahren.

Es hatte schon mehrere Ausbruchsversuche von anderen gegeben. Alle ohne Erfolg. Gewöhnlich waren sie von der Feldarbeit abgehauen, und wenn man sie nicht sofort einholte, wurden sie nach kurzer Zeit irgendwo in der Umgebung gestellt.

Ich machte eine Schlosserlehre, das war eine der zwei Möglichkeiten in der Anstalt. Die andere war Schreiner, was mir lieber gewesen wäre, doch dort waren die Lehrplätze schon alle besetzt. Mein Auge hatte ich von Anfang an auf die Schlösser gerichtet, und so gelang es mir in der Nacht vor Pfingsten, vom Gang auf die Toilette nicht mehr zurückzukommen und die Anstalt durch die geschlossene Lieferantentüre zu verlassen. Es war auch kein Problem, eines der abgeschlossenen Fahrräder aus dem Schuppen davor zu entwenden. Ich zog mir in aller Ruhe die Anstaltskleider aus und die gestohlenen Privatkleider an. Dann klemmte ich die Anstaltskleider auf den Gepäckträger und fuhr ein Stück in die entgegengesetzte Richtung von Uster, bis ich zu einem kleinen Fluss kam, in den ich sie hineinwarf. Dann kehrte ich um und fuhr nach Uster. Mit Hilfe meiner Kenntnisse und einer Taschenlampe, die ich aus dem Werkschrank der Schlosserei genommen hatte, drang ich in das Gemeindehaus ein. An das Büro der Vormundschaftsbehörde erinnerte ich mich. Sorgfältig öffnete ich die abgeschlossenen Aktenschränke. Unter dem Buchstaben »W« fand ich die Mappe »Wyssbrod Marcel«. Ich wickelte sie in ein Handtuch, das im Gang neben dem Brünnlein vor dem WC hing, ging damit wieder hinaus, klemmte es auf den Gepäckträger und fuhr in Richtung Rapperswil davon.

Sehr gelegen war mir die Kasse gekommen, die ich im Schreibtisch gefunden hatte. Ich hatte daraus etwa zweihundert Franken genommen, ohne die grossen Scheine darin anzurühren.

Mein Ziel war Frankreich. Ich hatte im wenigen Unterricht, den man uns gewährte, mit Eifer die zweite Landessprache gelernt, weil ich zum ersten Mal einen Lehrer hatte, der mir etwas zutraute. So radelte ich nach Zürich, wo ich gegen fünf Uhr morgens eintraf. Dort liess ich mein Velo am Bahnhof stehen und löste ein Billett nach Genf. Ich liess einen Rucksack mitlaufen, der unbeaufsichtigt vor dem Raum mit der Fahrkartenausgabe stand, und bestieg einen Frühzug nach Bern.

Im Rucksack fand ich, als ich meine Dokumente darin versorgte, neben einem Picknick auch eine Mütze. Ich setzte sie mir sogleich auf, und nun war ich ein normaler Pfingstausflügler. In Bern stieg ich in den Zug nach Genf um, schlief kurz ein und erwachte wieder beim Anblick des Lac Léman, der mir unwahrscheinlich gross vorkam.

In Genf orientierte ich mich an einer grossen Karte der Umgebung am Bahnhof und wechselte fast mein ganzes Geld in französische Francs. Dann nahm ich einen Bus nach Veyrier und marschierte unbehelligt auf einem Wanderweg zum Mont Salève über die Schweizer Grenze. Am Abend ass ich in einem Landgasthof, wo ich auch ein billiges Zimmer nehmen konnte.

*Nach dem Essen setzte ich mich an den kleinen Tisch
in meinem Zimmer und nahm meine Dokumente aus
dem Rucksack. Ausser meinem Geburtsschein fand ich
keinen Ausweis, der mir bestätigte, dass es mich gab.
Meine Mutter hiess Anna-Maria Wyssbrod, mein Vater war unbekannt. Im Vormundschaftsbericht sah ich
dann, dass meine Mutter mich mit 18 Jahren geboren
hatte und ich »trotz heftigen Widerstands der Mutter«
als Säugling von ihr weggenommen worden war, wegen
»Gefährdung durch liederlichen Lebenswandel«.
Als ich das las, musste ich meinen Kopf auf den Tisch
legen und hemmungslos weinen. Ich hätte eine Mutter
gehabt, ich war gar kein Waisenkind. Woher wollten die
wissen, dass sie mich nicht hätte aufziehen können?
Wo war sie? Ich war 17, also war sie erst 35, wenn sie
noch lebte. Aber wieso sollte sie nicht mehr leben? »lie-
derlicher Lebenswandel« – hiess das nicht einfach, dass
sie ein uneheliches Kind zur Welt gebracht hatte, aber
sonst vollkommen gesund war? Sollte ich wieder umkehren und sie suchen? Bestimmt wusste sie auch, wer mein
Vater war.
Die Verhandlung vor dem Jugendgericht mochte ich
nicht lesen. Als ich im Bericht aus der Erziehungsanstalt las, ich lerne gut und mit Fleiss, war ich einen
Moment freudig überrascht, bis ich las, ich sei aber
bockig und verstockt, Aussichten: ungünstig. Empört
und ratlos schlief ich irgendeinmal ein.*

*Am andern Morgen war mein Entschluss rasch ge-
fasst: Keine Rückkehr in die Schweiz, dieses elende und
hundsgemeine Land, in dem ich keine Chance hatte.
Bevor ich meine Eltern gefunden hätte, hätte man wohl
mich gefunden, und dann käme ich wahrscheinlich in
die Festung Aarburg oder sonst wohin, von wo es kein
Entrinnen mehr gab. Und vielleicht war meine Mutter inzwischen verheiratet und hatte eine Familie und
hätte überhaupt keine Freude, wenn ich plötzlich auftauchte. Am Ende würde sie mich wieder in die Anstalt
schicken. Ab jetzt, sagte ich mir, gab es nur noch mich
selbst, Marcel Wyssbrod, und ich musste mein Leben
ganz und gar allein in die Hand nehmen.
Ich hatte ein solches Pech gehabt in meinem bisherigen
Leben, dass ich ab jetzt Glück haben wollte, das hatte
ich zugut.
Dieser Gedanke war für mich wie eine grosse Befreiung.
Nach dem reichlichen Frühstück, das mir die freund-
liche Wirtin aufstellte, brach ich frohgemut auf, nach
Marseille. Im Flur des Gasthofs hing eine Karte von
Frankreich, und ich hatte mir die nächsten Stationen
gemerkt, Annecy, Chambéry, Grenoble, hatte sie mir
sogar aufgeschrieben, denn im Rucksack fand sich ein
Bleistift und ein kleiner Notizblock.
Weit reichte mein Geld nicht mehr. Das Picknick im
Rucksack, ein Landjäger, ein Stück Käse, zwei Eier und
ein halber Laib Brot, eine halbe Schokolade und zwei*

*Äpfel, war auch bei sparsamem Gebrauch bald aufge-
zehrt. Also versuchte ich es mit Autostop. Ab und zu
nahm mich ein Lieferwagen mit. Ich fragte bei Bauern,
ob ich beim Heuen helfen könne. Ich bekam zu
essen und ein Nachtlager, blieb manchmal zwei oder
drei Tage und verdiente sogar etwas Geld.*

*Gut brauchen konnte ich zwei Sätze aus dem Franzö-
sisch-Lehrbuch, über die wir immer gelacht hatten:
»Je fais un voyage. Je veux voir la France.« Das war für
uns in der Anstalt etwa so weit weg, wie wenn wir
gesagt hätten, wir fliegen auf den Mond.*

*Und noch ein Satz war ganz gut: »J'ai commencé un
apprentissage«. Ich hatte ihn ein bisschen umgeändert
in »J'ai fini un apprentissage«. Das stimmte zwar nicht,
aber es machte die ersten beiden Sätze etwas wahrscheinlicher. Das gab es doch wohl, dass man nach der
Lehre eine kleine Reise machte, bevor man eine Stelle
antrat.*

*Marseille hatte ich in fünf Wochen erreicht, ohne ein
einziges Mal kontrolliert worden zu sein, vielleicht war
einer wie ich zu unwichtig für einen internationalen
Haftbefehl.*

*Im Hafen von Marseille versuchte ich möglichst ziel-
bewusst herumzugehen, als hätte ich etwas ganz Bestimmtes im Sinn. Das hatte ich auch, ich suchte ein
Schiff nach Kanada, auf dem ich anheuern konnte.
Als ich den Pier gefunden hatte, an dem zwei kanadi-*

sche Frachtschiffe angelegt hatten, hielt mich einer von der Hafenaufsicht an und fragte mich, was ich wolle.

Ich nahm allen meinen Mut zusammen, zeigte auf die Schiffe und sagte, man brauche mich dort, »ils ont besoin de moi.«

Ob ich der Heizer sei, fragte mich der Aufseher, »c'est toi, le chauffeur?« Als ich nickte, ohne das Wort genau zu verstehen, wies er mich zum Schiff »St.Lawrence 2«.

Dort war ein Heizer mit einer Blinddarmentzündung ausgefallen, und das Schiff sollte in derselben Nacht auslaufen. Man nahm mich, ohne viel zu fragen. Der erste Heizer wies mich in seine Arbeit ein, die ich rasch begriff. Ich war Kohleträger, Kohleschaufler, Temperaturableser, Blasbalgbursche, »Gangmerlängmerholmer«, wie man in der Schweiz für einen sagte, der alles machen musste, was ihm befohlen wurde. Und ich machte alles, ich arbeitete um mein Leben. Meine Arbeitskollegen nützten mich aus, wo es ging, es war mir egal. Ich musste eine Kajüte irgendwo im Unterdeck mit drei andern teilen, die mich bei jeder Gelegenheit schikanierten. Das erste Ziel des Frachters war Argentinien, wo Ladung gelöscht und neue Ladung für Kanada aufgenommen werden musste. Der erste Sturm, von dem das Schiff geschüttelt wurde, zeigte mir, dass mir die Seekrankheit nichts anhaben konnte. Es war, wie wenn mich die gewonnene Freiheit davor schütze. Als es einen meiner Zimmerkollegen erwischte, der erst zum zweiten Mal auf See war, brachte ich ihm Suppe und Tee ans Bett. Ich half ihm, die durchgeschwitzte Wäsche zu wechseln und putzte das Gekotzte auf. Von da an wurde ich besser behandelt.

Einmal berichtete ein Mechaniker, er sei zum ersten Schiffsoffizier gerufen worden, weil ein Schlüssel zu einem Dokumentenschrank verloren gegangen sei. Es sei ihm verdammt noch mal nicht gelungen, das Schloss zu öffnen, der Lohn wäre eine Flasche Whisky gewesen. Da fragte ich ihn, ob er mich zum Offizier bringen könne, damit ich für sie alle die Flasche hole. »Je suis serrurier«, sagte ich, »ich bin Schlosser.«

Ich durfte mit ihm nach oben in die Offizierskombüse, schaute mir das Schloss an und besorgte mir dann beim Mechaniker in der Werkstatt die Werkzeuge, die ich brauchte. Nach einer halben Stunde hatte ich das Schloss geöffnet, ohne irgendetwas zu beschädigen.

Der Offizier hielt sein Versprechen. Ich brachte die Flasche nach unten. Sie machte nun die Runde. Als sie zu mir kam, musste ich nach dem ersten Schluck furchtbar husten, und die andern lachten wieder einmal über mich. Trotzdem war ihr Respekt vor mir gestiegen.

Es dauerte sechs Wochen, bis wir in Montréal eintrafen. Schon während der Überfahrt war klar geworden, dass man mich gar nicht hätte an Bord nehmen dürfen. Es passierte aber offenbar immer wieder, dass sich die verantwortlichen Mannschaftsoffiziere über die Vorschriften hinwegsetzten, damit sie eine Personallücke schliessen konnten. Der Offizier, dem ich das Schloss geöffnet hatte, hatte an mir Gefallen gefunden und erwirkte beim Immigrationsoffizier des Hafens, mit dem er befreundet war, dass ich einen temporären Aufenthalt bekam, bis der Frachter in fünf Tagen wieder auslaufen sollte. Er gab mir auch den Tip, mich beim Mannschaftsoffizier der St.Lawrence-Schiffahrt zu melden. Für den gab er mir eine Empfehlung mit, zusammen mit dem Tip, mich nicht mehr bei der Hafenimmigration sehen zu lassen. Einen Pass könne ich mir bestimmt beim Schweizer Konsulat besorgen, und bei guter Arbeit und gutem Leumund werde ich mich in ein paar Jahren einbürgern lassen können.

Allerdings mied ich das Schweizer Konsulat ebenso wie die Hafenimmigration. Doch ich bekam tatsächlich eine Stelle als Hilfsmechaniker bei der St.Lawrence-Passagierschiffahrt. Bald hatte ich einen entsprechenden Ausweis samt einem Foto, und lebte, wenn ich nicht unterwegs war, mit andern zusammen in einer Baracke der Schiffahrtsgesellschaft. Wie legal oder wie illegal oder halblegal das war, war mir nicht klar. Von meinem Lohn wurde jedenfalls etwas für die Pensionskasse abgezogen, für die ich ebenfalls einen Ausweis bekam. Überhaupt sammelte ich soviele Ausweise und Arbeitszeugnisse, wie es mir möglich war. Ich machte auch zusätzliche Kurse und Ausbildungen in Schiffahrtstechnik.

Ich schloss immer sehr gut ab. Mit all diesen Dokumenten, die ich zu meinem Geburtsschein legte, gelang es mir Anfang der sechziger Jahre, als Kanada noch ein wirkliches Einwandererland auf der Suche nach guten Arbeitskräften war, kanadischer Staatsbürger zu werden, ohne dass die Schweiz mit ins Spiel kam. Auch meinen Namen konnte ich bei dieser Gelegenheit mit wenig Formalitäten der neuen Heimat anpassen. Ich nannte mich nun Martin Blancpain.

Im Lauf der Jahre stieg ich zum Kapitän auf. Ich unternahm keinen Versuch, mit der Schweiz wieder in Kontakt zu treten. Ich hatte mich ja von dort mit einer Reihe ungesetzlicher Handlungen verabschiedet.

Einmal jedoch war eine Reisegruppe der Kirchgemeinde Uster auf dem St.Lawrence River unterwegs und bat mich, wie das gelegentlich vorkommt, eine Postkarte als Kapitän zu unterschreiben. Da sah ich, dass diese an Elsa Schwegler in Uster gerichtet war. Ohne meine Schweizerdeutschkenntnisse zu verraten, fragte ich scherzhaft, wie es denn Madame Elsa gehe, worauf man mir sagte, sie sei krank geworden, sonst wäre sie auch mit auf die Reise gekommen. Darauf legte ich die Hand an meine Mütze und sagte, »Alors, saluez Madame Schwegler de ma part!«, und das versprach man mir. Nach ein paar Tagen fragte ich bei der internationalen Telefonauskunft nach und rief Tante Elsa an. Sie glaubte zuerst an einen Scherz, aber dann erkannte sie

meine Stimme wieder. Ich erzählte ihr, wie es mir seit
meiner Flucht ergangen war und fragte sie dann, ob
sie die wahre Geschichte des Unglücks am Mythen je
weitererzählt habe. Elsa verneinte und sagte, für ihre
Schwester wäre es furchtbar, wenn sie wüsste, dass einer
ihrer Söhne am Tod ihres Mannes schuld sein könnte.
Ich bat sie, dies auch weiterhin für sich zu behalten.
Auch solle sie bitte niemandem sagen, dass es mich noch
gebe.
Seit da rufe ich sie jedes Jahr einmal an. Sie hat bald
darauf geheiratet, einen Witwer aus Zürich. Sie ist
meine einzige Verbindung zum Land, aus dem ich her-
komme.

Montréal, 14. Juni 1977

Nachtrag 22. Sept. 2012

Heute Nacht um 3h hat mich Tanti angerufen.
Mathilde Meier ist gestorben. Die Beerdigung ist
nächsten Mittwoch in Zürich.
Ich kann nicht mehr einschlafen.
Wenn ich da hingehe, kann ich Tanti noch einmal
sehen.
Konrad und Alfons leben noch.
Ich muss mit ihnen über die Vergangenheit reden.

Isabelle legte das Heft hin und blickte zum Fenster hinaus zu den Hochhäusern, über welche ein Herbststurm dicke Wolken trieb.

Sie würde das Heft für Véronique übersetzen, selber, Satz für Satz. Und dann würde sie das hinzufügen, was sie seither noch erfahren hatte.

Sie hatte Martins Mutter nochmals besucht und sie nach dem Namen des Bauern gefragt, der ihr damals das Kind gemacht hatte.

»Meier«, sagte sie, »Christian Meier in Uster.«

Anna-Maria Berthod-Wyssbrod war inzwischen umgezogen, in ein Einzelzimmer mit Blick auf den See. Ja, sagte sie, das habe sie verlangt. Damit sie sehe, wenn Marcel, der Kapitän, mit seinem Schiff komme, um sie abzuholen.

Das Päckchen

1

Warum er den Hörer abgenommen hatte, konnte er sich
später nicht mehr erklären.

Er stand in der großen Unterführung des Berner Hauptbahnhofs und wollte von einem der wenigen öffentlichen
Telefonapparate, die es noch gab, seine Frau anrufen, um
ihr zu sagen, dass er mit einem späteren Zug komme, hatte
auch schon seine Karte eingesteckt, als der Apparat neben
ihm klingelte. Er schaute sich um, um zu sehen, ob da
jemand war, der sich vielleicht zurückrufen ließ, aber erst
am übernächsten Apparat sprach ein fremdländischer Mann
eindringlich und leise in die Muschel, ohne auch nur den
Kopf zu drehen. Da machte er einen Schritt, hob den Hörer
und sagte: »Hallo?«

»Ernst«, sagte eine weibliche Stimme, »bist du es?«

Er erschrak. Er hieß Ernst.

Er zögerte einen Moment und sagte dann: »Ja. Wer
spricht?«

»Ich«, sagte die Frau am andern Ende.

»Und —«

»Ich brauche deine Hilfe.«

»Aber —«

»Bitte.« Die Stimme klang verängstigt.

»Wie kann ich Ihnen helfen?«

»Ernst, ich bitte dich. Wir sind doch per Du.«

»Natürlich. Und wie kann ich helfen?«

»Komm bitte bei mir vorbei.«

»Ich muss leider —«

»Das hast du gestern schon gesagt. Komm bitte sofort. Ich muss dir etwas geben.«

Hier, sagte er sich später, hier hätte er aufhängen sollen, denn hier hatte er aus irgendeiner Neugier heraus begonnen, sich auf das Spiel einzulassen, indem er fragte:

»Wo wohnst du denn?«

»An der Gerechtigkeitsgasse, das weißt du doch.«

»Sicher«, sagte Ernst, »aber die Nummer?«

Als ihm die Frau die Nummer sagte, fragte er sich, ob er die Stimme kenne. Sie gehörte zweifellos einer alten Frau, war eher tief und ein bisschen brüchig, aber es kam ihm keine Person dazu in den Sinn, mit der er vertraut gewesen wäre. Doch er hörte sich sagen:

»Also gut, ich komme.«

Er hängte auf und merkte im selben Moment, dass er vergessen hatte, die Frau nach ihrem Namen zu fragen. Wieso auch? dachte er dann, wir kennen uns ja, und immerhin habe ich die Hausnummer, drehte sich um und schlug die Richtung zur Altstadt ein. Nach ein paar Schritten kam ihm in den Sinn, dass er seine Taxcard im andern Apparat vergessen hatte, ging noch einmal zurück und sah bereits eine junge Frau in den Hörer sprechen, höchst vergnügt, wie ihm schien, denn sie benutzte wohl seine Karte.

Dann ging er zur nächsten Aufgangstreppe, wandte sich oben nach rechts, ging am Hotel Schweizerhof vorbei und bog dann in die Straße ein, an deren Ende die Gerechtigkeitsgasse lag. Obwohl er eine Zeit lang in Bern gearbeitet hatte, musste er sich immer wieder vergegenwärtigen, wie die Abfolge der Straßennamen auf der großen Hauptverkehrsader war, die zur Aare hinunter führte, Kramgasse, Spitalgasse, Marktgasse, oder Marktgasse, Spitalgasse, Kramgasse, oder Spitalgasse, Marktgasse, Kramgasse, jeder Abschnitt hatte den Luxus eines eigenen Namens, aber der letzte Abschnitt vor der Nydeggbrücke, da gab es keinen Zweifel, war die Gerechtigkeitsgasse, und die war sein Ziel.

Er war immer wieder berührt vom Charme der Lauben, wie man die Arkaden hier nannte. Sie bedeckten die Trottoirs und erlaubten es bei Regen, praktisch von einem Ende einer Straßenzeile bis zum andern zu gehen, ohne nass zu werden. In ihrem Schutz befanden sich auch die Schaufenster der Läden, die sich hier aneinanderreihten und vor denen sich immer wieder kleine Menschengruppen bildeten, welche ein rasches Gehen unmöglich machten. Vielleicht war das mit ein Grund für die Langsamkeit, die man den Bernern zuschrieb. Wer es eilig hatte, trat aus den Lauben auf die Straße, musste sich aber in Acht nehmen, denn es verkehrten Trams, Busse und Fahrräder, und auch hier war man nicht vor Menschen sicher, die überraschend anhielten und sich mit »Tschou!« begrüßten. Ernst kannte keine andere Stadt, in der sich so viele Menschen grüßten und dazu stehen blieben, ein Dorf, dachte er manchmal, ein Dorf, dabei ist es die Hauptstadt der Schweiz, welche im Übrigen auch die ausländischen Touristen mühelos zu schlucken vermochte, die sich etwa vor dem Zytglogge-Turm ansammelten, wenn es auf eine volle Stunde zuging, wo zum Glockenschlag symbolhaltige Figuren auf einer Drehscheibe paradierten und wo die Erklärungen der Fremdenführer im Klicken der Kameras untergingen. Die Vergangenheit, die einem auf Schritt und Tritt begegnete, ließ genügend Gegenwart zu. Kellerräume waren in Boutiquen, Bars und Kleintheater umgewandelt worden, ihre Eingänge gaben immer noch die aufgeklappten Eisentüren aus früheren Zeiten frei. Diese Stadt, so kam es ihm vor, war eindeutig für den Menschen gebaut worden, und er wurde immer von einem angenehm ruhigen Gefühl ergriffen, wenn er sich durch ihre Gassen treiben ließ.

In dieses Gefühl mischte sich nun allerdings eine gewisse Unruhe, denn er war im Begriff, etwas für ihn ganz und gar Ungewohntes zu tun. Sein Leben verlief in geregelten Formen. Besuche, die er machte, waren angekündigt, Besuche, die er erhielt, auch, Menschen, die er nicht kannte, traf er in Sitzungen, auch diese wurden angekündigt, mit Freunden, die er treffen wollte, verabredete er sich – dass er eine Frau, die er nicht kannte und die ihn offensichtlich mit jemand anderem verwechselte, mit der er also nicht das Geringste zu tun hatte, einfach so aufsuchte, passte nicht in sein Alltagsverhalten. Er war Bibliothekar, 48, verheiratet mit Jacqueline, 45, ebenfalls Bibliothekarin, kinderlos, da sie so lange beruflich weiterkommen wollte, bis es für die Mutterrolle zu spät war, Wohnort Winterthur, Arbeitsort Zentralbibliothek Zürich, kurz ZB, seine Frau arbeitete in der Kantonsbibliothek St. Gallen. Heute war er einer Sitzung wegen nach Bern gefahren, in der es um Koordinationsfragen mit der Nationalbibliothek ging. Und auf einmal war er unterwegs zu einer alten Frau namens »Ich«, die Hilfe brauchte, *seine* Hilfe.

Er kam am Robert Walser-Zentrum vorbei, widerstand der Versuchung, schnell die Treppe hoch zu steigen und dem Leiter, den er kannte, Hallo zu sagen, kam am Einsteinhaus vorbei, bei dem ihm unvermutet die Formel »Gleichung mit einer Unbekannten« in den Sinn kam, und noch hätte er Zeit gehabt, umzukehren oder dem Wegweiser »Passanten-Herberge« zu folgen und aus der Gerechtigkeitsgasse, in der er mittlerweile eingetroffen war, in ein Nebengässchen abzubiegen, doch seine Neugier war stärker, und als er die Hausnummer, die ihm die Frau genannt hatte, erreichte, blieb er stehen und wurde sogleich zu einem Hindernis für eine junge Mutter mit einem Zwillingskinderwagen, die fast in ihn hineingefahren wäre. Mit einem »Tschuldigung« machte er einen Schritt zur Tür, drückte die Falle, und zu seiner Überraschung war sie nicht verschlossen. Auch das war Bern für ihn, ein mehrstöckiges Haus mitten in der Stadt, und jeder konnte hinein.

Drinnen empfing ihn ein Geruch, den er nicht einordnen konnte, etwas Abgestandenes, Jahrhundertealtes, in dem sich Käse, Hufeisen und Mehlsäcke mischten. Der Eingangskorridor war ziemlich eng, und er stand nun vor den Briefkästen und las die Namen. Wie könnte sie heißen? Ischi? Della Giacoma? Gattiker? Blanchard? Hatte sie mit Akzent gesprochen? Schaefer? Die erste Tür im Erdgeschoss war mit »R.+M. Gattiker« angeschrieben. Nein, sie muss alleinstehend sein, dachte er und beschloss, die Treppe hochzugehen und jede Tür in Augenschein zu nehmen. Im ersten Stock war eine Tür geöffnet. Er blickte kurz hinein, es war ein kleiner, für eine Veranstaltung bestuhlter Saal zu sehen. An den Wänden hingen lauter Rahmen, die mit Fotos von Verbindungsstudenten angefüllt waren, die ältesten davon in bräunlicher Farbe.

»Suchen Sie jemanden?«

Ein Mann in einem blauen Hauswartskittel stand hinter ihm. Als Ernst nicht gleich antwortete, sagte der Mann:

»Der Vortrag ist erst morgen.«

»Danke.«

Ernst zögerte.

»Ich wollte eigentlich zu einer alten Dame weiter oben.«

»Frau Schaefer? Die wohnt im dritten Stock, ja.«

Ernst nickte, ging zur Treppe, hielt dann inne und fragte den Hauswart, der immer noch dastand:

»Und schafft sie das noch?«

Der Hauswart zuckte mit den Schultern und sagte: »Allzu lang nicht mehr. Aber in ein Heim will sie nicht.«

»Wer will schon in ein Heim?«

»Sie kennen Frau Schaefer?«

»Weitläufig verwandt«, sagte Ernst, »aber lange nicht gesehen.«

Er wunderte sich, wie leicht ihm das Lügen fiel.

»Sie wird Sie hoffentlich erkennen. Sie sieht fast nichts mehr.«

»Hoffentlich erkenne *ich* sie noch. Nach so langer Zeit.«

»Sie wird sich freuen. Hat sonst nicht viel Besuch. Außer zwei-, dreimal vor Kurzem.«

»Also dann, auf Wiedersehen.«

»Auf Wiedersehen.«

Ernst stieg das Treppenhaus hoch. Die hölzernen Stufen knarrten bei jedem Tritt. Im zweiten Stock angekommen, wandte er sich zur nächsten Treppe um und sah, dass ihm der Hauswart immer noch nachschaute.

Da rief von oben eine Stimme:

»Ernst, bist du's?«

Ernst blickte hinauf, sah jedoch niemanden.

»Ja,« rief er, »ich komme!«

Er stieg die ächzenden Stufen hinauf, und als er den oberen Absatz erreichte, sah er die Frau vor einer offenen Tür stehen. Sie war größer, als er gedacht hatte, trug einen langen schwarzen Faltenrock, eine blaue Bluse mit einer grünen Strickjacke, ihre weißen Haare fielen in ungepflegten Strähnen bis zu den Schultern, und ihr Gesicht wurde von einer Hornbrille mit stark gewölbten Gläsern dominiert.

Sie streckte ihren Kopf etwas vor und musterte ihn von oben bis unten.

»Du hast dich verändert«, sagte sie, »auch deine Stimme ist höher geworden«, und lud ihn mit einer Handbewegung ein, hereinzukommen.

»Wir haben uns lange nicht gesehen«, gab Ernst zurück und schielte beim Eintreten auf das Namensschild, in der Hoffnung auf einen Vornamen. »Ph. + A. Schaefer« stand da, aber die Wohnung wirkte nicht so, als ob es noch einen

Ph. gäbe. Im Korridor, in dem eine schwache Deckenlampe ein Dämmerlicht verbreitete, waren vor der einen Wand Stapel von alten Zeitungen so hoch aufgeschichtet, dass sie den unteren Teil eines großen Wandspiegels verdeckten und man sich nur noch bis zum Gürtel sehen konnte.

»Komm in die Küche, das Wohnzimmer kann man nicht betreten.«

Er folgte ihr in die Küche, indem er die Mäntel eines überfüllten Kleiderständers streifte und beinahe über eine Reihe von gefütterten Winterschuhen stolperte, die der Garderobe vorgelagert war. Die Küche war sehr schmal, der Küchenschrank stieß beinahe an den Tisch, die Spüle war voll mit ungewaschenem Geschirr, das sich bis zum Wasserhahn türmte.

»Setz dich«, sagte die Frau und wies auf einen Hocker vor dem Küchentisch, auf dem einige Hefte einer Zeitschrift lagen. Ernst nahm sie in die Hand, das oberste war »Die Alpen«, eine Publikation des Schweizerischen Alpenclubs. Auf dem Tisch war eine halb ausgegessene Salatschüssel, ein Brotbrett mit einem angeschnittenen Grahambrot, eine Tasse mit einem Teebeutel drin, daneben eine Flasche Olivenöl, die in einer fettig glänzenden Pfütze stand, umgeben von weiteren, ungespülten Tellern, und als er keinen freien Platz für die Hefte sah, legte er sie auf den Hocker zurück und setzte sich aufs Zermatter Weisshorn.

Dann beschloss er, das Missverständnis aufzuklären.

»Die Sache ist die —«

»Also, Ernst, das wollte ich dir schon lange geben«, sagte die Frau, öffnete die Schublade des Küchentischs, die etwas klemmte, so dass die Teller klirrten und die Olivenölflasche wackelte, zog einen Gegenstand heraus, der in Packpapier eingewickelt war, und überreichte ihn ihrem Besucher.

»Es ist einfach so, dass –«

»Es ist besser, wenn das bei dir ist.«

»Was ich sagen wollte –«

»Sie haben schon zweimal danach gesucht.«

»Wer sind *sie*?«

»Frag mich nicht nach Namen, ich kann nichts mehr behalten.«

»Aber in welcher Verbindung stehen sie zu Ihnen, ich meine, zu dir oder zu, eehm –«

»Zu Philipp? Einer hat ihn noch gekannt, behauptet er, ein Bergfreund, aber ich war nie in den Bergen und kenne ihn nicht, und der andere ist von irgendeinem Antiquariat, und den kenne ich noch weniger. Ich bin froh, wenn du es mitnimmst und gut aufbewahrst – nein, mach es jetzt nicht auf, sondern geh lieber, bevor sie wieder kommen. Sie sind mir nicht geheuer.«

Ernst zögerte. Er blickte die Frau nochmals an, die einen Ernst so dringend um Hilfe gebeten hatte, und wenn dieser Ernst nicht reagierte, dann war ihr vielleicht wirklich geholfen, wenn er für den andern Ernst einsprang. Sie tat ihm leid, wie sie da in einer überfüllten Küche stand, weil ihr Wohnzimmer offenbar unbetretbar war. Die sinnvollere Hilfe wäre gewesen, wenn man ihr zuerst einmal das Geschirr waschen und versorgen, den Tisch abräumen und putzen würde. Aber darum sollte sich der richtige Ernst kümmern, wenn er dann kam. Doch wahrscheinlich kam er gerade deswegen nicht. Und es war nicht zu übersehen, dass sie sich vor irgendetwas fürchtete, etwas, das mit dem eingewickelten Gegenstand zu tun hatte.

»Wenn du meinst«, sagte er schließlich, stand auf und steckte das Päckchen in seinen Stadtrucksack.

Die Frau war erleichtert.

»Danke«, sagte sie, »vielen Dank.«

Ernst schickte sich zum Gehen an, und als er im Korridor den Garderobeständer streifte, fiel ein großer schwarzer Herrenhut von zuoberst herunter.

»Entschuldigung«, murmelte Ernst und hob ihn auf, da fragte ihn die Frau: »Willst du ihn behalten?«

Ernst lächelte, schaute den Hut in seiner Hand an und setzte ihn dann wie im Scherz auf.

»Nimm ihn mit«, sagte die Frau, »als Andenken an Philipp.«

Ernst drehte sich zum großen Wandspiegel und hatte das Gefühl, ein anderer Mensch blicke ihn an.

»Wann ist er genau gestorben?« fragte er vorsichtig.

»Verschwunden ist er 1980. Für tot erklärt haben wir ihn 5 Jahre danach. Deine Mutter hat ja immer gehofft, er käme noch zurück, aber ich war sicher, dass er tot war.«

»Danke, dann behalt ich ihn gleich auf.«

Ernst war schon wieder überrascht von sich selber. Wie kam er dazu, er, der kein Hutträger war, nicht einmal ein Mützenträger? Mit seinem vollen, braunen, nach hinten gekämmten Haar hatte er nie ein Bedürfnis nach einer Kopfbedeckung verspürt, höchstens in den Bergen.

»Ich bin so froh, dass du gekommen bist«, sagte die Frau

und reichte ihm die Hand zum Abschied, hielt sie einen Moment fest und fragte: »Und wie geht es den Zwillingen?«

»Das erzähl ich dir das nächste Mal«, sagte Ernst, »ich muss jetzt los«, und drückte ihre Hand etwas stärker, bevor er sie losließ und die Treppe hinunterstieg.

Der Hauswart stand im ersten Stock wieder im Treppenhaus, sagte »Adieu!«, indem er die Hand hob und ihm nachschaute, leicht erstaunt, wie es Ernst schien, und als er die Tür zur Gerechtigkeitsgasse öffnete, stieß er fast mit einem Mann zusammen, der das Haus betreten wollte. Auf dem Trottoir drehte er sich nochmals um, um sich die Hausnummer zu merken, und sah, dass der Mann die Tür mit einer Hand immer noch offenhielt und hinter ihm her blickte.

Er stieg in den nächsten Bus zum Bahnhof, wo ihm gerade noch genügend Zeit blieb, um sich in der Unterführung die Telefonnummer des Apparats aufzuschreiben, an dem er den Anruf entgegengenommen hatte, bevor er sich aufatmend in den vordersten Erstklasswagen des Zugs nach Zürich setzte.

2

»Wäre es nicht langsam Zeit für ein Handy?«

Jacqueline war von ihrer Chorprobe zurück und stand im Türrahmen von Ernsts Arbeitszimmer. »Ich habe bis zuletzt mit dem Nachtessen auf dich gewartet.«

»Es tut mir leid, die Sitzung dauerte länger, die Telefonkabine am Helvetiaplatz gibt's offenbar nicht mehr, und am Bahnhof war ich zu knapp dran.«

»Das meine ich ja«, sagte sie, »genau für solche Fälle.«

»Natürlich hast du recht – dann trage ich eben auch zum Sterben der öffentlichen Telefonsäulen bei.«

»Hast du dir dein Nachtessen gewärmt?«

»Mit Genuss, mein Liebes, mit Genuss, vielen Dank. Wie war die Probe?«

»Etwas mühsam – die Tenöre können einfach nicht singen. ›Quis est homo‹ mussten wir sicher siebenmal repetieren, weil sie den Ton nie trafen. Du wärst ein guter Tenor … Und die Sitzung?«

»Ebenfalls etwas mühsam – die Kollegen treffen den Ton auch nicht immer.«

Jacqueline wünschte Ernst eine gute Nacht und zog sich in ihr Zimmer zurück, während er an seinem Schreibtisch sitzen blieb.

Er wunderte sich. Soeben hatte er wieder mit großer Leichtigkeit gelogen, diesmal aber gegenüber seiner eigenen Frau.

Als er nach Hause gekommen war, hatte er sich lange überlegt, ob er den schwarzen Hut einfach an die Garderobe hängen sollte. Der Wandspiegel, vor den er sich stellte, zeigte einen Mann, den er nicht kannte, der ihm aber auf eine seltsame Art gefiel. Eine gewisse Kühnheit ging von ihm aus, etwas Tatkräftiges auch und Zielbewusstes. Schließlich hatte er den Hut in das Regal seines Kleiderschranks gelegt, in dem er seine Ausrüstung für Bergtouren aufbewahrte.

Dann hatte er mit mäßigem Appetit in der Küche gegessen, war danach in sein Arbeitszimmer gegangen, hatte das Päckchen aus dem Rucksack gezogen und war, als er es in den Händen hielt, von einer unerklärlichen Angst ergriffen worden. Auch das war ihm fremd. Manchmal, in den Bergen, wenn er allein unterwegs war, gab es einen kleinen Moment des Zweifels, ob er diesen steil abfallenden Grat bis zum Gipfel wirklich begehen sollte, ein Kräuseln im Magen, eine kurze Sturzphantasie – aber mit dem Entschluss zu gehen, war die Furcht jeweils verflogen. Er wusste auch, je länger man wartete, desto stärker wurde der Zweifel, desto nachhaltiger meldete sich der Magen, als säße der Schwindel nicht im Kopf, sondern im Bauch. Als der Entschluss, das Päckchen zu öffnen, einfach nicht kommen wollte, hatte er die Schublade seines Schreibtischs geöffnet und es hineingelegt. Dann hatte er seinen Computer angeworfen und begonnen, einen Bericht über die heutige Sitzung zu schreiben.

Oder hatte er einfach vermeiden wollen, dass ihn Jacqueline beim Auspacken überraschte? Zwar hatte er nicht bewusst beschlossen, seiner Frau den Abstecher zur Gerechtigkeitsgasse zu verschweigen, aber gehandelt hatte er, als hätte er es beschlossen. Vielleicht hatte es ein anderer an seiner Stelle beschlossen, der mit dem schwarzen Hut, den er im Spiegel gesehen hatte? Sie waren bei ihrer Heirat nicht mehr ganz jung gewesen, hatten beide einige Liebschaften und Trennungen hinter sich, belanglose und schmerzhafte, und waren damals übereingekommen, keine Geheimnisse voreinander zu haben. Und nun war etwas geschehen, das so sehr ein Geheimnis sein wollte, dass es ihm bereits eine Lüge entlockt hatte, eine läppische Lüge, der ersten, die einem bei einem Seitensprung in den Sinn gekommen wäre. Oder zwei sogar, denn ob es die Telefonsäule beim Helvetiaplatz nicht mehr gab, wusste er gar nicht, er war nicht einmal sicher, ob es je eine gegeben hatte. Aber eigentlich gab es keinen Grund, dieses Erlebnis für sich zu behalten.

Lächerlich, sagte er sich dann, morgen werde ich ihr alles erzählen. Er ging auf die Toilette, sah, dass die Lampe im Badezimmer gelöscht war, horchte kurz an der Zimmertür seiner Frau, versicherte sich, dass kein Lichtstreifen zwischen Schwelle und Tür hervordrang, ging dann in sein Zimmer zurück und machte die Schreibtischschublade auf. Er zog das Päckchen hervor und legte es vor sich auf den Tisch. Es war in braunes Papier eingewickelt und mit einer

Hanfschnur zugebunden, mit einem jener eng angezogenen Knöpfe, die ihm seine Frau schon so oft beizubringen versucht hatte, wenn er sich mit dem Bündeln alter Zeitungen abmühte. Ohne Erfolg, bei ihm hatte zwischen dem Knopf und der obersten Zeitung immer noch eine geballte Faust Platz, und die Zeitungen drohten während des Hinuntertragens herauszurutschen. Eine Schere war wie üblich bei seinen Schreibutensilien nicht zu finden, also zog er sein Taschenmesser hervor, das er stets bei sich trug, und schnitt die Schnur durch.

Das Papier war mit einem Klebestreifen verschlossen, der einmal durchsichtig gewesen war und mit der Zeit eine braungelbe Färbung angenommen hatte. Vorsichtig fuhr er mit der Messerklinge darunter und schnitt das Klebeband mit feinen Bewegungen auf. Darunter kam eine weitere Verpackung zum Vorschein. Ein Blatt aus einer Liedersammlung umschloss einen Gegenstand, der etwa das Format einer kleinen Pralinenschachtel hatte. Auch dieses Blatt wurde durch einen Klebestreifen zusammengehalten. Ernst hielt einen Moment inne und tastete das Paket ab. Am ehesten ein Buch, dachte er, wenn ihm auch der vermutete Umschlag etwas weich zu sein schien. Nach einem letzten Zögern, bei dem in ihm nochmals die Angst der alten Frau aufstieg, der Inhalt könnte in falsche Hände gelangen, setzte er sein Taschenmesser an und schnitt den Klebestreifen auf.

Zum Vorschein kam tatsächlich ein Buch, ein Buch, bei dessen Anblick Ernst eine Gänsehaut bekam. Der dunkelbraune lederne Einband, von dem die Ecken leicht geknickt waren, der Rücken, durch den ein feiner Riss von oben bis zur Mitte verlief, der Geruch, der von ihm ausging, als werde ein längst vergessenes Kellergewölbe geöffnet, machten ihm sofort klar, dass vor ihm nicht einfach ein altes Buch lag, sondern ein Bote aus einer anderen Zeit. Weder auf dem Umschlag noch auf dem Buchrücken stand ein Titel geschrieben, auch das ein Zeichen für die Anfänge der Buchkultur. Behutsam schlug er die erste Seite auf. Das Vorsatzblatt war leer, es war, wie das ganze Werk, aus Pergament. Eine Handschrift also. Als er das Blatt umdrehte, musste er einen Moment den Atem anhalten. Eine große A-Majuskel eröffnete die Seite mit dem Wort »Abrogans«, und in einer zweiten Spalte stand »dheomodi«. Unter dem ersten Wort stand »humilis«, daneben in der zweiten Spalte »samftmoati«.

Ernst wusste sofort, worum es sich handelte. Der »Abrogans« war ein lateinisch-althochdeutsches Wörterbuch und galt als das älteste Buch deutscher Sprache. Das Werk war eine der größten Kostbarkeiten der Stiftsbibliothek St. Gallen, und er glaubte sich zu erinnern, dass es noch eine oder zwei Abschriften davon gab, die sich ebenfalls in der Obhut von Bibliotheken befanden. Bevor er darin zu blättern begann, überlegte er sich, ob es irgendwo in der Wohnung feine Stoffhandschuhe gab, um die Seiten vor dem Fett der Finger zu schützen. Seine Wollhandschuhe für die Berge waren zu dick, und so ging er in die Küche und suchte im Putzschrank nach Wegwerfhandschuhen. Über dem Staubsauger hingen welche, die man aus einem Klemmkarton ziehen konnte. Er zupfte sich zwei Stück heraus und streifte sie sich über.

Als er das Licht in der Küche löschen wollte, stand Jacqueline vor ihm und blickte verwundert auf seine Hände. »Was machst du denn?«

»Ich habe einen Flecken gemacht«, sagte Ernst, »mit dem Filzstift, und ich will keine Tinte an den Händen.«

»Einen Putzlappen hast du?« fragte Jacqueline.

»Keine Sorge, Liebes, ich habe alles. Geh ruhig schlafen.«

»Dann ist ja gut.« Jacqueline gähnte. »Gute Nacht, mach nicht zu lang.«

Sie ging zur Toilette, Ernst ging in sein Zimmer, schloss die Tür und setzte sich vor seinen Fund.

Schon wieder hatte er ohne zu zögern gelogen. Morgen, sagte er sich, morgen wird alles erklärt. Aber jetzt war er begierig darauf, sich das Buch genauer anzuschauen. Langsam schlug er eine Seite nach der andern um. In brauner Tinte waren da die Wörter geschrieben, manchmal war ein a, ein d oder ein o mit roter Farbe ausgefüllt, oder Anfangsbuchstaben waren mit roten Tupfen umringt. Einzelne Wörter oder Wortpaare erkannte er sofort, »auxilium – helfa« etwa, oder »domus – hus«, »obscurum – tunchal«, »cumolus – huffo«, »in caelum – in himile«.

Manchmal hatte eine Seite ein Loch oder war angerissen, die Ecken waren gelegentlich abgerundet, einige sahen wie von Mäusen angefressen aus, immerhin war ja Pergament aus Tierhaut gefertigt. Auf dem Pergament selbst gab es auch fleckige Stellen, die oft so stark waren, dass die Schrift kaum mehr zu lesen war. Als er auf einer der letzten Seiten auf den Anfang des althochdeutschen »Vaterunser« stieß, »Fater unseer thu pist in himile«, hatte er auf einmal einen

Tränenschleier vor den Augen. Er wischte ihn mit den Fingerkuppen ab und erschrak, als er den Kunststoff der Einweghandschuhe an den Lidern spürte.

Er war erstaunt über seine Rührung; nicht nur war er schon vor längerer Zeit aus der Kirche ausgetreten, er konnte sich auch nicht erinnern, wann er das letzte Mal geweint hatte, aber es war ihm, als höre er Mönche in einer romanischen Klosterkapelle das älteste christliche Gebet murmeln. In seiner Tätigkeit hatte er nicht mit alten Handschriften zu tun, doch er war fast sicher, dass dieses Buch, das vor ihm lag, echt war. Gab es überhaupt Fälschungen alter Handschriften? Das Alter eines Pergaments ließ sich heutzutage recht gut feststellen, ein Fälscher müsste sich also zunächst altes Pergament beschaffen, altes Leder für den Einband, müsste die Blätter bearbeiten, dass sie fleckig wurden, müsste, ganz abgesehen von der Wahl alter Tinten und alter Farben, alle Beschädigungen, welche die Jahrhunderte besorgt hatten, künstlich herstellen, nachstellen sozusagen, was ihm ein Ding der Unmöglichkeit schien.

Bloß, wenn dieses Buch echt war, woher kam es? Wo hatte es die letzten tausend Jahre verbracht? Ein Blick ins Internet bestätigte, was er vermutet hatte: Es gab von diesem Glossar aus dem 8. Jahrhundert außer dem Exemplar in St. Gallen noch zwei weitere Abschriften, die eine lag in der Nationalbibliothek in Paris, die andere in der Landesbibliothek Karlsruhe. Das Original, das wahrscheinlich irgendwo in Bayern verfasst wurde, sei nicht mehr erhalten. Wie, wenn es sich hier um das Original handelte? Oder einfach um eine weitere Abschrift aus dem 8. oder 9. Jahrhundert? So oder so wäre es »von unschätzbarem Wert«, schoss es ihm durch den Kopf, und dann fragte er sich auf einmal, ob dieser Wert nicht auch schätzbar war.

Wusste da jemand von diesem Buch und war hinter dem Geld her, das es abzuwerfen versprach? Wie kam es in den Besitz der alten, halbblinden Frau an der Berner Gerechtigkeitsgasse? Wer waren der Bergfreund und der Antiquar, die offenbar schon zweimal danach gefragt hatten? Und wieso interessierte sich der wahre Ernst nicht dafür?

Morgen, sagte er sich, werde ich jemanden von der Handschriftenabteilung fragen, was man von den Abrogans-Exemplaren weiß. Und dann sollte ich so bald wie möglich nochmals nach Bern. Und Jacqueline werde ich alles erzählen.

Er wickelte das Buch wieder in die Papiere ein, in denen er es bekommen hatte, legte es in seine Schublade, machte mit einem Filzstift ein paar Flecken auf die Handschuhe, die fast an seinen Fingern kleben blieben, als er sie auszog, ging dann leise ins Badezimmer und ebenso leise in sein Zimmer zurück und legte sich in sein Bett, ohne dass er einschlafen konnte.

3

»Und, hast du den Flecken weggebracht?« fragte Jacqueline, als sie am nächsten Morgen beim Frühstück saßen.

»Mhm – Ein Filzstift hat getropft. Auf das Etui. Ging aber gut weg, mit meinem Reinigungsfläschchen.«

Krachend biss Ernst in ein Knäckebrot. Seit er beschlossen hatte, ein paar Kilo abzunehmen, aß er am Morgen nur noch Knäckebrot. Jacqueline machte mit, obwohl sie nicht abzunehmen brauchte, und wenn sie nicht miteinander sprachen, war nur das Knirschen der Dinkel-, Sesam- oder Roggenknäckebrote zu hören, die sie mit ihren Kiefern zermahlten.

»Schönen Tag dann, bis am Abend!«

Jacqueline trank ihren Kaffee im Stehen aus und verabschiedete sich.

»Ja, dir auch.«

Ernst blieb noch etwas sitzen; er ärgerte sich, dass ihn die gestrige Ausrede mit dem Tintenfleck soeben wieder zum Flunkern gezwungen hatte. Offenbar war er da in eine Gesetzmäßigkeit geraten, die ihm bisher nicht bewusst gewesen war, nämlich dass jede Lüge zwangsläufig eine nächste Lüge nach sich zieht. Die Zeit war einfach zu knapp, versuchte er sich zu beruhigen, um die Geschichte zu erzählen. Er nahm sich vor, seiner Frau am Abend alles zu berichten.

Am Mittag sah er in der Cafeteria den Kollegen Schlecker von der Handschriftenabteilung. Er setzte sich mit seinem Tablett zu ihm, was diesen etwas erstaunte, da sie nie viel miteinander zu tun gehabt hatten. Schlecker, ein schlaksiger Mann mit einer randlosen Brille und einem etwas traurigen Blick, saß allein vor einem Teller mit zwei Würstchen und Kartoffelsalat und trank dazu einen Weißwein. Während Ernst seine Tagessuppe zu löffeln begann, fragte er ihn so beiläufig wie möglich, ob er etwas über den Abrogans wisse. Schlecker lächelte. Wie er denn darauf komme? Ein Neffe von ihm habe ihn danach gefragt, der wolle eine Maturarbeit über die ältesten deutschen Bücher machen. Das Exemplar, das in St. Gallen aufbewahrt werde, sei ja offenbar eine Abschrift, und es habe ihn interessiert, ob noch nach dem Original gesucht werde. Oh, das könne er nicht sagen, antwortete Schlecker, das mit der Abschrift stimme, jedenfalls nehme man das an, aber seines Wissens, und sein Lächeln ging in ein Lachen über, seien keine Suchtrupps an der Arbeit, um nach dem Original zu fahnden. Wenn sein Neffe wirklich Bescheid wissen wolle, solle er doch den emeritierten Professor Sonderegger fragen, der habe den Abrogans herausgegeben und ausführlich kommentiert, und es kenne sich wohl niemand besser aus als der, er müsse allerdings auch schon um die neunzig sein und lebe irgendwo in der Ostschweiz.

Ihn erstaune es ja immer wieder, fuhr Ernst fort, wie man das Alter von alten Pergamenten bestimmen könne. Ob er selber da Erfahrung habe?

Wenig, antwortete Schlecker, da sie kaum mehr Zugänge von uralten Manuskripten hätten. Aber in erster Linie vergleiche man die Schriftzeichen mit andern bekannten Dokumenten, jede Zeit habe ja ihre kalligraphischen Eigenheiten, dann komme das Vokabular dazu, welche Wörter tauchen auf, seit wann waren sie in Gebrauch? Das setze natürlich Sprachkenntnisse voraus, etwa des Mittellateins oder des Althochdeutschen, und wer sich da auskenne, könne ein Dokument schon überraschend gut zeitlich eingrenzen. Dann gebe es die Karbonbestimmungsmethoden der Chemie und vor allem die Analyse der Pigmente, da gebe es zwei, drei Cracks in Europa, die behaupten, das Alter eines Dokuments bis auf 10 Jahre genau datieren zu können, einer sei letzthin mal dagewesen und habe einen Vortrag gehalten, ein Tscheche, aber sonst solle sein Maturand die Kollegen fragen, welche die frühmittelalterlichen Bestände digitalisieren, die wüssten genauer Bescheid.

Ernst bedankte sich für die Auskunft, im Namen seines Neffen, wie er mit einer leichten Verbeugung hinzufügte, und lud Schlecker zu einem Espresso ein.

Als er wieder an seinem Arbeitsplatz saß, stützte er die Ellbogen auf den Tisch, faltete die Hände vor seiner Nase und schloss die Augen.

Er hatte keinen Neffen, aber er hatte einen erfunden, ohne vorher darüber nachzudenken. Sollte das Buch, das ihm die alte Frau gegeben hatte, eine weitere frühmittelalterliche Abschrift des Abrogans sein, wäre es schon bemerkenswert genug, wäre es aber das Original, käme es für die germanistische Forschung einer Sensation gleich.

Aber wie konnte es den Weg durch die Jahrhunderte in eine Küchenschublade an der Gerechtigkeitsgasse in Bern gefunden haben? Und wer waren die andern, die noch davon wussten?

Er fragte seinen Computer nach der Telefonnummer von Frau Schaefer in Bern, fand sie unter der Adresse, die er kannte, hob den Hörer ab und begann die Nummer zu tippen. Nach der Vorwahl legte er den Hörer wieder auf. Zwar war der zweite Platz in seinem Büro zur Zeit leer, weil die Kollegin im Mutterschaftsurlaub war, aber die Tür zum Korridor stand wie meistens offen. Als er aufstand, um sie zu schließen, kam ihm in den Sinn, dass es vielleicht besser wäre, nicht von seiner Geschäftsnummer aus anzurufen, und er setzte sich wieder.

Als er kurz nach fünf die Tür zur Telefonkabine vor der Zentralbibliothek öffnete und unter jener Klangdusche stand, mit der man beim Betreten der Kabinen berieselt wurde, fiel ihm ein, dass es vielleicht besser wäre, auch nicht von einer Kabine aus anzurufen, die sich in direkter Nähe zu seinem Arbeitsort befand, und er ging durch die Predigergasse zum Neumarkt hinüber.

Nicht nur die Berner Lauben, auch die Gassen der Zürcher Altstadt gefielen ihm, manche kamen ihm wie Stadtwanderwege vor, für Menschen früherer Zeiten angelegt, so eng, dass ein Auto nur zentimetergenau Platz hatte und ein Kreuzen mit Entgegenkommenden schon fast eine persönliche Begegnung war, bei der man sich grüßte, auch wenn man sich gar nicht kannte. Ein Hauch urbanen Handwerks wehte durch die Predigergasse, hier gab es noch Velogeschäfte, Möbelschreiner und Goldschmiede, wie lange, war allerdings bei der epidemischen Renovations- und Mietzinssteigerungswelle ungewiss, an der Ecke vorn drohten schon die ersten Boutiquen.

Beim Verlassen der Predigergasse warf er einen Blick auf das Geburtshaus von Gottfried Keller, das sich in einer Ecke neben einer Whiskyhandlung versteckte. Manchmal schien es ihm unwahrscheinlich, dass es ein Haus wie dieses noch gab, und er fragte sich, wer wohl heute das Zimmer bewohnte, in dem der Säugling Gottfried vor 200 Jahren seine ersten Schreie ausgestoßen hatte. Ob dort Posters von Rock- und Popstars hingen? Von den heutigen, die er nicht mehr kannte?

Die Kabine bei der Haltestelle Neumarkt schien ihm geeigneter für seinen Anruf, obwohl der unablässige Verkehrslärm beträchtlich war. Auch hier wieder der Cluster, mit dem man beim Öffnen der Tür begrüßt oder eher beleidigt wurde, doch auf den kleinen Ärger darüber folgte gleich ein zweiter, größerer, denn Ernst merkte beim Griff in die Brieftasche, dass er keine Taxcard mehr hatte, die gehörte inzwischen einer jungen Frau in Bern.

Oder sollte er von zu Hause aus anrufen? Er wollte ja heute die Geschichte Jacqueline erzählen. Bloß, sollten die andern, wer immer sie waren, sich auf die Suche nach ihm machen, wäre es vorsichtiger, eine öffentliche Sprechstelle zu benutzen.

Er ging unter den Kastanien- und Ahornbäumen durch, die das Obergericht säumten und schützten, am Brunnen vorbei, über dem sich ein steinernes Pferd überlebensgroß aufbäumte, vorüber am Gebäude, in dem der Säugling aus dem Haus am Neumarkt, bärtig und grantig geworden, als Staatsschreiber des Kantons gearbeitet hatte, die Kirchgasse hinunter, ohne bei den Antiquariaten stehen zu bleiben, am Grossmünster vorbei zum Limmatquai hinab, von dort zum Bellevue, dann noch etwas weiter als zum »Vorderen Sternen«, wo es nach Bratwürsten roch, und betrat schließlich den neuen Swisscom-Shop, in dem er sich, nach längerer Wartezeit, eine Taxcard für 20 Franken kaufte. War da früher nicht ein Kleidergeschäft gewesen? Es lohnte sich nicht, darüber nachzudenken, und doch irritierte es ihn, wie rasch man etwas vergessen konnte, was einem jahrelang vertraut gewesen war.

Im Untergeschoss des S-Bahnhofs Stadelhofen stellte er sich vor eine der letzten zwei Telefonsäulen, steckte die Karte in den Schlitz, zog den Zettel mit der Nummer hervor und wählte sie.

»Ja, wer ist da?«

»Ich bin's, Ernst.«

»Oh, bist du gut nach Hause gekommen gestern?«

»Ja, sehr gut.«

»Ich bin so froh, dass du da warst. Gestern kam wieder einer.«

»Und wonach hat er gefragt?«

»Nach dem Buch.«

»Nach welchem?«

»Nach dem, das ich dir gegeben habe.«

»Wie hat er es denn genannt?«

»Das alte Buch.«

»Und woher hatte es Philipp?«

»Es war in seiner Familie.«

»Hast du es einmal angeschaut?«

»Nein, er sagte mir, ich soll es nicht anrühren. Und ich soll's niemandem geben.«

»Und wieso hast du es im Küchentisch aufbewahrt?«

»Das war seine Idee. Dort wird es niemand suchen, hat er gesagt. Und gelacht wie ein kleiner Bub.«

»Jetzt hast du es trotzdem jemandem gegeben. Was soll ich damit machen?«

»Behalt's einfach mal. Aber du gib's niemandem. Und erzähl's niemandem.«

»Mach ich, gut.«

»Und pass auf, dass es die Zwillinge nicht erwischen!«

Die Frau ließ ein krächzendes Lachen hören.

»Keine Angst, dafür sorg ich schon.«

»Geht es ihnen gut?«

»Ja, wir sind zufrieden. Also, gleich fährt mein Zug, ich –«

»Was für ein Zug denn? Verreist du?«

»Nein, nein, ich war nur kurz unterwegs heute – also, ich meld mich wieder, tschüs, Tante!«

»Ade, Ernst.«

Ernst hängte auf, zog seine Telefonkarte aus dem Automaten, ging die Treppe hoch und setzte sich ein paar Minuten später in die nächste S-Bahn nach Winterthur.

Er blätterte in einem »Blick am Abend«, der Gratiszeitung, die gelesen auf dem Tischchen bei seinem Sitz lag, ließ sich von der neuen Freundin von Prinz Harry anlächeln, nahm einen abgestürzten Armeehelikopter und einen geständigen Privatbankier zur Kenntnis, ohne dass es ihn interessierte.

Was war nur mit ihm passiert? Der gestrige Tag hatte ganz normal begonnen, mit einer Sitzung in Bern, und heute, das ließ sich nicht bestreiten, heute war er so tief in eine Geschichte verstrickt, dass er bereits handelte, als gelte es, Spuren zu verwischen. Er hatte einem Kollegen gegenüber einen Neffen erfunden und spielte einer unbekannten Frau gegenüber selbst die Rolle eines Neffen. Wenigstens legte er sich das so zurecht. Die Mutter, von der die alte Frau gesprochen hatte, war wohl am ehesten die Schwester von Philipp Schaefer, eines Mannes, der 1980 verschwunden und 5 Jahre später als tot erklärt wurde. Oder die Schwester von Frau Schaefer. Am besten wäre, er würde den richtigen Neffen ausfindig machen und ihm das Buch übergeben. Aber wie? Oder würde er damit schlafende Hunde wecken? Der richtige Ernst war ja offensichtlich nicht erpicht auf einen Besuch bei seiner Tante, wusste also wahrscheinlich nicht, worum es ging. Erzähl's niemandem, hatte ihn die alte Frau am Telefon gewarnt. Sollte er diese Warnung ernst nehmen und auch seiner Frau nichts erzählen?

Fast hätte er vergessen, in Winterthur auszusteigen.

4

Ernst Stricker saß im Zug nach Bern und blickte zum Fenster hinaus auf die Juraberge, die an ihm vorbeigezogen wurden. Er war, so schien ihm, der einzige Untätige im Wagen, alle anderen starrten in ihre aufgeklappten Laptops, tippten etwas in ihre Smartphones oder telefonierten mit Stöpseln in den Ohren in ihre Freisprechmikrofone, um mit ihren Mitarbeitern Offerten zu besprechen, Angebote zu prüfen und weitere Schritte vorzubereiten, halblaut, aber gerade deswegen hörbar. »Das können wir so nicht stehen lassen«, hörte er einen sagen oder »– ein neues Kundensegment« einen andern. Schon Zeitungen wurden kaum mehr gelesen, geschweige denn Bücher, wahrscheinlich lasen die meisten die Nachrichten über ihre Apps, auf diesen winzigen Bildschirmen, welche die Augen ruinierten. Er hatte mehr und mehr das Gefühl, in einem fahrenden Großraumbüro zu sitzen, und sein Widerwille gegen ein Handy hing damit zusammen. Es genügte ihm, dass er in der Zentralbibliothek einen Pager tragen musste, er wollte der Verführung der ständigen Erreichbarkeit nicht erliegen. Noch nicht, denn erst kürzlich hatte ihm seine Vorgesetzte gesagt, hätte er ein Mobiltelefon, hätte man ihn über die kurzfristig anberaumte Sitzung noch informieren können. Das Bedauern in ihrer Stimme, das war Ernst klar gewesen, war nichts anderes als ein getarnter Imperativ.

Er war heute Morgen etwas früher an seinem Arbeitsplatz erschienen und hatte einen Zettel auf den Schreibtisch gelegt, auf dem stand »Bin im Verlauf des Nachmittags wieder da. E.St.« In den Computer hatte er bei den Mitarbeiterdienstplänen eingetippt »abwesend bis 16h«. Da er auch für die Koordination des Katalogisierungswesens mit anderen Bibliotheken zuständig war, war es nicht ungewöhnlich, dass er zu Sitzungen außerhalb des Büros unterwegs war.

Am Horizont war nun der Weissenstein zu sehen, das Wetter war so klar, dass sogar das Kurhaus neben der Bergstation der Gondelbahn zu erkennen war. Ernsts erste, langjährige Freundin hatte in Solothurn gewohnt, wo er aufgewachsen war, und mit ihr war er oft auf dem Weissenstein gewesen, sie waren auch zusammen gewandert, zur Hasenmatt oder zum Grenchenberg hinüber. Jacqueline war leider das Gegenteil einer Wanderfreundin, sie ging gerne schwimmen, was ihm seinerseits nicht lag, er schwamm im Sommer gern in einem Fluss oder einem See, aber bei den Hallenbädern war ihm schon der Geruch zuwider. Jacqueline hingegen zog oft 10 oder 20 Crawl-Längen im Hallenbad, hängte dann ihren Badeanzug zum Trocknen im Badezimmer auf, wodurch der Raum für mehrere Stunden nach Chlor roch. Aber das Schwimmen hielt sie fit und schlank, und Ernst bewunderte sie dafür.

Er hatte sich gestern entschlossen, sie noch nicht einzuweihen, sondern stattdessen heute nochmals nach Bern zu fahren, um sich Klarheit darüber zu verschaffen, was es mit dem Buch für eine Bewandtnis hatte.

Als er aus dem Zug stieg, setzte er sich den schwarzen Hut auf, der ihm ein eigenartiges Gefühl von Unternehmungslust gab, und machte sich auf den Weg zur Gerechtigkeitsgasse.

Dort erwartete ihn eine Überraschung. Die Tür zur Straße war verschlossen. Neben der Tür war zwar eine Metalltafel mit allen Klingelknöpfen und den zugehörigen Namen, die er das letzte Mal übersehen hatte, aber einen Lautsprecher für eine Gegensprechanlage gab es offenbar nicht. Ob es in den Wohnungen elektrische Türöffner gab? Wenn nicht, würde die Frau wirklich drei Stockwerke hinuntertappen, um jemandem zu öffnen, von dem sie gar nicht wusste, wer es war? Wie verschaffte sich der Briefträger Zugang zu den Briefkästen?

Sein Blick fiel auf ein kleines Metalltürchen etwas unterhalb der Tafel mit den Namen. Es bedurfte eines Vierkantschlüssels, um es zu öffnen. Ernst zog sein Taschenmesser hervor, klappte den kleinen Schraubenzieher auf, klemmte diesen zwischen den Vierkantstab und den Rand und konnte dem Stab eine Vierteldrehung abgewinnen. Das Türchen sprang auf, er drückte den Knopf, der dahinter verborgen war, es summte, und er stieß die Haustür mit dem Fuß auf. Dann stieg er die Treppen hoch.

Er klingelte an der Wohnungstür, und als er die Frau durch den Gang schlurfen hörte, rief er »Ich bin's!«

Frau Schaefer drehte den Schlüssel, öffnete vorsichtig die Tür und stieß einen leisen Schrei aus.

»Tante«, sagte Ernst, »was ist?«

Die alte Frau griff sich an die Stirne und schüttelte den Kopf.

»Einen Moment habe ich geglaubt, Philipp stünde vor der Tür.«

Ernst zog den Hut ab. »Wegen des Huts? Du hast ihn mir geschenkt. Ich bin's, Ernst.«

»Schon gut, komm herein.«

Sie verschloss die Tür.

»Du hast mir nicht gesagt, dass du kommst.«

»Ich hatte grad in der Nähe zu tun, da dachte ich, ich komme kurz vorbei.«

»Und was willst du? Ist es wegen des –«

»Nein, gar nicht, ich dachte, ich helfe dir ein bisschen aufräumen.«

»Das ist doch nicht nötig, Ernst, ich komme gut zurecht.«

»Lass mich einfach mal das viele Geschirr abwaschen, dann gibt's ein bisschen Platz.«

»Aber Ernst –«

»Doch, doch, nur eine Viertelstunde, das hilft schon.«

Er zog sich seine Jacke aus, hängte sie über die Mäntel des Kleiderständers und legte den schwarzen Hut darauf.

Dann betrat er die Küche, band sich eine Schürze um, die über einen Stuhl geworfen war, und machte sich daran, das Schmutzgebirge abzutragen. Die Pfannen, welche umgekehrt auf dem Abtropfbrett standen, stellte er zuerst auf den Boden und begann, die verkrusteten Teller, die sich auf einer Schüssel in der Spüle türmten, mit einem Waschmittel zu beträufeln, das er hinter dem Wasserhahn hervorholte, und mit einem Putzschwamm abzuschrubben. Das Mittel war für Handwäsche bestimmt, aber er sah kein anderes, fettlösend war es wohl allemal, und Fragen zum Haushalt wollte er keine stellen.

Seine Fragen waren anderer Art.

Die Frau hatte sich auf den Küchenhocker gesetzt, auf dem immer noch »Die Alpen« lagen, und wiederholte nochmals, wie das doch gar nicht nötig sei, aber dass es sehr lieb sei von Ernst, ihr ein bisschen zur Hand zu gehen, es falle ihr jeden Tag etwas schwerer, den Haushalt in Schwung zu halten.

Ernst lächelte. Von Schwung konnte tatsächlich keine Rede sein, und während er einen Teller mit eingetrockneten Nudelresten zum dritten Mal unter das heiße Wasser hielt, fragte er Frau Schaefer, der er den Rücken zudrehte, ob sie ihm nochmals genau sagen könne, wie Philipp seinerzeit verschwunden sei, er selbst sei ja noch ein Bub gewesen damals, und seine Eltern hätten mit ihnen kaum darüber gesprochen.

Die Frau seufzte. In die Berge sei er gegangen, auf eine Skitour am letzten Wochenende im Mai, und sei am Sonntagabend nicht zurückgekehrt.

Und was denn das Ziel der Tour gewesen sei? Ernst scheuerte an einem Teller mit Tomatensaucespuren.

Das sei es ja, er habe nie gesagt, wohin er wolle, gerade wenn er allein gegangen sei, und irgendeinmal habe sie es aufgegeben, ihn zu fragen.

Ernst nickte, das konnte er sich gut vorstellen.

»Hatte er denn ein Lieblingsgebiet?«

»Das Berner Oberland. Er fuhr gern aufs Jungfraujoch.«

Am nächsten Teller klebten hartnäckige Polentareste.

»Und hat man nach ihm gesucht?«

Ja, man sei mit Helikoptern über das ganze Jungfraugebiet geflogen, aber am Sonntag habe es eben einen Wetterwechsel mit Schneefall gegeben, alle Skispuren seien verwischt gewesen, und man habe ja auch gar nicht sicher gewusst, ob man überhaupt in der richtigen Gegend suche. Man habe bei allen Berghütten im Berner Oberland nachgefragt, ob er sich irgendwo eingetragen habe, aber sein Name sei nirgendwo gefunden worden.

»Und war niemand mit ihm?«

Kaum, es sei ja sonst niemand vermisst worden, und wenn einer das Unglück beobachtet hätte, hätte er es bestimmt gemeldet. Als es nach einem Monat kein Lebenszeichen von ihm gegeben habe, habe sie sich entschlossen, ihn als verschollen zu erklären und eine Trauerfeier für ihn abzuhalten.

»Hat euch eure Mutter nicht mitgenommen damals?«

Ernst kämpfte mit dem Essiggeruch, der aus einer Salatschüssel mit Schimmel an den Rändern aufstieg, und hustete etwas.

»Eehm ... da kann ich mich nicht erinnern.«

Sie wisse es auch nicht mehr. Es seien so viele Menschen gekommen, die Leute vom Bundesamt für Kultur seien dagewesen, auch seine Bergfreunde, die alle nicht verstanden, wieso er nicht gesagt hatte, wohin er wollte, der Unfall habe viel zu reden gegeben seinerzeit, auch in der Presse, und aus seiner deutschen Verwandtschaft seien auch welche da gewesen, die sie noch gar nie gesehen habe...

Die deutsche Verwandtschaft?

Er sei ja eingebürgerter Deutscher gewesen, habe nach dem Krieg ein Jus-Studium abgeschlossen, habe dann auf der deutschen Botschaft in Bern gearbeitet, habe dort manchmal mit den Fragen des Kunsthandels der Nationalsozialisten zu tun gehabt und dadurch auch mit dem Bundesamt für Kultur, und sei nach seiner – sie lachte kurz – Einschweizerung in dieses Amt gekommen, nicht zuletzt wegen der Sekretärin.

»Das waren – ich meine, das warst du?«

Erraten, ja, ihr habe er gefallen, ein schöner Mann, ein eigensinniger Mann, und sie habe ihm offenbar auch gefallen...

»Eine schöne Frau, eine eigensinnige Frau?«, warf Ernst ein, der vergeblich einen Plastikbehälter von seinen Spinatkrusten zu befreien versuchte.

Sie lachte. »Vermutlich«, sagte sie.

Ob er wegen ihr Schweizer geworden sei?

Nicht nur, er habe sich auch geschämt für Deutschland, sei als ganz junger Mann noch im Krieg gewesen, über den er aber nie habe sprechen wollen. Was ihm bloß nicht bewusst gewesen sei, war, dass er den Deutschen damit nicht los wurde, ein Satz im Dialekt genügte, und er war entlarvt.

Und das alte Buch?

Das habe er ihr erst kurz vor seinem Tod gezeigt, oder eben nicht gezeigt, das Päckchen bloß, und habe ihr nur gesagt, dass es ein sehr altes Buch sei, und eben: nicht aufmachen, nicht anrühren, niemandem geben!

Und die, die danach fragen?

Der eine sei ein alter Kollege vom Alpenclub, der Sepp, wenigstens behaupte er das, aber sie habe ja seine Bergkumpanen nicht wirklich gekannt, sie habe auch Philipps Begeisterung für die Berge nicht verstanden, ihr seien sie immer unheimlich gewesen, aber sie habe das Gefühl gehabt, das sei etwas vom Wichtigsten für ihn, etwas, das er ganz für sich haben wolle, deshalb habe sie sich auch nie für die anderen Bergsüchtigen interessiert, für sie seien das eher Stammtischmenschen gewesen, die statt über Frauen über Berge sprachen, aber sie habe nie wissen wollen, warum der Südgrat heikler sei als der Nordgrat, und wo die Abseilstelle am Weisshorn sei und dergleichen.

Der andere, den dieser Sepp bei sich gehabt habe, sei ein Deutscher gewesen, habe sich als Antiquar vorgestellt, der auf der Suche nach seltenen Büchern sei und aus sicherer Quelle gehört habe, dass Philipp im Besitz eines solchen Buches gewesen sei. Wie seine Verbindung zu Sepp sei, sei ihr nicht klar und sei ihr auch egal.

Aber dass er ihr einfach so helfen komme, sei sehr lieb von ihm, und sie fühle sich schon viel besser, seit sie wisse, dass das alte Buch bei ihm sei.

Nachdem Ernst alles Geschirr gewaschen hatte, verteilte er es nach den Anweisungen seiner Tante in die verschiedenen Regale des Küchenschranks, stellte die Teetassen vom Tisch auf die Spüle und die Olivenölflasche in den Schubkasten unter dem Herd, wischte den Tisch sauber ab, schrieb mit ihr zusammen eine Liste der Dinge, die man einkaufen sollte, ließ sich von ihr versichern, dass sie das noch selber konnte, befreite den Hocker von den »Alpen«, die er einfach in seinen Rucksack steckte, und fragte dann, ob er noch rasch auf die Toilette könne. Dort sah es ähnlich aus wie in der Küche. Die Badewanne war bis zum Rand mit Schachteln gefüllt, und als er sich die Hände wusch, sah er im geöffneten Spiegelschrank einen alten Philishave-Rasierapparat, das Kabel war eingesteckt, und das Stand-by-Lämpchen leuchtete rot.

Schaudernd verließ er das Bad und verabschiedete sich von der alten Frau. »Du hast mir gar nichts von den Zwillingen erzählt«, sagte sie unter der Tür.

»Das nächste Mal«, rief Ernst, schon vom ersten Treppenabsatz aus.

Als er aus der Haustür auf die Straße trat, traf er auf den Hauswart. Dieser zeigte auf das offene Kästchen und fragte ihn: »Sind Sie das gewesen?«

»Ja«, sagte Ernst, und fügte dann hinzu: »Meine Tante hat mir den Trick verraten.«

Dann setzte er sich den schwarzen Hut auf und beeilte sich, zum Bahnhof zu kommen.

5

Jacqueline saß im Zug von St. Gallen nach Winterthur und
las in »Leidenschaft«, einem Buch von Irène Némirovsky.
Das gehörte zu ihren Ritualen, dass sie auf der Heimreise
nach der Arbeit ein Buch las, um sich zu entspannen, und
es musste immer ein Buch sein, das sie stark genug interessierte, um sich gegen die Ablenkungen durch die andern
Passagiere behaupten zu können. An dieser Autorin faszinierte sie ihr Schicksal und das Schicksal ihres Werks, das
60 Jahre nach ihrer Ermordung in Auschwitz wieder zu
Tage gefördert und neu herausgegeben worden war. »Leidenschaft« war erst im Nachlass entdeckt worden, den ihre
Töchter, noch als halbe Kinder, während der Besetzung
Frankreichs durch die Wehrmacht hatten retten können. Sie
entgingen dank der Vorkehrungen ihrer Mutter der Depor-
tation, ihre Mutter nicht. Sie wurde nur 39 Jahre alt.
    Als Jacqueline zur Stelle kam, wo der Ich-Erzähler, ein
Mann, erfuhr, dass sich zwei junge Frauen, Brigitte Declos
und Colette Dorin, angefreundet hatten, ließ sie das Buch
sinken und nahm ihre Lesebrille ab, weil ihr klar wurde, dass

es ihr vollkommen egal war, wer sich da mit wem angefreundet hatte. Sie dachte an Ernst. Etwas schien ihn zu beschäftigen, etwas, von dem er ihr nichts erzählte. Schon als er zu spät von Bern nach Hause gekommen war, hatte sie sich einen Moment gefragt, ob die Sitzung wirklich länger gedauert hatte, die Bibliothekare waren eigentlich ein exaktes Volk und versuchten, Überstunden zu vermeiden.

Und am Tag danach war er eine halbe Stunde später eingetroffen als üblich, musste, wie er sagte, beim Kauf einer neuen Taxcard zu lange warten, und gestern war er zwar zur normalen Zeit zu Hause, er roch aber fast wie nach einem Waschmittel. Als sie ihn darauf angesprochen hatte (»Du riechst so pH-neutral ...«), hatte er geantwortet, er sei in der Bahn auf der Toilette gewesen und habe sich die Hände gewaschen, und das müsse ein penetrantes Seifenpulver gewesen sein, das sei ihm auch aufgefallen.

All dies mochte stimmen, aber angenommen, er hätte eine Freundin, wären das lauter typische Ausreden. War es möglich, dass er sie betrog? Jacqueline atmete tief ein und blies die Luft durch den Mund aus. So hatte es mit ihrem letzten Partner angefangen, mit Sitzungen, die auf einmal länger dauerten. Wieso konnten Männer nicht ehrlich sein?

Lange Zeit hatte sie geglaubt, sie werde nicht heiraten. Sie wollte unabhängig bleiben, hatte Germanistik und Anglistik studiert, eine Weile unterrichtet, zuerst an der Kantonsschule Winterthur, dann zwei Jahre lang an der Schweizer Schule in Bangkok, war zurück nach Winterthur gegangen und hatte dort in Teilzeit die Bibliothek der Kantonsschule betreut, hatte gemerkt, dass ihr das Spaß machte, und hatte dann die Ausbildungsgänge absolviert, die sie zur diplomierten Bibliothekarin brauchte. Und nach dem Bruch mit ihrem letzten Partner war sie einmal in einem IT-Modul über Katalogisierung und Beschlagwortung in Chur neben Ernst zu sitzen gekommen, dessen feste Bindung ebenfalls gescheitert war. Sie wohnten im selben Hotel, und nach einem gemeinsamen Nachtessen und einem Nightcap in ihrem Zimmer fielen sie mit einer Leidenschaft übereinander her, die sie beide überrumpelte; nach kurzer Zeit beschlossen sie, die immer als Singles gewohnt hatten, zusammenzuziehen, und wenig später heirateten sie und zogen in eine neu erbaute Siedlung in Winterthur, in der Nähe des Eschenbergs, wo sie sich ein Reihenhaus kaufen konnten. Die Wohnstraßen, an welche die Häuser gebaut waren, erlaubten die Pflege von nachbarlichen Beziehungen, förderten sie geradezu, so dass es auffiel, wenn man daran nicht teilnahm.

Kinder stellten sich keine mehr ein, und Jacqueline war nicht unglücklich darüber, so musste sie sich nicht mit der leidigen Vereinbarkeit von Beruf und Familie abquälen, wie sie das bei Frauen in der Nachbarschaft sah, die am einen Morgen ihre quengelnden Kinder ins Auto packten und in eine Kita brachten oder am andern Morgen mit vier kleinen Kindern zum Gemeinschaftssandhaufen unterwegs waren, damit sie am übernächsten Morgen ihre Kinder der andern Teilzeit-Mutter zum Hüten bringen konnten, welche sich dann ihrerseits einen Tag lang mit einem Kinderquartett abmühen musste. Und eigentlich hatten die Frauen alle eine Berufsausbildung, nur nicht für den Beruf als Mutter.

Und was war das mit den Küchenhandschuhen gewesen?

Das hatte ja nun mit einer Freundin gar nichts zu tun, kam ihr aber auch rätselhaft vor. Hatte er nicht von einem tropfenden Filzstift gesprochen? Gab es das überhaupt? Sollte sie ihn einmal nach dem Etui fragen, um zu sehen, wie er den Flecken weggebracht hatte? Oder war das schon inquisitorisch?

Sie waren damals, als sie sich zur Heirat entschlossen hatten, übereingekommen, dass die Basis ihrer Beziehung nur Offenheit sein konnte, denn auch Ernsts langjährige Freundin war ohne sein Wissen eine zweite Liaison eingegangen, ein Umstand, der sie beide verband. Sie könnten ja, hatte Ernst gewitzelt, eine »IG gebrannte Kinder« gründen.

Diese IG hatte bisher gut funktioniert, die Leidenschaft war nach und nach einer Freude gewichen, zu zweit durchs Leben zu gehen, ohne aneinander zu kleben, aber die Liebe machte immer noch Spaß, sie trafen sich entweder in seinem oder in ihrem Zimmer zu einem »feurigen Abend«, wie sie es nannten.

Sie ließen einander ihre Vorlieben, Ernst war ein Berggänger, ging gelegentlich auf Touren, sie sang in einem Chor mit, seit sie gemerkt hatte, wie gut ihr das tat, ihre Stimme für mehr zu gebrauchen als zum Sprechen. Ernst war ein Eigenbrötler, er war aus Interesse an den Büchern Bibliothekar geworden, und nicht einfach, weil er auf keinen Fall Lehrer oder Journalist werden wollte. Die Bibliotheken seien das Gedächtnis der Menschheit, sagte er manchmal, und daran arbeite er mit. Jacquelines Anspruch war etwas anders. Sie hoffe, sagte sie ihrerseits, dass eine Bibliothek den Menschen Anregung, Vergnügen, Unterhaltung und

Wissen bringe, und sie versuchte dazu beizutragen, dass die Bibliothek in der alten Hauptpost in St. Gallen ein einladender, publikumsnaher und überraschungsreicher Ort war, ein Treffpunkt, den man auch aufsuchen konnte, um in der Cafeteria einen Latte macchiato zu trinken oder etwas zu essen, in einer der zahlreichen Zeitungen zu blättern oder in einem stillen Turmzimmer ein Buch zu lesen. Ernst war kein gesprächiger Mensch, konnte aber sehr charmant sein, wenn er aus seiner Reserve herauskam. Sie zeigte sich gern an seiner Seite, sei es beim Neujahrsempfang der Zentralbibliothek, bei einem Konzert oder bei einer Geburtstagsfeier im Freundeskreis.

Aber nun fragte sie sich auf einmal, wie gut sie ihn eigentlich kannte. Sie nahm sich vor, ihn zur Rede zu stellen, zum ersten Mal, seit sie ein Paar waren.

In Winterthur stieg sie aus und lenkte ihre Schritte nicht zum Bus, sondern zum Swisscom-Shop in der Nähe des Bahnhofs. Sie zog eine Nummer, die 942, suchte während des Wartens mit den Augen schon alle ausgestellten iPhones ab und ärgerte sich, wie lange die 941 stehen blieb, ein älterer Mann, der irgendetwas nicht verstehen wollte und auf einem Ersatzgerät für dieses Irgendetwas beharrte. Schließlich konnte sie die 940 beerben und fragte den jungen Verkäufer, ob sie auch noch Handys hätten, ohne Apps und alles? Der Verkäufer sagte, mit einem leicht mitleidigen Blick, selbstverständlich, holte aus einer Schublade ein Nokia heraus und zeigte es ihr mit den Worten »Sie meinen, so eins?«

Jacqueline ließ sich dann eine 079er-Nummer und eine Prepaidkarte geben, bezahlte den erstaunlich geringen Preis, ging zum Restaurant im ehemaligen Bahnhofwartesaal, bestellte einen Latte macchiato, den sie in aller Ruhe trank, und erst dann ging sie zur Bushaltestelle.

Als sie die Haustür öffnete, schlug ihr ein wunderbarer Duft von gedünstetem Gemüse entgegen, und in der Wohnküche stand Ernst, mit einer Schürze, auf der Meeresfische abgebildet waren, hob den Kochlöffel zum Gruß und sagte: »On vous attend, madame – pour l'apéro!« Auf dem Küchentisch warteten Tellerchen mit schwarzen Oliven, mit Fetawürfeln und Pomodori secchi und vor einem Becher mit Grissinistängeln zwei schmale Kelchgläser, in die Ernst nun aus einer zierlichen Flasche Prosecco einschenkte.

Jacqueline war baff. Sie hängte ihre Jacke an die Garderobe, stellte ihre Handtasche ab und sagte: »Sorry, ich hab mich etwas verspätet.«

»Macht gar nichts, Liebes, ist mir auch schon passiert. – Prost!«

Sie hob ihr Glas und stieß mit ihm an. »Prost – welche Überraschung!«

Er habe sich schon Sorgen gemacht, sagte Ernst, während sie die Aperostücklein mit kleinen Gabeln aufspießten, und es tue ihm leid, dass er sie diese Woche zweimal habe warten lassen, dafür könne sie sich jetzt verwöhnen lassen.

Sie sei, sagte Jacqueline, deshalb zu spät, weil sie für ihn etwas gekauft habe, bückte sich zu ihrer Handtasche und legte dann das Handy auf den Tisch.

Jetzt war Ernst baff. Er runzelte die Stirn, aber bevor er etwas sagen konnte, sagte Jacqueline, es diene genau dazu, dass sich der andere keine Sorgen zu machen brauche, wenn

444

man es zur gewohnten Zeit nicht schaffe. Man müsse nicht einmal anrufen und im Zug laut sagen, Schatz, ich komme später, damit auch alle Nachbarn darüber orientiert seien, ein kleiner Satz genüge, als SMS, short message system, und man könne es auch jederzeit ausschalten, wenn man nicht erreichbar sein wolle, sie finde einfach, das wäre gut für sie beide, damit man nicht auf dumme Gedanken komme, wenn der andere einmal ausbleibe, sie habe ja schon längst eines, und sie könne es ihm nach dem Essen erklären, es sei wirklich ganz leicht.

Ernst schaute das Gerät an, als läge eine verfaulte Aubergine neben den Oliven, und Jacqueline fuhr fort, sie habe ihm extra ein altes Handy gekauft, ohne Internetzugriff und diese hundert Funktionen zum Wegwischen, eines, das wirklich und allein der Kommunikation diene, in Notfällen.

»SOS per SMS?« fragte Ernst, und dann küsste er sie und sagte: »Das ist lieb von dir, du hast mich überzeugt. Danke.«

Jacqueline war erleichtert. Sie hob erneut das Glas: »Na dann, Prost nochmals!«

»Auf unsere Verbindung«, sagte Ernst und stieß mit ihr an.

Dann servierte er ihr ein Gemüserisotto mit Peperoni, Broccoli, Zucchetti und Champignons, rieb ihr Parmesan direkt auf den Teller, dazu gab es einen Chicorée-Salat mit Rucola und eine Flasche Primitivo di Salento.

Ernst war ein begabter Koch, der sich gerne auch Zeit nahm zum Zubereiten einer Mahlzeit, während Jacqueline Kochen eher als Notwendigkeit behandelte, die es mit möglichst geringem Aufwand zu erledigen galt. Gerne kochte sie

445

mit Ernst zusammen, an einem Sonntag etwa, obwohl es oft zu kleinen Reibereien kam, weil ihre Methoden nicht immer übereinstimmten. Wenn sie Wasser für Kartoffeln oder Teigwaren aufsetzte, leerte sie das Salz immer gleich mit hinein, während Ernst wartete, bis das Wasser sprudelte, und erst dann das Salz zugab, weil es sich so besser verteile. Es war schon vorgekommen, dass das Wasser zweimal gesalzen war, weil sie es aufgesetzt und dann die Küche aus irgendeinem Grund verlassen hatte und Ernst nicht wusste, dass schon Salz drin war. »Siehst du«, hatte ihm Jacqueline danach gesagt, als sie die Kartoffeln wegwerfen mussten, »das Salz verteilt sich auch so.«

Das Risotto war köstlich, und Jacqueline rühmte ihn dafür.

Ernst war gut gelaunt.

»Auf was für dumme Gedanken kommt man denn, wenn sich der andere verspätet?« fragte er, als er Rotwein nachschenkte.

»Dass er vielleicht mit einer knackigen jungen Bibliothekarin nach der Sitzung einen Kaffee trinken geht.«

Ernst stellte die Flasche auf den Tisch und lachte. »Da musst du dir wirklich keine Sorgen machen. Ich kenne keine knackigere als dich.«

Aus saurem Halbrahm und ein paar Apfelschnitzen hatte Ernst ein kleines Dessert improvisiert, und nachher zeigte ihm Jacqueline, wie das Handy funktionierte, schrieb ihm auch den PIN-Code auf einen kleinen Zettel, den er in sein Portemonnaie stecken konnte, und kündigte ihm dann eine Test-SMS an, die sie ihm vom Badezimmer aus senden wolle.

Ernst blieb mit seinem Handy in der Hand am Tisch sitzen, starrte auf das Display-Fensterchen, bis sich dieses mit einem Klingelzeichen erhellte und er nach dem Öffnen des »Eingang«-Zeichens die Nachricht las: »Wie wär's mit einem feurigen Abend bei mir?«

Ernst lächelte, wählte »Antwort«, tippte in das leere Feld, das nun erschien: »ok« und drückte auf »Senden«.

6

Ernst saß vor seinem Computer in der Zentralbibliothek.
Neben der Tastatur erhob sich ein Turm von kunsthistori-
schen Büchern, seinem Fachgebiet, die es zu beschlagwor-
ten galt. Er stammte noch von gestern, und in den zehn
Minuten, seit denen er vor seinem Schreibtisch saß, war
er nicht kleiner geworden. Seit vor Kurzem das bisherige
System der Signaturen geändert worden war und sie alle in
7-tägigen Kursen auf das neue umgeschult worden waren,
war der ganze Prozess der Erfassung von Neuzugängen in
einen Rückstand geraten, der immer noch nicht aufgeholt
war.

Heute Morgen war er um 5 Uhr erwacht, hatte sich aus
Jacquelines Zimmer geschlichen und wollte, als er nicht
weiterschlafen konnte, den kleinen Stapel der »Alpen« zuoberst in seinem Zeitungshalter mit dem letzten »Landboten« bedecken, damit sie Jacqueline nicht gleich ins Auge
stachen, sollte sie sein Zimmer betreten. Als Nichtmitglied
des Schweizerischen Alpenclubs, kurz SAC, hatte er die
Zeitschrift nicht abonniert. Er selbst war zwar ein Berggän-

ger, aber er war nie in den Alpenclub eingetreten, weil er den damit verbundenen Geselligkeits- und Kameradschaftsanspruch fürchtete. Schon ein Lied wie »Bergvagabunden sind wir«, das er in seiner Jugend in Clubhütten hatte singen hören, hätte er nie über die Lippen gebracht. Über einen Vers wie »Mit Seil und Haken, den Tod im Nacken, hängen wir in der steilen Wand« konnte er nur lachen, vor allem weil die Betonung auf der ersten Silbe lag und der Reimzwang auf Haken zu der Zeile führte »*den* Tod im *Naken*«. Seine Freunde, mit denen er gelegentlich auf Touren ging, versicherten ihm zwar, da sitze er einem veralteten Bild des Alpenclubs auf, konnten ihn aber trotzdem nicht für einen Beitritt gewinnen.

Ernst hatte, bevor er den »Landboten« darüber legte, die Ausgabe mit dem Weisshorn in die Hand genommen, weil dieses zu seinen Traumbergen gehörte, die er irgendwann einmal noch zu besteigen hoffte, hatte darin eine Beschreibung des Südgrat-Aufstiegs mit der Übernachtung im Schalijochbiwak gelesen, in der der Autor beschrieb, wie sie 300 Meter unter dem Gipfel wegen eines Blitzschlags wieder umkehren mussten, und war beim Weiterblättern auf ein merkwürdiges Inserat gestoßen.

»Ich suche einen früheren Bergfreund meines Vaters namens Philipp Schaefer. Die beiden haben sich zum letzten Mal 1944 gesehen. Sollte er dies lesen oder sollte jemand, der dies liest, ihn kennen oder gekannt haben, bitte ich um Nachricht an:

triedel@t-online.de

Dieses Inserat erscheint in den Zeitschriften der Alpenvereine Deutschlands, Österreichs und der Schweiz.

Besten Dank, Torsten Riedel.«

Kein Zweifel, da wurde der Mann gesucht, dessen schwarzen Hut er besaß und dessen »Abrogans«-Exemplar sich in seiner Schreibtischschublade befand. Ernst hatte sich überlegt, eine E-Mail an Riedel zu schreiben, war aber wieder davon abgekommen. Schließlich hatte er Schaefer nicht gekannt, er kannte nur seine Witwe, und die fürchtete sich offenbar vor Nachforschungen wie derjenigen Riedels. Dazu kam, dass der Kontakt ja inzwischen da war, wahrscheinlich über den SAC-Kumpanen Sepp, der sich bei Riedel gemeldet haben musste. Riedel wohnte wohl, aus seiner Mail-Adresse zu schließen, in Deutschland, würde also versuchen, in Bern möglichst rasch zu seinem Ziel zu kommen. Wenn er hinter dem Buch her war, glaubte er einen Anspruch darauf zu haben? Ihn danach zu fragen, hielt er nicht für ratsam, seine eigene E-Mail-Adresse bestand unvorsichtigerweise, wie er sich jetzt eingestehen musste, aus seinem vollen Namen. Jacqueline hatte ihm immer davon abgeraten, und sie hatte wieder einmal recht. Er solle sich nicht so leicht auffindbar machen, hatte sie ihm gesagt, das Internet sei doch ein Tummelfeld für Gaunereien aller Art, und mit seinem richtigen Namen stünde er da wie an einem virtuellen Nudistenstrand. Im schweizerischen Telefonverzeichnis, das er am Bildschirm kurz aufgerufen hatte, gab es noch 11 weitere Ernste seines Namens; wer ihn suchte, ihn, den Bibliothekar, wie er sich im

Verzeichnis nannte, musste also ziemlich bald einmal auch auf ihn stoßen.

Und was, wenn sich der richtige Ernst bei seiner Tante meldete?

Es waren lauter Fragen, auf die er keine Antwort wusste. Wie gerne hätte er Jacqueline um Rat gefragt, sie dachte praktischer als er, aber auch gestern Abend war der Versuch misslungen, ihr die Geschichte zu erzählen. Mit dem Essen hatte er sie versöhnlich stimmen wollen, und der Satz mit den dummen Gedanken wäre ein idealer Einstieg gewesen, wäre nicht die Sache mit dem geschenkten Handy dazwischen gekommen, die dann den höchst erfreulichen Ausgang in Jacquelines Zimmer nahm.

Vorläufig war er auf sich selbst angewiesen.

Eine andere Möglichkeit wäre die, sagte er sich, sich ab sofort völlig rauszuhalten, jeglichen Kontakt zur alten Frau Schaefer abzubrechen, auch den Kontakt zu ihren Plagegeistern nicht zu suchen, den »Abrogans« zu behalten und ihn der Zentralbibliothek zu übergeben. Schließlich wusste sie weder, wer er war, noch wo er wohnte, und sie wusste nicht einmal, um welches Buch es sich handelte.

Bloß, wie sollte er erklären, auf welche Weise er dazu gekommen war? Wie sollte er es der Bibliothek erklären, und, fast noch wichtiger, wie sollte er es Jacqueline erklären? Oder sollte er die Kostbarkeit der Bibliothek anonym zukommen lassen? Über einen Rechtsanwalt, der seinerseits den Spender nicht bekannt geben musste? Es gab ja immer wieder anonyme Legate, da müsste er seinen Schulfreund Thomas fragen, der eine Kanzlei hatte, wie so etwas durchführbar wäre. Wenn das Werk echt war – auch eine Echtheitsprüfung müsste organisiert werden, wie? –, dann durfte man es der Forschung nicht vorenthalten. So oder so, es wäre ohne Mitwisser nicht zu machen.

Was war eigentlich so schlimm daran, zuzugeben, wie er zu dem Buch gekommen war? Vor allem, dass er es Jacqueline erzählen musste.

Ein Ausdruck kam ihm in den Sinn, »sich den Kopf zerbrechen«. Das war es, was im Moment auf ihn zutraf, und es war ihm, als schmerze es ihn unter der Schädeldecke.

Dann trug er in den Mitarbeiterdienstplan ein »Abwesend bis 16h«, nahm aus der Schublade den Zettel von vorgestern, »Bin im Verlauf des Nachmittags wieder da. E.St.«, verließ leise sein Büro, nickte der Kollegin Heiniger von der Anglistik zu, die ihm im Gang entgegenkam, und ging zum Hauptbahnhof.

Als Ernst vor dem Haus an der Gerechtigkeitsgasse eintraf, stand eine Ambulanz auf der Straße, und zwei Sanitäter schoben eine Bahre hinein, auf der ein Mensch lag, der bis oben zugedeckt war.

Kein dritter Mann, der mit einem Infusionsbeutel nebenher ging. Ernst machte ein paar Schritte zur offenen Türe. Der Hauswart stand davor. Ernst blickte ihn fragend an. »Sie ist die Treppe hinunter gefallen,« sagte er.

»Und?«

»Sie ist tot. Tut mir leid.« Ernst blieb stehen, schaute vor sich hin und wusste nicht, was tun.

»Falls Sie hinauf wollen, es ist zu, die Polizei hat die Wohnung versiegelt.«

»Aha, wann ist es denn passiert?«

»Heute morgen. Sie sind doch der Neffe, oder?«

»Ja«, sagte eine Stimme hinter ihm.

Ernst drehte sich um und sah einen etwas untersetzten Mann mit leicht geröteten Wangen, der eine Manchestermütze trug und eine Tasche über die Schulter gehängt hatte.

»Woher wissen Sie das?« fragte dieser misstrauisch.

»Ich meinte ihn«, sagte der Hauswart, indem er auf Ernst deutete.

»Falsch«, schnauzte ihn der Mann an, »ist denn noch jemand von der Polizei oben?«

»Nein«, sagte der Hauswart, »die sind vor fünf Minuten weg. Aber wenn Sie ein Angehöriger sind, sollen Sie diese Nummer anrufen.« Er zog ein Kärtchen mit dem Signet der Stadtpolizei hervor und fragte: »Wem geb ich das jetzt?«

Das »Ihm« von Ernst und das »Mir« vom andern Mann kamen fast gleichzeitig, und der Mann griff nach dem Kärtchen, blickte kurz darauf und steckte es dann ein.

»Vielleicht sollten wir zusammen einen Kaffee trinken«, schlug Ernst dem richtigen Neffen vor, entschlossen, die Geschichte klarzustellen.

»Zehn Minuten«, sagte der andere, »ich hab nicht lang Zeit, das kommt mir alles sehr ungelegen.«

Sie ließen den Hauswart zurück, der leicht verdutzt den beiden Neffen nachschaute, und setzten sich auf der anderen Straßenseite an einen Tisch im Freien.

»Ihr Name ist —« fragte Ernst.

»Ernst Lehmann«, sagte der andere kurz, »und Sie?«

»Fischer«, hörte sich Ernst sagen, »Fred Fischer.«

Er bestellte bei der Kellnerin einen Cappuccino, Lehmann einen Café crème.

»Woher kannten Sie meine Tante?« fragte Lehmann.

»Sie hat mich angerufen, aber offensichtlich hatte sie sich verwählt und hielt mich für Sie. Sie bat mich um Hilfe. Sie klang sehr besorgt, und da ich in der Nähe war, ging ich hin.«

»Wollte sie Ihnen etwas geben?«

»Ursprünglich wohl ja. Als sie aber sah, dass ich nicht ihr Neffe war, kam sie wieder davon ab. Sie war etwas verwirrt.«

»Sie war gaga«, sagte Lehmann bloß.

»Sie tat mir leid. Sie war überfordert. Und einsam. Es war ein Wunder, dass sie es noch allein schaffte da oben, fast erblindet. Ich half ihr dann ein bisschen das Geschirr abwaschen und ging wieder.«

»Und das war's? Und was war das mit dem Hauswart, Sie seien der Neffe?«

»Als ich ein zweites Mal kurz vorbeiging, wollte er mich nicht reinlassen, da hab ich den Neffen hervorgeholt. Ich räumte nochmals etwas auf, damit der Küchentisch wieder benutzbar wurde.«

Lehmanns Argwohn war nicht verflogen.

»Und jetzt wollten Sie weiter aufräumen?«

»Ein bisschen, ja. Haben Sie das Badezimmer gesehen?«

»Sind Sie von der Caritas?«

»Gar nicht, ich arbeite beim Bund.«

»Dann haben Sie ja Zeit.«

Ernst überhörte den Spott. »Wie gesagt, sie tat mir leid. Und Sie, gingen Sie sie denn besuchen?«

Lehmann schüttelte den Kopf.

»Sie ging mir auf den Wecker, mit ihrem Gstürm. Wir hatten sie schon lang in einem Heim angemeldet, aber sie wollte einfach nicht.«

Beide tranken den Kaffee, den ihnen die Kellnerin hingestellt hatte.

»Haben Sie denn ihren Mann noch gekannt?« fragte Ernst.

»Meinen Onkel? Ein schräger Typ.«

»Er soll in den Bergen verschollen sein, hat sie mir gesagt.«

»Kann sein. Man geht ja auch nicht allein auf eine Hochtour. Ich dachte immer, er sei gar nicht in die Berge, sondern sei abgehauen, weil er meine Tante nicht mehr ertrug.«

Lehmann lachte trocken und rief: »Zahlen!«

»Zusammen?« fragte ihn die Kellnerin.

»Nein, getrennt.«

»Darf ich Sie nicht —«

Doch Lehmann hatte das Geld schon hingelegt, stand auf und sagte, er müsse jetzt zur Polizei, aber die Bundesbeamten dürften ruhig noch sitzen bleiben.

»Wie geht es den Zwillingen?« fragte Ernst, als sie sich zum Abschied kurz die Hand gaben.

»Das sag ich Ihnen ein andermal«, sagte Lehmann und eilte durch die Lauben davon.

Ernst blieb noch einen Moment sitzen und schaute auf die andere Straßenseite hinüber. Hatte er den Mann, der jetzt auf den Hauswart einsprach, auch schon gesehen?

Dann stand er auf, ging einige Schritte zur Bushaltestelle hinunter und wunderte sich, dass er jetzt auch noch Fred Fischer hieß.

7

An einem Vormittag im März des Jahres 772, als die Sonne wieder für einige Stunden ins enge Tal der Donau bei Regensburg schien, klopfte es an die Tür der Lehrstube des Klosters Weltenburg, und der Mönch Raginald streckte seinen Kopf hinein. Gotfrid, der Praezeptor, der mit seinen 10 Schülern den Psalm 121 durchnahm, und sie gerade aufgefordert hatte, »auxilium meum« auf Deutsch zu übersetzen, ließ sein Lineal sinken und fragte, was es gebe.

»Haimo muss zum Abt«, sagte Raginald leise.

Alle drehten ihren Kopf zu Haimo, der in der Bank beim Fenster saß. Zum Abt musste man nicht alle Tage, und gewöhnlich bedeutete es nichts Gutes. Wenn man gegen irgendeine Regel verstoßen hatte, konnte das zu strengen Strafen führen, von Essensentzug bis zu Schlägen. Haimo legte die Kreide auf seine Schreibtafel, stand ruhig auf und ging zur Tür, gefolgt von den Blicken seiner Mitschüler, in denen sich Neugier und Sorge mischten.

Als sich die Tür hinter ihm schloss, nahm der Praezeptor den Faden wieder auf: »Levavi oculos meos in montes unde veniet auxilium meum. Ich habe gefragt, was ›auxilium meum‹ heißt.« Die Köpfe beugten sich über die Tische, und man hörte das Kratzen auf den Schiefertafeln.

Haimo, ein großer, schlanker neunzehnjähriger Novize mit krausem dunklem Haar und blauen Augen, ging hinter dem leicht gebeugten, grauhaarigen Raginald her, welcher dem Abt bei seinen Verrichtungen zur Hand gehen musste. Er freute sich, als er beim Gang über den Klosterhof von einem Sonnenstrahl gestreift wurde. Ein gutes Zeichen, sagte er sich, denn ein bisschen bang war es ihm schon vor dem Besuch beim Klostervorsteher.

Sigido war seit letztem Jahr der Abt des Klosters, er war jünger als Raginald und hatte bei seinem Amtsantritt einen Aufruf an die Bevölkerung der Diözese Regensburg ergehen lassen, kluge und fromme Jünglinge ins Kloster Weltenburg zu schicken, wo man für ihre Ausbildung zu Dienern Gottes sorgen werde. Haimos Vater war ein geachteter Kürschner und brachte seinem älteren Sohn schon bald das Handwerk bei, während er Haimo, den jüngeren, in die Stiftsschule schickte, wo man ihn nach Kurzem als begabten Lateinschüler und geschickten Schreiber rühmte. Von dort wurde dem Vater dann auch der Aufruf überbracht, worauf er seinen Sohn, ohne zu zögern und ohne ihn nach seiner Meinung zu fragen, donauaufwärts zu den Benediktinern nach Weltenburg sandte.

Durch einen kurzen Kreuzgang waren Raginald und der Novize vor der Pforte des Abtes angelangt. Ein bronzener Ring mit einem Löwenkopf war über der schweren Klinke angebracht. Raginald zog ihn etwas in die Höhe und ließ ihn dann gegen die Tür fallen. Von drinnen hörte man den Abt rufen, sie sollen eintreten. Raginald drückte den Griff und stieß die Tür auf, die in ihren Angeln knarrte, zog dann Haimo an der Hand nach vorn, gab ihm einen Schubs in den Rücken und ließ ihn mit dem Abt allein.

Sigido saß auf einem geschnitzten Stuhl mit hoher Rückenlehne vor einem breiten Tisch, auf dem ein Tintenfass mit einer Feder stand, daneben lagen einige Pergamentrollen und zwei, drei gebundene Bücher. Er hatte ein schmales Gesicht, sehr kurz geschnittene Haare, die an den Schläfen leicht angegraut waren, und trug eine schwarze Tunika. An der Wand hinter ihm hing ein gekreuzigter Jesus. Eine Kerze erhellte den düsteren Raum.

»Ora et labora –« sagte er zum Gruß, indem er die Stimme bei »labora« wie zu einer Frage anhob.

»– et lege«, antwortete Haimo und verneigte sich.

Der Abt nickte und zog dann ein kleines Pergament hervor, auf dem ein Frauenkopf abgebildet war. »Kennst du das?«

Haimo errötete. Dann sagte er: »Es ist Maria.«

»Die Mutter Gottes?«

»Nein, die Tochter des Ledergerbers.«

»Wer hat das gemalt?«

»Ich.«

Sigido hob die Augenbrauen. Für einen Moment trat ein Hauch von Anerkennung in seinen Blick. Dann fuhr er jedoch ungerührt fort:

»Wir haben das heute unter deiner Matratze gefunden. Du hast die Regel gelernt bei deinem Eintritt. ›Der Abt durchsuche häufig die Betten, ob sich dort nicht Eigenbesitz finde. Wenn sich bei einem etwas findet, das er nicht vom Abt bekommen hat‹ –« Wieder hob er seine Stimme wie zu einer Frage an.

»– treffe ihn strengste Strafe«, flüsterte Haimo und blickte zu Boden.

»Du kannst also wählen zwischen Ausschluss vom Essen und Rutenschlägen.«

Haimo schwieg. Er dachte an den Mönch Chlodwig, der sein Essen immer drei Stunden später erhielt als die andern und mit dem man nicht sprechen durfte. Bei ihm hatte man einen Fingerring gefunden.

»Na?« sagte der Abt.

Die Rutenschläge wurden einem von Raginald verabreicht, bei Sünden gegen die Keuschheit auf den nackten Hintern, bei anderen Vergehen auf die offenen Handflächen. Ein Frauenbildnis verstieß wohl gegen die Keuschheit, aber da er es selbst gezeichnet hatte, musste er vielleicht nur die Hände herhalten. Im schlimmsten Fall könnte er allerdings für beides gebüßt werden.

»Sprich!« Sigido wurde ungeduldig.

Haimo schaute den Abt an und sagte: »Ich möchte schreiben.«

Der Abt war einen Augenblick sprachlos.

»Was sagst du da?«

»Ich möchte schreiben«, sagte Haimo nochmals, und fügte hinzu: »Das kann ich, schreiben und zeichnen, und ich kann auch jeden Tag eine Stunde länger schreiben. Zur Strafe.«

Sigido schwieg. Er dachte an seine zwei Skriptoren, die er von seinem Vorgänger übernommen hatte. Beide waren schon älter und hatten zunehmend Mühe mit dem Augenlicht. Ihre Schrift wurde zittriger, und die Fehler in ihren Abschriften häuften sich. Wenn die Hand des jungen Mannes ein solches Bildnis zustande brachte, dann konnte er bestimmt auch gut schreiben, daran zweifelte er nicht.

»Du bist im ersten Jahr deines Noviziats und willst in unsern Orden aufgenommen werden.«

»Mein Vater will es«, warf Haimo ein, der merkte, dass man mit dem Abt reden konnte.

»Gott will es«, wies ihn der Abt zurecht, »und als Erstes musst du hier die Demut lernen. Und die Demut verbietet Eigenbesitz. Alles, was du brauchst, hast du von mir bekommen, Kukulle, Tunika, Socken, Schuhe, Gürtel, Messer, Griffel, Nadel, Tuch, Schreibtafel, eine Bettstatt, wo du dein Haupt hinlegen kannst. Alles, was dein Leib braucht, bekommst du von mir, dein tägliches Brot ist dir gewiss. Damit du dir merkst, dass du darüber hinaus nichts brauchst, bestrafe ich dich mit dem Ausschluss vom Essen, und weil du neu und jung und vernünftig bist, soll eine Woche genügen.«

Haimo atmete auf. Keine Schläge.

Dann erhob sich Sigido. »Und jetzt komm mit mir.«

Haimo warf einen letzten Blick auf Maria, die auf dem Tisch des Abtes liegen blieb, dann folgte er dem Klostervorsteher.

Der Abt ging mit zügigem Schritt durch den Kreuzgang und dann über den Hof auf das Klostertor zu, und gleich daneben befand sich das Skriptorium. Er öffnete die Tür, ohne zu klopfen, und sie betraten einen Raum, in dem es angenehm hell war. Die Sonnenstrahlen fielen auf zwei schräg geneigte Schreibpulte, vor denen auf hohen Stühlen zwei Mönche saßen. Beide hatten aufgeschlagene Bücher vor sich, auf deren Seiten sie mit Gänsekielen ihre Texte schrieben. Auf einem hohen Tischchen neben dem Pult lag das Buch, das sie abschreiben mussten, sowie ein Tintenfass und ein Messer. Die Füße hatten sie auf Schemeln aufgestützt.

Als der Abt mit Haimo eintrat, legten beide Schreiber ihre Federn nieder, erhoben sich mit einiger Mühe und stellten sich neben ihre Pulte, wodurch sie auf einmal kleiner erschienen. Haimo war einen ganzen Kopf größer und überragte auch den Abt.

»Salve abba«, murmelten die beiden.

»Salvete fratres«, entgegnete der Abt.

»Das sind unsere Skriptoren Gernot und Maurus«, sagte der Abt zu Haimo, und dann, zu den Schreibern gewandt, »das ist Haimo, der ab heute das dritte Pult übernehmen wird.«

»Salvete fratres«, sagte Haimo und sah erst jetzt, dass noch ein leeres Pult im Raum stand, ebenso ausgestattet wie die andern.

Die beiden Schreiber waren sichtlich überrascht.

»Ihr werdet ihm zeigen, wie ihr Gänsekiel und Tinte handhabt und wie ihr mit Bimsstein radiert, ohne die Pergamente zu beschädigen.«

Gernot und Maurus nickten.

»Was wird er abschreiben?« fragte Maurus.

»Ein Wörterbuch. Ich stelle es selbst zusammen und werde es ihm nach und nach auf Schiefertafeln vorlegen. Wir müssen das Lateinische in unsere deutsche Sprache bringen, damit alle das Wort des Herrn verstehen, auch diejenigen, die der alten Sprache nicht mächtig sind. Ich arbeite schon lange daran.«

Gernot runzelte die Stirn. »Und das willst du diesem –« er wies mit dem Kinn auf den Novizen.

»Haimo«, sagte dieser und fügte gleich hinzu: »Ich freue mich, von euch zu lernen. Das Schreiben habe ich in der Stiftsschule gelernt. Den Bimsstein habe ich fast nie gebraucht.«

Gernot und Maurus schauten sich betreten an. Sie brauchten ihn mehrmals täglich, je länger, je mehr.

»Ich hole jetzt«, sagte der Abt, »die Schiefertafel mit den ersten Wörtern. Ihr werdet Haimo in der Zwischenzeit etwas schreiben lassen – habt ihr noch ein Probepergament?«

Maurus nickte, und als der Abt den Raum verlassen hatte, ging er zu einer Truhe neben der Tür, bückte sich, nahm einen Gänsekiel und ein Messer heraus und hieß es Haimo auf sein Pult legen. Dann gab er ihm ein Tintenfässchen in die Hand und begann, aus einer Kanne vorsichtig schwarze Tinte hineinzugießen.

Da seine Hände etwas zitterten, fielen einige Tropfen auf Haimos Hände.

»Soll ich es machen?« fragte Haimo.

»Nein, es geht schon«, antwortete Maurus, und als das Fässchen voll war, waren Haimos Hände mit schwarzer Tinte besprenkelt.

Haimo wischte das Tintenfass mit einem Lappen sauber, den ihm Maurus in die Hand gab, dann bekam er von diesem noch einen Bimsstein. Maurus zeigte auf ein Becken mit Wasser, das auf einem Gestell stand. »Für die Hände. Mit Bimsstein gehen die Flecken weg.«

Haimo tauchte die Hände ins Wasser, rieb dann die Flecken mit dem Stein, aber ganz gingen sie nicht weg.

Gernot und Maurus standen neben ihm und schauten ihm zu.

»Was ist?« fragte Haimo und versuchte, seinen Ärger zu unterdrücken.

Die beiden kicherten.

»Das ist deine Taufe als Skriptor«, sagte Gernot.

Haimo trocknete sich die Hände.

»Habt ihr auch rote Tinte?«

Die beiden schauten einander an.

»Da müssen wir immer den Abt fragen«, sagte Gernot.

»Warum?« Haimo wunderte sich.

»Der Sand dazu kommt aus Montecassino, und unsere Brüder in Wessobrunn machen die Farbe daraus«, antwortete Gernot, und Maurus fügte hinzu: »Sie mischen zerquetschte Läuse hinein.«

»Wer weiß, wo sie die her haben«, sagte Gernot, und beide brachen in ein heiseres Gelächter aus.

Dann sagte Gernot, er zeige ihm jetzt, wie man den Gänsekiel spitze.

Das wisse er schon, sagte Haimo, er habe in der Stiftsschule das Schreiben gelernt, und ob sie ihm nun ein Pergament geben könnten.

Maurus ging zur Truhe, bückte sich mühsam nach einem Blatt, nahm es heraus und schloss den Truhendeckel.

»Da probieren wir die Gänsekiele aus, wenn wir sie frisch gespitzt haben«, sagte er und übergab es Haimo.

Dieser setzte sich an sein Pult, schaute sich den Gänsekiel an, der ziemlich klein war, und sagte: »Da gibt's nicht mehr viel zu spitzen. Habt ihr keine längeren?«

Die zwei schauten sich wieder an, und Gernot sagte: »Für Neue müssen wir immer den Abt fragen«, und Maurus fügte hinzu: »Er verlangt Demut im Umgang mit den Werkzeugen.«

Haimo spitzte die Feder etwas zu, so gut es noch ging, und legte dann das Pergament auf das Pult. Es waren einige Buchstaben darauf, in einer Schrift, die ihm etwas ungelenk vorkam, beim a waren die Striche manchmal zu dünn oder die Bäuche zu dick, aus einem O war einmal etwas Tinte nach unten gelaufen, dass es fast wie ein p aussah.

»Das sind Federproben«, sagte Gernot, als er Haimos kritischen Blick sah, »jetzt kannst du auch eine machen.«

Haimo tunkte die Feder ins Fässchen und begann, in zierlichen Buchstaben mit gleichmäßigem Druck auf den Abstrichen ein Wort zu schreiben.

Als der Abt eintrat, auf einen Schemel stieg und ihm über die Schulter schaute, las er »mar«. »Soll das ein Name werden?« fragte er.

Haimo erschrak. »Nein«, sagte er, »ein Monat«, und er fügte noch ein kleines, schön geschwungenes »s« an.

Der Abt blickte zu den zwei Skriptoren. »Fratres, was sagt ihr?«

Gernot blickte zum Abt. »Der kann's«, und Maurus nickte.

»Dann holt mir ein Pergament für das kleine Buch.«
Erneut bückte sich Maurus zur Truhe, öffnete sie, zog ein großes Pergament heraus und überreichte es dem Abt.

Sigido übergab es Haimo mit den Worten: »Das ist das erste Pergament. Daraus wird dein Wörterbuch. Die Seiten sind schon vorgezeichnet. Sie werden zuletzt geschnitten und gebunden. Du fängst auf der Haarseite an, drehst dann das Pergament um und schreibst auf der Fleischseite des beschriebenen Blattes weiter. Dann wendest du es wieder und fährst auf der Haarseite weiter. Hast du verstanden?«

Haimo blickte auf die durch leichte Einschnitte vorgegebenen Seiten. Die Enttäuschung war ihm anzusehen, dass seine Arbeit nur einem kleinen Buch gelten sollte. Die anderen, die auf den beiden Pulten lagen, waren viel größer.

Der Abt hatte es wohl bemerkt und sagte: »Was Gernot und Maurus abschreiben, sind Messbücher. Die bleiben nachher in den Kirchen. Aber ein Wörterbuch muss man mitnehmen können, es muss zu den Leuten. Und hier habe ich dir eine Schiefertafel mit dem ersten Wort mitgebracht. Auf der Vorderseite ist das lateinische Wort, auf der Rückseite das deutsche. Es beginnt mit dem wichtigsten Wort der Benediktinerregel, Demut. Lies es mir vor.«

Haimo las halblaut: »dheomodi«.

»Zuerst aber schreibst du immer das lateinische Wort. Also, was heißt Demut auf Lateinisch?«

Er drehte die Tafel um, und Haimo las: »Abrogans.«

8

Es waren nicht viele Menschen, die sich in der Nydeggkirche einfanden, um sich von Adele Schaefer zu verabschieden. Ernst Stricker war mit dem Bus vom Bahnhof bis zum Ende der Gerechtigkeitsgasse gefahren, war dann eine Treppe hinunter auf den Vorplatz gegangen und hatte sich, da er zu früh war, beim bronzenen Denkmal des Stadtgründers eine Zigarette angezündet. Er hatte seit seiner Studentenzeit nicht mehr geraucht und hatte sich heute am Bahnhofkiosk eine Schachtel »Camel« gekauft mit einem Zündholzbriefchen dazu. Er war etwas nervös; schon wieder hatte er seinen Zettel auf den Bürotisch gelegt, diesmal ohne sich im Arbeitsplansystem abzumelden. Langsam fielen seine Abwesenheiten auf, der Kollege Kronberger hatte schon eine Bemerkung gemacht, als er ihn wegen eines Beschlagwortungsproblems hatte fragen wollen und stattdessen nur seinen Zettel vorgefunden hatte. Dies sollte, so hatte er sich vorgenommen, der letzte Tag sein, den er auf die Frage verschwendete, woher das Päckchen kam. Er versuchte dazustehen wie ein Tourist, betrachtete die Statue und wunderte sich über den kleinen Bären, der hinter den Beinen Berchtolds des Fünften stand, diesem den Rücken zukehrte und den Helm seines Herrn in den Pfoten trug.

Als er die Zigarette fertig geraucht hatte, blickte er sich vergeblich nach einem Abfallkorb um, warf den Stummel in den Kies und trat ihn aus. Soeben war ein Grüppchen dunkel gekleideter Leute langsam auf den Kircheneingang zu gegangen, und Ernst schloss sich mit einem geringen Abstand an.

Beim Eintreten nickte ihm der Hauswart zu, der in einer Haltung neben der Tür stand, als bewache er das Haus an der Gerechtigkeitsgasse. Dann nahm Ernst seinen schwarzen Hut ab und setzte sich in die Mitte der hintersten Reihe.

Vorne im Altarraum stand die Urne, flankiert von zwei freudlosen Kränzen, das Trauergrüppchen verteilte sich über die zweite und dritte Bankreihe, einige blieben einen Moment stehen, andere ließen sich sogleich auf die Bänke nieder.

Wenig später ging der Hauswart nach vorn und nahm hinter den Angehörigen Platz. An der Orgel, deren silberne Pfeifen sich neben dem Chor bis zur Decke erhoben, saß bereits ein bärtiger Organist, und als er jetzt zu spielen begann, setzte sich noch ein Mann an den Rand der hintersten Reihe. Ernst streifte ihn mit einem flüchtigen Blick, und er kam ihm bekannt vor.

Er hasste Abdankungen, zum Tod gab es für ihn nichts Angemessenes zu sagen, das war einfach die letzte Ohrfeige, die das Leben für einen bereithielt, und dann war Schluss.

Es kam nun das Übliche, Gebet der Pfarrerin, Orgelstück,

Betrachtung über die Vergänglichkeit und Geborgenheit in Gott, Orgelstück, leicht einschläfernd, erst beim Lebenslauf horchte er wieder auf, nicht zuletzt deshalb war er gekommen. 1930 geboren, zwei Schwestern, aufgewachsen in Sumiswald, kaufmännische Lehre in Konolfingen, Welschlandjahr für Französischkenntnisse, hervorragende Stenographin, gewann Wettbewerbe, dann als Stenographin bei der Bundesversammlung, später Sekretärin beim Bundesamt für Kultur, Heirat mit Philipp Schaefer, kinderlos, Verlust des Mannes in den Bergen, schwerer Schatten, nach der Pensionierung Kampf mit beginnender Erblindung. Dann wieder Orgelstück auf der Kriechspur, Vaterunser, Einladung der Familie ins Restaurant Ratskeller an der Gerechtigkeitsgasse, Ausgangsstück Orgel, etwas munterer nun, Erleichterungsmusik sozusagen, und Auszug des Trauergrüppchens ohne erkennbare Trauer auf den Gesichtern, darunter der richtige Neffe, gefolgt von zwei halbwüchsigen Zwillingen, denen es in ihren Anzügen offensichtlich nicht wohl war. Ernst war nicht sicher, ob der andere Ernst ihn erkannte, da er eine alte Frau am Arm führte, der er sich zuwandte.

Auch sein Banknachbar in der letzten Reihe wartete, bis die Angehörigen den Raum verlassen hatten, und erhob sich dann gleichzeitig mit Ernst, um zum Ausgang zu gehen.

»Bergkollege?« fragte Ernst, als er zu ihm aufschloss.

Der andere nickte. »Lange her. Leider.«

»Und was ist ihm genau passiert?«

Sie blieben im Vorraum der Kirche stehen.

»Wenn wir das wüssten. Er kam von einer Tour nicht mehr zurück.«

»Wohin denn?«

»Hat er niemandem gesagt. Hatte die Skis dabei. Ich vermute, ins Jungfraugebiet. Vielleicht den Aletschgletscher hinunter Richtung Konkordiahütte oder von der Mönchsjochhütte über das Ewigschneefeld. War allein, kam in einen Wetterumschlag mit Schneefall, der auch alle Skispuren verwischte. Und Sie?«

»Habe die Frau ein bisschen gekannt. Fischer, SAC Zürich.«

»Ich bin der Sepp.« Der andere hielt ihm die Hand hin. Ernst schüttelte sie. »Fred. Hast du die Suchanzeige auch gesehen in den ›Alpen‹?«

»Ja, ich hab mich gemeldet bei Riedel.«

»Und was wollte er?«

»Sein Vater und Philipp waren zusammen im Krieg, Philipp war ja Deutscher, und Riedels Vater wurde verwundet in einem Lazarett zurückgelassen und muss Philipp ein wertvolles Buch anvertraut haben. Der hat ihm versprochen, es wieder zurückzugeben. Dann haben sie sich aus den Augen verloren.«

»Kommt etwas spät, die Suche. Und erst noch durch den Sohn.«

»Er soll nie über den Krieg gesprochen haben, sagte mir Torsten, erst als er am Sterben war.«

»War er hier?«

»Torsten? Ja. Wir sind zusammen zu Philipps Frau gegangen. Hat aber steif und fest behauptet, sie wisse von nichts. Haben zweimal in ihrer Bibliothek gesucht. Warst du mal bei ihr?«

Ernst nickte.

»Dann weißt du ja, wie's dort aussieht. Such mal eine Stecknadel im Heuhaufen. Gefunden haben wir nichts.«

Ernst trat einen Schritt zur Seite, um den Organisten vorbeizulassen. »Und weiß er denn, was es für ein Buch ist?«

»Soll eines der ältesten deutschen Bücher sein, Mittelalter, handgeschrieben. Ziemlich kostbar halt.«

»Sonderbar.« Ernst schüttelte den Kopf. »Na dann. Ich muss noch auf die Toilette. Tschau Sepp, vielleicht sieht man sich einmal auf einem Berggipfel.«

»Aber nicht allein gehen, gell? Tschau Fred.«

Als Sepp hinausging, erwarteten ihn zwei Männer, die ihm ihren Ausweis zeigten; ein paar Schritte daneben stand der Hauswart.

»Kriminalpolizei. Dürfen wir Ihnen ein paar Fragen stellen?«

Sepp war überrascht. »Worum geht's denn?«

»Um den Tod von Frau Schaefer. Können Sie sich ausweisen?«

Ernst hatte die beiden gesehen, als der Organist zur Tür hinausgegangen war, und sie hatten ihm nicht gefallen.

Er suchte die Toilette und fand sie in einem Nebenraum des Eingangs. Er öffnete die »HERREN«-Tür, schloss sich ein und dachte einen Moment nach. Der Raum war fensterlos. Dann machte er wieder auf und ging zur »DAMEN«-Tür hinein. Diese Toilette hatte zwar ein Fenster, aber es war vergittert.

Er verließ den Raum, versuchte so unauffällig wie möglich eine der zwei Türen daneben zu öffnen und fand sich in einem kleinen Abstellraum mit Lautsprecherboxen und Notenständern, in dem es zwei Fenster gab. Die Simse waren mit allerhand Kram belegt. Vom einen räumte er zwei große Kerzen weg und stellte sie auf ein Tischchen, dabei fiel ihm ein Fernbedienungsgerät in eine Kiste mit Kinderspielzeug, dann trug er eine ausgediente Kaffeemaschine auf eine der Boxen hinüber, stellte einen Stuhl unter das Fenster, öffnete es, kniete sich auf den Sims, der jetzt frei war, bückte sich, kroch durch die Öffnung hinaus und stand auf einem flachen Vordach, das vom Platz vor der Kirche aus nicht zu sehen war. Von oben war die Sicht durch eine Eibe geschützt, die aus einem darunter liegenden Garten direkt neben dem Vordach hinauf wuchs. Er zog das Fenster hinter sich zu, so gut es ging, und warf einen prüfenden Blick in den Garten, doch ein Sprung hinunter schien ihm der großen Höhe wegen nicht ratsam. Mit einem weiten Schritt gelangte er auf einen starken Ast der Eibe, kletterte vorsichtig, gegen Äste und Zweige kämpfend, auf dem Baum nach oben, bis er ein Bein über die Balustrade schwingen konnte, welche die Straße seitlich abschloss.

Zu einem älteren Paar, das sich erstaunt umdrehte, sagte er fröhlich »Wette gewonnen!« und hielt dazu den Daumen der rechten Hand hoch, bevor er mit zügigem Schritt über die Brücke dem andern Aareufer zustrebte.

»I told you in Switzerland everybody climbs«, sagte der Mann zu seiner Frau.

»Even up a tree?« sagte diese kopfschüttelnd.

Ernst klopfte sich die Kleider ab, wischte sich die Hände an seinem Taschentuch, ging dann den Muristalden hoch zwischen den Touristen am Bärengraben vorbei zum Helvetiaplatz hinüber, setzte sich dort ins Tram zum Hauptbahnhof, und am frühen Nachmittag saß er wieder vor dem Computer an seinem Arbeitsplatz und fuhr mit der Katalogisierung der Bücher fort, die auf seinem Tisch lagen.

Als er beim Abendessen die Würste aus der Gerstensuppe angelte, die Jacqueline zubereitet hatte, fragte sie ihn, ob er sich verletzt habe.

»Wieso das«, fragte Ernst zurück.

Jacqueline zeigte auf seinen linken Mittelfinger, an dessen Innenseite ein feiner roter Faden zu sehen war.

»Oh, tatsächlich«, sagte Ernst, »ist mir gar nicht aufgefallen.«

Er legte das Paar Siedwürste auf seinen Teller und fragte dann:

»Möchtest du es wirklich wissen?«

Jacqueline holte sich ihre Würste aus der Schüssel. »Ja, sicher.«

Ernst blickte auf seine kleine Wunde und atmete tief ein.

»Also, die Sache ist die, dass ich heute Vormittag in Bern einen Baum hochklettern musste, hinter der Nydeggkirche, zur Gerechtigkeitsgasse hinauf.«

Jacqueline legte die Gabel und den Suppenlöffel auf den Tisch. »Musstest?«

Ernst nickte.

»In Bern?«

»Ja, nach einer Abdankung. Ich habe die Kirche durch das Fenster eines Abstellraumes verlassen, was nicht ganz einfach war.«

Jacqueline lehnte sich auf ihrem Stuhl zurück, lächelte und sagte: »Du warst wohl auf der Flucht vor der Polizei?«

Ernst beugte sich etwas vor. »Woher weißt du das?«

Jacqueline schüttelte den Kopf und begann dann zu lachen. »Ich kenne dich doch, du alter Witzbold.« Sie stach ihre Wurst mit der Gabel an, dass etwas Wasser herausspritzte, säbelte sich das erste Rädchen ab und sagte dann: »Gut, dass du nicht geschossen hast. Guten Appetit, Mister Hemingway.«

Ernst schnitt seine Wurst an. »Gleichfalls, Miss Gellhorn«, und fügte dann hinzu, indem er seine Verletzung musterte: »Eine Buchecke schneidet manchmal besser als ein Messer.«

9

»in liip euuikan; amen.«

Sorgfältig hatte Haimo Buchstaben um Buchstaben gesetzt und das Credo mit dem Glauben an das ewige Leben abgeschlossen. Nach dem »n« von »amen« streute er etwas Sand auf das Pergament, legte den Gänsekiel auf den Tuchlappen auf seinem Pult, hob die Füße von seinem Schemel und ließ sie eine Weile baumeln. Dann sprang er mit einem Satz vom Stuhl, schrie so laut »Gloria!«, dass Maurus mit seiner Feder einen Strich über die halbe Seite machte und Gernot das Tintenfass umstieß, in das er gerade seine Feder tunkte. Bevor sie etwas sagen konnten, hatte er jeden von ihnen auf beide Wangen geküsst. »Fertig!« rief er, »ich bin fertig, fratres!« und sauste wie ein Wirbelwind aus dem Skriptorium.

Die zwei Schreiber waren so verblüfft, dass sie einen Moment sprachlos blieben. Dann machte sich Gernot seufzend daran, die ausgelaufene Tinte mit einem Lappen aufzuwischen, und Maurus setzte seinen Bimsstein am Ende des Striches an. »Die Jugend«, sagte er und schüttelte den Kopf.

»Was sagst du?« fragte Gernot.

Maurus hob seine Stimme. »Ich habe nur gesagt, die Jugend!«

»Ach ja, die Jugend …« murmelte Gernot und schaute mit einem Blick zum Fenster hinaus, in dem mehr Sehnsucht als Ärger lag.

Draußen tanzte Haimo über den Hof. Es regnete, aber er hatte keine Eile, ins Trockene zu kommen, sondern öffnete seine Handflächen, um die Tropfen zu empfangen, klatschte dann über dem Kopf in die Hände, drehte sich um sich selber, klatschte abermals, ging in die Knie, sprang in die Höhe und rief immer wieder »Gloria!«

Raginald trat aus der Tür des Abtes, ging erschrocken wieder hinein und sagte zu Sigido, der ihn fragend anblickte: »Ich glaube, in Haimo ist der Dämon gefahren.«

Der Abt stand auf, ging zur Tür und prallte fast mit Haimo zusammen, der ihn sogleich umarmen wollte.

Raginald packte den Novizen und hielt ihn davon ab: »Was fällt dir ein? Apage –«

»Frater abba«, rief Haimo, »frater abba, Abrogans finitus! Gloria!«, und er stieß einen Jauchzer aus, der durch den ganzen Kreuzgang hallte.

Der Abt legte Haimo die Hände auf die Schultern. »Beruhige dich, Haimo, wir freuen uns mit dir. Tritt ein, dann reden wir zusammen.«

Haimo schüttelte seine nasse Kutte und ging hinter dem Abt her in dessen Zimmer.

Hinter ihm kam Raginald, bereit, den Aufgeregten wieder in die Schranken zu weisen, aber der Abt bedeutete ihm mit einem Kopfzeichen, ihn mit dem Novizen allein zu lassen.

»Setz dich«, sagte er und wies auf einen Stuhl ohne Rücken- und Seitenlehnen. »Ist das Pergament im Skriptorium?«

»Ja, das Credo trocknet noch.«

Die zwei letzten Texte, die ihm der Abt zum Abschreiben gegeben hatte, waren das Vaterunser und das Credo.

»Wenn die Tinte getrocknet ist, kannst du mir alle Pergamente bringen. Raginald wird sie zurechtschneiden und binden, sobald uns Adalbrecht das neue Leder bringt, das er uns versprochen hat. Bist du froh?«

»Sehr froh, frater abba, sehr froh.«

»Hast du Gott gedankt, dass du diese Arbeit vollenden durftest?«

Haimo senkte den Kopf. »Noch nicht.«

»Du bleibst heute nach dem Abendgebet noch eine halbe Stunde in der Kapelle für ein Deo gratias.«

Haimo nickte.

»Es sind nun bald zwei Jahre her, seit du als Novize zu uns gekommen bist. In drei Wochen wirst du in der Sonntagsmesse in unsern Orden aufgenommen. Deine künftigen confratres freuen sich darauf. Bist du bereit dazu?«

Haimo atmete tief ein und nickte dann heftig.

»Wir werden deine Familie, von der du dich verabschieden wirst, um deinem Erlöser zu folgen, zur Heiligen Messe einladen.«

Haimo nickte und presste seine Lippen zusammen.

Der Abt erhob sich, Haimo erhob sich ebenfalls.

»Oder wolltest du noch etwas sagen?«

Haimo schüttelte den Kopf.

Der Abt trat ganz nahe zu ihm, sprach dann mit gedämpfter Stimme:»Ich danke dir von Herzen für das große Werk, das du getan hast.« Dann umfasste er ihn mit den Armen, drückte ihn fest an sich und presste ihm einen Kuss auf seine Lippen.

Haimo erschrak, löste sich aus Sigidos Umarmung, öffnete die Tür und entfernte sich rasch durch den Kreuzgang. Als er auf den Hof trat, hatte es aufgehört zu regnen, und hinter den Wolken kündigte sich die Sonne an.

Die Dankesbezeugung hatte ihn verwirrt. Nie war er von jemandem auf die Lippen geküsst worden, schon gar nicht von einem Mann.

Und gerne hätte er dem Abt auf dessen Frage etwas gesagt, aber die Worte waren ihm im Hals stecken geblieben.

Fast zwei Jahre lang hatte er nun zwischen den täglichen Gebetsstunden an diesem Wörterbuch geschrieben, und die Arbeit hatte ihm Freude gemacht und ihn mit Stolz erfüllt. Schon bald hatte er den Abt um rote Farbe gebeten, die er auch bekam, mit der Auflage, sparsam damit umzugehen, und er begann nun, die o's mit roten Tupfen zu füllen, so dass sie wie Rubine in den Text gestreut waren. Das gefiel ihm so gut, dass er auch manchem p diesen Schmuck angedeihen ließ, oder den d's, dann überhaupt allen, die eine Rundung hatten, welche man mit einer Füllung beschenken konnte, wie das f oder das c, bis ihn der Abt ermahnte, nicht zu übertreiben, wonach er anfing, bei gewissen Anfangsbuchstaben die senkrechten Striche mit einem zweiten roten Strich zu verstärken. Ein Wort wie »himil« verdiene das, sagte er einmal, als ihn Sigido deswegen zur Rede stellte, damit werde der Himmel in ein festliches Gewand eingekleidet. Dagegen ließ sich nun nichts einwenden, und der Abt, dem der Eifer und das Können seines jungen Schreibers gefielen, ließ ihn gewähren und brachte ihm seine Wörter auf den Schiefertafeln zum Abschreiben oder ließ sie ihm durch Raginald bringen.

Einmal, als Haimo eine neue Seite begann, hatte er Lust, eine schöne Majuskel zu zeichnen, wie er sie in den Messbüchern der zwei alten Schreiber sah, und er arbeitete einen ganzen Morgen lang an einem großen C, in dessen Bauch er ein kleines Kreuzmuster einflocht und ihm im oberen Teil etwas wie ein Fischauge zeichnete, mit feinen Schuppen darum herum, und Teile mit Rot ausfüllte, andere mit schwarzen Tupfen akzentuierte und wieder andere für die Farbe des Pergaments frei ließ.

Er war so versunken, dass er das Eintreten des Abtes nicht bemerkte, der ihm über die Schulter schaute und dann sagte: »Ein schönes Ornamentum – und für welches Wort?«

Haimo erschrak. »Copulat«, antwortete er.

»Und das heißt?«

Haimo errötete. »Verbindet, vermählt.«

Der Abt streichelte ihm den Nacken und strich ihm dann über die Haare. »Es gleicht einer Narrenkappe.«

Erstaunt schaute ihn Haimo an, aber Sigido lächelte nur, während sich Maurus und Gernot einen vielsagenden Blick zuwarfen.

Im Laufe der Monate wuchsen Haimos Gestaltungsfreude und der Mut, andere Formen auszuprobieren. Beim Buchstaben p verband er einmal alle Wortanfänge mit einer senkrechten Linie, die fast über die ganze Seite ging, und schmückte sie links und rechts mit roten Punkten. Bei der nächsten Seite machte er es ebenso.

Sigido war nicht erbaut darüber. Er drohte ihm mit dem Zeigefinger und sagte: »Haimo – nicht übermütig werden. Das ist ein Wörterbuch, kein Malbuch.«

Aber nach und nach merkte er, wie weit er mit den Ausschmückungen gehen konnte und was er sich dem Abt gegenüber erlauben durfte. Als Haimo ihn einmal darauf aufmerksam machte, dass das Wortpaar »ventus, wind« schon auf einer früheren Seite vorgekommen war, fuhr er ihm unwirsch übers Maul und sagte, den Inhalt könne er ruhig ihm überlassen.

Und nun stand er im Skriptorium und prüfte, ob das ewige Leben noch feucht war.

Maurus hob seinen Kopf. »Und – war der Abt zufrieden?«

»Ich glaube schon. Er hat mich umarmt.«

»Und geküsst vielleicht?«

»Ja, geküsst auch.«

Jetzt hob Gernot seinen Kopf. »Auf die Lippen?«

Haimo errötete. »Ja.«

Gernot pfiff leise und blickte zu Maurus. Dieser sagte: »Dann war er sehr zufrieden«, und beide kicherten vor sich hin, während sie sich wieder über ihre Manuskripte beugten.

Haimo schien es, sie wüssten etwas, das er nicht wusste, und ärgerte sich darüber. Dann öffnete er die Truhe, nahm vorsichtig alle seine beschriebenen Pergamente heraus, ging damit zum Pult und legte sie auf dasjenige mit dem Vaterunser und dem Glaubensbekenntnis.

»Du bist zur rechten Zeit fertig geworden«, sagte Maurus, »morgen kommt Adalbrecht mit dem neuen Leder, und bis zu deiner Professfeier ist dein Wörterbuch gebunden.«

»Meine Familie soll eingeladen werden, hat der Abt gesagt. Wisst ihr, wer ihr die Einladung bringt?«

»Der Abt wird sie Adalbrecht mitgeben. Aber sie ist nur für deinen Vater und deine Brüder.«

»Die Mutter gehört doch auch zur Familie.«

»Frauen dürfen nicht in die Klosterkirche.«

Haimo seufzte. Wie konnte er das nur vergessen.

»Fratres, darf ich wohl dem Adalbrecht einen Brief für meine Mutter mitgeben?«

Gernot lachte. »Kann sie denn lesen?«

»Vater kann lesen. Er liest es ihr dann vor.«

»Da musst du den Abt fragen. Üblich ist es jedenfalls nicht«, sagte Maurus, und Gernot fügte hinzu: »Aber in deinem Fall ...«, und wieder begann er leise zu pfeifen.

Als Haimo seine Pergamente wie einen Täufling auf beiden Armen trug, fragte er: »Kann mir einer von euch die Tür öffnen?«.

Sogleich stiegen beide von ihren Pulten. Maurus öffnete die Tür, Haimo ging hinaus, und die zwei Schreiber folgten ihm.

»Danke«, sagte Haimo, »mitkommen müsst ihr nicht.«

»Wir begleiten dich«, sagte Gernot, »schließlich warst du beim Schreiben in unserer Obhut.«

»Ein bisschen ist es also auch unser Buch«, fügte Maurus hinzu.

Haimo gab nach. »Gut, wenn ihr wollt …«

»Wir wollen«, sagte Maurus, »nicht wahr, Gernot?«

Dieser nickte. »Ja, und es ist besser so, nicht wahr, Maurus?«

Und beide lachten wieder ihr Lachen, das Haimo nicht verstand.

Als sie den Kreuzgang erreicht hatten und vor der Klause des Abts standen, klopfte Maurus mit dem Löwenkopf, und auf das »Herein!« öffnete er die Tür, ließ Haimo vorangehen, dann stellten sich die beiden links und rechts von ihrem Schützling auf, und Maurus sagte: »Frater abba, unser Novize hat sein Werk vollendet und möchte es dir hiermit übergeben. Das Skriptorium dankt dir, dass du uns diesen gelehrigen Schüler geschickt hast, und hofft, dass er uns auch nach seiner Profess als Schreiber erhalten bleibt.«

Sigido hieß Haimo mit einer Geste, das Manuskript auf den Tisch zu legen, und bedankte sich seinerseits bei den Skriptoren und bei Haimo.

Bevor er sie entließ, sagte Gernot, Haimo habe noch eine Frage.

Sigido blickte Haimo an und hob die Augenbrauen.

»Darf meine Mutter nicht in die Klosterkirche kommen?«

Der Abt nickte. »So ist es.«

»Darf ich ihr einen Brief schreiben und ihn Adalbrecht mitgeben?«

»Wenn du unserm Herrn Jesus Christus folgen willst, musst du Vater und Mutter zurücklassen. Da du jetzt noch

Novize bist, erlaube ich dir, diesen Brief zu schreiben. Wisse aber, dass dir nach deinem Eintritt ins Kloster der Kontakt mit deinen Eltern untersagt ist, denn fortan ist der Orden deine Familie.«

Als Haimo wieder im Skriptorium war, holte er mit der Zustimmung von Maurus und Gernot ein Probepergament aus der Truhe und zeichnete mit der Feder ein Herz darauf, das er mit karminroter Tinte ausfüllte. Dann schnitt er es mit dem Messer aus.

Als seine zwei Kollegen bei diesem Geräusch verwundert aufblickten, sagte er schnell: »Ich habe einen Fehler gemacht«, und steckte das kleine Blatt in seine Kutte.

»Du, einen Fehler?« fragte Gernot.

»Das kennen wir gar nicht an dir«, sagte Maurus.

»Aufgeregt bin ich, fratres, könnt ihr das verstehen?«

Maurus und Gernot nickten und senkten ihre Köpfe seufzend über die Pergamente, während Haimo langsam schrieb:

»Liebe Mutter, ich danke dir für alles. Haimo«.

Am nächsten Tag öffnete Raginald gegen Mittag die Tore des Klosterhofs, und ein Lastkarren, der von zwei Gäulen gezogen wurde, holperte über die Pflästerung. Auf dem Bock neben dem Kutscher saß Adalbrecht, und neben Adalbrecht saß ein junger Gehilfe, der nun dem Meister beim Abladen der gegerbten Lederstücke zur Hand ging. Die zwei Pferde wurden ausgespannt und vom Kutscher zum Klosterstall geführt. Da es der Abt erlaubt hatte, ging Haimo, als die Ladung abgelegt war und die Besucher zu Speis und Trank gebeten wurden, zu Adalbrecht und bat ihn, den Brief seiner Mutter zu überbringen, was ihm dieser gerne versprach. Das

Brieflein für Maria gedachte er dem Gehilfen zuzustecken, aber als er ihm in die Augen schaute, schoss ihm das Blut in den Kopf. Es war niemand anderes als Maria, die sich Jünglingskleider angezogen hatte und ihre Haare unter einer tiefliegenden Mütze verbarg.

»Das ist für dich«, sagte er leise und gab ihr die Hand.

»Danke«, sagte sie ebenso leise, zog ihre Hand wieder zurück und steckte das kleine Pergament in ihre Tasche.

10

»Die Landschaft hier oben verändert sich ständig«, sagte der Wanderleiter Dölf Abplanalp zu seiner Gruppe, mit der er am Rand des Oberen Eismeers stand. »Wenn ihr zum Beispiel dort hinüberschaut, seht ihr einen Wasserfall zum Fels herausschießen, der war vor zwei Jahren noch nicht da. Vorher floss das Wasser direkt in den Gletscher, unter der Oberfläche.«

Er hatte mit sechs deutschen Feriengästen am Nachmittag die Schreckhornhütte erreicht und war vor dem Nachtessen mit ihnen noch zum Gletscher hinuntergestiegen.

Staunend betrachteten sie die bizarren Eisgebilde, die sich wie ein erstarrter Zug keulenschwingender Riesen durch das Tal zwängten. Abplanalp hatte ihnen die Geschichte der jüngsten Bergstürze aus dem Eigermassiv erzählt, die zur Bildung eines bedrohlichen Gletschersees führten, hatte ihnen auch die übrig gebliebenen Grundmauern eines Berggasthofs gezeigt, der wegen eines drohenden Felsabbruchs niedergebrannt war und weiter oben wieder aufgebaut werden musste, und ihnen Zahlen zu der Gletscherschmelze genannt, die sich in den letzten Jahren ständig beschleunigte.

Die Séracs, die sie hier sähen, entstünden nicht zuletzt durch einen Gletscher, der unten am Boden schneller schmelze als an der Oberfläche, was auch ihre häufige Schieflage erkläre. Sie können jederzeit einstürzen und seien deshalb bei den Bergsteigern gefürchtet. Und wie zur Illustration seiner Aussage hörte man ein Krachen. »Dort oben!« rief eine Frau und zeigte auf einen Buckel des Gletschers, der sich über einer steil abfallenden Stelle wölbte. Eine zerstiebende Schneewolke zeigte an, wo der Eisturm gestanden hatte, von dem man noch einzelne Brocken hinunterkollern sah.

Die Männer hoben sofort ihre Feldstecher an die Augen und tauschten sich über das aus, was sie sahen. »Schau mal, da rollt immer noch ein Stück, schon weit unten.« »Gleich daneben steht noch ein Turm, der hält sicher nicht lang.« »Wo siehst du den, links?« »Nein rechts, über diesem kleinen Felsfleck.« »Ich sehe keinen Felsfleck.« »Wenn du von der Mitte der Abbruchstelle langsam nach rechts gehst, siehst du doch einen Fleck. Den meine ich.« »Aha, ja, ich hab ihn. Das soll ein Fels sein?« »Was sonst?« »Mitten im Eis? – Kann das sein, Dölf?« Der Fragesteller senkte sein Fernglas und wandte sich an den Wanderleiter. Der nahm nun seinerseits seinen Jagdfeldstecher und suchte die Stelle ab. Als er den Fleck gefunden hatte, drehte er ein bisschen am Fokussierrad, um die Bildschärfe zu verbessern, und schaute sehr lange hinüber, bevor er das Gerät langsam sinken ließ.

Die ganze Runde blickte ihn fragend an.

»Es ist kein Fels«, sagte er.

»Siehst du? Hab ich mir gedacht. – Was ist es denn?«

»Eine Jacke.«

»Aua, da friert aber einer!«

Der Witzemacher war der Einzige, der über den Scherz lachte.

»Ich muss die Polizei anrufen«, sagte Dölf, »es ist nicht nur eine Jacke, es steckt noch jemand drin.«

Beim Nachtessen saßen die Leute an vier Tischen, einer war mit Dölf und der Wandergruppe besetzt, an zwei andern waren ein Walliser und ein Berner Oberländer Bergführer mit ihren Gästen, am vierten saßen zwei Engländer. Außer den Wanderern wollten alle am nächsten Tag aufs Schreckhorn, obwohl die Prognose gegen Abend einen Wetterumschlag voraussagte.

Als der Hüttenwart und seine Gehilfin das geschnetzelte Kalbfleisch und den Reis auftrugen, war das gedämpfte Knattern eines Helikopters zu hören. Dölf stand auf und ging mit dem Hüttenwart hinaus. Drüben am Gletscher stand der Helikopter in der Luft still und ließ einen Retter an einem Seil hinunter. Der rekognoszierte, immer am Seil, das Gelände rings um die gefrorene Leiche und wurde dann wieder hochgezogen. Nach und nach waren alle Gäste aus der Hütte getreten, auch die Köchin in ihrer Schürze, und mit ihnen der Hüttenhund.

»A dead man?« fragte einer der Engländer.

Dölf und der Hüttenwart nickten.

»I saw him first this afternoon«, sagte einer der Deutschen.

Zwei Minuten später senkte sich der Helikopter auf den

Landeplatz neben der Hütte, und der peitschende Wind der Rotoren trieb die Zuschauerschar in die Gaststube zurück. Abplanalp und der Hüttenwart blieben draußen.

»Esst, sonst wird es kalt!« sagte die Köchin, und alle stocherten mit ihren Gabeln in dem Geschnetzelten, aber der Appetit war nicht mehr derselbe. Nur die zwei Engländer ließen sich nicht beirren. »Poor guy«, sagte der eine, und »Never cross a glacier alone«, der andere, bevor sie sich ihre Reisportionen auf die Teller schaufelten.

Kurz darauf hob der Helikopter wieder ab und entschwand talwärts, und Dölf kam herein und setzte sich an den Tisch.

»Sie machen die Bergung morgen früh«, sagte er, »der Ort ist nicht ganz einfach.«

Die Gäste des Walliser Führers, ein Mann und eine Frau um die dreißig, schauten etwas betreten drein. »Keine Angst, wir packen das schon«, sagte er zu den beiden, »am Schreckhorn hat's keinen Gletscher.«

Gleich nach dem Essen gingen die Bergsteiger zu Bett, Tagwacht für das Schreckhorn war um halb drei angesagt, während die Führer und die Wandergruppe noch sitzen blieben. Die Bergführer bestellten beim Hüttenwart, der sich nachher auch zu ihnen setzte, einen halben Liter Rotwein, die Deutschen tranken Bier.

Ob man denn eine Ahnung habe, wer das sei, fragte einer von ihnen.

Dölf schüttelte den Kopf. Da müsse man zuerst sehen, wie viel von ihm noch übrig sei. Vielleicht finde man auch seinen Ausweis.

Der Berner Bergführer sagte, es könnte der Kollege sein, der seit 1973 vermisst werde und nach dem man die Biwakhütte am Mittellegigrat benannt habe.

Das habe er auch gedacht, sagte Dölf, er hoffe es sogar, er habe ihn noch gekannt, sie hätten zusammen die Aspirantenklasse durchlaufen, ein Draufgänger sei er gewesen, sei einmal in einer Stunde die vereiste Südwand des Nadelhorns buchstäblich hinaufgerannt, solo, sie hätten ihn alle bewundert, und irgendwie wäre es gut, wenn diese Geschichte ein Ende fände.

Ob das öfters vorkäme, dass die Gletscher eine Leiche wieder freigäben, fragte eine der deutschen Frauen.

Ja, mit der Klimaerwärmung wieder mehr, sagte Abplanalp, und der Walliser erzählte von den drei Lötschentaler Brüdern, die 1926 zu einer Tour aufgebrochen waren, von der sie nie mehr zurückkehrten, und deren Skelette nach über 80 Jahren am Rand des Aletschgletschers wieder gefunden worden waren.

Und dann kam die Rede auf andere Verunglückte, auf die zwei jungen Bergführer, die vor Jahren bei einer Besteigung des Eigers über den Westgrat im November vom Wind in die Tiefe geweht worden waren, Brüder auch sie, oder den Walliser Extrembergsteiger, der als dritter Alpinist alle Achttausender des Himalaya bestiegen hatte und auf einer relativ gewöhnlichen Tour abstürzte, den Bündner Führer auch, der 13 der 14 Achttausender ohne Sauerstoffmaske erklommen hatte und beim Abstieg vom Piz Bernina auf der Normalroute mit zwei Gästen am Seil zu Tode gekommen war, die zwei Kletterer, die es kurz unterhalb des Gipfels in der Wetterhorn-Nordwand getroffen hatte und bei deren Bergung Dölf, als er noch Bergführer war, dabei war, und auf einmal füllte sich die Gaststube mit unsichtbaren Toten, die ihrer Sehnsucht gefolgt waren, hoch oben zu sein, über Grate zu gehen, die nicht für Menschenfüße gemacht waren, und ihr Herz auf die Probe zu stellen beim Durchsteigen abweisender Felswände und dem Versuch, dem Wort »unmöglich« seine Gültigkeit abzusprechen.

Eigentlich war es nicht üblich, dass man unter Bergführern, wenn Gäste dabei waren, über Unfälle sprach, aber da die Gruppe von Dölf nicht aus Gipfelstürmern bestand, sondern bloß aus Wanderern, hatten die drei, vielleicht ohne es zu merken, ihre Vorsicht fallen gelassen, als hätte der Fund auf einmal den ganzen Schrecken freigesetzt, der in den Bergen lauerte.

Ob der Preis für das Bergsteigen nicht zu hoch sei, fragte die Frau, die den zusammenstürzenden Eisturm zuerst gesehen hatte.

Die Frage könne sie sich auch beim Autofahren stellen, sagte der Walliser, und dort gebe es mehr Tote als in den Bergen.

Damit war die Sachlichkeit wieder hergestellt, die Führer tranken ihren Wein aus, Abplanalp sagte zu den zwei Kollegen: »Also, Giele, passet uf morn!«, man wünschte sich allseits eine gute Nacht und ging in die Schlafräume.

Als die Wandergruppe am nächsten Morgen beim Frühstück saß, wurde auf dem Gletscher drüben bereits an der Bergung des Toten gearbeitet. Abplanalp hatte seinen Kaffee nach draußen genommen und verfolgte mit dem Hüttenwart zusammen durch seinen Jagdfeldstecher die Vorgänge. Da der Tote in einer Eiswand zum Vorschein gekommen war, hatte man oberhalb der Wand eine Standfläche eingerichtet, von der aus zwei Männer gesichert wurden, die zu ihm abstiegen. Der eine versuchte ihn offenbar mit einer Fräse aus dem Eis herauszulösen, während der andere einen Leichensack für seine Überreste bereit hielt.

»Wollt ihr euch das antun?« fragte Abplanalp, als zwei seiner Gäste ebenfalls mit einem Fernglas vor die Hütte traten.

»Du tust es dir ja auch an«, entgegnete der eine.

»Stimmt. Ich hab das eben früher selbst gemacht.«

Gleich danach landete ein Helikopter neben der Hütte. Der Pilot stieg aus, grüßte sie und sagte zum Hüttenwart, er warte lieber hier, auf dem Gletscher finde er kaum eine sichere Landefläche, er sei zu zerklüftet.

»Ja«, sagte die Gehilfin, die mit einer dampfenden Tasse kam, »und hier gibt's sogar Kaffee.«

Der Pilot bedankte sich und nahm einen Schluck. Aus seinem Funkgerät war ab und zu die durch Rauschen zerquetschte Stimme des Einsatzleiters vom Standplatz oberhalb der Eiswand zu hören. Dann meldete sich die Basis in Lauterbrunnen mit der Mitteilung, der Staatsanwalt sei eingetroffen, und sie brächten ihn zur Schreckhornhütte.

Der Staatsanwalt? Die Wanderer wunderten sich.

»Jeder tödliche Unglücksfall in den Bergen wird gerichtlich abgeklärt«, sagte Dölf, »auch wenn er schon weiter zurückliegt.«

Und was denn nun passiere, wenn der Tote geborgen sei? Dann komme er zuerst ins Leichenhaus und danach zur

Gerichtsmedizin. Dort müssten sie herausfinden, wie lange er schon im Gletscher gelegen habe.

Dann packte er seinen Feldstecher ein und sagte: »Aber so lang können wir nicht warten. Macht ihr euch bereit, bitte? In einer Viertelstunde ist Abmarsch.«

Und während sie wenig später auf dem steilen Hüttenweg nach Grindelwald marschierten, flog über ihren Köpfen ein Helikopter das Tal hinauf, mit einem jungen Staatsanwalt in Bergausrüstung an Bord, dem es davor graute, dem ersten Bergtoten seiner Laufbahn zu begegnen.

11

Es war im Januar des Jahres 776, als ein Mann und eine Frau mit einem Esel im Schneegestöber vor der Pforte des Klosters St. Gallen standen. Der Mann war mit einer Mönchskutte bekleidet, die Frau trug in einem Umschlagtuch einen Säugling. Der Esel hatte zwei Säcke aufgeschnallt. Die zwei Menschen hatten bewegte Jahre hinter sich.

Haimo war, nachdem er nächtelang geweint hatte, in einem feierlichen Gottesdienst in den Orden eingetreten. Als dann die Fratres in Wessobrunn baten, ihnen das Wörterbuch, von dem sie gehört hatten, zum Abschreiben zu bringen, schickte ihn Sigido mit dem »Abrogans« in den Süden Bayerns und gab ihm den Auftrag, während der Zeit, in dem der »Abrogans« abgeschrieben würde, seinerseits eines der Werke des Heiligen Augustinus abzuschreiben und nach Weltenburg zurückbringen zu lassen. Er selbst solle sich nachher mit dem »Abrogans« auf den Weg nach Rom machen und von dort in ihr Mutterkloster Montecassino, dabei aber in den Skriptorien von St. Gallen südlich des Bodensees und von Bobbio im langobardischen Königreich Halt machen, sich dort jeweils im Gegenzug für das Kopieren des »Abrogans« eines oder mehrere Bücher abschreiben, in St. Gallen gebe es reichlich Heiligenviten, aus Bobbio seien es die Werke Columbans, die er gerne lesen würde, zum Beispiel sein Buch über die Buße, und in Montecassino müsse die Benediktinerregel aufbewahrt werden, die der Heilige Benedikt noch selbst abgefasst habe, und das wäre das größte Geschenk, das er von seiner Wanderung zurückbringen könne. Wenn er der Donausüdstraße von Kelheim bis zu den Burghöfen folge und dort auf der Via Claudia Augusta weiter nach Süden gehe, werde er Wessobrunn am Ammersee erreichen.

Haimo wunderte sich ein bisschen, dass der »Abrogans« nicht für das Kloster gedacht war, sondern einem Austausch dienen sollte, und fragte, wie lange denn diese Wanderung dauern werde, und der Abt sagte ihm, wenn er in den Skriptorien von Wessobrunn, St. Gallen, Bobbio und Montecassino je ein Jahr verbringe, müsste er in fünf oder sechs Jahren wieder zurück sein. Wenn es Gottes Wille sei, werde er dann sein Amt als Vorsteher des Klosters Weltenburg immer noch versehen, und er freue sich, ihn dann als gereiften und erfahrenen Frater wieder in die Arme zu schließen. Damit er nicht mit einem nutzlosen Wandermönch verwechselt werde, denen es bekanntlich nur darum gehe, überall die lateinische Zehrung zu bekommen, habe er ihm ein Empfehlungsbreve geschrieben. Er überreichte ihm ein gerolltes Pergament, drückte ihn dann heftig an sich und küsste ihn innig auf den Mund.

Als Haimo das Skriptorium betrat und den beiden Schreibern mitteilte, dass er vom Abt auf eine lange Reise geschickt werde, die fünf oder sechs Jahre dauern könne und auf die er morgen aufbrechen werde, fragte ihn Maurus:

»Hat dich der Abt zum Abschied umarmt?«

Haimo nickte.

»Und geküsst?«

Haimo nickte erneut.

»Auf die Lippen?« fragte Gernot, und Haimo nickte nochmals.

Aber ihr Kichern blieb aus, stattdessen traten Maurus Tränen in die Augen, und Gernot schaute äußerst bekümmert auf das Pergament, das vor ihm lag.

Haimo war überrascht und verlegen. Er hatte sich immer als Neuling gesehen und war nie auf den Gedanken gekommen, dass er den zwei älteren Brüdern etwas bedeuten könnte.

»Gott sei mit dir«, sagte Maurus und reichte ihm die Hand.

»Wir werden uns nicht mehr sehen«, sagte Gernot traurig und reichte ihm ebenfalls die Hand.

»Danke«, sagte Haimo, »ich war gern bei euch«, und zu seinem Erstaunen kamen auch ihm die Tränen.

Aber als er am nächsten Morgen vom Kloster zur Landstraße hinaufstieg, schlug er nicht den Weg nach Kelheim ein, der ihn südwärts gebracht hätte, sondern, nachdem er sich vergewissert hatte, dass ihm niemand nachschaute, den Weg zurück nach Regensburg.

Seine Mutter war sehr überrascht, als gegen Abend ein Mönch bei ihr vorsprach. Erst als er seine Kapuze zurückschlug, sah sie, dass er niemand anderes war als ihr jüngerer Sohn. Er sei, sagte er ihr, vom Abt auf eine mehrjährige Reise ins große Hauptkloster Montecassino geschickt worden und wolle sich von ihr verabschieden, da sie in der Kirche nicht dabei sein durfte, und ob sie ihm nicht etwas Geld mitgeben könne, für alle Fälle, er wisse nicht, ob er immer in Klöstern oder Christengemeinden Unterschlupf finde. Seine Mutter holte ein Beutelchen mit Silbermünzen aus dem Spind, ihrem sorgfältig verwahrten Erbe, steckte es ihm zu und umarmte ihn dann unter Tränen. Haimo bat sie, zu Maria zu gehen, von der er sich ebenfalls verabschieden wolle, und ihr zu sagen, er würde sie gerne nach Einbruch der Dunkelheit am Donauufer bei der großen Linde sehen, wo sie sich früher öfters getroffen hatten. Die Mutter, die nie verstanden hatte, wieso ihr Sohn ein Klosterleben führen solle, versprach es ihm, und er zog seine Kapuze wieder tief in die Stirn und machte sich eilig aus seinem Elternhaus davon.

Zwei Wochen später verließ ein Benediktinermönch die bajuwarische Siedlung Strupinga am Ufer der Donau. Er führte einen Esel mit sich, den er auf dem Markt von einem Bauern gekauft hatte, und neben dem Esel her, auf dem zwei Säcke aufgeschnallt waren, ging höchst vergnügt ein Stallbursche. Haimo hatte hier auf Maria gewartet; er hatte einen andern Weg gewählt, als ihm der Abt vorgegeben hatte, für den Fall, dass jemand auf die Idee kommen sollte, ihn zu suchen.

Maria hatte ihre Flucht sorgfältig vorbereitet. Sie hatte zwei Freundinnen am Brunnen geklagt, dass sie wegen

Haimo großen Liebeskummer habe und sich lieber in die Donau stürzen wolle, als ihn ein Leben lang hinter Klostermauern zu wissen und selber irgendeinen Geldsack heiraten zu müssen.

Dann war sie zu Haimos Mutter gegangen und hatte sie um ein Hemd und eine Hose von Haimo gebeten, zum Andenken an ihn, den sie ja nun an den Heiland verloren habe, und die Mutter, welche Maria schon lange in ihr Herz geschlossen hatte, gab ihr dieses Andenken gerne. Sie legte seine Mütze dazu und wickelte die Kleidungsstücke um die letzten Sandalen, die Haimo getragen hatte und die nun, da es keinen jüngeren Bruder gab, nicht mehr von Nutzen waren. Maria drückte ihr Gesicht in das Bündel und seufzte, wie schön es sei, wenigstens an ihrem Liebsten riechen zu können, der nun durch Mauern von ihr getrennt sei, nahe und doch so fern, und sie wisse nicht, wie lange sie das noch aushalte.

In einer der nächsten Nächte, nachdem es zwei Tage lang geregnet hatte, schlich sie sich mit einer Laterne zur Linde an der Donau hinunter, zog dort ihre Kleider aus, legte das Pergamentstücklein mit dem Herzen dazu, schlüpfte in Haimos Gewand und machte sich auf dem Uferpfad so schnell es ging flussabwärts davon.

Als Marias Bett am Morgen leer blieb und Adalbrechts Frau die Freundinnen ihrer Tochter aufsuchte, um zu fragen, ob sie etwas über deren Verbleib wüssten, erschraken diese, rannten mit Frau Adalbrecht zur Donaulinde hinunter und fanden dort Marias Kleider. Das Pergament mit dem Herzlein lag zuoberst, und nun war es gewiss, dass sich das arme Mädchen ertränkt hatte.

Sie war nicht die Erste, die diesen Tod wählte. Manchmal wurde eine Leiche weiter unten ans Ufer gespült, aber wenn die Donau hoch ging, fand man die Ertrunkenen nie wieder. Jetzt ging die Donau hoch, und so wurde am Tag, als Maria an Haimos Seite von Strupinga nach Süden aufbrach, in Regensburg für sie eine Totenmesse gelesen, für die Adalbrecht einem Kaplan einen beachtlichen Betrag zuschieben musste, denn Selbstmörder waren keine würdigen Mitglieder der Kirche, sondern hatten sich gegen Gott und sich selbst schwer versündigt. Wenigstens musste man nicht um ein Grab für die Tochter bitten, auch das hätte nochmals einer ordentlichen Summe bedurft, damit man sie trotz allem innerhalb der Friedhofsmauern hätte bestatten dürfen.

Auch Haimos Mutter mischte sich unter die wenigen, die an der mit großer Heimlichkeit abgehaltenen Messe teilnahmen, aber während Adalbrechts Frau und Marias Freundinnen zum Steinerweichen schluchzten, dachte sie daran, dass sie nichts von Haimos Kleidern gehört hatte, setzte eine bekümmerte Miene auf und dachte sich ihr Teil.

Haimo aber hatte sich beim Pfarrer von Strupinga nach der nächsten größeren Siedlung im Süden erkundigt, und so zog er nun mit seinem Stallknecht nach Thingolfinga, auf einer Landstraße, die sich durch Wälder und Felder zog und auf der Menschen mit Ochsenkarren, zu Pferd oder zu Fuß unterwegs waren. Als er Maria gefragt hatte, wie sie als sein Bursche heißen wolle, sagte sie »Almar«, da sei etwas von Adalbrecht und von Maria drin.

In Heuschobern, Pfarreien und kleinen Klöstern nächtigend, manchmal auch in Herbergen, die Almar aus dem Beutel mit Haimos Silbermünzen bezahlte, fragten sie sich nach Wessobrunn durch. Dort wurde Haimo nach Vorzeigen von Sigidos Geleitbrief sehr freundlich empfangen, sein »Abrogans« wurde sofort einem älteren Skriptor zum Abschreiben gegeben, während man ihm die »Confessiones« des Augustinus vorlegte, die er mit seinen klaren, fein gezogenen Buchstaben auf Lateinisch niederzuschreiben begann.

Almar wurde gerne in den Stallungen beschäftigt, wo gerade ein Knecht an der Schwindsucht gestorben war, er striegelte und fütterte Pferde und Esel zur Zufriedenheit des Bruders Stallmeister, der sich ein bisschen wunderte, warum Almar immer noch keinen Stimmbruch hatte, was ihm dieser damit erklärte, dass in seiner Familie alle Männer den Stimmbruch erst um das zwanzigste Lebensjahr bekommen hätten. Haimo bekam zum Übernachten einen Platz im Dormitorium zugewiesen, Almar schlief bei den Laienbrüdern.

Haimo hatte dem Abt erklärt, dass Sigido sehr interessiert sei, etwas über die Umgebung des Klosters zu erfahren, und ihn um eine kurze Beschreibung gebeten habe, und so bekam er das Privilegium, an schönen Tagen gelegentlich einen Ausflug zu machen, bei dem er sich von seinem Esel und seinem Stallknecht begleiten ließ. Dem Esel schnallte Almar ein Stativ auf, während Haimo eine Tasche mit Tintenfass, Messer und Federkiel umgehängt hatte. Damit fertigte er kleine Zeichnungen an, die er mit Sätzen erläuterte wie »Am Ufer des Lech«, »Das Kloster, zum Gebirge schauend« oder »Der Ammersee, von Gott gesegnet«. Der Abt Ilsung lobte ihn dafür.

Nach etwas mehr als einem Jahr allerdings ereignete sich Ungewöhnliches im Kloster Wessobrunn. Dem Bruder Stallmeister war aufgefallen, dass Almar an Gewicht und Umfang in einem Maß zunahm, das man nicht nur der guten Ernährung mit bajuwarischem Hafermus und Gerstensuppe und dem schmackhaften Klosterbrot zuschreiben konnte, und er machte dem Abt Meldung davon. Dieser knöpfte sich den Stallburschen vor und berief dann den Rat des Klosters ein, der aus den ältesten Fratres bestand. Auch Haimo wurde einbestellt und musste vor dem verschlossenen Refektorium warten. Auf einmal drang aus dem Saal ein gewaltiges Gelächter, wie er es in diesem Kloster noch nie gehört hatte. Der Abt hatte den versammelten Mönchen soeben mitgeteilt, dass der Stallbursche Almar schwanger war.

Als Haimo hereingelassen wurde, klopften sich die Brüder immer noch auf die Schenkel, auf die eigenen und die ihrer Nachbarn, und beugten sich vor und zurück, von Lachen geschüttelt. Als der Abt allerdings mit einem silbernen Hammer auf den Tisch klopfte, waren nur noch einzelne Pruster zu hören, und es wurde schnell ruhig. Ilsung eröffnete Haimo, dass er sich einer schweren Sünde schuldig gemacht habe, indem er sich nicht nur als Mönch mit einem Weibe eingelassen hatte, sondern auch so weit gegangen war, ihnen die wahre Natur Almars zu verheimlichen.

Sie hätten sie nun zu einer Wehmutter ins Dorf geschickt, wo sie bis zur baldigen Geburt weilen könne, aber sobald sie eines Kindleins entbunden sei, werde weder sie noch Haimo im Kloster weiter geduldet. Die Confessiones, die er abgeschrieben habe, werde er bei Gelegenheit der nächsten Farblieferung dem Frater Abba von Weltenburg bringen lassen, er aber solle seinen »Abrogans« nehmen und sich auf den weiten Weg nach Montecassino machen.

Haimo kniete vor dem Abt nieder und bat ihn und die Brüder, ihm zu verzeihen, er schreibe gerade das Kapitel der Confessiones ab, in dem der Heilige Augustinus von seinen Versuchungen erzähle, und er selbst sei eben kein Heiliger und sei den Versuchungen erlegen. Ob sie ihm aber die Gnade zugestehen würden, das Kindlein in der Klosterkirche zu taufen, damit es seinen Weg ins Leben mit dem Segen unseres Heilands antreten könne.

Und so schrieb Haimo das Kapitel mit den Versuchungen zu Ende, nach zehn Tagen wurde das Kindlein auf den Namen Tassilo getauft, und als sich der Stallbursche Almar von den ungewohnten Anstrengungen erholt hatte, setzte er sich als Maria in Frauenkleidern, die ihm die Wehmutter geschenkt hatte, auf den Esel und zog mit Haimo bei einsetzenden Herbststürmen in Richtung des Bodensees davon, und zwei Dutzend Benediktinermönche standen vor den Pforten des Klosters und winkten ihnen nach.

Und jetzt also St. Gallen.

12

Sie saßen auf dem kleinen Gartenplatz, der an die Mauer des Nachbarhauses grenzte, und genossen den milden Maiabend. Jacqueline hatte eine Studienkollegin zum Nachtessen eingeladen, der sie kürzlich zufällig am Bahnhof begegnet war, und daraus war eine spontane und kurzfristige Einladung geworden. Regula, die Privatdozentin für Germanistik war, hatte ihren Mann Oliver mitgebracht, einen Computerfachmann, und Ernst hatte, da Regula Vegetarierin war, Kräuterseitlinge, Auberginen und Peperoni auf den Gartengrill gelegt, Jacqueline hatte chinesische Nudelnester und einen üppigen Salat beigesteuert, und nun waren sie beim Dessert angelangt, einer Vanilleglace mit warmen Beeren, zu dem Ernst in kleinen Gläsern einen Muskatwein aus dem Languedoc anbot.

Sie hatten sich zuerst über ihre Lebensläufe unterhalten, die beiden Frauen hatten einander nach Studienkolleginnen und -kollegen gefragt, die sie aus den Augen verloren hatten, dann kam das Gespräch auf Bibliotheken und die veränderten Lesegewohnheiten, auf die Gefährdung des

Buches durch die neuen Medien, die etwa dazu führe, dass Bibliotheken an Mittelschulen, aber auch die Publikumsbibliotheken immer mehr Schwierigkeiten hätten, die 15- bis 20-Jährigen als Leser zu behalten. Oliver musste das E-Book verteidigen, sah sich mit dem gesammelten Unbehagen an Systemen konfrontiert, als deren Vertreter er angesehen wurde, die Korrekturprogramme kamen zur Sprache, die aus einem Herrn Schubiger einen Herrn Schäbiger machten oder das Fricktal in ein Tricktal verwandelten und eine Stadt wie Dietikon schlicht nicht kannten und schamlos behaupteten, man habe damit wohl ein Distichon gemeint. Das Wort »Bevormundung« fiel, und die leicht gereizte Versicherung des Fachmanns, jedes Korrekturprogramm könne sehr leicht eliminiert werden, fruchteten wenig, bis ihm Ernst mit der Bemerkung den Rücken stärkte, das Bibliothekswesen sei ja heute ohne Digitalisierung genau so wenig denkbar wie Zug- und Flugverkehr oder irgendein größeres organisatorisches Gebilde, man finde sich einfach immer wieder in Situationen, in denen man Hilfe brauche, und dann seien sie alle froh, wenn ihnen jemand wie Oliver aus der Patsche helfe.

Um das Gespräch auf ein anderes Gebiet zu lenken, erzählte er, wie er kürzlich beim Kauf einer Kerze wissen wollte, wo sie hergestellt worden sei, und beim Blick auf die Unterseite neben »Made in Poland« ein Verfalldatum gefunden habe, und zwar den 24.3.2338. Diese Garantie für eine über 300-jährige Lebensdauer sei ihm als eine Mischung aus Kühnheit, Dummheit und Frechheit erschienen, und er habe sich gefragt, ob er den Hersteller in einem Brief zur

Rede stellen solle, doch Jacqueline tue so etwas als Zeitverlust ab – nein, fiel ihm Jacqueline ins Wort, da drohe doch immer die Rechthaberei, und die tue niemandem gut, und lange Zeiträume seien auch etwas Schönes, da gebe es diese Orgel in Halberstadt, die ein Stück von John Cage spiele, das dieser mit der Anweisung »as slow as possible« versehen habe, und die sei so programmiert, dass nur alle paar Jahre der nächste Akkord folge, und das ganze Stück werde, wenn sie sich recht erinnere, etwa im Jahr 2600 zu Ende gespielt sein. Die Orgel sei in einer Kirchenruine eingerichtet worden, und man begebe sich dort in einen Klangraum hinein, der etwas ausgesprochen Tröstliches habe, es fänden sich jeweils, wenn der nächste Ton angekündigt werde, sehr viele Menschen ein, die das wie ein Ereignis feierten, man nehme dann Teil an etwas, das ein Menschenleben überdaure und das auch mit der Hoffnung verbunden sei, dass die Kunst die Wirren der Zeit überleben werde. Da wäre eine langlebige polnische Kerze gar nicht so fehl am Platz, meinte Oliver, was Jacqueline etwas verstimmte, und Regula sagte, ein halbes Menschenleben sei ja schon ein langer Zeitraum, und ob sie das heute auch gelesen hätten, dass im Berner Oberland die Leiche eines Berggängers gefunden worden sei, der 1980 umgekommen und jetzt vom Gletscher wieder freigegeben worden sei, und zwar so gut konserviert, dass man ihn habe identifizieren können.

Ernst rutschte die Flasche aus der Hand, mit der er gerade die Gläser hatte nachfüllen wollen, er hob sie vom Rasen wieder auf, ohne dass viel verschüttet war, und ja, rief Jacqueline, das habe sie auch gelesen, und da sei ihr

gleich die Geschichte von Johann Peter Hebel in den Sinn
gekommen, wie hieß sie doch, vom Bergmann, der als junger Mensch in der Mine verunglückt, und als er nach einem
Menschenleben wieder ausgegraben wird, weiß niemand
mehr, wer das ist, außer seiner Braut, die inzwischen eine
uralte Frau geworden ist.

»Unverhofftes Wiedersehen«, sagte Regula, daran habe sie
auch denken müssen, und da es sich zeigte, dass Oliver der
Einzige war, der von dieser Geschichte noch nie gehört hatte,
holte Jacqueline Hebels »Schatzkästlein« aus ihrer Bibliothek und begann die kleine Erzählung vorzulesen, in der
mit wenigen Worten beschrieben wird, was alles während
eines Menschenlebens geschehen kann, vom Erdbeben zu
Lissabon bis zur Französischen Revolution, doch als sie zur
Stelle kam, wo der Jüngling, von Eisenvitriol durchdrungen
und völlig unverwest, als habe er nur grad eine Stunde geschlafen, gefunden wurde und die alte Frau sagte, das sei ihr
Verlobter, um den sie fünfzig Jahre lang getrauert habe und
den Gott sie vor ihrem Tod nochmals sehen lasse, versagte
Jacqueline die Stimme, und sie gab das Büchlein Regula
weiter, damit sie es fertig lese, doch sie kämpfte schon beim
nächsten Satz mit den Tränen und reichte es Ernst, aber
als man den Leichnam ins Stüblein der Frau legte und sie
ihm sein schwarzseidenes Halstuch umlegte, das sie ihm zur
Hochzeit gestickt hatte, schaute auch er sich hilfesuchend
um, und Oliver nahm ihm das Büchlein aus der Hand und
las mit ruhiger Stimme die Geschichte zu Ende, in der die
alte Frau ihrem jungen Bräutigam im Sonntagsgewand zum
Kirchhof folgt, und dann saßen alle da und schneuzten sich

und waren überrascht, wie sehr eine 200-jährige Geschichte ihre Gemüter erweicht hatte.

Später am Abend, als die Gäste gegangen waren und Jacqueline das Geschirr in die Spülmaschine räumte, fragte Ernst sie, wo sie das gelesen habe mit dem toten Alpinisten. In einer Gratiszeitung, aber das finde er wohl auch im Internet, sagte sie, und der sei bestimmt allein unterwegs gewesen, ob er sich das bitte als warnendes Beispiel merken wolle, sie habe nicht Zeit, 40 Jahre zu warten, bis es einem Gletscher gefalle, ihn wieder auszuspeien. Er werde nie allein über einen Gletscher gehen, entgegnete Ernst, da könne sie beruhigt sein.

Wieso er dann so erschrocken sei, fragte Jacqueline, der nicht entgangen war, dass er bei Regulas Erwähnung der Nachricht die Flasche hatte fallen lassen.

Jeder, der in die Berge gehe, sagte Ernst, erschrecke über eine solche Nachricht. Jeder, der in die Berge gehe, sei überzeugt, dass ihm nichts passiere, und gerade deshalb wolle man wissen, was dem, der verunglückte, wirklich passiert sei und welchen Fehler er wohl gemacht haben könnte, einen Fehler, den man selber bestimmt nicht machen würde, jedenfalls hoffe das jeder, der in die Berge gehe. Gleich werde er nachschauen, was man über den Verunglückten wisse, aber da es sich um einen einzelnen Toten gehandelt habe, sei er wohl allein, also unangeseilt und ungesichert, über einen Gletscher gegangen, und das sei einer der größten Fehler, die man machen könne, einer der Fehler, die jedem bekannt seien, der in die Berge gehe, ein so großer Fehler, dass man sich sofort frage, was denn die Gründe dafür sein könnten.

Jacqueline wunderte sich über die Heftigkeit von Ernsts Antwort, in der noch irgendetwas mitzuschwingen schien, das sie nicht verstand. Er hatte reagiert, als ob er sich durch diesen Bergtod persönlich angegriffen fühlte.

Ernst ging gleich danach in sein Zimmer und öffnete sein Notebook, um nachzulesen, was über den Unfall bekannt war. Der Ort war das Obere Eismeer, und da noch eine Skispitze gefunden worden war, nahm man an, er habe mit den Skis nach Grindelwald hinunterfahren wollen und sei dabei in eine Gletscherspalte gefallen. Der Name des Toten wurde nicht bekannt gegeben, wohl aber die Tatsache, dass er seit Mai 1980 als vermisst gegolten hatte. Dank eines Ausweises, der noch lesbar war, hatte man ihn identifizieren können. Angehörige seien ausfindig gemacht und benachrichtigt worden.

Lehmann, dachte Ernst, Ernst Lehmann. Jetzt weiß er, was aus seinem schrägen Onkel geworden ist. Und er kann es auch dem Deutschen sagen, der diesen mit dem Inserat in den »Alpen« gesucht hatte.

Dann holte er die 50'oooer Landeskarte »Jungfrau«, entfaltete sie auf seinem Schreibtisch und suchte das Obere Eismeer. Entweder musste man bei der Station Eismeer der Jungfraubahn aussteigen und über den Eismeergletscher und einen Pass zum Oberen Eismeer hinüber oder vom Jungfraujoch über das Mönchsjoch zum Ewigschneefeld und von dort zu einer Hütte. Ernst stockte einen Moment, als er ihren Namen las, Berglihütte. Er zog die Schreibtischschublade heraus und öffnete das Päckchen mit dem »Abrogans«. Es war ihm plötzlich in den Sinn gekommen, dass das Buch mit einem Blatt aus einem Gesangbuch eingewickelt war, und das Lied auf diesem Blatt, das sah er jetzt, das Lied war »Uf em Bergli bin i gsesse«.

Kaum hatte er es wieder eingewickelt und in der Schublade versorgt, klopfte Jacqueline an die Tür und streckte den Kopf herein.

»Hast du den Fehler schon herausgefunden?«

»Ich glaube schon«, sagte Ernst, »willst du mal schauen, wie man vom Jungfraugebiet her zur Schreckhornhütte kommt?«

Jacqueline schüttelte den Kopf. Sie war keine Kartenleserin. »Hat er eine falsche Route genommen?«

»Nicht unbedingt«, sagte Ernst, »das Obere Eismeer hat er jedenfalls erreicht. Aber —«

»Aber?«

»Aber allein. Das war sein Fehler.«

13

Auf den Tisch, vor dem Bruder Ratpert saß und Sigidos Empfehlungsschreiben las, hatte Haimo seinen »Abrogans« hingelegt. Eine große weiße Kerze erhellte den düsteren Raum ein wenig, und Haimo stellte sich so nahe wie möglich zu einer Schale mit glühenden Kohlen, von der ein kleiner warmer Luftstrom ausging. Ratpert hob während des Lesens ab und zu den Kopf, als wolle er den Ankömmling mit dem, was über ihn geschrieben stand, vergleichen, und als er das Pergament niederlegte, ergriff er ein Glöcklein und läutete kräftig damit.

Dem Bruder Otmar, der gleich darauf unter der Tür stand, befahl er, den Skriptor Kero zu holen, worauf sich dieser dienstfertig entfernte. Haimo wartete angespannt auf ein Wort Ratperts, aber dieser fuhr fort, ihn schweigend anzusehen. Der Pförtner hatte Haimo, als er nach dem Abt gefragt hatte, den Bescheid gegeben, der sei zur Zeit in Konstanz, er werde seinen Stellvertreter fragen, ob er ihn empfange. Und da stand er nun und hielt die Hände auf den Rücken, damit sie näher an der Kohlenschale waren.

Es klopfte, und herein trat ein kleiner, rundlicher Mönch mit dicken Lippen und roten Wangen, grüßte Frater Ratpert und nickte Haimo kurz zu.

Wortlos reichte Ratpert Kero den »Abrogans«.

Dieser schlug das Buch auf, blätterte etwas darin und schaute fragend zu Haimo. Ob er das geschrieben habe?

Haimo nickte und fügte hinzu, der Abt des Klosters Weltenburg sei der Ansicht, eine Abschrift davon könnte sie interessieren, bevor er das Buch nach Bobbio und Montecassino bringe.

Kero sagte, vor allem zu Ratpert gewandt, auf so etwas hätten sie gewartet, denn die Kenntnisse des Lateinischen, das ja außerhalb der Kirche nicht mehr gesprochen werde, seien im Begriff, sich zu verlieren, und für die Verbreitung des Glaubens unter dem Volk wäre ein Verzeichnis der deutschen Bedeutungen überaus wichtig.

Was er von Haimos Schriftkunst halte, fragte ihn Ratpert.

Kero lächelte. Hervorragend sei sie, und es wäre eine Freude, den jungen Schreiber eine Weile im Skriptorium zu haben. Er würde ihm gerne noch die eine oder andere Verfeinerung beibringen, doch er sehe, dass seine Schrift auch einige Neuerungen enthalte, von denen sie ebenfalls etwas lernen könnten.

Ratpert nickte und hieß dann Kero den Raum verlassen, weil er mit Bruder Haimo noch etwas zu besprechen habe.

Als die beiden wieder allein waren, fragte Ratpert, wo er denn jetzt herkomme. Von den Brüdern in Wessobrunn, entgegnete Haimo, wo er die »Confessiones« des Heiligen Augustinus für das Kloster Weltenburg abgeschrieben habe, während dort sein »Abrogans« kopiert wurde. Nun beugte sich Ratpert etwas vor, blickte ihn eindringlich an und fragte ihn, wie es komme, dass er mit einem Weib und einem Kind unterwegs sei.

Haimo schlug die Augen nieder und sagte leise, er wisse, dass das nicht geduldet werde, aber Maria sei, als man ihn auf die Wanderschaft geschickt habe, einfach mitgekommen, und es sei so viel schöner, in Begleitung einer Frau durch die Welt und das Leben zu gehen, dass er lieber aus dem Orden austreten würde, als Maria zu verlassen.

Ratpert blieb der Mund offen. Ob er der Vater des Kindes sei?

Haimo nickte. »Der Junge heißt Tassilo, und die Fratres von Wessobrunn haben ihn getauft.«

Ratpert bekreuzigte sich. »Du kennst die Regeln unseres Ordens. Du lebst in schwerer Sünde.«

»Augustinus hat Gott um Verzeihung gebeten.«

»Und er hat gesagt, es sei nicht gut, dass der Mensch eine Frau berühre!« Ratpert war laut geworden.

Haimo biss sich auf die Lippen. Man sah ihm an, dass er es sehr gut fand, eine Frau zu berühren, ja dass er sich nichts Schöneres vorstellen konnte. Er wusste auch nicht, warum dies dem Schöpfer nicht gefallen sollte – hatte er es nicht selbst so eingerichtet, und wo kämen sonst die Kinder her? Aber jetzt ging es darum, dass Maria und er hier Unterschlupf fanden.

»Es tut mir leid«, sagte er.

Haimo könne, sagte Ratpert schließlich, angesichts von Keros günstigem Urteil so lange im Kloster bleiben und arbeiten, bis Abt Johannes wieder zurück sei und entscheide, wie es mit ihm weitergehen solle. Aber für sein Weib gebe es hier keinen Platz.

»Im Stall?« fragte Haimo.

Ratpert schüttelte den Kopf.

»Es ist kalt«, sagte Haimo leise.

Ratpert sagte eine Weile nichts, schüttelte immer noch den Kopf über diese Zumutung, die ihn in eine unangenehme Lage brachte. Als Stellvertreter musste er sich vor Fehlern doppelt in Acht nehmen und sich immer vor Augen halten, wie wohl der Abt entscheiden würde. Und entschieden musste hier werden, denn dass man eine junge Frau mit ihrem Kind mitten im Winter nicht ohne Obdach stehen lassen konnte, war ihm klar.

Nach längerem Nachdenken klingelte er erneut mit dem Glöckchen nach Otmar und sagte ihm, er solle die Frau mit ihrem Kind zum Siechenhaus bringen und die barmherzigen Schwestern fragen, ob sie eine Hilfe benötigten. Und nächtigen könne sie vorderhand in der Pilgerherberge, die um diese Jahreszeit nicht überfüllt sei, obwohl – er schaute zu Haimo und fragte ihn, ob die junge Frau auch einen Obolus entrichten könnte.

»Sie hat einige Silbermünzen.«

Ratpert nickte anerkennend.

»Und der Esel?« fragte Haimo.

Den solle er zum Klosterstall bringen, fuhr Ratpert fort.

Haimo war erleichtert, dankte ihm von Herzen und wollte mit Otmar zu Maria an die Pforte, doch Ratpert sagte: »Du bleibst bei mir, und wir gehen zusammen ins Scriptorium.«

Die Schreibstube überraschte Haimo durch ihre Größe. Sechs Pulte standen darin, und als er mit Ratpert zusammen eintrat, hoben vier Skriptoren ihre Köpfe, während Kero schon hinter der Tür bereitstand.

»Er bleibt da, bis Abt Johannes zurückkommt«, sagte Ratpert und übergab Kero den »Abrogans«, bevor er sich wieder entfernte.

Kero nickte und schien hoch erfreut. Er stellte Haimo den andern als Skriptor von Weltenburg vor, der mit einem Glossar nach Montecassino unterwegs sei, das für sie von hohem Wert sei und von dem er eine Abschrift für ihre Bibliothek erstellen möchte. Da sie noch nicht wüssten, wie lange ihr Gast bleiben könne, schlage er vor, dass nicht nur einer allein daran arbeiten solle. Er selbst möchte auf alle Fälle den Anfang machen, er werde sich aber Inhalt und Umfang des Buches genauer anschauen und dann die weiteren Aufgaben verteilen. Er zeigte Haimo sein Pult, und dieser sah sofort, dass es am weitesten vom Kohlebecken entfernt war, das auch diesen Raum ein bisschen erwärmte. Prüfend bewegte er die Finger seiner rechten Hand, die steif vor Kälte waren.

»Wenn du näher zum Becken willst, brauchst du zuerst ein paar Frostbeulen«, sagte ein hagerer Mönch und hielt seine rechte Hand auf. An den Fingergelenken waren rote Schwellungen zu sehen.

»Der Ofen des Raumes sind wir selber!« rief der Kleinste lachend, und die andern drei stimmten in sein Gelächter ein. Vor ihren Mündern bildete der Atem weiße Räuchlein.

Der Schreiber Winithar sei immer zu Späßen aufgelegt,

sagte Kero und bat seine Mannschaft, dem Neuling keine Angst zu machen, hätten sie doch bisher noch jeden Winter überstanden. Dann ging er mit Haimo die Treppe hinauf in die Bibliothek, um mit ihm aus den mehreren hundert Büchern Lebensbeschreibungen von Heiligen auszusuchen, die für das Kloster Weltenburg von Interesse wären.

Und so kam es, dass Haimo bis im Frühjahr mit einer Schrift, die immer flüssiger wurde, aufschrieb, wie Marcellinus mit Petrus zusammen im Kerker die Mitgefangenen heimlich taufte und danach im Schwarzen Wald gefoltert und enthauptet wurde, wie der Heiligen Agathe die Brüste abgehauen wurden, wie man die Heilige Margareta köpfte, nachdem man sie mit Fackeln versengt und in Öl gebraten hatte, ohne dass ihr dies etwas anhaben konnte, und wie der römische Soldat Longinus Jesus nach dessen Tod die Lanze in den Leib stach und mit dem austretenden Blut sein Augenleiden heilte.

Maria half in dieser Zeit im Krankenhaus aus. Sie war anstellig und geschickt, flößte den Fiebernden Kräutertee ein, löffelte den Zahnlosen Haferbrei, half dem Bruder Feldscher bei den Aderlässen und tat ohne Widerrede alles Ekle, was ihr geheißen wurde, badete faulende Gliedmaßen in Arnikasud, wickelte neue Tuchlappen um eitrige Ekzeme, putzte Erbrochenes auf und reinigte Strohmatratzen von Blutstürzen. Sie wusste, dass ihres Bleibens nur war, wenn sie sich nützlich machte, und wurde nach und nach zu einer geschätzten Hilfskraft. Ihr Büblein, das sie mehrmals am Tag stillte, durfte sie gleich beim Eingang hinter einem Paravent in ein Bettchen legen, gut mit Decken beschützt, denn auch das Siechenhaus war der Kälte des Winters ausgesetzt und nur mangelhaft erwärmt.

Im Pilgerhaus, das ihr zum Schlafen zugewiesen wurde, übernachtete sie so lange, bis sie sich einmal der Zudringlichkeit eines Wallfahrers erwehren musste, ab dann verbrachte sie die Nächte im Siechenhaus, auf einem Strohsack neben ihrem Kind. Das Stöhnen der Kranken war ihr immer noch lieber als das Stöhnen eines Pilgers, der sich vor ihr entblößte.

Haimo war es nicht gestattet, Skriptorium, Refektorium und den Schlafraum für Mönche, die zu Gast waren, zu verlassen, aber durch die Fenster der Schreibstube konnte er Maria sehen, wenn sie vom Spittel zur Krankenküche hinüberging, und seit sie gesehen hatte, hinter welchem Fenster Haimo saß, sang sie jeweils ein kleines Lied, um ihn auf sich aufmerksam zu machen, und dann winkten sich beide zu. Manchmal hatte sie den kleinen Tassilo auf den Rücken gebunden, wenn sie in den Händen eine Schüssel trug. Das war ihr einziger Kontakt, und so oft Haimo den Bruder Ratpert bat, ihm ein Treffen mit Maria im Besuchsraum zu gewähren, so oft schlug es ihm dieser ab. Als Maria einmal eine ganze Woche lang nicht erschien, fragte Haimo Bruder Otmar, ob ihr etwas passiert sei, und Otmar nickte und sagte, sie sei krank geworden, werde aber gepflegt. Auf die Frage nach Tassilo jedoch senkte Otmar seinen Blick und bekreuzigte sich. Auch er sei erkrankt, und der Herr habe ihn zu sich genommen, murmelte er. Daraufhin legte Haimo seinen Kopf auf das Pergament auf seinem Pult und hörte auf zu schreiben. Ebenso hörte er auf zu essen, und nach drei Tagen erlaubte ihm Ratpert, Maria zu besuchen. Haimo betrat das Siechenhaus, kniete neben Maria nieder, hielt ihre Hand, und beide weinten, bis sich Maria aufrichtete und sagte:»Wenn ich gesund bin, komme ich mit dir.«

Abt Johannes war gleichzeitig Bischof von Konstanz und pflegte die kalte Jahreszeit an seinem dortigen Bischofssitz zu verbringen, der besser geheizt werden konnte als die klösterlichen Räumlichkeiten in St. Gallen. Und da es ein kalter Winter war, wurde es Anfang Mai, bis er wieder im Abthaus Einzug hielt.

Er ließ sich von Ratpert über Haimos und Marias Aufenthalt unterrichten, Kero zeigte ihm die Abschrift des»Abrogans«, die sie zu viert verfertigt und beendet hatten, legte ihm auch die Abschriften vor, die Haimo von den Heiligenviten gemacht hatte, und fragte, ob er diesen begabten Schreiber nicht behalten dürfe. Den»Abrogans« könne man ja auch durch einen Botenmönch nach Montecassino schicken.

Nein, sagte Johannes, einen sündigen Bruder in ihren Mauern aufzunehmen, das komme nicht infrage.

Man sage doch, insistierte Kero, mit jedem Buchstaben, den man schreibe, werde einem eine Sünde vergeben.

Johannes aber war nicht umzustimmen, und wenige Tage später verließ Haimo mit vier in Ziegenleder gebundenen Heiligenviten in der Packtasche das Kloster St. Gallen. Maria ritt auf dem Esel mit.

Die Sonne war soeben aufgegangen, und beiden war leicht zumute.

14

Ernst stand kurz vor sieben Uhr morgens mit gepacktem Hochgebirgsrucksack und seinen Tourenskis im unterirdischen Bahnhof Löwenstraße in Zürich und hielt Ausschau nach seinem Freund Thomas, mit dem er verabredet war. Sie wollten sich beim Abschnitt A treffen, der Zug war soeben eingefahren, und auf den Rolltreppen wurden mit ärgerlicher Langsamkeit alle möglichen Menschen herunter befördert, nur keiner in Bergausrüstung und einem Paar Skis. Da kam ihm in den Sinn, dass er ja neuerdings ein Handy besaß und sie ihre Nummern ausgetauscht hatten. Er griff in die Jackentasche, schaltete es ein, und ein Klingelzeichen zeigte ihm eine Nachricht an. »Bin mit Fieber erwacht, kann nicht kommen. Sorry, Tom.«

Ernst steckte das Handy wieder ein, blieb einen Moment ratlos stehen und wandte sich dann langsam der Rolltreppe zu. Doch als über die Lautsprecher die Aufforderung zu hören war, bitte einsteigen, der Zug fährt ab, drehte er sich um, rannte mit ein paar Schritten zur nächsten Tür und stieg ein.

Nachdem er seine Skis in die zu enge Gepäckablage gezwängt und den Rucksack neben sich in den Gang gestellt hatte, ließ er sich auf einem Zweiersitz gegenüber einer gepflegten älteren Frau nieder, welche die »Glückspost« las. Dann begann er die Situation zu überdenken.

Es war Samstag, Jacqueline würde heute zu einer Zusammenkunft ihrer Gymnasialklasse fahren, bei der man auf der Rigi übernachtete. Als sich für das Wochenende gutes Wetter abzuzeichnen begann, hatte er seinen Freund Thomas gefragt, ob er mit ihm auf eine Frühlingsskitour komme. Sein Vorschlag war das Walcherhorn im Jungfraugebiet, mit Übernachtung in der Berglihütte. Thomas kannte diese nur vom Hörensagen, Ernst ebenfalls, es war eine der ältesten Hütten des SAC, die heute kaum mehr benutzt wurde, unbewartet, man musste also selbst heizen und kochen, sie lag auf einem Felssporn zwischen zwei Gletschern und versprach raue Wolldeckenromantik vergangener Zeiten. Für das Essen hatte Ernst gesorgt, zwei Steaks, etwas Reis und ein paar Tomaten sowie Kaffee, Brot und Butter für das Frühstück. Thomas hätte das Seil mitgebracht, denn vom Mönchsjoch an ging es über Gletscher, sowohl zur Hütte wie tags darauf aufs Walcherhorn. Ein Alleingang kam nicht in Frage.

Das Walcherhorn war ein freundlicher Berg, 3700 Meter hoch, der Ernst jedoch ziemlich gleichgültig war, obwohl dessen Aussicht gerühmt wurde. Sein Interesse galt einzig der Berglihütte, von deren Besuch er sich irgendeine Spur erhoffte, die zu Philipp Schaefer, seiner rätselhaften Hinterlassenschaft und seinem fatalen Tod führte. Er hatte auch beschlossen, Thomas, den Rechtsanwalt, bei dieser Gelegenheit ins Vertrauen zu ziehen. Das machte dessen Absage noch enttäuschender. Doch je länger er im Zug saß, desto deutlicher merkte er, dass er *jetzt* dorthin gehen wollte, *jetzt*, und als der Kondukteur sein Billett knipste und ihm einen schönen Tag auf dem Jungfraujoch wünschte, bedankte er sich und nahm sich vor, von dort zum Mönchsjoch hinüber zu gehen und zu schauen, ob er sich eventuell einer Seilschaft anschließen könne.

Die Dame vis-à-vis senkte ihre Fürstenkinderzeitschrift und fragte ihn, ob er wirklich aufs Jungfraujoch fahre.

Ernst bejahte, und die Dame sagte, das habe ihr Mann ihr immer versprochen, aber dann sei er leider gestorben, und allein habe sie nie den Mut gehabt.

Es brauche, sagte Ernst, gar nicht viel Mut, man könne mit der Bahn hinauffahren und dann auf die Plattform hinausgehen, von der man auf den Aletschgletscher hinuntersehe und auf das Panorama der Walliser Alpen. Das sei ein schöner Anblick. Vielleicht müsste sie eine Freundin mitnehmen, aber ein Kunststück sei es gewiss nicht.

Seufzend wandte sich die Frau wieder ihren blaublütigen Schicksalen zu, und Ernst war sicher, dass sie nie auf das Jungfraujoch fahren würde.

Aber *er* fuhr dahin und mischte sich beim Umsteigen in Interlaken unter die zahlreichen Japaner und Chinesen, welche den Zug nach Lauterbrunnen bestiegen und ihn respektvoll begutachteten; im Wagen der Jungfraubahn, die von dort auf die Kleine Scheidegg fuhr, fragte ihn eine Japanerin, ob sie mit ihm zusammen auf ein Foto dürfe. Kichernd drückte ihre Begleiterin ab, und dann setzte sich auch diese neben ihn und ließ sich ablichten, Ernst war für die Asiatinnen offensichtlich ein Darsteller der schweizerischen Ureinwohner.

»Mountaineering?« fragte die eine, und Ernst nickte.

»Very high up?«

Ernst nickte erneut. »Yes, very high up.«

Damit war das Gespräch beendet.

Auf der Kleinen Scheidegg sah er beim Umsteigen in den Zug aufs Jungfraujoch ein paar andere Ureinwohner in Gebirgsausrüstung und fragte einige davon nach ihren Plänen. Alle wollten über den Aletschgletscher hinunter zum Konkordiaplatz fahren, zwei von dort noch über die Lötschenlücke, aber niemand ging in seine Richtung.

Beim Aussichtshalt in der Eigernordwand stürmten die fernöstlichen Fahrgäste zu den großen Fenstern, um beim Blick in die Tiefe zu erschauern, und Ernst, der auch gerne hinausgeschaut hätte, blieb ungerührt sitzen, um seiner Rolle als Ureinwohner gerecht zu werden.

An der Endstation wurde er nach dem Aussteigen mit dem ganzen Passagierschwarm durch Tunnels in die Halle mit Restaurant, Souvenirläden und Imbisstheken gespült und ließ sich durch die Schlangen von Japanern, die für Kartons mit Nudelgerichten anstanden, davon abhalten, ein Sandwich zu kaufen, schließlich hatte er Brot für zwei dabei, und strebte direkt der Aussichtsplattform zu, von der auch der Trampelpfad zur Mönchsjochhütte abging.

Er war schon lang nicht mehr da oben gewesen und wunderte sich, in welchem Maß auch hier der Feind des Erlebnisses, der Event, im Vormarsch war. Hundeschlittenfahrten wurden angeboten, weiter unten war ein Skilift zu sehen, und gleich neben der Plattform konnte man sich an einem Tyrolienneseil in die Tiefe sausen lassen, keine Minute verging ohne einen Lust- oder Angstschrei eines Touristen, der über die Köpfe der Schneespaziergänger hinweg raste. Das Hauptinteresse der Menschen, die aus dem Tunnel ins blendende Licht hinaustraten, schien es zu sein, einander sofort zu fotografieren, sei es mit Kameras, unförmigen Tablets oder Smartphones auf Selfiestangen. Das Grundgeräusch dazu bildete ein Gelächter, das in Wellen über die Plattform schwappte, vermischt mit den Überraschungsrufen derjenigen, die den »Top of Europe« in Halbschuhen oder Sneakers betraten, durch welche schon nach ein paar Schritten die Schneenässe eindrang.

Die Aussicht wurde weniger bewundert als besprochen; von den wenigen, die sich dem Anblick widmeten, waren vor allem Gespräche darüber zu hören, ob die Dent Blanche links oder rechts von der Dent d'Hérens stand, oder ob in der Mischabelgruppe das Täschhorn durch den Dom oder das Nadelhorn verdeckt werde. Das waren die Fragen, welche die Ureinwohner beschäftigten.

Ernst wollte so schnell wie möglich weg, und da der Schnee gut festgetreten war, schulterte er seine Skis, um sich das Montieren der Felle zu ersparen, und stapfte auf dem Pfad dem Mönchsjoch zu. Sogleich verdünnte sich das Ausflugspublikum, bald war man nur noch unter Menschen, die sich diese Schneewanderung zutrauten und dafür auch einigermaßen ausgerüstet waren, aber er sah niemanden, der mit Skis unterwegs war.

Auf dem Mönchsjoch angekommen, blickte er auf die immense Fläche des Ewigschneefeldes hinunter, durch die sich eine Skispur zog, er erkannte auch eine Spur, die zum Walcherhorn hinüber abzweigte, aber keine, die auf den Pass führte, über den es zur Berglihütte ging. Einen Moment lang überlegte er sich, ob er zur Mönchsjochhütte hinauf gehen sollte, um zu fragen, ob jemand im Sinn habe, die Berglihütte zu besuchen; vor der Hütte, die auf Stahlträgern kühn aus dem Fels heraus ragte, waren etliche Tourenskis zu sehen, und auf der vorgelagerten Terrasse sonnten sich viele Gäste. Doch als er auf seinen angeschnallten Skis dastand, war ihm klar, dass er nicht fragen ging. Er glaubte nicht daran, dass sich jemand mit demselben Ziel finden würde, und wollte sich auch keinen Warnungen des Hüttenpersonals aussetzen, die er ohnehin nicht beachten würde.

»Ich kann da hinüber«, sagte er sich, »ich kann das, klar kann ich das.« Er nahm einen Schluck Tee aus der Thermosflasche, aß schnell einen Früchteriegel und begann dann die Abfahrt auf der Skispur, vorsichtig zuerst, dann immer schneller. Es machte ihm großes Vergnügen, und er blieb erst stehen, als es ihm richtig schien, abzubiegen und eine eigene Spur zu eröffnen.

Es lag etwas Neuschnee, aber nicht so viel, dass er tief einsank, er konnte sogar einen leichten Gleitschritt anschlagen und kam bald beim Hang am Fuß der Passsenke an. Es lohnte sich nicht, die Felle aufzuziehen, er stellte die Skier quer zum Abhang und stieg vorsichtig Schritt für Schritt hinauf. Als der Schnee einmal unter ihm nachgab und er ein Stück hinunterrutschte, erschrak er, fand aber seinen Tritt bald wieder. Er war froh, dass die Brücke gehalten hatte. Oben angekommen, nahm er sein Taschentuch aus dem Hosensack und wischte sich den Schweiß ab, er zog nochmals seine Thermosflasche aus dem Rucksack und trank sie gierig halb leer, der kurze Aufstieg in der Mittagshitze hatte ihn stärker angestrengt, als er vermutet hatte.

Der Blick auf die andere Seite war überwältigend. Direkt gegenüber erhob sich die Eigersüdwand, die fast den ganzen Horizont für sich beanspruchte. Er hatte sie noch nie gesehen, und sie schien ihm abweisender als die berühmte Nordwand, sie erhob sich über dem arg zerklüfteten Eismeer wie eine Drohgebärde. Könnte diese Landschaft sprechen, dachte Ernst, würde sie »Nein« sagen.

Dennoch musste sie Menschenwege zulassen. Die Fenster und die Ausstiegspforten der Station Eismeer waren zu sehen, und von ihnen aus erreichte man im Sommer die Mittellegihütte, die sich deutlich auf der westlichen Schulter des Eigers abzeichnete.

Und ziemlich tief unter sich sah er das Dach der Berglihütte. Waren es 200 Höhenmeter oder mehr? Der abschüssige Hang, den es zu durchfahren galt, sah gutartig aus, ab und zu war er von feinen Linien durchzogen, die wie Meridiane einer Landkarte verliefen.

Er machte seine Windjacke, die er geöffnet hatte, mit dem Reißverschluss zu, zog die Handschuhe wieder an und startete zur Abfahrt. Mit vorsichtigen Schwüngen peilte er die Stellen an, die am wenigsten steil waren, suchte kleine Mulden und Dellen und achtete darauf, kein großes Tempo aufkommen zu lassen. Es ging besser, als er erwartet hatte.

Schon sah er den Felsgrat vor sich, an dessen Ende die Hütte war, als er bei einem der letzten Schwünge mit dem Talski auf einen Felsen auffuhr, der knapp unter der Schneeoberfläche verborgen war, er verlor das Gleichgewicht und stürzte vornüber. »Scheiße!« zischte er und begann sich sofort zu versichern, dass er seine Füße noch bewegen konnte und dass er weder an den Beinen noch an den Armen verletzt war. Im Liegen löste er die Bindungen, rappelte sich dann auf und legte die letzten Meter zu Fuß zurück, in jeder Hand einen Ski, die Stöcke nach sich ziehend.

Bei der Felspartie angelangt, steckte er die Skis im Schutz eines größeren Blocks in den Schnee, stülpte die Schlaufen der Stöcke über die Spitzen, ließ sie dort stehen und begann den Grat zu überklettern. Bald darauf erreichte er die Hütte, einen Holzbau, dessen Eingang man über eine kleine Terrasse erreichte, die mit einem Geländer vor dem Abgrund geschützt wurde. Sie war mit einem einfachen Schloss gesichert, das sich leicht öffnen ließ, dahinter war eine Tür mit einem oberen und einem unteren Teil, wie man es von Kuhställen kennt, ebenfalls gut zu entriegeln; Ernst öffnete beide Teile, betrat die Hütte, stieß das eine Fenster und den Fensterladen davor auf, und nun fiel genügend Licht ins Innere, dass er sich umsehen konnte.

Ein zweistöckiges Matratzenlager mit zusammengelegten Wolldecken und rot-weiß gewürfelten Kopfkissen, ein Holzherd mit Ringplatten, in die man eine der Pfannen stellen konnte, die an der Wand hingen, ein Haublock mit einem Beil, in der Ecke eine Beige mit groben Holzstücken, die es zu spalten galt, bevor sie in den Ofen passten, ein Tisch mit einer Wandbank und ein paar Stühlen, darüber ein Regal mit Kerzenständern und alten Bergbüchern.

Ernst lächelte. So mussten Alpenclubhütten früher ausgesehen haben. Dann fröstelte er, denn hier drin war schon lang niemand mehr gewesen, und es herrschte Außentemperatur. Er holte seinen Rucksack herein, legte ihn auf eine der Matratzen und begann als Erstes, den Herd einzuheizen, der zugleich der Ofen des Raumes war. Ein paar Holzspäne fanden sich in einem Korb neben dem Herd, auch einige uralte Ausgaben des »Berner Oberländers«, von denen er zwei Seiten zerknüllte, aber dann musste er ein paar Holzscheite spalten, schob die zerkleinerten Stücke über Zeitungen und Späne, erschrak einen Moment, als er merkte, dass er keine Streichhölzer bei sich hatte, die hätte Thomas, der Raucher, mitgenommen, doch er entdeckte welche in einer Schublade, und als nun ein Feuer knisterte, wusste er zwar, dass es länger dauern würde, bis sich die Hütte auch nur um ein paar Grad erwärmen würde, aber trotzdem begann er sich darauf zu freuen, in dieser Klause am Ende der Welt eine Nacht zu verbringen.

15

Die Reise nach Bobbio dauerte länger, als Haimo erwartet hatte. Kero, der schon einmal dort gewesen war, hatte von fünf bis sechs Wochen gesprochen, aber der war wohl allein unterwegs gewesen und nicht mit einer Frau und einem störrischen Esel. Am Rhein entlang aufwärts gelangten sie nach Curia, wo sie in einer bischöflichen Pilgerherberge Unterkunft fanden. Haimo erkundigte sich bei den Säumern, die am Ufer der Plessur ihre Ställe hatten, nach dem besten Weg über die Alpen, und ein junger Maultiertreiber empfahl ihnen den Septimer- oder den Julierpass, anerbot sich auch, sie zu führen, wenn sie ihm bei der Pflege seiner sechs Maultiere behilflich seien. Obwohl Maria das Angebot des Säumers nicht ganz geheuer war, stimmte Haimo zu, und sie mussten drei Tage warten, bis ein Händler die 12 Ballen mit Biber- und Otterpelzen aus Straßburg brachte, die Reto, der Säumer, nach Clavenna bringen sollte, um sie dort gegen 12 Fässer Wein einzutauschen. Am vierten Tag half ihm Haimo in der Morgenfrühe, den Maultieren die Bündel aufzubinden, und sie zogen los, Reto an der Spitze und hinter der Kolonne der sechs Maultiere Maria auf dem Esel und Haimo nebenher.

Auf Landstraßen und Fahrwegen ging es zuerst weiter am Rheinufer entlang, dann auf schmäler werdenden Pfaden über Abhänge, die in Schluchten mündeten, an kleinen Siedlungen vorbei langsam in die Höhe. Reto kannte die Höfe mit Stallungen für Säumer und ihre Tiere, sie schnallten in einem solchen Gehöft den Maultieren jeweils die Stoffballen ab, Maria striegelte sie und führte sie zu den Futterkrippen, und die drei konnten die Nacht in einem Lager auf Strohsäcken verbringen. Wieso keine Säumer von Süden da seien, fragte Reto den Gastwirt am zweiten Abend, und der sagte, letzte Woche habe ein großer Schneefall die Passübergänge wieder zugedeckt, man habe sogar von Lawinen gehört.

So warteten sie in Bivio nochmals drei Tage in einer Herberge, und als Reto am vierten Tag eine Kolonne sah, welche über den Julierpass kam und eine Spur durch den Schnee legte, fand er, nun könnten auch sie es wagen.

Haimo und Maria trugen beide nur Sandalen und wickelten Tuchlappen um ihre Füße, trotzdem drang die kalte Nässe bald auf ihre Haut, als sie die Maultiere und ihren Esel über den Pass trieben, und als sie bei Einbruch der Abenddämmerung eine Säumerstallung im Engadin erreichten, mussten sie sich gegenseitig fast eine Stunde die Füße warm reiben und litten große Schmerzen beim Auftauen ihrer halb erfrorenen Zehen.

Der Abstieg über den steilen Malojapass auf einem

schlechten, teils mit festgetretenem, glitschigem Schnee bedeckten Saumpfad stellte sie vor neue Probleme, und nachdem sie sich endlich in Clavenna von Reto verabschieden konnten und am Ufer des Comersees ein Schiff besteigen wollten, merkte Maria, dass ihre restlichen Silbermünzen weg waren. Ihr Verdacht fiel sofort auf Reto, dem sie nie getraut hatte. Ihm hatten sich bei den Übernachtungen genügend Gelegenheiten geboten, ihren Beutel zu leeren. Haimo dachte daran, nochmals umzukehren und ihn zur Rede zu stellen, sah dann aber zerknirscht davon ab; Maria allein warten zu lassen, war ihm zu unsicher, und wenn er mit ihr zusammen zurückginge, würden sie Reto wohl nicht mehr einholen, denn Haimo hatte ihm im Kaufmannslager geholfen, die Weinfässer auf den Maultieren zu befestigen, und sie hatten ihm gewunken, als er sich auf den Weg zurück gemacht hatte. Das war gestern Nachmittag gewesen, und Haimo hatte sich gewundert, dass er so rasch wieder aufbrechen wollte. Sie hatten in einer Pilgerherberge des Klosters eine Unterkunft gefunden, und da Maria sehr erschöpft war, waren sie erst am nächsten Morgen aufgebrochen.

Die Wegstrecke nach Comum mussten sie zu Fuß zurücklegen, was vor allem Maria sehr enttäuschte, die sich auf die Schifffahrt gefreut hatte. Jedesmal, wenn ein Segel auf dem See auftauchte, das zu einer Barke gehörte, auf der Menschen saßen, deren vergnügte Gesänge von den Bergen auf beiden Seiten widerhallten, blieb sie stehen und schaute sehnsüchtig auf das Wasser hinaus.

Da sie nun gänzlich ohne Münzen waren und nicht jeden Tag ein Hospiz oder eine Kirche am Weg stand, wo Haimo als Benediktiner hätte anklopfen können, mussten sie von jetzt an gelegentlich eine Arbeit annehmen, damit sie zu essen bekamen. Sie halfen etwa einem Bauern beim Heuen oder einem Ledergerber beim Abschaben der Häute, eine Arbeit, die Maria von ihrem Vater kannte, einmal konnte Haimo auch seine Fähigkeiten als Schreiber anwenden, als er für ein kleines Kloster ein Urbar abschrieb, das dieses dem Statthalter König Karls abliefern musste.

Seit Kurzem gehörte das langobardische Reich, in dem sie sich nun bewegten, zum Frankenreich von König Karl, ab und zu kamen sie an Brandruinen von Häusern, Höfen oder Burgen vorbei, welche an die Kämpfe zwischen den Langobarden und Franken erinnerten, und an der Spitze eines Trupps von Soldaten, den sie einmal kreuzten, ritt ein Standartenträger mit der Adlerfahne voran.

Es war nicht immer leicht, den jeweiligen Beherbergern begreiflich zu machen, wieso ein Mönch mit einer Frau zu Gange war, und Haimo hatte sich verschiedene Versionen zurechtgelegt. Maria sei, lautete eine, einem fränkischen Hauptmann versprochen, der auf Befehl des Königs die nächsten Jahre in der eroberten langobardischen Hauptstadt Pavia bleiben müsse, und man habe sie ihm, Haimo, anvertraut, da er das Kloster Bobbio aufsuchen müsse. Er habe sie, so lautete eine andere, am Julierpass mitgenommen, da sie mit ihrem Vater in eine Lawine geraten sei und allein überlebt habe, ihr Vater sei mit ihr auf dem Weg nach Rom gewesen, wo dessen Bruder ein hohes Amt in der päpstlichen Verwaltung bekleide. Bei dieser Angabe konnte er auch die Spuren der Frostbeulen an Marias Füßen vorweisen. Sie sei ein Waisenkind aus Curia, das nach dem Tod beider Eltern zu ihrem Onkel wolle, der je nachdem in Mediolanum, Pavia oder Placentia wohnte, war eine weitere Variante. Maria bereitete es keine Mühe, bei den Schilderungen dieser Schicksale, die sie sich jedes Mal aufs Neue vorstellte, die Tränen aus ihren schönen blauen Augen fließen zu lassen und damit weitere Fragen abzuwenden.

Und so kamen sie langsam vorwärts nach Süden, sie schwitzten in der Sommerhitze der Poebene und waren dankbar, als sie bei Placentia die ersten Wälder des Apennins erreichten. Ein Mönchsbote, der ebenfalls nach Bobbio unterwegs war, zeigte ihnen eine leerstehende Behausung in der Nähe des Flusses Trebia, wo sie eine Nacht verbringen konnten. Als Haimo und Maria um Mitternacht aus dem Schlaf auffuhren, weil sie das Heulen von Wölfen hörten, bekreuzigte sich der Mönch und sagte, sie müssten sich nicht fürchten, das seien bloß Hannibals Elefanten, die hier bei der Schlacht gegen die Römer an der Trebia ums Leben gekommen seien und die bei Vollmond ihren Tod beklagten. Das beruhigte sie allerdings kaum, vor allem Maria fürchtete sich umso mehr – Wölfe wären ihr lieber gewesen.

Sie wanderten nun auf einem Uferpfad durch das Tal des Flusses Trebia, das immer hügeliger wurde, und nach drei Tagen erblickten sie, bei einer Insel um eine Biegung des Flusses kommend, an einem sanften Abhang unterhalb eines Waldes, das Kloster Bobbio.

Haimo stieß einen Jauchzer aus, worauf der Mönchsbote erschrocken seinen Finger an die Lippen legte und ihm damit klarmachte, dass man sich dem Schweigegebot des Klosters näherte.

Zu reden gab es dann doch.

Haimo wurde vom Abt Anastasius willkommen geheißen, nachdem er ihm Sigidos Breve vorgelegt hatte. Am »Abrogans« zeigte er großes Interesse, lobte seine schöne Schrift und war durchaus bereit, Haimo das Buch ihres Klostergründers Columban über die Buße abschreiben zu lassen und damit der Bitte des Abtes von Weltenburg zu entsprechen.

Was Maria betraf, so ließ sich ihre Weiblichkeit inzwischen nicht mehr verbergen, sie war zu einer hübschen jungen Frau herangewachsen, ihr Gesicht umrahmten rötliche Locken, und seit sie ein Kindlein gestillt hatte, wölbten sich auch ihre Brüste unter dem Vortuch.

Haimo hatte sich für die Version mit der Lawine am Julier entschieden, erzählte dem Abt auch, dass er später nach Montecassino weiterziehen müsse und Maria bis nach Rom das Geleit geben könne.

Nahe bei der Abtei befand sich ein Haus mit einer Gemeinschaft frommer Frauen, welche dem Kloster zudienten, indem sie Kukullen und Tuniken für die Mönche sowie Altartücher und Stolen für die Messe webten, Verzierungen stickten, eine Wäscherei betrieben und auch ein kleines Siechenhaus unterhielten. Dort wurde Maria ohne Weiteres aufgenommen und konnte sich durch ihre Kenntnisse in der Krankenpflege nützlich machen, die sie sich in St. Gallen angeeignet hatte.

Haimo sah sie allerdings in den nächsten Monaten nicht

mehr, denn er durfte das Kloster während seines Aufenthalts nicht verlassen. Das Skriptorium war gut doppelt so groß wie dasjenige von St. Gallen, über ein Dutzend Schreibpulte gab es da, in einem Raum, durch dessen ungewöhnlich große Fenster genügend Licht einfiel. Fast alle waren von Mönchen besetzt, und es war nichts zu hören als das Kratzen von Federkielen auf Pergament. Auch die Bibliothek war eher größer als diejenige in St. Gallen, und Bruder Guinibaldo, der sie beaufsichtigte, führte ihn zu den allerersten Büchern, denjenigen, die der Klostergründer Columban noch selbst verfasst hatte, zog sorgfältig einen Quartband heraus, küsste ihn, ging dann mit Haimo in die Schreibstube, legte den Band auf das Pult und schlug ihn auf.

»Lege!« sagte er zu Haimo.

Haimo las: »Poenitentiale«, und alle andern Schreiber blickten auf und drehten ihre Köpfe zu ihm, fast erschrocken, wie es Haimo schien.

Guinibaldo nickte.

»Scribe!« sagte er und hielt den Zeigefinger an seine Lippen.

Haimo fragte leise, ob er das Werk auch im kleineren Oktavformat abschreiben dürfe wie den »Abrogans«, da er es nachher mit auf die Wanderschaft nach Montecassino und zurück nach Weltenburg nehmen müsse.

Guinibaldo überlegte einen Augenblick, ging dann zu einem großen Schrank, nahm einen Pergamentbogen hervor, der bereits in Oktavfelder eingeteilt war, und überreichte ihn Haimo stillschweigend.

»Gratias, frater«, murmelte Haimo, spitzte dann den

537

Gänsekiel auf seinem Pult etwas zu und begann darüber nachzudenken, wie er die P-Majuskel ausschmücken sollte. Gerne hätte er auch nach farbiger Tinte gefragt, hielt es aber für besser, auf die Nachbarpulte zu schielen, denn es war ihm rasch klar geworden, dass das Sprechen hier noch verpönter war als in St.Gallen oder Wessobrunn.

Um den Lektor, der während jeder Mahlzeit aus der Heiligen Schrift vorlas, nicht zu stören, war es bei Tisch strengstens verboten, mit Worten um eine Speise zu bitten, die man mit den eigenen Händen nicht erreichte. Damit man trotzdem zu seiner Sache kam, hatte man dafür eine Gebärdensprache entwickelt. Presste man die Hände aneinander, bat man um den Käse; damit einem der Fisch gereicht wurde, deutete man Schwimmbewegungen an, und die Hand an der Gurgel hieß: Bitte den Essig!

Damit man auch beim Rasieren nicht miteinander sprach, saß man sich auf zwei Bänken gegenüber und rasierte sich gegenseitig, aber die, welche die Klinge führten, mussten dazu unablässig Psalmen singen, während die andern stumm ihre eingeseiften Kinne und Wangen hinhalten mussten.

Haimo fiel es nicht leicht, sich in die strengen Regeln einzufügen, er merkte, wie sehr er sich an das freie Leben eines Wandermönchs gewöhnt hatte und welche Freude es ihm machte, Wörter nicht nur zu schreiben, sondern sie auch zu benutzen, und vor allem, wie sehr er Maria vermisste. Hat denn Gott, fragte er sich manchmal, Adam nicht Eva gegeben, damit er nicht allein sei? Und hörte man nachts im Dormitorium manchmal nicht den einen oder anderen confrater ächzen, weil die Natur ihr Recht einforderte? Wieso sollte das des Teufels sein?

Und Augustinus, dessen »Confessiones« er in Wessobrunn abgeschrieben hatte, war mindestens vor seinem Wandel in den Genuss dessen gekommen, was er dann Sünde nannte.

Vielleicht würde er ja in Columbans Werk über die Buße etwas mehr darüber erfahren, aber er sehnte sich vom ersten Tag an danach, mit seiner Abschrift bald zu Ende zu kommen und mit Maria weiterzuziehen.

16

Ernst saß auf der Bank am Tisch, der am nächsten beim Ofen war, und lehnte sich an die Wand. Er hatte eines der mitgebrachten Steaks gegessen, es war ihm zwar etwas angebrannt, weil er vergessen hatte, Öl mitzunehmen, der Reis, den er im Schneewasser in der zweiten Pfanne gekocht hatte, war nicht ganz gar geworden, und auch die Tomate, die er noch hineingeschnetzelt hatte, war nur halbwarm gewesen, aber irgendwie passte das zu einer Mahlzeit in diesem Rahmen.

Neben ihm lag das Hüttenbuch, in dem er geblättert hatte, der letzte Eintrag war drei Wochen her, der einzige in diesem Jahr, ein Oberländer Bergführer war mit einem Basler Ehepaar hier gewesen und hatte als Ziel das Walcherhorn angegeben. Eröffnet worden war das Buch 1990, also Jahre nach dem Besuch Philipp Schaefers, wenn er denn überhaupt hier gewesen war. Er selbst hatte sich noch nicht eingeschrieben und wusste auch nicht, ob er das tun sollte. Wen ging das schon etwas an?

Er hatte noch einen Flachmann mit Kirsch dabei, der neben dem Teller stand, aber er beschloss, erst vor dem Schlafengehen einen Schluck daraus zu nehmen. Dann stand er auf, brachte seinen Teller und das Besteck zum Herd, griff sich eine Pfanne und ging damit hinaus, um noch etwas Schnee für Abwasch- und Teewasser zu holen. Gleich hinter der Hütte lag unterhalb des Grates ein kleines Schneefeld, aus dem er sich schon für das Reiswasser bedient hatte. Wieder war er erstaunt über die Lage dieser Hütte auf der äußerst schmalen Felsbastion zwischen den Gletschern, die wie zwei gefrorene Wasserfälle links und rechts von ihr in die Tiefe stürzten. Er versuchte sich die Bergführer, Träger und Maultiere vorzustellen, die vor über hundert Jahren das ganze Material dem Spaltengewirr zum Trotz hier herauf geschleppt hatten, Holzbalken, Türen, Ofen und Fenster, und die Zimmerleute und Handwerker, die nachher die Holzhaufen in eine Hütte verwandelten. Dann blickte er zum Schreckhorn hinüber, dessen Gratwände in ein kupferrotes Abendlicht getaucht waren und ihn an Bilder aus dem Hoggar- oder dem Atlasgebirge erinnerten, wo er nie gewesen war. »Dschebel-el-Schrek!«, rief er laut und lachte. Ein bisschen erschrak er dabei über seine eigene Stimme.

In der Hütte war es schon so dunkel, dass er sich die Stirnlampe über den Kopf zog; er legte noch einige Holzscheite nach und kochte das Wasser für den Tee auf, den er sich in einem Krug zubereiten wollte. Er warf zwei Pfefferminz- und zwei Hagebuttenteebeutel hinein und ließ sie zehn Minuten ziehen. Dann schenkte er sich eine Tasse ein, und da er eine gefüllte Vorratsdose gefunden hatte, gab er auch noch einen Löffel Zucker dazu. Das heiße Getränk tat gut, ihm war kalt, sobald er nur ein paar Schritte vom Ofen weg tat. Das Nachtlager hatte er sich schon zurechtgemacht, es bestand aus vier übereinander gelegten Wolldecken, und zwei waren als Reserve daneben. Am Tisch sitzend, dachte er darüber nach, was er morgen tun wollte. Es wäre gut, möglichst früh wieder zum Pass aufzusteigen, bevor die Sonne den Schnee und vor allem die Schneebrücken über den Gletscherspalten aufweichte, und dann das Walcherhorn links liegen zu lassen und zum Mönchsjoch zurück zu queren. Jacqueline hatte ihm die Weckfunktion auf dem Handy gezeigt. Er schaltete es ein und war verblüfft, als er eine Nachricht vorfand, er hatte als selbstverständlich angenommen, dass diese gottverlassene Fels- und Eiswüste ein ebenso gottverlassenes Funkloch war.

»Wünsche euch beiden eine gute Nacht, J.«, las er auf dem Display und war gerührt. »Gleichfalls«, tippte er ein, fand dann aber, das könne man so nicht sagen, Jacqueline verbringe ja hoffentlich die Nacht allein, löschte das Wort wieder und schrieb »Das wünsche ich dir auch. Gruss von hoch oben, E.«, drückte auf »Senden«, und die Nachricht sauste zur Hütte hinaus, wurde über den Gletscher die Nordwand des Fiescherhorns hinauf in den Himmel katapultiert, erwischte dort einen Satelliten auf seiner Umlaufbahn, der sie sofort wieder hinunter zur Erde spedierte, wo sie punktgenau im Hotel Rigi Kulm landete und dies Ernst mit »Nachricht zugestellt« meldete.

Die SMS hatte Ernst daran erinnert, dass er ja vorgehabt hatte, mit Thomas in dieser Hütte zu sein und ihm die Geschichte zu erzählen, in die er sich verstrickt hatte.

Eigentlich war ihm gar nicht klar, was er hier allein überhaupt wollte. War es denn von Bedeutung, ob der Einzelgänger Philipp Schaefer vor über dreißig Jahren von hier oder von der Station Eismeer aus losgefahren war? Feststellen ließ sich das nicht mehr, und für den tollkühnen Tourenfahrer war es damals so oder so eine Fahrt in den Tod. Einzig das Blatt aus dem Liederbuch ging ihm immer wieder durch den Kopf. Ein Deutscher wickelte eine wichtige Hinterlassenschaft in ein Blatt mit einem alten schweizerischen Mundartlied ein:

Uf em Bergli bin i gsesse,

chönnt i numme wieder hi.

War das ein Zufall? Oder eine Nachricht? Eine solche Seite lag ja nicht einfach in einem Haushalt herum, die musste man aus einem Buch herausreißen, vorsätzlich. Ernst hatte sich dafür entschieden, dass es kein Zufall war, sonst wäre er wohl nicht hergekommen. Aber worin die Nachricht bestand, blieb ihm verborgen.

Als er auf die Toilette ging, die wie angeschraubt an einer Felswand klebte und von der sich eine bräunliche Spur bis zum Rand des Gletschers hinunterzog, sah er, dass der Mond über dem Schreckhorn aufgegangen war. Er war zunehmend, war aber schon mehr als halb voll. Sein kühles Licht machte die Gletscher und die umliegenden Schneegipfel noch weißer, es fiel auch durch das Fenster der Hütte, und Ernst konnte seine Stirnlampe löschen, schenkte sich nun ein kleines Glas Kirsch ein und trank es in langsamen Schlucken. Es wärmte ihn für die nächsten Minuten, die er dazu benutzte, die Weckzeit in sein Handy einzugeben,

04:00, noch schnell zwei Holzscheite im Ofen nachzulegen, die Hosen, die Jacke und den Pullover auszuziehen und dann in sein Nachtlager zu kriechen, wo er schon sehr bald einschlief.

Er erwachte von einem Krachen und brauchte einen Moment, bis er wusste, wo er war. Ein Eisabbruch auf einem Gletscher, dachte er dann, das konnte jederzeit passieren, dazu war keine Sonneneinstrahlung notwendig. Ernst blickte auf die Uhr, es war kurz nach Mitternacht, drehte sich auf die andere Seite – und erstarrte.

In der Ecke der Hütte, neben den Holzvorräten, das war im einfallenden Mondlicht deutlich zu sehen, stand ein Mann, der ihm den Rücken zugewandt hatte, und machte sich an einem der Regale zu schaffen, auf denen Dosen mit Zucker und Salz und einige Küchengeräte standen. »Ruhig bleiben«, sagte sich Ernst, der am ganzen Körper zu zittern begann, »nur ruhig bleiben«. So langsam und leise wie möglich begann er sich auf seinem Nachtlager aufzurichten, ohne den Eindringling aus den Augen zu lassen. Dass Berggänger eine Hütte erst in der Nacht erreichten, kam immer wieder vor, sie waren entweder zu spät aufgebrochen oder hatten auf ihrer Tour unerwartete Schwierigkeiten angetroffen. Bloß, wieso hatte er den da nicht kommen hören? Schließlich knarrte der Boden bei jedem Schritt, und die Tür quietschte beim Öffnen wie in einem alten Hörspiel. Auch die Lautlosigkeit, mit der er irgendetwas an der Wand verrichtete, war befremdend.

»Guten Abend!«, sagte Ernst schließlich, als er vor seinem Wolldeckenlager stand. Er zündete die Stirnlampe an, richtete sie auf den späten Gast und fragte ihn: »Soll ich dir eine Suppe machen?« Der andere ließ eine Holzlatte fahren, die mit einem trockenen Geräusch auf die Täfelung schnellte, drehte sich um und schaute Ernst erstaunt an. Er war bleich und hatte den Mund leicht geöffnet.

»Dauert nicht lang, Glut ist sicher noch genügend da«, sagte Ernst, öffnete die Ofentür und blickte auf rot glühende Holzreste, aber als er den Blick wieder hob, war der andere verschwunden.

Ungläubig machte Ernst ein paar Schritte auf die Wand zu, vor der eine Treppe in einen kleinen oberen Raum führte. Er stieg einige Stufen hinauf und leuchtete ihn mit der Lampe aus, aber außer ein paar Matratzen war da nichts und niemand, er ging wieder hinunter, trat vor die Tür und rief »Hallo!« in die Mondnacht hinaus. Von weither kam ein schwaches »Hallo!« zurück, das nur sein eigenes Echo sein konnte. Jetzt schrie er, so laut er konnte, ein zweites »Hallo!«, und es kam etwas stärker als vorher von den Wänden des Fiescherhorns zurück.

Schaudernd betrat Ernst die Hütte wieder, er fror bis ins Knochenmark, blieb am Tisch stehen, trank hastig den halben Flachmann aus, schob noch etwas Holz in den Ofen und verkroch sich dann in sein Nest, in dem ihn seine eigene Wärme empfing. Er schaute noch ein paarmal in die Ecke, der Kirsch hatte ihn schwindlig gemacht und jagte seine Gedanken auf ein wildes Karussell, das sich zu einer Leierkastenmelodie von »Uf em Bergli bin i gsesse« immer schneller drehte, bis er schließlich verstört wieder einschlief.

Das Piepsen und Quäken, das ihn, verbunden mit wechselnden Lichtsignalen, um vier Uhr weckte, war sein Handy, er griff danach, drückte auf »Stopp« und wurde dann gefragt, ob er das Telefon einschalten wolle. »Nein«, wählte er, denn wen sollte er um diese Zeit schon anrufen. Dann schaltete er die Stirnlampe ein, setzte sich auf und rieb sich die Schläfen. Er hatte Kopfweh. Er zog sich Hosen und Pullover an und schlüpfte in die unsäglichen Hüttenholzschuhe, die ihm etwas zu groß waren.

Im Ofen war vom mitternächtlichen Nachlegen noch eine Glut vorhanden, er legte ein paar Späne darauf, und, als sie zu flackern begannen, ein paar kleinere Holzscheite. Auf den Herd stellte er eine Pfanne mit Wasser, nicht ohne noch einmal in die Ecke zu blicken. Dann trat er aus der Hütte und pisste zwischen dem Geländer der schmalen Hüttenterrasse in die Tiefe. Es war noch dunkel. Der Mond war untergegangen.

Drinnen legte er die Wolldecken zusammen, nahm das Brot, die Butter und das Kaffeepulver aus dem Körbchen, in dem er sie aufbewahrt hatte, wartete, bis das Wasser Blasen trieb, schenkte sich eine Tasse ein, rührte das Pulver um, gab einen Löffel Zucker dazu, schnitt sich ein Stück Brot ab und bestrich es mit Butter. Den Kaffee hätte er in jedem Restaurant zurückgewiesen, aber er trank mit Andacht Schluck für Schluck, aß dazu sein Brot und dachte über das nächtliche Erlebnis nach.

Er glaubte nicht an Gespenster oder Geister, und doch wuchs in ihm die Einsicht, dass es nichts anderes sein konnte, was ihm begegnet war. Nie hätte er gedacht, eine Erscheinung könne derart leibhaftig sein. Keine Sekunde hätte er vermutet, dass der Mann, der sich in der Ecke nach ihm umgedreht hatte, nicht aus Fleisch und Blut sein könnte, er hatte nichts Durchscheinendes oder Unkörperliches, er hatte sogar einen Schatten geworfen, als er im Schein von Ernsts Lampe stand. Oder täuschte er sich? War da tatsächlich ein Schatten gewesen? Oder war er vom Mondlicht, das ja immer etwas Unwirkliches hatte, neutralisiert worden?

Gesprochen hatte er nichts, der Mann, aber ein Geräusch hatte er verursacht, eines, das bestimmt nicht von Ernst stammte, nämlich das einer Holzlatte, die auf ein anderes Holz traf. Ernst stand auf und ging zur Ecke, in welcher der unheimliche Gast gestanden hatte. Er stellte sich vor das Regal und stellte die Dosen und Küchengeräte auf den Boden. Dann prüfte er sorgfältig die Täfelung, die aus einfachen Holzlatten gemacht war. Alle Latten waren fest, bis auf eine, die sich etwas anheben ließ. Als er mit der Stirnlampe in den Hohlraum dahinter leuchtete, sah er ein Büchlein. Er nahm es heraus, hielt die Latte immer noch fest und las auf dem halb abgelösten Aufkleber des Umschlags:

Ph. Schaefer

1943/44/45

Mit einem kleinen Knall schnellte die Latte auf die Täfelung zurück.

17

Es war ein sonniger Montagmorgen im September, als Haimo zusammen mit dem Schreiber Guinibaldo beim Abt Anastasius vorsprach. Er legte ihm seine Abschrift von Columbans Mönchsregeln mit dem Bußbuch vor, und Guinibaldo trug das Exemplar des »Abrogans« bei sich, das seine Skriptoren erstellt hatten.

Anastasius nahm das Buch in die Hand, blätterte etwas darin, nickte anerkennend und hob dann den Kopf.

»Du willst nicht bei uns bleiben?«

Guinibaldo reckte seinen dünnen Hals vor und blickte Haimo von der Seite aufmunternd an.

Haimo schüttelte den Kopf.

»Frater Abba, ich soll den ›Abrogans‹ den Brüdern in Montecassino bringen.«

»Und die Regeln unseres Klostergründers?«

Der Abt legte das Buch wieder auf den Tisch.

»Die bringe ich nach Weltenburg zurück. Abt Sigido möchte erfahren, was der Heilige Columban über die Buße geschrieben hat.«

Anastasius seufzte leise.

»Viel hat er geschrieben. Und streng sind seine Bußen für diejenigen, die vom Weg der Kreuzesnachfolge abweichen.« Haimo atmete tief ein. Das hatte er nicht nur abgeschrieben, sondern auch selbst erfahren.

Nach seiner Niederschrift des Satzes »Es wird angeordnet, jenen, der zu Beginn eines Psalms durch Husten nicht gut gesungen hat, mit 6 Schlägen zu bessern« bekam er aus lauter Furcht, dies könnte ihm passieren, beim nächsten Psalmengesang einen Hustenanfall, was ihm prompt 6 Stockschläge eintrug, die ihm der Senior der Sänger auf den Hintern verpasste. Sie schmerzten ihn noch mindestens eine Woche, wenn er sich an sein Schreibpult setzte.

Kaum waren die Schwellungen abgeflaut, verpetzte ihn Mainardo, einer der älteren, stets übel gelaunten Schreiber, beim Abt, weil er nach Beendigung eines Abschnitts erleichtert gerufen hatte: »Gelobt seien die Bußen!« Das galt als müßiges, unnützes Wort und wurde mit 12 Stockschlägen geahndet. Dann lieber sich während der 12 Mitternachtspsalmen der Länge nach am Boden der Kirche ausstrecken, ohne ein Glied zu rühren, wenn man, wie ihm das versehentlich geschehen war, ein Tintenfass verschüttet hatte.

Mit Schaudern hatte er auch beim gemeinsamen Bad den Rücken Bertulfs gesehen, der vor der Klosterpforte mit einer Marketenderin gesprochen hatte und dafür mit 100 Rutenstreichen büßen musste. Dieser Anblick hatte ihn von jedem Versuch abgehalten, Maria zu treffen. Umso sehnlicher hatte er den Moment erwartet, in dem er nach Montecassino aufbrechen durfte.

Und umso tiefer war seine Enttäuschung, als ihm der Abt mitteilte, Maria sei schon vor einer Weile einer Gruppe von Wallfahrern nach Rom mitgegeben worden, damit sie dort bei ihrem Onkel vorsprechen könne.

Er hatte immer als selbstverständlich angenommen, dass er mit ihr zusammen weiterziehen würde, aber nun wurde ihm mit einem Male klar, wie dumm das von ihm gewesen war. Hatte er nicht selbst die Regel Columbans abgeschrieben, wer einen Sohn gezeugt habe, tue 7 Jahre Buße bei Wasser und Brot, und wer Unzucht mit Frauen getrieben habe, müsse dies mit 3 Jahren abbüßen? Wie konnte er nur so arglos sein zu glauben, das alles werfe keinen Schatten auf ihn und Maria? Für einen Mönch waren die Frauen des Teufels. Was ihm als natürlich vorkam, galt, wenn man ein Leib mit Christus sein wollte, als widernatürlich.

Haimo schloss die Augen, und im Kopf stiegen alle Bußen auf, die für die fleischlichen Sünden ausgesprochen wurden, und die Büßer schwenkten die Pergamente, auf denen sie geschrieben standen und führten damit einen wilden, ausgelassenen Tanz auf, und Weiber wackelten mit ihren Ärschen und wippten mit ihren Brüsten, und Esel tanzten mit, denn auch in ihre Öffnungen stießen lüsterne Mönche ihre erregten Glieder, und die Bußen stünden nicht im Buch, wenn alle diese Taten nicht wirklich begangen würden, von Brüdern, unter deren Kukullen ihr irdischer Leib aufstand, während aus ihren Kehlen verzweifelt die Psalmen erschallten, die diesen Leib abtöten sollten.

»Du kannst gehen.«

Die Stimme des Abtes schreckte Haimo auf.

Er schickte sich bereits zum Gehen an, dann drehte er sich nochmals um und fragte:

»Und mein Esel?«

Der Abt fuhr auf.

»Wer Mein oder Dein sagt, wird womit bestraft?«

Haimo senkte den Kopf. »Mit sechs Schlägen.«

»Sie seien dir erlassen«, sagte der Abt, »da du im Begriff bist, uns zu verlassen. Der Esel gehört dem Kloster, dessen Gast du warst. Gott und der Heilige Columban seien mit dir.«

»Deo gratias«, murmelte Haimo und verließ die Abtzelle, gefolgt von Guinibaldo. Als er diesem an der Pforte zum Abschied die Hand geben wollte, zog sie Guinibaldo erschrocken zurück, und Haimo kam in den Sinn, dass auf Hände halten 6 Stockschläge standen.

Er verbeugte sich vor seinem Schreiber und sah einen Schimmer in dessen Augen. Dann hob er die Hand, schritt durch die Pforte, verbeugte sich auch zum beleibten Pförtner hin, der ihm ein schiefes Lächeln schenkte, und machte sich, eine lederne Büchertasche über der linken Schulter, und eine Provianttasche über der rechten, auf nach Montecassino.

Er musste auf dem Weg, den er im Frühjahr gekommen war, zuerst ein Stück weit zurück wandern, bis er wieder auf die Pilgerstraße nach Rom gelangte, die er in Placentia verlassen hatte. Wie viel fröhlicher und zuversichtlicher war er doch vor ein paar Monaten diese Strecke in die andere Richtung gegangen.

Beim Gedanken an das, was man mit Maria gemacht

hatte, packte ihn eine verzweifelte Wut. Es war ganz klar, dass ihn Anastasius dafür bestrafen wollte, dass er als Mönch mit einer Frau unterwegs gewesen war. Und es war ebenso klar, dass der Abt ahnte, dass es weder einen Vater gab, der in einer Lawine umgekommen war, noch einen hochstehenden Onkel, der sie in Rom erwartete. Umso niederträchtiger, Maria ohne seinen Schutz nach Rom zu schicken, wo sie niemanden kannte und nicht wusste, welchem Schicksal sie entgegenging.

Und wer mochten die Wallfahrer sein? War es eine Gruppe, oder waren es bloß zwei? Wallfahrten waren auch eine Form der Buße, die einem für schwere Versündigungen auferlegt wurden, und wer genügend Mittel hatte, konnte einen anderen an seiner Stelle schicken und sich damit von der Buße loskaufen. Haimo hatte schon mehr als einen Berufswallfahrer getroffen, und es waren meistens grobschlächtige Gesellen, den Fuhrleuten nicht unähnlich, Menschen jedenfalls, gegen die ein gesundes Maß an Misstrauen angebracht war. Und wie konnte sich Maria ihnen gegenüber aus der Lüge mit dem Bruder ihres Vaters stehlen?

Der Weg nach Montecassino führte über Rom, sein nächstes Ziel war also die Ewige Stadt, und er war entschlossen, Maria in Rom zu suchen. Von Placentia aus wand sich die Pilgerstraße bald die steilen Hänge des Apennin zum Mons Langobardorum hoch, dem Pass, von dem aus man dann in die Täler Tuskiens hinunterstieg. Ab und zu säumten Klöster den Weg, die Herberge für die Reisenden anboten, und vorsichtig begann er nach zwei oder drei Wallfahrern zu fragen, die eine Frau bei sich gehabt hätten. Fragte man ihn zurück, gab er an, die Frau sei seine Schwester, von welcher er in den Alpen durch einen Lawinenniedergang getrennt worden sei, aber niemand wollte sich an eine solche Gruppe erinnern, zu viele Pilger kämen hier vorbei, hieß es öfters.

Einzig im Hospiz Sancta Maria auf dem Mons Langobardorum sagte ihm der Pförtner, vor ein paar Wochen seien zwei Wallfahrer mit einer Frau da gewesen, die ihm anvertraut habe, sie heiße auch Maria und wolle wieder zurück, wo sie hergekommen sei, aber da die beiden Wallfahrer nichts davon wissen wollten, habe er ihr nicht helfen können. Ob es Berufler gewesen seien, fragte Haimo weiter, und der Pförtner nickte.

Die Schilderung schmerzte Haimo sehr, aber wenigstens wusste er nun, dass sie diesen Weg gegangen war und somit mit einiger Wahrscheinlichkeit in Rom sein dürfte. Wie er sie allerdings in einer großen Stadt mit Tausenden von Einwohnern auffinden sollte, wusste er nicht, doch allein die Aussicht, dass sie dort sein könnte, gab ihm zunächst einmal etwas Hoffnung.

Wo keine kirchliche Unterkunft zu finden war, half Haimo bei der Apfelernte oder bei der nun einsetzenden Weinlese mit, um zu einem Nachtlager und zu Speis und Trank zu kommen. Aber sein Wunsch war, möglichst bald in Rom einzutreffen, um die Suche nach Maria aufzunehmen, um die er sich große Sorgen machte, gab es doch dort, wie er wusste, Sklavenhändler, die Menschen ruchlos verkauften, sei es an römische Reiche oder an Händler aus dem Orient, und was ihm der Pförtner im Hospiz von den Berufswallfahrern erzählt hatte, verhieß nichts Gutes.

Er erreichte die Marmorbrüche von Luna, konnte auf der Präfektur in Lucca einen Kaufvertrag mit einem Benediktinerkloster abschreiben, pries sich auf dem Marktplatz von Saena als Skriptor an und wurde von einem Edelmann angeheuert, um dessen heimlicher Geliebten Briefe zu schreiben, die Haimo zur Begeisterung des Verliebten mit Metaphern aus dem Hohelied Salomos anreicherte, wie dass ihre Brüste wie Zwillinge junger Gazellen seien oder dass sie gewachsen sei wie ein Lustgarten von Granatäpfeln und edlen Früchten.

Nach und nach näherte er sich seinem Ziel, er überschritt die Grenze zur Provinz Latium, deren seltsam singende Sprache er mit Hilfe seiner Lateinkenntnisse bald entschlüsseln konnte, kam zum lieblichen Bolsenasee, der ihn an den Ammersee bei Wessobrunn erinnerte, bemerkte, wie sich die Landstraße von Viterbo an immer stärker bevölkerte mit Ochsenkarren, Reitern, Marktfahrern, Bauern, Soldaten, und sah endlich im Dunst der Ferne die Türme und Mauern einer Stadt, die nur Rom sein konnte.

18

Ungläubig starrte Ernst auf das fingerdicke Wachstuchheft in seinen Händen. Nach einer Weile öffnete er es und sah auf der ersten Seite, mit Tinte geschrieben, die Jahreszahl 1943. Auf der nächsten Seite oben stand »Einberufung«, dann war der Eintrag durch eingedrungene Feuchtigkeit verwaschen und kaum mehr leserlich; so ging es fast bis zur Mitte des Heftes, ab dann war es mit Bleistift geschrieben, und die letzte Seite war mit »Mai 1945« überschrieben, darunter nur ein einziger Satz: »Das Ende naht!«

Ein Kriegstagebuch also. Ernst überlegte einen Moment, riss dann aus einem »Berner Oberländer« im Korb neben dem Ofen zwei Seiten heraus, schüttelte sorgfältig Staub und Holzspäne ab, wickelte das Wachstuchheft darin ein und steckte es in seinen Proviantsack. Das alles war bestimmt nicht leicht zu lesen, er würde das erst zu Hause in aller Ruhe studieren. Nochmals blickte er auf die Ecke, aus der er es geholt hatte, hob die lose Latte ein zweites Mal an und leuchtete mit der Stirnlampe in den Zwischenraum dahinter, aber da war nichts mehr. Das, was ihm der nächtliche Gast zeigen wollte, hatte er gefunden.

Er schüttelte den Kopf. Da passierten Dinge, die überstiegen sein Verständnis. Wer hatte ihn zu diesem Tagebuch gewiesen, das Philipp Schaefer aus irgendeinem Grund hier versteckt hatte? Ein Hirngespinst, eine Ausgeburt seiner Einbildungskraft, eine Erscheinung, ein Wiedergänger? Oder war es nur ein Traum gewesen?

Er trat vor die Hüttentür und atmete tief ein. Immer noch zitterten die Sterne am Nachthimmel, doch hinter dem Schreckhorngrat zog eine blassrote Helle auf. Das Grauen dieser Nacht war besiegt, aber es wirkte noch nach.

Er ging um die Hütte zur Schwalbennesttoilette, war jedoch zu nervös, um sich zu entleeren, merkte auch, wie sehr er sich an hygienische Verhältnisse gewöhnt hatte und schon beim Gedanken, er könne sich die Hände nachher nicht waschen, einen Widerwillen empfand, das Plumpsklo zu benützen. Er wollte so bald wie möglich wieder auf dem Jungfraujoch sein, und dort gab es anständige WCs, schon wegen der Japaner.

Als er seine Essensvorräte in den Proviantsack füllte, nahm er das verpackte Büchlein heraus und betastete es mit den Fingern, um zu spüren, ob es wirklich da war oder ob es sich ebenfalls in Nichts aufgelöst hatte, aber das Päckchen widerstand dem Druck und beharrte auf seiner Existenz. Dann siegte seine Neugier. Er wickelte es nochmals aus, setzte sich an den Tisch und suchte im Schein seiner Lampe nach dem Jahr 1944, an das er sich aus dem Inserat erinnerte. Es war noch vor Tagesanbruch, für den Gang zum

Jungfraujoch rechnete er mit etwa 3 Stunden, also konnte er es sich leisten, mit dem Aufbruch noch etwas zuzuwarten.

Die kleine Schrift und die engen Zeilenabstände auf dem karierten Papier machten das Lesen nicht leicht, manchmal waren auch Seiten verklebt oder durch Nässe beschädigt. Immerhin konnte er den Aufzeichnungen entnehmen, dass Schaefer einer Gebirgsdivision angehörte, welche zeitweilig in Oberitalien stationiert war und von dort nach Süden geschickt wurde, um zu den Fallschirmjägern zu stoßen, welche Montecassino verteidigten. Er stieß auch auf den Namen von Holger Riedel, sie hätten zusammen, hieß es, oft über die Berge gesprochen, da sie beide gerne kletterten. Auffällig viele Fragezeichen standen im Heft. Mussolini war bereits gestürzt – wessen Italien sollten sie da verteidigen? Gegen wen? Warum? Im Apennin mussten sie zwei englische Fallschirmspringer erschießen. Wieso nahm man sie nicht gefangen? Holgers Glaube an den Führer aber war offenbar ungebrochen.

Auch Partisanen wurden erschossen, wenn man ihrer habhaft wurde. Und wer Partisanen Unterschlupf gewährte, fand ebenfalls keine Gnade. Von einem winzigen Kloster war die Rede, das bloß von fünf Mönchen bewohnt wurde. Ihr Kommandant war überzeugt, dass sie von dort beschossen worden waren und dabei fünf Mann verloren hatten und ließ die fünf Mönche hinrichten, sie mussten sich vor die Klostermauer stellen, Philipp und Holger gehörten zum Exekutionspeloton, »Non siamo partigiani!« habe der jüngste der Mönche verzweifelt gerufen, bevor er im Kugelhagel zusammengebrochen sei. Und wieder ein Fragezeichen. Dann der Befehl, das Kloster zu sprengen, Holger sei bei den Soldaten gewesen, welche die Sprengsätze im Innern des Gebäudes gelegt hätten, und sei mit einem kleinen Buch herausgekommen, das er ihm später gezeigt habe, nachdem das Kloster in eine Ruine verwandelt worden war. Das habe er aus der Bibliothek herausgenommen, weil es ihm alt und kostbar vorgekommen sei.

Zu den Schlachten entlang der Gustav-Linie am Montecassino wurden die Notizen kürzer, dafür mehrten sich die Fragezeichen. Wieso die Deutschen allein gegen die ganze Welt Krieg führen mussten, fragte Philipp. Gegen Franzosen, Polen, Engländer, Inder, Maori? Was soll das Sterben? Bei einem Rückzugsgefecht wurde Holger schwer verwundet von Philipp und einem Kameraden in ein Notlazarett geschleppt, man musste ihm die Jacke aufschneiden, um die Wunde verarzten zu können, dabei fiel das Buch auf den Boden, das er bei sich getragen hatte wie einen Talisman, Philipp, der noch bei ihm war, las es auf und nahm es an sich, dann wurde er mit den Resten seiner Truppe vom Lazarett getrennt.

Wo ist Holger? stand oben auf einer Seite. Beim Feind? Im Himmel? Das Chaos musste unbeschreiblich, die Verluste furchtbar gewesen sein. Ein Fleck, der eine halbe Seite des Büchleins unleserlich machte, sah nach Blut aus, Philipp schrieb von Glück und einem Streifschuss. Ernst begann schneller zu blättern, der Einheit war dann offenbar ein Rückzug gelungen, der sie durch halb Italien führte, bis sie sich schließlich in Oberitalien den Amerikanern ergab. »Hoffe auf baldige Gefangenschaft« stand auf einer der letzten Seiten.

Als Ernst den Kopf hob, war draußen heller Tag. Seine Stirnlampe war längst unnötig geworden, ohne dass er das bemerkt hatte. Er löschte sie und steckte sie in seinen Rucksack. Danach wickelte er das Wachstuchheft wieder in das Zeitungspapier und verstaute es im Proviantsack. Etwas benommen stand er auf, trank einen Schluck Tee und machte sich dann bereit zum Aufbruch. Achtsam verschloss er die Ofentür, versicherte sich, dass keine Glutteilchen entweichen konnten, machte dann die Fensterläden zu und verschloss die Hüttentüre. Er kletterte über die Felsen bis zu seinem Depot, zog die Felle aus seinem Rucksack, befestigte sie an den Skiern, und dann begann er mit dem Aufstieg zum Pass.

Er kam gut vorwärts, folgte im Wesentlichen der Spur seiner gestrigen Abfahrt, sank allerdings ein paarmal ein, als der Harsch etwas nachgab. Seine Gedanken waren immer noch bei dem, was er gelesen hatte. Ein junger Soldat, ein Student wohl, rettete vor der Sprengung eines kleinen Klosters eines der ältesten Bücher der deutschen Sprache. Er glaubte sich zu erinnern, dass die Deutschen, als sie das Kloster Montecassino besetzten, die wertvollsten Kunst- und Kulturgüter evakuiert und in Sicherheit gebracht hatten, für den Fall eines Luftangriffs der Alliierten, der dann auch stattfand, das Kloster wurde in Schutt und Asche bombardiert.

Dann kam ihm jener wunderbare Tempel in den Sinn, den er in Südkorea gesehen hatte und in dem auf Zehntausenden von Holztafeln die Lehren Buddhas festgehalten sind, die Schriftzeichen wurden über viele Jahre von Schreibern spiegelverkehrt geschnitzt. Im Koreakrieg hatte ein Pilot der koreanischen Luftwaffe von den Amerikanern den Befehl erhalten, das Kloster zu bombardieren, weil darin kommunistische Partisanen vermutet wurden, doch er hatte sich geweigert, das zu tun.

Ernst geriet ins Schwitzen, zog die Handschuhe aus und öffnete den Reißverschluss der Jacke. Vom Pass herab wehte ein leichter Wind, der ihm wohltat. Als er die Höhe erreicht hatte, stützte er sich auf seine Stöcke, trank ein paar Schlucke Tee, aß ein Stück Brot und etwas Käse, das er mit dem Taschenmesser abschnitt. Er hatte kaum gefrühstückt und war hungrig, über dem Lesen war ziemlich viel Zeit vergangen, zu viel, wie er auf einmal fand, es war bereits späterer Vormittag. Den Mönch, der sich neben der ungastlichen Felswand des Eigers in gleißendem feinem Weiß erhob, kannte er nicht von dieser Seite, sie gefiel ihm besser als die bekannte wuchtige Silhouette, die er vom Mittelland her abgab, eingeklemmt zwischen seinen ewigen Nachbarn Eiger und Jungfrau. Wie er wohl zu seinem Namen gekommen war? Das Berner Oberland war doch Reformationsgebiet und nicht mit Klöstern gesegnet, jedenfalls kam ihm keines in den Sinn.

Er schnallte die Felle auf seinen Rucksack, nahm die Gletscherbrille ab und musste die Augen zukneifen, als er sich nochmals Sonnencreme auftrug, dann zog er den Reißverschluss der Jacke hoch, streifte sich die Handschuhe wieder über und musterte den Abhang zum Ewigschneefeld. Tief unten sah er zwei Skifahrer, die wohl von der Mönchsjochhütte oder vom Jungfraujoch her kamen, vielleicht wollten sie über den Gletscher nach Fiesch hinunter. Er überlegte sich einen Moment, ob er mit den Skiern quer zum Hang absteigen sollte, so wie er gestern aufgestiegen war, und entschloss sich dann zu einer Schussfahrt, die ihn in zehn Minuten zu den zweien bringen würde, die dort unterwegs waren.

Er stieß sich ab, und beim ersten Schwung löste er ein Schneebrett aus, das ihn mit sich hangabwärts trug, er verlor das Gleichgewicht und stürzte, versuchte sich mit den Händen in den Schnee zu krallen, überschlug sich und kam erst wieder im Spalt des Gletscherschrunds zum Halten. Benommen blieb er vorerst regungslos liegen, dann bewegte er der Reihe nach Arme und Hände, Beine und Füße, so gut es ging. Beim linken Fuß stellte er fest, dass er auf die geringste Bewegung mit einem bösen Schmerz reagierte. Der Schuh steckte immer noch im Ski, den es ihm abgedreht hatte. Ob es eine Verstauchung, ein Sehnenriss oder ein Knochenbruch war, ohne Hilfe käme er von hier nicht weiter, so viel war ihm sofort klar.

Vorsichtig versuchte er sich aufzurappeln, möglichst ohne den linken Fuß einzubeziehen, und merkte, dass er irgendwie feststeckte. Die Bindung des rechten Skis hatte sich zwar gelöst, doch der rechte Arm war hinter seinem Rücken so eingeklemmt, dass es ihm nicht gelang, ihn hervorzuziehen. »Ruhig bleiben«, sagte er sich zum zweiten Mal auf dieser Tour, »nur ruhig bleiben.«

Jetzt war der Moment gekommen, wo sein Handy gefragt war. Es befand sich in der Außentasche seines Rucksacks, den er immer noch am Rücken trug. Mit der linken Hand versuchte er zu einem Träger zu kommen, aber auch der Rucksack war so festgeklemmt, dass er ihn nicht lockern konnte. Es kam ihm in den Sinn, dass er das Gerät am Morgen nicht eingeschaltet hatte. Die Nummer der Rettungsflugwacht hätte er gewusst, 1414, aber sie war außer Reichweite, und ob eine Funkverbindung möglich wäre, war ohnehin nicht sicher, er lag mindestens in drei Meter Tiefe.

Ernst nahm sich vor, möglichst in Bewegung zu bleiben und zu versuchen, sich ein kleines bisschen Raum im Schnee zu schaffen. Sein rechter Arm steckte zwischen der Schneemasse und der Gletscherspalte fest, die linke Schulter wurde von einem Firnbrocken niedergedrückt. Er spürte bereits, wie die Kälte des Eises durch die Jacke eindrang. Das verhieß nichts Gutes, und als er über die Möglichkeiten nachdachte, aus seiner Lage befreit zu werden, falls es ihm nicht selbst gelang, blieben eigentlich nur die zwei Tourenskifahrer auf dem Ewigschneefeld.

Er musste sich zusammennehmen, um zum ersten Mal in seinem Leben um Hilfe zu schreien. Dann rief er, dreimal kurz, dreimal lang, und dreimal kurz. Es waren Aaah-Rufe, ohne Worte, das Morsezeichen, SOS, save our souls, und sie verhallten ohne Echo, er hatte nicht das Gefühl, als ob sie weit über den Gletscherschrund hinausgedrungen seien. Er ließ einen zweiten Ruf folgen, danach noch einen dritten. Dann hielt er inne. Er war auf einmal durstig, konnte aber den Rucksack mit der Thermosflasche nicht locker machen.

Beweg dich, ermahnte er sich, beweg dich, Ernst, damit du das noch erzählen kannst. Und er fuhr fort, mit den Händen und dem rechten Fuss kleine, aber regelmäßige Bewegungen zu machen, während der Schmerz in seinem linken Fuß wuchs und die Kälte langsam von seinen Gliedern Besitz ergriff.

19

Jacqueline wollte gerade ins Bad, um sich für die Nacht umzuziehen, als es an ihrer Tür klopfte. Mitternacht war vorbei. Lena? dachte sie. Sie hatten sich gut unterhalten und waren dann in dem Moment abgelenkt worden, als Lena sie noch etwas fragen wollte.

Sie öffnete die Tür einen Spalt, und draußen stand Henri. Er hatte eine halbvolle Flasche Wein mit zwei Gläsern bei sich und fragte, ob sie die noch zusammen fertig trinken wollten. Sie zögerte einen Moment, bevor sie die Tür ganz öffnete und ihn herein bat. Eine kleine Alarmlampe hatte in ihrem Hinterkopf aufgeblinkt, doch als Jacqueline sich sagte, sie wisse schon, was sie wolle, schaltete sie sich wieder aus.

Henri war ihr erster Freund gewesen, kurz vor der Matur, nicht für lange, aber es hatte ihr gut getan, einen Verehrer zu haben, der sie rückhaltlos bewunderte, sie hatte sich vorher nicht für begehrenswert gehalten und wusste nun, dass sie eine Frau war.

Nach der Matur trennten sich dann ihre Wege, Henri

wollte Berufsmilitär bei der Luftwaffe werden und verschwand für längere Zeit bei der Armee, während Jacqueline mit Lena auf eine Reise nach Bolivien aufbrach. Später hörte sie von ihm, dass er Karriere machte und dass er den Ruf eines Womanizers hatte.

Sie hatte ihn heute zum ersten Mal seit dem Schulabschluss wieder gesehen. Die Veranstalterinnen der Zusammenkunft wollten schon im Jahr zuvor 25 Jahre Matur feiern, es wurden dann aber 26 Jahre, bis der Termin auf der Rigi zustande kam.

Es war ein fröhliches Treffen geworden, es wurden Fotos herumgereicht von damals, von Sportanlässen mit den Lehrern, von Schulreisen auch, die gefürchtet waren, weil ihr Klassenlehrer ein begeisterter Wanderer war, der glaubte, seine Leidenschaft auf eine ganze Klasse übertragen zu müssen, die alles andere als lauffreudig war, er suchte mit Vorliebe abgelegene Alpentäler aus, wo es Aufstiege von 1000 Metern Höhenunterschied zu bewältigen galt, bis man auf einem kaum begangenen Pass stand, von dem es zuerst hinunter, dann aber nochmals hinauf ging, bis man zuletzt eine Hütte erreichte, in der auch noch gekocht werden musste. Als Jacqueline ein Foto eines Tessiner Bergsees in den Händen hielt, auf dem sie mit zwei Schulkolleginnen zusammen auf einem Granitblock am Ufer saß, im Hintergrund ein wildes Gipfelpanorama, begriff sie auf einmal Ernsts Passion für die Berge und nahm sich vor, mit ihm einmal auf eine Höhenwanderung zu gehen.

Es kam ihr aber auch wieder in den Sinn, dass ein paar von ihnen in der Nacht von der Hütte aus nochmals zu diesem See hinaufgegangen waren, der Mond war beinahe voll gewesen und hatte sich im Wasser gespiegelt, sie war von Romantik geradezu überflutet worden und ließ sich mit Henri auf ein Liebesspiel ein, das der Auftakt ihrer ersten Affäre wurde.

Und unvermeidlich waren die Fotos von Kindern, stolze Väter und Mütter zückten ihre Smartphones und klickten ihre Brut an, kleine Prinzessinnen lachten einem entgegen, Ostereier in die Höhe haltend, tanzend oder Geige spielend, Prinzen standen neben Schneemännern, saßen frisch behelmt auf Fahrrädern oder bauten Sandburgen, zwei von ihnen rasten auf einem Schlitten jubelnd talwärts, ihr Schwesterlein in der Mitte, aber das größte Hallo gab es, als Caroline, die ein Jahr nach der Matur geheiratet hatte, ein Bild ihres frisch geborenen Enkels zeigte, und Jacqueline bewusst wurde, dass man in ihrem Alter bereits Großmutter sein konnte. Von ersten Scheidungen war allerdings auch die Rede, ebenso wie von der Schwierigkeit der berufstätigen Frauen, Familie und Karriere miteinander zu vereinbaren. Irina, die Klassenbeste, war überzeugt, dass sie nur deshalb nicht Chefärztin ihrer Onkologieabteilung geworden war, weil ihr Konkurrent ein Mann war und mehr Zeit zum Publizieren in Fachzeitschriften gehabt habe als sie.

Jacqueline wunderte sich, wie ungebrochen sich der Wunsch nach Kindern erhalten hatte, sie waren nur vier Kinderlose, einer davon, Marco, war homosexuell, sie hatte ihn immer wegen seiner Hilfsbereitschaft gemocht, er hatte ihr am Tag vor der Lateinmatur seine Vermutung mitgeteilt, welcher Text zum Übersetzen vorgelegt werden könnte, ein

Gedicht von Catull, das im Unterricht ausgelassen worden war, obwohl ihr Lateinlehrer ein ausgesprochener Catullfreund war, und so kam es, dass sie im Latein mit einer Note abschloss, die über ihren Leistungen lag, sie hatte sogar extra zwei Fehler einfließen lassen, um keinen Verdacht zu erwecken. Am heutigen Abend war sie am Tisch neben ihm gesessen, und als von links und rechts der Kindersegen über sie hereinprasselte, sagte er zu ihr: »Gell, das brauchen wir nicht.« Jacqueline hatte lachend genickt, obwohl sie sich fragte, ob er sie wohl für lesbisch hielt.

Tagsüber herrschte im Restaurant bei einem Wetter wie heute ein unglaublicher Betrieb, wenn aber um sieben Uhr abends die letzte Bahn ins Tal abgefahren war, blieben nur die Hotelgäste, und Jo, der in der Klasse immer für Unterhaltung gesorgt hatte und jetzt Staatsanwalt war, hatte im Säli nach dem Essen eine Disco eingerichtet, in der er nun als DJ Musik aus ihrer Jugendzeit auflegte, Dire Straits, Billy Idol, Bon Jovi, aber auch Nena und die Neue Deutsche Welle, und sie hatten auf der Tanzfläche dazu gewippt und »brothers in arms« mitgesungen, hatten sich zu »you were born to be my baby« gedreht und einander angelacht, hatten sich dabei gegenseitig beobachtet und nach Zeichen des Alterns gesucht, und Jacqueline hatte mit Befriedigung festgestellt, dass sie zu den Fittesten gehörte, die auch nach der fünften oder sechsten Runde noch nicht ins Schwitzen kamen, und legte am Schluss allein mit Henri zu irgendeinem Techno-Sound einen fulminanten Fantasietanz hin, applaudiert von der ganzen Klasse und einem Grüpplein Chinesen, die verwundert unter der offenen Schiebetür standen. Sie hatte selbst gar nicht mehr gewusst, dass sie so gut und so gern tanzte, und war fast in eine Trance geraten dabei, hatte manchmal das Gefühl gehabt, sie stünde außerhalb ihres Körpers und schaue sich selber zu.

»Du warst großartig«, sagte Henri, der sich nun an den kleinen Tisch in Jacquelines Zimmer stellte und Rotwein in die zwei Gläser goss.

»Du aber auch«, antwortete Jacqueline, »fast wie man sich einen Kampfpiloten vorstellt.«

Sie hoben die Gläser und stießen an, doch als sich Henri zu ihr hinüberbeugte und sie küsste, fragte sie ihn, ob er nicht noch mit ihr auf den Kulm hinaufkomme, das müsse sehr schön sein, es sei fast Vollmond.

Da Henri als guter Jäger wusste, dass Geduld eher zum Ziel führte als Ungeduld, stimmte er zu, und bald gingen sie den Fußweg hinan, der zum Gipfel führte. Henri legte sachte den Arm um ihre Schulter und bemerkte mit Vergnügen, dass nach einer Weile ihr Arm auf seiner Hüfte lag.

»Fast wie damals im Tessin«, sagte er, »erinnerst du dich?«

»Aber sicher«, sagte Jacqueline, und als sie zusammen auf der Gipfelplattform standen und der Mond auf der einen Seite die Alpenkette beschien und auf der andern Seite das Mittelland, in dem man den Zuger- und den Zürichsee glitzern sah, wurde Jacqueline von einer nie gekannten Sehnsucht nach verschwundener Zeit und früher Liebe übermannt und erwiderte Henris Kuss lange und zärtlich.

Etwas später, auf der Treppe des Hotels, fragte Henri leise: »Und jetzt?« Da kniete Jacqueline plötzlich auf die Treppe und musste sich erbrechen. Stöhnend würgte sie die Reste des unverdauten Nachtessens heraus und bat dann Henri, ihr auf das Zimmer zu helfen.

Gleich nach ihnen hatte Marco den Hotelvorraum betreten und rief ihnen zu, er werde sich um die Reinigung kümmern. Da kein Nachtportier verfügbar war, griff er sich von einem Zeitungsständer im Restaurant eine Samstagsausgabe der NZZ und bedeckte das Erbrochene vorerst damit. Dann rannte er den beiden nach, Henri hatte Jacqueline untergefasst und ging mit langsamen Schritten auf den Lift zu, sie fuhren zu dritt zwei Stockwerke höher, nahmen dann Jacqueline in die Mitte, indem jeder sie auf seiner Seite stützte, gingen zu ihrem Zimmer und halfen ihr zum Waschbecken, wo sie sich das Gesicht reinigte und den Mund spülte. Alle Kraft war aus ihr gewichen, und schwer atmend ließ sie sich auf ihr Bett sinken.

»Möchtest du einen Kamillentee?« fragte Marco.

Henri machte ihn darauf aufmerksam, dass das Restaurant längst geschlossen sei, worauf Marco antwortete, er habe immer einen kleinen Wasserkocher und ein paar Teesorten dabei, wenn er auf Reisen gehe.

Tja, sagte Henri, dann sei es wohl besser, er gehe, nahm die Weinflasche und sein Glas wieder mit und wünschte gute Besserung.

Jacqueline sagte, es tue ihr leid, sie verstehe das nicht, und ja, ein Kamillentee wäre gut. In ihrem Körper hatte sich eine Übelkeit breitgemacht, die ihr vom Magen in die Glieder drang und ihre Arme und Hände erzittern ließ.

Etwas später erschien Marco wieder mit einem Zahnputzglas dampfenden Kamillentees. Er stellte die Kopflehne von

Jacquelines Bett höher, half ihr, sich aufzurichten, und reichte ihr den Tee. Er lege ihr auch homöopathische Tabletten hin zur Beruhigung der Darmflora, sie könne gleich zwei davon nehmen und später jedesmal, wenn sie erwache, eine.

»Und die Sauerei?«

Er habe sein Handtuch feucht gemacht und alles aufgenommen.

Und wohin damit?

In einen Abfalleimer auf der Restaurantterrasse, zusammen mit der Zeitung. Die ersten Frühstücksgäste würden dann schon auf die Düfte aufmerksam.

Er lachte und fragte, ob sie noch etwas brauche.

»Danke«, sagte Jacqueline, »vielen Dank.«

»Und das nächste Mal in der Disco vielleicht etwas weniger wild. Du hast ja getanzt wie eine Schamanin.«

Als er seine Mobil-Nummer auf einen Zettel schrieb und ihr versicherte, sie könne ihn die ganze Nacht anrufen, wenn es ein Problem gebe, bat sie ihn, ihr Handy aus ihrer Handtasche zu holen und ans Bett zu bringen.

Sie öffnete es, nachdem Marco gegangen war, las Ernsts Nachricht, und es kamen ihr die Tränen. Sie trank kleine Schlucke des Kamillentees, der sie langsam beruhigte, und schlief tief und traumlos bis am frühen Morgen.

»Gute Tour!« schrieb sie an Ernst, erhielt aber keine Bestätigung, dass die Nachricht zugestellt war.

Sie stand auf und musste mit einem leichten Schwindel kämpfen.

Um 8 Uhr klopfte Marco an und erkundigte sich nach ihrem Befinden.

»Besser«, sagte Jacqueline, »dein Tee hat geholfen, und die Tabletten wohl auch.«

Ob er ihr den privaten Telefonanschluss von Thomas nachschauen könne, mit dem ihr Mann heute auf eine Bergtour gegangen sei, fragte sie ihn, nannte den vollen Namen und den Wohnort Küsnacht, und Marco schaltete seine Telefonbuch-App ein und schrieb ihr die Nummer auf einen zweiten Zettel.

Um 9 Uhr war das Frühstück angesagt, ab 10 Uhr konnte man ins Tal fahren oder zuerst einen Spaziergang nach Rigi Staffel oder Rigi Kaltbad machen und von dort aus hinunter fahren. Jacqueline duschte ausgiebig, packte dann ihre Unterwäsche und die Bluse von gestern, die noch nach dem Malheur rochen, in eine Plastiktüte, zog neue Wäsche und eine zweite Bluse an, die sie zum Glück mitgenommen hatte, und als um 9 Uhr immer noch keine Antwort von Ernst gekommen war, rief sie bei Thomas an.

Eva meldete sich, Thomas' Frau, und war sehr erstaunt über Jacquelines Frage, ob sie wisse, wie es den zwei Bergsteigern gehe.

Nun erfuhr Jacqueline, dass Thomas mit Fieber im Bett lag und gar nicht mitgegangen war, und erschrak. Sie schrieb eine zweite SMS, »Ernst, wo bist du?« Nach dem Frühstück, bei dem sie nur einen Schwarztee und zwei Zwieback zu sich genommen hatte, war immer noch keine Antwort eingetroffen, und ihre Unruhe wuchs. Sie ging zum Tisch hinüber, an dem sich Marco mit Jo darüber unterhielt, wieso er gestern Polo Hofers »Alperose« nicht aufgelegt hatte, und fragte Marco, ob sie ihn kurz um seine Hilfe bitten dürfe.

20

Haimo hatte sich einem Mönchsboten angeschlossen, den er kurz vor dem Erreichen der Stadt angetroffen hatte. Dieser musste Dokumente eines Klosters im langobardischen Königreich dem Bischof von Rom bringen, da ihm König Karl dieses Kloster nach der Eroberung zum Geschenk gemacht hatte. Der Bote führte ihn zu einem der römischen Klöster, welches ein eigenes Gästehaus für Mönche hatte, die mit Botschaften und Aufträgen unterwegs waren.

Dort zeigte Haimo dem Pförtner das Breve Sigidos. Er versuchte, so erschöpft und ausgehungert wie möglich auszusehen, und bat um einen etwas längeren Aufenthalt als die fünf Tage, welche üblich waren. Er habe lange mit einer fiebrigen Krankheit gekämpft und müsse sich davon erholen, bevor er nach Montecassino weiterziehen könne. Auch möchte er, sobald es ihm seine Gesundheit erlaube, die Kirche Sancta Maria ad Martyres und die Lateranbasilika aufsuchen, um dort zu beten, beides Aufträge, die er von Sündern in Wessobrunn und St. Gallen entgegengenommen habe.

Als ihn der Pförtner lange schweigend ansah, ohne Sigidos

Schreiben eines Blickes zu würdigen, erinnerte sich Haimo an die Empfehlung seines Wandergefährten und schob ihm seinen letzten Goldsolidus hinüber, den er mit den Liebesbriefen in Saena verdient hatte. Darauf nickte der Pförtner und verdoppelte seine Aufenthaltserlaubnis auf zehn Tage.

Zehn Tage also, um Maria zu finden.

Schon am nächsten Tag machte er sich auf einen ersten Streifzug. Noch nie hatte Haimo eine so große Stadt gesehen, und ihr Anblick verwirrte ihn. In Regensburg, wo er aufgewachsen war, drängten sich alle Häuser innerhalb der Stadtmauern aneinander, und außer dem Platz vor dem Rathaus und der Kirche gab es nur enge Straßen und Gassen. Hier lösten sich große Plätze mit Kirchen ab, es gab breite Straßen, es gab Bauten, die von vergangener Macht zeugten, ein Theater, das noch ein römischer Kaiser errichtet hatte, ein Kolosseum von geradezu gespenstischer Größe, halb zerstört zwar, aber dennoch in Gebrauch, wie er hörte, einen Caesarenpalast, in dem Augustus gewohnt haben sollte und in dem Eulen und Turmfalken nisteten, unter der riesigen Kuppel der Kirche Sancta Maria ad Martyres seien früher alle römischen Götter verehrt worden, und jetzt war sie zum Glück dem wahren Glauben ergeben, er betete dort inständig, aber nicht für einen fremden Sünder, den es gar nicht gab, sondern für sich selbst, nämlich dafür, dass ihm die Sancta Maria helfe, seine eigene Maria zu finden in diesem Vielvölkergewühl, er hörte hier immer wieder Griechisch sprechen und auch andere Sprachen, die er nicht verstand, er sah zum erstenmal in seinem Leben schwarze Menschen, Mohren, welche in Gruppen schwere Lasten über die gepflasterten Straßen zogen, von einem Aufseher mit Peitschenhieben angetrieben, manchmal stieg Dampf aus Schächten am Straßenrand hervor, geheizte Bäder gebe es hier, und Katakomben mit unendlich langen Gängen, eine zweite Stadt unter dem Boden sozusagen, aber was ihn am meisten erstaunte, als er vom Hügel mit der Sancta Maria hinuntersah, war, dass die Mauer, welche die ganze Stadt umringte, auch große Gebiete umfasste, auf denen keine Häuser standen, nur ab und zu war zwischen wildem Buschwerk eine Ruine zu erkennen. War die Ewige Stadt früher so viel größer gewesen? Oder wartete sie noch auf ihre Größe?

Und wie und wo sollte er Maria suchen? Sie sei, hatte man ihm in Bobbio gesagt, mit einer Pilgergruppe nach Rom mitgegangen. Also fragte er in seiner Mönchsherberge nach allen Kirchen, welche zu den Zielen von Pilgern gehörten, und besuchte der Reihe nach St. Peter und Paul, Sankt Lorenz, die Ecclesia Beati Hadriani und die Lateranbasilika, betete in allen und schaute sich am Eingang nach Pilgern um, doch er musste sich bald eingestehen, dass er damit wohl kaum Erfolg haben dürfte, denn der zeitliche Vorsprung, den die Pilgergruppe, wenn es denn eine gewesen sein sollte, auf ihn hatte, war so groß, dass sie längst ihre Gebete in einer dieser Kirchen verrichtet hätte und wieder auf dem Heimweg war.

Und wenn Maria an ihrer Version festgehalten hätte, sie suche ihren Onkel, der in der päpstlichen Verwaltung ein hohes Amt versehe? Vielleicht hätte man sie dort für irgendeinen Dienst eingestellt. Doch als er an der Pforte des Lateran nach einer Maria aus Regensburg fragte, die hier vorgesprochen haben sollte, begegnete man ihm mit äußerstem Misstrauen, das sich, als er vorgab, das sei seine Schwester, eher noch verstärkte. Als er sich danach erkundigte, wo es hier Sklavenmärkte gebe, sagte ihm der päpstliche Cerberus barsch, Sklavenmärkte gebe es in der heiligen Stadt keine. Das wäre Haimo sehr recht gewesen, auch wenn er es nicht glauben wollte. Rom mochte heilig sein, Rom mochte ewig sein, aber Rom war auch sündig, da gab es für ihn keinen Zweifel. Er hörte von Freudenhäusern, er hörte von Wirtshäusern, in deren Hinterzimmern man außer Speis und Trank auch die Dienste von Frauen kaufen konnte, und er hoffte von Herzen, dass Maria nicht in ein solches Gewerbe gezwungen worden war. Haimo war nur einmal durch ein Viertel gegangen, das ihm in diesem Zusammenhang genannt worden war, und war aus einigen Fenstern von Frauen verspottet, aus andern hingegen angelockt worden; beides war ihm gleichermaßen peinlich, und er hatte sich so bald wie möglich wieder davongemacht.

Dann begann er, Lazarette und Krankenhäuser abzusuchen und sich nach einer Maria aus dem fränkischen Reich zu erkundigen. Er könne es ja, sagte ihm die Pförtnerin eines Weiberhospitals, bei den Aussätzigen auf den Feldern vor der Porta Tiburtina versuchen, dürfe ihnen aber nicht zu nahe kommen, um nicht von ihrer Krankheit befallen zu werden.

Als sich Haimo dem Siechenhaus vor der Stadt näherte, hielt ihn ein Wächter mit einem Hut auf dem Kopf auf, der in ein Horn blies, als er ihn kommen sah. Er stand neben einem Mast mit einer schwarzen Fahne. Haimo hielt inne.

»Was willst du?« rief der Wächter, dessen Gesicht mit seltsamen Flecken übersät war.

»Ist Maria bei euch?« rief Haimo.

Der Wächter schüttelte traurig den Kopf. »Unsere Muttergottes hat uns arme Sünder verlassen!«

»Nicht die himmlische, eine irdische Maria, aus Regensburg im Frankenreich!«

Das Gesicht des Fleckigen erhellte sich ein wenig.

»Maria, die Frankin, ja, sie pflegt die Elendesten unter uns!«

Haimo hüpfte das Herz im Leib.

»Sag ihr, ihr Bruder Haimo sei da und wolle mit ihr sprechen!«

»Ich will's ihr sagen, aber näherkommen darfst du nicht! Verstanden?«

Haimo nickte.

»Und ihre Grenze ist da, wo ich jetzt stehe. Sie weiß es! Du auch?«

Haimo nickte nochmals.

Der Wächter ging nun zu einem Haus, das von verschiedenen kleineren Holzhäusern umgeben war, während Haimo in bangem Erwarten von einem Fuß auf den andern trat. Er konnte fast nicht glauben, dass es ihm gelungen sein sollte, Maria zu finden.

Doch da trat sie leibhaftig aus dem Siechenhaus, in einem weißen Gewand mit einem roten Gürtel, ihren Gang erkannte er auf den ersten Blick, auch wenn ihr Gesicht von einem Schleier verhüllt war.

Zwei Schritte hinter ihr ging der Wächter, der nebst seinem Horn auch einen Speer trug. Als sie beim Masten mit der schwarzen Fahne stehen blieb, schlug sie den Schleier zurück.

Haimo sank auf die Knie. »Maria!« rief er, »ich bin's, Haimo!«

Maria formte ihre Hände zu einem Trichter. »Wie schön, dass du da bist!«

»Geht es dir gut?« rief Haimo.

»Ja, gut!« rief Maria zurück.

»Wann kann ich dich abholen?«

Maria gab keine Antwort.

»Wann?« rief Haimo, eindringlicher.

»Ich darf nicht weg!«

»Was?« rief Haimo, fassungslos.

Der Wächter, der zwar ihr fränkisches Deutsch nicht verstand, hatte sehr wohl verstanden, worum es ging, und rief Haimo auf Italienisch zu: »Sie muss hier bleiben!«

»Warum das?« schrie Haimo.

Die Antwort des Wächters kam sofort: »Ansteckung!«

Als Haimo einen Schritt über die unsichtbare Grenze machte, senkte der Wächter seinen Speer und richtete die Spitze gegen ihn. Sie blitzte gefährlich in der Abendsonne.

»Ich muss gehen!« rief ihm Maria zu, »Gott behüte dich!«, ließ ihren Schleier über das Gesicht fallen und drehte sich um.

»Ich komme wieder!« rief Haimo verzweifelt und blieb so lange stehen, bis Maria ins Siechenhaus eingetreten war.

Er hatte Tränen der Wut in den Augen, als er sich auf den Weg zu seiner Herberge machte. Vor dem alten Theater, an dem er vorbeikam, warb eine bunte Gesellschaft von Schauspielern für eine Komödie, »Der falsche Doktor«. Aus Trotz betrat er den Raum, den er als Benediktiner nie hätte betreten dürfen, es sei denn, um den Teufel von dort auszutreiben.

Er hatte durch das Schreiben eines Briefes auf dem Markt einige Münzen ergattert und warf eine davon in die Schale neben dem Eingang. Die Posse drehte sich um einen fahrenden Scholasten, der sich als Arzt ausgab und den Leuten großmäulig Heilung von ihren Leiden versprach. Seine Methoden waren brachialer Natur. Wer ein schmerzendes Bein hatte, dem versetzte er einen Schlag auf den Arm, damit er den Schmerz im Bein vergaß, wer Kopfweh hatte, dem trat er so lange auf die Füße, bis das Kopfweh durch Fußweh vertrieben wurde, wer Magenschmerzen hatte, dem schlug er die Faust ins Gesicht, und so weiter, es war ein ständiges Wehgeschrei auf der kleinen Bühne, und zu Haimos Erstaunen amüsierte sich das Publikum auf den Holzbänken über die derben Scherze. Als dann ein Mönch auftrat und sich über Jucken am Arsch beschwerte, hob ihm der Arzt die Kutte auf, blickte darunter und hielt sich die Nase zu, und da war das Publikum nicht mehr zu halten, der Arzt wiederholte die Szene gleich mehrmals und gab immer stärkere Laute des Ekels von sich, einige Zuschauer stießen sich auch mit den Ellbogen an und blickten zu Haimo hinüber, der am Rand einer Bank saß und den Raum am liebsten verlassen hätte, sich aber zu bleiben entschied, um zu sehen, was mit dem Mönch passierte. Der Quacksalber mischte ihm eine Tinktur zusammen aus frischer Hurenpisse, in die er genüsslich einen Pferdeapfel rieb, nässte damit ein Tuch und drückte es dem Mönch ins Gesicht, und als dieser es abnahm und sich zum Publikum drehte, hatte er Aussatzpickel im Gesicht, und der falsche Doktor fragte ihn, wo es ihn jetzt jucke.

»Im Gesicht!« krächzte der Mönch und begann sich die Wangen blutig zu kratzen, zur Gaudi der Zuschauer. Solcherart waren die Späße, bis zuletzt der Arzt entlarvt und mit Prügeln von allen seinen Patienten von der Bühne gejagt wurde.

Als sich das Publikum zerstreute, blieb Haimo noch eine Weile sitzen und ging dann hinter die Bühne zum Darsteller des falschen Doktors. Dieser zuckte etwas zusammen, weil er dachte, es käme gleich eine geistliche Drohung wegen der Szene mit dem Mönch, und er war erleichtert, als ihn Haimo bloß fragte, ob er ihm morgen das Gesicht so schminken könne wie dem Mönch, er würde ihn mit zwei Silbermünzen bezahlen.

Und so kam es, dass am nächsten Tag um die Mittagszeit ein aussätziger Mönch beim schwarzen Fahnenmast vor dem tiburtinischen Tor stand und um Einlass ins Siechenhaus bat. Zum Glück stand ein anderer Wächter da, der keinen Verdacht schöpfte, und es schöpfte auch niemand Verdacht, als nach Mitternacht zwei Benediktiner in aller Stille das Siechenhaus durch den Hintereingang in Richtung Osten verließen, denn Haimo hatte in der Herberge ein Mönchsgewand mitlaufen lassen, das er Maria hingelegt hatte, als sie mit einem schwer Hinkenden aus dem Dampfbad kam, hatte dazu wortlos die Hände mit gespreizten Fingern erhoben und nachher noch mit zwei Fingern der rechten Hand an einer Pustel gerieben, und Maria hatte stumm genickt und den Humpelnden zu seinem Lager geleitet, wo sie ihm Tee einlöffelte, denn dazu war dieser mit seiner abfaulenden Hand nicht mehr in der Lage.

21

»Fred?«

Ernst hatte die Augen geschlossen gehabt, da ihm beim Sturz die Gletscherbrille verloren gegangen war und die Sonne nun in die Spalte schien. Er brauchte einen Moment, bis er das Gesicht wieder zuordnen konnte, das sich über den Schrund beugte.

»Sepp?«

»Allein?«

»Ja, leider. Der Kollege wurde krank.«

Sepp schüttelte den Kopf. »Hast nicht auf mich gehört?«

Ein zweiter Kopf erschien oben am Spaltenrand.

»Ihr kennt euch?«

»Flüchtig, ja«, gab Sepp zur Antwort und fragte Ernst: »Bist verletzt?«

»Der linke Fuß, ja.«

»Dann holen wir die Rega.«

Der Anruf war schnell getätigt. Unteres Mönchsjoch, Verletzter in Spalte eingeklemmt, versuchen ihn zu sichern. Was? Ob er Ernst Stricker heiße? Nein.

»Doch!«, rief Ernst von unten.

Doch, das sei er. Aha. Sei gesucht worden. Einzelgänger? Ja. Ok, danke.

»Sie kommen«, sagte Sepp, und dann: »Ich dachte, du heißt Fred.«

»Mein Bergname.«

Sepp und sein Begleiter überlegten sich, ob sie Ernst sichern konnten, fanden aber, es sei zu riskant, sich ohne Steigeisen in die Spalte abzuseilen, sie waren nicht sicher, ob die Schneemasse, in der der Verletzte steckte, unter der Last eines Helfers nicht noch weiter einbrechen würde. Sie sprachen ihm Mut zu, und da Ernst über Durst klagte, band Sepp seine Petflasche mit dem Marschtee an das Seilende, ließ es ihm so hinunter, dass Ernst die Flasche mit der linken Hand zu fassen bekam, den Deckel mit dem Mund aufschrauben und ein paar Schlucke trinken konnte.

Das Knattern der Rotoren, das nach einer Viertelstunde zu hören war, kam ihm vor wie Musik; zum Bergführer, der an einer Leine zu ihm heruntergelassen wurde und ihn vorsichtig aus seiner Lage befreite, ihm einen Rettungssitz unterschob und dann mit ihm zusammen zum Helikopter hochgezogen wurde, sagte er, er fühle sich sicher wie in Abrahams Schoss.

Sepp rief ihm zu: »Ich komme dich besuchen!«

»Nicht nötig!« rief Ernst zurück, »ich danke euch!«, aber dann war er schon im Helikopter, die Ausstiegsklappe schloss sich, er wurde von einem Helfer und einer Notärztin auf eine Liege gebettet, bekam eine schmerzstillende Spritze, und man steckte ihm eine Infusion.

Woher sie seinen Namen gewusst hätten, fragte er und hörte, dass seine Frau angerufen hatte, weil sie erfahren habe, dass er allein gegangen sei und sich Sorgen gemacht habe.

»Zu Recht«, fügte der Retter hinzu, »allein über den Gletscher ist keine gute Idee.«

Ernst nickte. »Ich weiß, mach ich sonst nicht. Tut mir leid.«

Die unterkühlten Stellen an Schulter, Rücken und Armen begannen nun zu brennen, was, wie die Ärztin sagte, ein gutes Zeichen sei, da er wahrscheinlich keine Erfrierungen erlitten habe.

Ernst wusste nicht genau, wie lang er in der Spalte gelegen hatte und ob er nicht sogar kurz eingeschlafen war, bevor Sepp aufgetaucht war.

Dieser hatte ihn, während sie auf die Rettung warteten, gefragt, ob er von der Berglihütte komme, und hatte ihm dann gesagt, da wolle er mit seinem Kollegen auch hin. »Warst du auf Schaefers Spuren?« fuhr er fort.

Ernst verneinte. »Wollte aufs Walcherhorn.«

»Du warst spät dran.«

»Hab verschlafen.«

»Hast was von Schaefer gefunden?«

»Nein«, log Ernst, »hab auch nichts gesucht.«

Im Helikopter versicherte er sich, dass der Rucksack mitgekommen war. Man hatte ihn neben die Liege gestellt.

Der Flug nach Interlaken kam ihm erstaunlich kurz vor. Der Helfer nahm seine Personalien auf, und auf die Frage, ob er Rega-Gönnermitglied sei, antwortete Ernst: »Ab morgen ja.«

Im Spital wurde er geröntgt, verletzt war das linke Wadenbein, ein Splitterbruch, der eine Operation notwendig
machte, die frühestens am Montag gemacht werden konnte,
je nach Zustand der Schwellung auch erst am Dienstag.
Erst als er am Nachmittag mit einem provisorisch einban-
dagierten Bein in einem Zweierzimmer lag, neben einem
Rentner mit einem Beckenbruch, den sich dieser bei einem
Treppensturz zugezogen hatte, wie er seinem neuen Zim-
mernachbarn sofort bekannt gab, kam es Ernst in den Sinn,
sich bei Jacqueline zu melden. Er zögerte etwas, weil er darüber nachdenken musste, wie er seine Eskapade und ihre
Folgen genau formulieren sollte, und wählte dann auf seinem Handy ihre Mobilnummer.

Es dauerte ziemlich lang, bis sie abnahm und ihn sofort
mit der Frage »Ernst, wo bist du?« überfiel. Ihre Stimme
klang fast verzweifelt.

Ernst versuchte sie zu beruhigen. Ja, als Thomas nicht
gekommen sei, sei er eben trotzdem gegangen, allein, und
heute morgen sei ihm dann das Malheur passiert, er habe
sich das Wadenbein gebrochen, zwei andere Tourengänger
hätten die Rettungsflugwacht kommen lassen, und jetzt
warte er im Spital Interlaken auf die Operation, morgen
oder übermorgen.

Jacqueline weinte fast. »Dann bist du doch allein über
einen Gletscher gegangen?«

Ernst war zerknirscht. Ja, das sei dumm von ihm gewesen,
anders könne man das kaum nennen, aber das großartige
Wetter und die phantastische Berglandschaft... da habe es
ihn einfach gepackt. »Und du?«

Ihr sei es schlecht, sie habe irgendetwas erwischt, habe sich schon zum zweiten Mal erbrochen und sei jetzt auf der Heimfahrt. Sie könne ihn heute auf keinen Fall mehr besuchen kommen, sie wolle nur nach Hause ins Bett. Ob es morgen gehe, wisse sie nicht, sie habe eher das Gefühl, sie müsse zum Arzt.

Sie dürfe ihn ruhig allein lassen, auch morgen, da sei ja, wenn alles gut gehe, die Operation, und er sei dann wohl nicht sehr gesprächig. Es tue ihm natürlich leid, dass er sie nicht pflegen könne, er würde ihr sonst sofort einen Kamillentee machen und eine Bettflasche auf den Bauch legen.

Eine Krankenpflegerin trat ein, um ihm Blut zu nehmen, und Ernst sagte, er werde sich am Abend wieder melden.

Wo es denn passiert sei, fragte der Rentner, als sie das Zimmer wieder verlassen hatte, und Ernst gab so knapp wie möglich Auskunft.

Ja, sagte der Rentner, die Gletscher, schön, aber gefräßig, da habe man doch kürzlich einen gefunden, der fast vierzig Jahre lang im Gletscher gelegen habe, ob er das auch gelesen habe?

Ernst bejahte, vor allem, damit ihm der andere die Geschichte nicht nochmals erzählte. Der fuhr damit fort, dass die Treppen ebenfalls eine Gefahr darstellten, den Gletscherspalten nicht unähnlich, bloß müsse man dafür nicht in die Berge, sondern könne bequem zu Hause verunfallen, er selbst habe vier Menschen gekannt, die auf Treppen zu Tode gekommen seien, vier. Und während er die tödlichen Missgeschicke aufzuzählen und zu schildern begann, angefangen bei einer Frau, die im Museum ein Bild aus einem andern Winkel anschauen wollte und zwei Schritte rückwärts machte, ohne sich umzusehen, wurde Ernst von einer großen Müdigkeit ergriffen und schlief ein.

Als er erwachte, saß ein Mann neben ihm, der nicht wie ein Arzt aussah. Er trug eine dunkle Lederjacke und war in Begleitung einer jüngeren, sommersprossigen Frau, die ein geöffnetes Köfferchen auf den Knien hielt.

»Herr Stricker?« fragte der Mann.

Ernst nickte.

»Lienhard, Kantonspolizei«, sagte der andere.

Ernst erschrak und schaute zum Bett nebenan. Es war leer.

»Herr Frei ist kurz hinausgegangen«, sagte der Polizist, und die Frau fuhr fort: »Roth, Kantonspolizei, wir würden gern Ihren Fingerabdruck nehmen. Wenn Sie so gut sein würden.«

Sie nahm ihm die rechte Hand und drückte Zeigefinger, Mittelfinger und zuletzt den Daumen auf eine geschwärzte Unterlage.

Ernst war überrumpelt. »Brauchen Sie das bei Bergunfällen? Oder worum geht es?«

»Es geht um den Tod von Frau Adele Schaefer. Sie waren doch am 7. Mai am Vormittag an der Gerechtigkeitsgasse in Bern. Können Sie uns sagen, was Sie dort im Sinn hatten?«

Ernst schloss einen Moment die Augen und sah, wie der Sarg von Frau Schaefer in die Ambulanz geschoben wurde.

»Ich wollte einen Besuch machen.«

»Bei wem?«

»Bei Frau Schaefer.«

Das Verhör dauerte etwa eine Viertelstunde. Ob er nicht schon früher am Morgen in Bern gewesen sei, nein, sagte er, gab den 9h Zug an, der um 10h in Bern eintraf. Ob er das beweisen könne? Es kam ihm in den Sinn, dass er beim Verlassen des Büros etwa um halb neun seine Kollegin Heiniger gesehen hatte, und gab ihre Erreichbarkeit auf der Zentralbibliothek an. Ärgerlich, das würde zu reden geben, sehr ärgerlich.

Die Polizistin hatte seine Fingerabdrücke mit denen auf dem Laptop verglichen, und es war klar, dass sich Ernst in Frau Schaefers Wohnung aufgehalten hatte, wie und wann, wurde gefragt, und er redete sich auf eine alte Bekannte hinaus, die hilfsbedürftig geworden war.

Zu Ernsts Erleichterung beendete der Anästhesiearzt den Besuch, das unerwünschte Paar packte seine Utensilien zusammen, Lienhard gab Ernst seine Karte, wünschte eine erfolgreiche Operation und baldige Heilung, drohte mögliche weitere Fragen zu einem späteren Zeitpunkt an, und das Gespräch über die Anästhesie konnte beginnen.

Später, als er eine Bouillon löffelte und dazu ein Käseküchlein aß, dachte er an die Szene nach der Abdankung von Frau Schaefer und war sicher, dass das Sepp gewesen sein musste, der die Polizei auf seine Spur gebracht hatte.

Er war so erschöpft, dass er Jacqueline nur eine kurze SMS mit einem Gutenachtgruss schicken konnte, den sie ebenso kurz erwiderte, und als der Rentner zu erzählen anfing, dass sich bei seiner Tochter der Garderobeständer auf dem obersten Absatz der Kellertreppe befand und er beim Versuch,

den Regenmantel seiner Frau hervorzuangeln, übertreten
habe, drehte Ernst den Kopf auf die Seite und schlief sofort ein.

22

Sie hatten sich viel zu erzählen, die zwei Benediktinermönche, welche bei Halbmond auf einer der Ausfallstraßen in Richtung der Morgendämmerung unterwegs waren. Leise sprachen sie, damit nicht etwa jemand, der sie überholte oder ihnen entgegenkam, auf die seltsam hohe Stimme des einen aufmerksam wurde.

Die hohe Stimme berichtete der tiefen, wie sie eines Morgens in Bobbio von drei Männern abgeholt worden sei, welche nach Rom pilgerten und sie im Auftrage des Abtes Anastasius dorthin mitnehmen sollten. Alle ihre Bitten, mit dem Abt oder mit dem Skriptor Haimo sprechen zu dürfen, seien ihr abgeschlagen worden, man habe sie mit Gewalt aus dem Haus der frommen Frauen herausgezerrt, und sie habe schließlich keine andere Wahl gehabt als mitzugehen.

Der eine der Männer habe sich schon bald von den andern getrennt, um vorauszugehen und sich in Rom nach den Venezianern und den Griechen zu erkundigen. Unterwegs habe sie von einer andern Frau erfahren, dass das die Händler waren, die Menschen kauften und sie in Griechenland oder Venedig als Sklaven weiter verkauften. In einem der Hospize habe sie den Pförtner heimlich um Hilfe gebeten, ihren zwei Begleitern zu entkommen, aber vergebens. Auf die Frage, ob sie wüssten, wo der Papst und sein Gefolge in Rom residierten, hätten sie nur ausweichend geantwortet, und es sei ihr klar geworden, dass die zwei Berufswallfahrer nicht die geringste Absicht hatten, sie bei der päpstlichen Verwaltung vorsprechen zu lassen. Wäre ihr das ermöglicht worden, hätte sie dort um Schutz nachgesucht.

Als sie sich schließlich Rom näherten, hatten ihre zwei Bewacher einen kürzeren Weg zum Sklavenmarkt nehmen wollen, verirrten sich dabei, und am frühen Morgen befanden sie sich plötzlich vor dem Feld der Aussätzigen. Dort wurde gerade eine Leiche auf den Gottesacker getragen. Weinende Kranke standen an der Grenze und trauerten ihrer verstorbenen Pflegerin nach, da riss sie sich los und rannte mit dem Ruf, sie sei die neue Pflegerin, zum Siechenhaus. Ihre zwei Wachhunde, die ihr hinterherrannten, wurden vom bewaffneten Wächter zurückgehalten und hatten auch später nicht mehr versucht, sie von dort heraus zu holen, aus Angst, angesteckt zu werden.

Von der tiefen Stimme war ab und zu ein Seufzer zu hören, dann erzählte sie von der großen Wut auf die Machenschaften des Anastasius, vom langen und entbehrungsreichen Gang nach Rom, von der schwierigen Suche nach der hohen Stimme und vom großen Glück, sie zuletzt gefunden zu haben. Sie habe, sagte die tiefe Stimme weiter, keine anderen Kleider für sie dabei, und es sei wohl auch besser, wenn sie vorläufig als Benediktinermönch mit möglichst tief ins Gesicht gezogener Kapuze weiterwandere und kein Wort sage, wenn sie in Gesellschaft anderer Menschen käme, dann werde er sie als taubstumm ausgeben.

Als die Sonne aufging, waren sie schon so weit außerhalb der Stadtmauern Roms, dass sie sich eine kleine Rast in einer Kapelle am Wegesrand zugestanden, in welcher sie sich hinknieten und Gott für ihre Rettung dankten, bevor sie wenig später, in einer Ecke sitzend, in einen kurzen Schlaf fielen, der kleinere der Mönche mit dem Kopf an der Schulter des größeren.

Und so zogen sie nach Osten, ein seltsames Paar, durch die Weiten Latiums, immer den Bergen des Apennins nach, die einmal näher und einmal ferner waren und sich einmal höher, einmal niedriger erhoben, zwischen Pinien, die Hügelzüge schmückten, Zypressen, welche Gehöfte einrahmten, Schilfgebüschen an Bächen, Olivenhainen, Weinbergen, Akazien, Agaven und Kakteen. Wenn sie keine christliche Unterkunft fanden, halfen sie bei der Weinlese und der Olivenernte mit, um zu Nahrung zu kommen. Es war Herbst geworden, und oft lag am Morgen ein Nebel über dem Land, der sich erst gegen Mittag lichtete.

Als sie in einem Kloster nächtigten, das nur noch ein paar Tagesmärsche von Montecassino entfernt war, wurden sie von den Mönchen gewarnt, es sei ein Zug von Sarazenen unterwegs, der es auf Montecassino abgesehen habe, und sie sollten besser für ein paar Wochen in die Berge ausweichen, bis die Gefahr vorüber sei, es gebe dort einige kleine Klöster, und man hoffe auf die Truppen von Papst Hadrian oder von König Karl.

Die zwei Benediktinermönche folgten dem Rat der Brüder. Sie erreichten einen Pass, von dem aus sie in der Ferne die weißen Mauern eines Klosters erblickten, das einen Berg krönte. »Montecassino!« rief Haimo, »Montecassino!«, und er umarmte seinen taubstummen Bruder aufs Innigste.

Doch vorerst gelangten sie in ein enges Tal, an dessen Ende sich eines der kleinen Klöster befand, die ihnen genannt worden waren, Sankt Antonius im Tale, allerdings mit dem Zusatz, ein Teil der Mönche sei dort wohl krank.

Trotzdem stiegen sie auf dem schmalen Pfad hinunter und wurden von einem Bruder vor der Klostermauer aufgehalten. Die Flecken in seinem Gesicht machten sofort klar, um welche Krankheit es sich handelte. Alle fünf Brüder waren von dieser Geißel Gottes befallen, und sie wüssten nicht, fuhr er fort, wie es mit ihnen weitergehen solle. Die Nahrung gehe ihnen aus, auch bräuchten sie Pflege, es wage sich aber niemand mehr hierher.

Maria schlug ihre Kapuze zurück und sagte, sie habe in Rom die Aussätzigen gepflegt, und wenn sie es wünschten, würde sie das auch bei ihnen tun.

Dem Mönch blieb der Mund offen, als Marias Haare auf ihre Schultern fielen.

»Aber ...«

»Sie ist eine Frau, die vor den Sklavenhändlern flüchten musste«, sagte Haimo, »und ich habe ihr geholfen.«

Der Mönch betrat das Kloster, um sich mit seinen Confratres zu beraten, kam nach einer Weile zurück, und sie einigten sich darauf, dass Maria die Pflege übernehmen dürfe. Gott und der Heilige Benedikt würden bestimmt Verständnis dafür haben, dass in ihrem speziellen Fall eine Frau im Kloster ein und ausgehen werde. Ihren gesunden Bruder würden sie bitten, für sie Nahrung aus dem nächsten Kloster zu holen. Wohnen könnten sie im Stall, in dem sich zur Zeit nur ein Esel befinde, in dem es aber genügend Platz gebe. Überdies wären sie dankbar, wenn Bruder Haimo die Gebete verrichten könne, falls sie dazu nicht in der Lage seien.

Und so kam es zu einem unerwarteten Aufenthalt der zwei Reisenden. Maria tat, was sie konnte, versuchte das bescheidene kleine Bad so herzurichten, dass sie die erkrankten Glieder der Mönche täglich waschen und ihre Kleider reinigen konnte, Haimo achtete darauf, dass das Feuer unter dem Kessel für das heiße Wasser nie ausging, und alle paar Tage ging er mit dem Esel über zwei Pässe zum nächsten Kloster, wo man ihm Brot, Lebensmittel und Wein weit vor den Pforten bereit stellte, denn seit man dort wusste, dass im Sankt Antonius-Klösterchen der Aussatz Einzug gehalten hatte, mied man den direkten Kontakt mit ihm, und er verständigte sich mit dem Pförtner durch Rufen.

Jedesmal fragte er nach den Sarazenen, und jedesmal rief man ihm zu, sie seien noch nicht gekommen, würden aber täglich erwartet. Wenn er mit seinem gepackten Esel zurückging, schaute er jedesmal vom Pass aus nach Montecassino hinüber, das manchmal als weißer Fleck zu sehen war, manchmal mit dem Dunst verschwamm und manchmal vom Nebel gänzlich verschleiert wurde.

Seinen »Abrogans«, Columbans »Poenitentiale« und die Heiligenviten von St. Gallen hatte er in die kleine Kloster-

bibliothek gestellt, die nur aus einem einzigen Regal bestand, und benutzte seine Büchertasche für den Transport
von Rüben, Äpfeln und Feigen für die dahinsiechenden
Mönche.

Zu den Stunden der Gebete ging er, wenn er nicht für
die Verpflegung unterwegs war, in die winzige Kapelle und
betete die Horen von der Matutin bis zur Komplet, sang
die Hymnen entweder mit dem Abt zusammen oder ganz
allein, und Maria horchte jedesmal auf und freute sich, seine
Stimme zu hören.

»Wenn das hier zu Ende ist«, dachte Haimo, »bringe ich
den Abrogans nach Montecassino und schreibe die Regeln
des Heiligen Benedikt ab«, und er konnte kaum erwarten,
bis es so weit war.

23

Der Rentner war am Morgen entlassen worden, das Nachbarbett war noch nicht neu besetzt, und sie waren allein im Zimmer.

Tags zuvor war Ernst operiert worden, man hatte die Knochen seines Wadenbeins mit drei Schrauben und einer Platte wieder auf den richtigen Weg gewiesen. Heute hatte er vorsichtig die ersten Gehversuche gemacht und unter Anleitung einer Physiotherapeutin den Gang an den Krücken geübt, wobei er einen leichten Schwindel bekam.

Am Nachmittag war Jacqueline gekommen, die jetzt im Besucherstuhl neben seinem Bett saß. Sie war erleichtert gewesen, ihn in gutem Zustand und bei guter Laune anzutreffen. Doch dann fragte sie ihn mit einem hörbaren Unterton von Vorwurf, was in aller Welt ihn denn dazu bewogen habe, die Tour allein zu unternehmen.

Das Walcherhorn habe ihn nicht interessiert, sagte Ernst, nur die Berglihütte habe er sehen wollen, in der Hoffnung, eine Spur vom Berggänger zu finden, der über dreißig Jahre im Gletscher gelegen habe.

Jacqueline schüttelte den Kopf. Ob er den denn gekannt habe, fragte sie ihn.

Ihn nicht, aber seine Witwe, und das Buch, das sie ihm gegeben habe, sei in ein Papier eingeschlagen gewesen mit dem alten Volkslied vom Bergli, und da habe er gewusst, dass das kein Zufall sein könne.

Was für eine Witwe? Was für ein Buch? Was für ein Volkslied? Jacqueline begriff gar nichts und fragte sich einen Moment, ob Ernst von der Narkose und den Medikamenten noch verwirrt sei, doch nun begann er ihr Schritt für Schritt die ganze Geschichte zu erzählen, vom Moment an, da er in der Bahnhofunterführung Bern den Hörer des Telefons abgenommen hatte, das plötzlich läutete, als er sie anrufen wollte, und er aus einer Laune heraus, die er sich nicht erklären konnte, zur alten Frau an der Gerechtigkeitsgasse gegangen war, worauf er dann immer tiefer in ein fremdes Leben verwickelt wurde.

Als er bei der Abdankung von Adele Schaefer angekommen war, klopfte es, Ernst machte Jacqueline ein Zeichen, er hielt den Zeigefinger vor seine Lippen, Jacqueline nickte, dann rief Ernst mit schwacher Stimme: »Herein!«

Es war Sepp.

»Fred, oder Ernst, wollte nur schnell schauen, wie's dir geht.«

Er schüttelte ihm die Hand und reichte ihm eine Schachtel Schnapspralinés.

»Danke.« Er zeigte auf die andere Seite des Bettes. »Meine Frau Jacqueline. Und das ist der Sepp. Er hat mich in der Spalte gefunden.«

Jacqueline erhob sich und gab Sepp über das Bett hinweg die Hand. »Ich danke Ihnen, da hatte er ja Glück.«

Sie setzte sich wieder.

»Schon gut. Man hilft sich in den Bergen. Der Fuß?« fragte er, zu Ernst gewandt.

»Gestern operiert. Splitterbruch im Wadenbein. Bin ziemlich am Boden«, und er atmete tief und schloss die Augen. Nach einer Weile öffnete er sie wieder und fragte:

»Die Polizei kam von dir?«

Sepp nickte. »Das schon, sie haben dich ja gesucht.« Er lachte. »Du warst ziemlich lang auf der Toilette in der Nydeggkirche. Und du hast mir einen falschen Namen gesagt. Hab's übrigens gleich gemerkt. Es gibt keinen SAC Zürich, nur einen SAC Uto und einen SAC Manegg. Du hattest Gründe. Hast du sie die Treppe runtergestoßen?«

»Spinnst du?«

Jacqueline stand auf. »Ich bitte Sie!«

»Sie haben mich nach einem Alibi gefragt,« sagte Ernst, »und ich hatte eins. Für Tötungen bin ich nicht zuständig.«

»Aber für Bücher?«

Jacqueline war empört. »Nun hören Sie auf, meinen Mann zu belästigen. Sie sehen ja, wie müde er ist. Sonst hole ich einen Arzt.«

»Schon gut«, sagte Sepp, indem er sich zur Tür wandte.

»Gute Besserung, Ernst. Und melde dich mal, bin bei der Sektion Bern, dann machen wir zusammen eine Tour. Damit du nicht allein über den Gletscher musst.« Er lachte kurz und öffnete dann die Tür.

Ernst hob die Hand. »Danke für den Besuch«, sagte er leise.

Als er sicher war, dass Sepp wirklich gegangen war, fragte er Jacqueline lächelnd: »War ich hinfällig genug?«

Sie war immer noch aufs Höchste erregt über die Frechheit dieses Bergkollegen, und nun rief ihr Ernst nochmals sein Entweichen aus der Nydeggkirche in Erinnerung, das sie ihm damals nicht geglaubt hatte, und fügte hinzu, die Polizei habe wohl im Zusammenhang mit Adele Schaefers Treppensturz einen gewaltsamen Tod nicht ausgeschlossen und diesbezügliche Ermittlungen begonnen.

Ob er sich da nicht verdächtig gemacht habe mit dieser Flucht?

»Doch«, sagte Ernst, »eine weitere Dummheit, sonst wären sie mich am Sonntag nicht befragen gekommen.«

»Die Polizei war hier? Das wird ja immer schöner!« Jacqueline konnte es nicht fassen, und Ernst bat sie um Geduld, er sei noch nicht so weit mit Erzählen, und fuhr fort, ihr die mitternächtliche Erscheinung und das Auffinden des Kriegstagebuchs zu schildern, Szenen, bei denen Jacqueline eine Gänsehaut bekam.

Dass er das Heft dann in der Hütte noch gelesen habe, sei eine weitere Dummheit gewesen, denn wäre er früher aufgebrochen, hätte die Schneebrücke wohl noch gehalten.

»Ich glaube, du musst dich damit abfinden, Liebes, dass du mit einem Dummkopf zusammenlebst.«

Hauptsache, er lebe noch, antwortete Jacqueline, und sie müsse jetzt diesem Dummkopf auch etwas sagen.

In dem Moment klopfte es erneut an die Tür, und das Polizistenpaar Lienhard und Roth trat ein.

Ernst stellte ihnen seine Frau vor, worauf Lienhard sie bat, sie einen Moment allein zu lassen.

Irritiert verließ Jacqueline das Zimmer und bat sie, es möglichst kurz zu machen, mit Rücksicht auf den Zustand ihres Mannes.

Lienhard eröffnete Ernst dann, dass die Aussage der Zeugin Heiniger glaubhaft sei und er somit von einem Verdacht entlastet sei. Es würde sie aber interessieren, was seine Verbindung zu Adele Schaefer gewesen sei. Eine Freundin seiner verstorbenen Mutter, log Ernst ohne zu zögern, die er früher gut gekannt habe, sie sei vereinsamt, sei mit ihrer zunehmenden Erblindung dem Leben nicht mehr gewachsen gewesen und habe ihn um Hilfe gebeten. Frau Roth tippte seine Aussage in ihren Laptop.

Wie es gekommen sei, dass er an einem normalen Arbeitstag sein Büro verlassen habe, um sie zu besuchen. Die Zeugin Heiniger habe sich jedenfalls gewundert, wie sie zu Protokoll gegeben habe. Er habe, sagte Ernst, nach seinem letzten Kontakt mit Adele Schaefer auf einmal ein sehr ungutes Gefühl gehabt und beschlossen, nach ihr zu sehen. Von der Arbeit her sei das für ihn kein Problem, da er noch Überstunden zu kompensieren habe, und ein bisschen wundere es ihn, dass sich Frau Heiniger gewundert habe, aber so erfahre man, was die Arbeitskolleginnen über einen denken. Und sonst könnten sie auch seine Frau fragen, ob er an diesem Morgen wie üblich zur Arbeit gefahren sei.

Ob er von einem wertvollen alten Buch gehört habe, das in Frau Schaefers Besitz gewesen sei, fragte Roth weiter, und Ernst lächelte. Bücher habe es allerdings mehr als genug gegeben in ihrer Wohnung, aber von einem besonders wertvollen wisse er nichts.

Dann sei noch die Frage, weshalb ihn die Kollegen nach der Abdankung von Frau Schaefer in der Nydeggkirche nicht mehr gefunden hätten. Das sei ihm nun ganz neu, sagte Ernst, er sei noch auf die Toilette gegangen und habe dann erst die Kirche verlassen, da hätten wohl die Kollegen nicht richtig hingeschaut, falls sie auf ihn gewartet haben sollten. Man habe ein offenes Fenster in einem Abstellraum der Kirche gefunden und sich gefragt, ob er vielleicht über den Baum hinter der Kirche zur Straße hinaufgeklettert sei, fuhr Lienhard fort.

Ernst lachte. Ob er so aussehe, als ob er in Trauerkleidung einen Baum hinaufklettere? Was da die Leute wohl von ihm denken würden?

Eine Krankenpflegerin öffnete die Tür und sagte, die Arztvisite sei schon im Nachbarzimmer.

»Danke, das wär's für den Moment«, sagte Lienhard, und Frau Roth klappte ihren Laptop zu. Sollte es später noch Fragen geben, bitte er Herrn Stricker, sich zur Verfügung zu halten, und sie wünschten ihm gute Besserung.

Dann kam der Arzt mit der Physiotherapeutin, fragte ihn nach dem Befinden und sagte dann, wenn morgen die Gehübungen zufriedenstellend verliefen, könne er übermorgen nach Hause.

Endlich trat Jacqueline wieder ein und sagte leicht verstört, die hätten sie gefragt, ob er am Morgen des 7. Mai das Haus zur üblichen Zeit verlassen habe.

Und?

Natürlich, habe sie geantwortet, als sie ihr den Kalender gezeigt hätten. Es war ein Freitag, und in dieser Woche war nichts Besonderes.

Dann könne sie beruhigt sein, sie habe zwar einen Dummkopf zum Mann, aber wenigstens keinen Mörder. Ernst lachte.

Sie finde das nicht zum Lachen, sagte Jacqueline, und überhaupt dieses ganze Va et vient bei ihm, ob er sich da noch erholen könne.

»Wenn du da bist, schon«, sagte Ernst, und jetzt wolle er ihr die Geschichte noch zu Ende erzählen, und berichtete ihr, wie die Rettung vor sich gegangen war, und sie habe offenbar auch die Rega angerufen, was ihn sehr gerührt habe.

»Du hast mir Angst gemacht mit deinem Alleingang!« rief Jacqueline, plötzlich den Tränen nahe.

»Es tut mir leid, Liebes, es tut mir leid. Ich mach's nicht mehr. Und dir ging's nicht gut am Klassentreffen?«

»Nein, und ich kann dir auch sagen, warum.«

Die Tür öffnete sich, und eine Krankenpflegerin brachte Ernst ein Tablett mit dem Nachtessen, schob ihm die Tischplatte über das Bett und wünschte ihm einen guten Appetit.

»Ich weiß gar nicht, ob ich Hunger habe«, sagte Ernst, als sie wieder gegangen war, blickte ratlos auf den Kartoffelstock mit der Pilzsauce und nahm eine Gabel in die Hand. Dann schaute er zu Jacqueline. »Und warum ging es dir nicht gut?«

Sie stockte einen Moment und sagte dann: »Ich bin schwanger.«

Ernst ließ die Gabel fallen.

24

»nunc et in hora mortis nostrae. Amen« murmelten die drei Mönche, die neben dem Grab standen, das Haimo auf der kleinen Wiese ausgehoben hatte, die sich hinter dem Klösterchen bis zum nahen Waldrand erstreckte. Dann hob er das Leichentuch mit dem verstorbenen Bruder an der Fußseite auf, der Abt wollte es auf der Kopfseite hochheben, stöhnte aber vor Schmerzen, denn sein Arm war schon zerfressen, und Maria trat herzu und senkte zusammen mit Haimo Frater Angelus in die Grube; Haimo schaufelte die Erde hinein, die er zu zwei Hügeln links und rechts des Grabes aufgeschichtet hatte.

Dann humpelten die drei Mönche wieder zurück ins Kloster. Haimo legte die Schaufel nieder und blieb mit Maria stehen.

»Wird es denn nicht besser?« fragte er sie nach einer Weile.

Maria schüttelte den Kopf. »Bruder Gaetano kann schon nicht mehr gehen, es wird nicht mehr lange dauern.«

»Ora pro nobis peccatoribus« sagte Haimo, »bete für uns

Sünder – aber was haben denn diese Brüder gesündigt, dass sie so hart bestraft werden?«

»Wir wissen es nicht«, sagte Maria.

»Ich wüsste es aber gern«, sagte Haimo, und dann fragte er Maria, ob sie auch schon daran gedacht habe, diesen Ort des Jammers zu verlassen und einfach nach Montecassino zu gehen, wo er seinen »Abrogans« hinbringen sollte. Ob die Sarazenen wirklich kämen, sei höchst ungewiss, und schlimmer als der Aussatz könnten sie wohl nicht sein.

In diesem Augenblick ertönte ein Schmerzensruf vom Kloster herüber, und Maria machte sich auf. »Es ist Gaetano, ich muss helfen.«

So ist es, dachte Haimo, sie muss helfen, und er wusste, dass er allein gehen musste, wenn er nach Montecassino wollte, und er wusste auch, dass er es nicht fertigbringen würde, allein zu gehen und Maria zurückzulassen. Es blieb also nichts anderes, als zu warten, bis das Leiden hier zu einem Ende kam. Er dachte daran, dass er morgen wieder mit dem Esel zum andern Kloster gehen musste, und er hörte Gaetano aus seiner Zelle schreien.

Dann nahm er die Schaufel und hob ein zweites Grab aus.

Als er damit fertig war, ging er zum Vespergebet in die Kapelle und sang den 121. Psalm, »Ich hebe meine Augen auf zu den Bergen. Woher wird mir Hilfe kommen?«

Am nächsten Tag ging er mit dem Esel über die Pässe, lud die zwei Säcke mit Nahrungsmitteln auf, die für ihn bereit lagen, und rief dem Klosterpförtner zu, Bruder Angelus sei gestorben. »Friede seiner Seele!« rief der Pförtner zurück, und Haimo machte sich wieder auf den Weg.

Als er im Klösterlein ankam, war Bruder Gaetano schon tot. Maria hatte ihn in sein Leichentuch gewickelt, und Haimo schleifte ihn mit ihr zusammen hinaus, zum zweiten Grab. Der Abt und Bruder Hilarius folgten ihnen, sie beteten ein kurzes Requiem und das Ave Maria und schleppten sich wieder hinein. Bruder Julian konnte sich schon nicht mehr vom Lager erheben, und als Haimo wieder mit dem Esel zum Nachbarkloster ging, rief ihm der Pförtner zu, er habe etwas weniger bereitgestellt, da sie jetzt weniger seien, und Haimo rief zurück, das reiche für länger, sie seien nur noch zu viert, auch Bruder Gaetano und Bruder Julian seien in die Ewigkeit eingegangen.

Auf dem Rückweg stieg beim Gedanken an das nahende Ende der Klosterbrüder eine heimliche Freude in ihm auf, und er erschrak, als er merkte, dass er auf den baldigen Tod der zwei verbliebenen Mönche hoffte. Er kniete auf der Stelle nieder und bat Gott um Verzeihung für seine sündigen Gedanken. Aber die Vorfreude blieb.

Eine Woche danach mussten sie den Abt begraben. Maria hatte nicht die Kraft, Haimo beim Heraustragen zu helfen, und er musste den Leichnam auch allein in die Grube senken. Maria weinte, als die Erde über den Toten kollerte, und schaute Haimo mit einem Blick an, der ihn erschreckte.

»Maria?« fragte er.

Da rollte sie ihre Ärmel auf und zeigte ihm ihre Arme, die mit Aussatz bedeckt waren, ihr linker Ellbogen war bereits von der Seuche zerfressen. Sie wollte ihm auch ihre Unterschenkel zeigen, aber Haimo wehrte ab. Er konnte den Anblick nicht ertragen.

»Haben wir gesündigt?« fragte Maria.

»Nein!« rief Haimo heftig, »Mann und Frau, das ist keine Sünde, das hat Gott so gewollt!«

»Ich werde zu meinem Tassilo gehen«, sagte Maria, »und du kannst nach Montecassino gehen.«

Haimo wollte sie umarmen, aber Maria wich zurück.

»Du musst auf dich aufpassen«, sagte sie und ging zurück ins Klösterchen, um Hilarius in seinem Todeskampf beizustehen.

Als Haimo zum nächsten Mal über die Pässe ging und zum Kloster kam, rief er dem Pförtner zu, er nehme nur eine Tasche voll zu essen mit und binde den Esel hier an, er gehöre fortan ihnen.

»Warum?« rief der Pförtner zurück.

»Alle Fratres sind tot, es gibt nur noch mich!«

»Willst du zu uns kommen?«

»Nein!« rief Haimo, als er mühsam durch den frisch gefallenen Schnee davon humpelte, zurück zu Sankt Antonius im Tale, wo er die Grube neben Maria schon ausgehoben hatte.

25

Ernst und Jacqueline fuhren von Rom aus im Zug durch
die Weiten Lazios, immer den Bergen des Apennins nach,
die einmal näher und einmal ferner waren und sich einmal höher, einmal niedriger erhoben, zwischen Pinien, die
Hügelzüge schmückten, Zypressen, welche Gehöfte einrahmten, Schilfgebüschen an der Böschung der Bahngleise,
Olivenhainen, Weinbergen, Akazien, Agaven und Kakteen.
Der Zug war überraschend voll, sie hatten sich gerade
noch zwei Sitzplätze nebeneinander sichern können. Ernst
hatte ihre beiden Koffer in die Gepäckablage gehievt, und
aus Jacquelines Tragetuch schaute ihr Töchterchen Maria
heraus. Die zwei älteren Frauen ihnen gegenüber, die sich
eingehend erkundigt hatten, wie alt das Kindlein sei und
ob Bub oder Mädchen, und vergeblich versucht hatten, es
mit kleinen Grimassen zu einem Lächeln zu verleiten, waren
schon bald nach der Abfahrt des Zuges eingeschlafen, auch
Maria fielen die Äuglein zu, Jacqueline döste, und Ernst
schaute zum Fenster hinaus und wartete auf die Silhouette
des Klosters Montecassino.

Nach anderthalb Stunden war es so weit. »Schau«, sagte er zu Jacqueline und stupfte sie an, »wir sind da.«

In Cassino stiegen sie aus und nahmen ein Taxi zum Hotel »La Pace«, das Jacqueline im Internet gebucht hatte. Es stellte sich zu ihrem Schrecken als Hotel heraus, das eher den Namen »La Guerra« verdient hätte. Das Foyer war mit lauter Relikten aus den Schlachtfeldern dekoriert, mit Helmen, Patronengürteln, Handgranaten und Panzerfäusten, und an den Wänden hingen Pläne mit den eingezeichneten Verteidigungslinien und Truppenbewegungen der Schlacht um Montecassino, an der Rezeption wurden auch Begehungen der Kriegsschauplätze angeboten. Es sei ja nur für zwei Nächte, beruhigte sie Ernst, und so bezogen sie ihr Zimmer, dessen eines Fenster allerdings auf eine befahrene Straße ging, was Jacqueline zur Bemerkung veranlasste, das sei das letzte Mal, dass sie ein Hotel im Internet buche.

Immerhin war für ihre Maria ein kleines Gitterbett bereit gestellt worden, das Ernst nicht ohne Rührung betrachtete. Es war die erste Reise, die sie nach der Geburt des Kindleins zusammen unternahmen. Nach dem Schock, den Jacquelines Schwangerschaft anfänglich für ihn bedeutet hatte, war er ein begeisterter und fürsorglicher Vater geworden. Er erzählte seinem Töchterchen jeden Abend eine Geschichte vom Hasen, der über ihrem Bettchen hing und der immer neue Abenteuer bestand, bis man ihm durch Ziehen an einer Schnur eine kleine Gute-Nacht-Musik entlocken konnte, und er ließ sich davon auch nicht abbringen, als ihn Jacqueline einmal fragte, ob er im Ernst glaube, sie verstünde das. Sie hatte Maria überraschend mühelos zur

Welt gebracht, und die Rolle als Mutter, welcher sie etwas ängstlich entgegen geschaut hatte, machte ihr wider Erwarten Freude, sie hatte ihr Pensum bei der Bibliothek reduziert, hatte, solange sie stillte, Maria vorläufig zur Arbeit mitgenommen, aber für die Zeit nach der Rückkehr von der Reise waren zwei Tage in einer Säuglingskrippe reserviert, und den dritten Tag übernahm Ernst, der seine Arbeitszeit ebenfalls abbauen konnte, was ihm angesichts seines Mangels an beruflichem Ehrgeiz nicht schwerfiel. Wie man die Windeln wechselte, hatte er bereits gelernt, und auch über Breilein und Flasche wusste er Bescheid, er freue sich, hatte er zu Jacqueline gesagt, auf seine Tätigkeit als Babybarmixer.

Nachdem sie sich im Hotel eingerichtet hatten, gingen sie eine Pizza essen, in einem Restaurant mit hässlichen Blechtischen, in dem am Fernsehen ein Fußballspiel übertragen wurde. Maria war wach und neugierig und erntete Bewunderung und Aufmerksamkeit vom Kellner und den Gästen am Nebentisch. Die Pizza war in Ordnung, kam aus dem Holzofen, auch der lokale Wein schmeckte gut, und so waren sie, als sie in ihr martialisches Hotel zurückkehrten, gerüstet für den morgigen Besuch der Klosterbibliothek.

Ernst hatte nach seiner Genesung den Kollegen Schlecker ins Vertrauen gezogen, ohne ihm die Herkunft des Buches zu verraten, hatte ihm auch gesagt, er denke daran, es der Zentralbibliothek zu überlassen, worauf es Schlecker zunächst von einer Kollegin scannen ließ, die sich mit mittelalterlichen Dokumenten auskannte, sie hatte schon das älteste Buch der Bibliothek gescannt, den Purpursalter, und nahm mit großem Respekt den »Abrogans« entgegen. Als Ernst sie einmal während dieser Arbeit besuchte, zeigte sie ihm ein kleines loses Stück Pergament, das zum Vorschein gekommen war, als sie eine Seite gewendet hatte. Darauf stand in derselben Schrift, in der auch das Buch abgefasst war:

Ih, Haimo scriptor, bringu hunc librum nah Montem Cassinum.

Damit, sagte sie, habe man wohl den Namen des Schreibers, Haimo, und wahrscheinlich habe er das Buch nach Montecassino gebracht.

»Bringen *wollen*«, sagte Ernst und dachte an Philipp Schaefers Kriegstagebuch.

Die Kollegin war erstaunt. Woher er das zu wissen glaube?

Das könne er erst später sagen, aber es hänge mit der Geschichte der Entdeckung des Buches zusammen.

Er hatte von einem italienischen Benediktinerarchiv erfahren, dass das Klösterchen Sant Antonio della Valle schon im Frühmittelalter gegründet worden sei, in dem es zahlreiche sogenannte Zwergklöster gegeben habe, dass es aber im Zweiten Weltkrieg durch die Deutschen gesprengt und nicht wieder aufgebaut wurde, und auch die Erschießung der letzten fünf Mönche wurde erwähnt.

Er habe, sagte Ernst zu Jacqueline, als er ihr von dem gefundenen Satz erzählte, das Gefühl, der Schreiber Haimo sei nicht bis nach Montecassino gekommen, sondern aus irgendwelchen Gründen kurz vor seinem Ziel in diesem Klösterchen stecken geblieben. Man nehme ja an, dass das Buch aus dem süddeutschen oder bayerischen Gebiet stamme, und eine Fußreise im 8. Jahrhundert von dort bis nach Italien sei bestimmt keine Kleinigkeit gewesen.

Ob das Buch schon in Montecassino gewesen und erst danach in das Klösterlein gebracht worden sei, werde man kaum herausfinden und sei ja eigentlich auch nicht von großer Bedeutung, fand Jacqueline.

Doch, für ihn sei es schon von Bedeutung, sagte Ernst.

Wieso denn?

Dieses Buch sei für das Kloster Montecassino bestimmt gewesen, und wenn es dem Schreiber Haimo nicht gelungen sei, es dort abzuliefern, dann …

»Was dann?«

»Dann bringe *ich* es.«

Jacqueline war baff.

»Ist das dein Ernst? Nach 1200 Jahren?«

»Ja.«

»Dann komm ich mit«, sagte Jacqueline.

Es war nicht leicht, der Zentralbibliothek klar zu machen, dass sie sich nicht mit dem ältesten Buch deutscher Sprache schmücken durfte, denn darum handelte es sich eindeutig, das hatten sowohl der tschechische Spezialist bestätigt als auch die Historiker, die mit den Feinheiten der karolingischen Handschrift vertraut waren, aber da das Buch im Besitze Ernsts war, konnte man es ihm nicht streitig machen, nicht einmal mit einer größeren Summe, die man aus dem Lotteriefonds locker machen wollte. Adele Schaefer, für die er es verwahrt hatte, lebte nicht mehr, die Untersuchungen zu ihrem Tod waren eingestellt worden.

Mit seinem Freund Thomas bereitete Ernst eine offizielle Schenkungsurkunde vor, in welcher der Schenker als anonym bezeichnet wurde. Ernst hatte Thomas das Kriegstagebuch gezeigt, ebenso wie das Inserat in den »Alpen«, und ihm gesagt, dass ihn Torsten Riedel wegen seiner Bekanntschaft mit Sepp bestimmt finden würde. Thomas riet ihm, das Tagebuch niemandem zu zeigen. So wäre ein Anspruch einzig auf eine mündliche Behauptung eines Verstorbenen gegründet und juristisch kaum haltbar. Wieso wohl Schaefer sein Tagebuch nicht vernichtet, sondern quasi unauffindbar versteckt habe, aber trotzdem nicht unterlassen habe, einen Hinweis auf den Ort zu geben, fragte Ernst. Er glaube, sagte Thomas, Schaefer sei vom Krieg, wie so viele Menschen, die daran teilnahmen, maßlos überfordert gewesen und habe sich vielleicht ein Leben lang geschämt über das, was er tun musste. Seine gewagten alpinistischen Alleingänge hingen möglicherweise auch damit zusammen. Die meisten Menschen übrigens, die ein Geheimnis haben, können es nicht ganz für sich behalten oder legen irgendwo eine Spur zu dessen Aufklärung, das könne er ihm aus seiner Praxis als Anwalt sagen.

Und so saßen denn Ernst und Jacqueline mit der kleinen Maria im Tragetuch an einem Oktobermorgen an einem dunklen Eichentisch im Empfangszimmer der Bibliothek von Montecassino, einem Raum, in dem die Bücher in Schränken mit Gittern vor den Glasscheiben aufbewahrt wurden. Ernst hatte seinen schwarzen Hut auf den Tisch gelegt, wickelte den »Abrogans« aus einer Luftpolsterfolie und legte ihn dem Leiter der Bibliothek, dem Benediktiner Frate Gregorio, hin.

Er zog das Pergamentpapier mit Haimos Satz aus dem Buch, sagte in dem Italienisch, das ihm zur Verfügung stand, dass er durch einen Zufall zu diesem Exemplar gekommen sei, legte ihm die Echtheitszertifikate vor, teilte ihm auch mit, dass das Buch in der Zentralbibliothek Zürich digitalisiert worden sei und für alle Bibliotheksbenützer einsehbar, dass er aber der Ansicht sei, das Original gehöre hierher.

Frate Gregorio war auf eine Schenkung vorbereitet gewesen, aber nicht von dieser Bedeutung. Ehrfürchtig nahm er das Buch in die Hände, schaute das Zertifikat an und fragte fast ungläubig, ob das Alter des Dokuments wirklich stimme.

Ja, sagte Ernst, es stamme aus den 10 Jahren zwischen 770 und 780.

Sie besäßen nur einen Codex, der älter sei, sagte der Bibliothekar, die Sententiae des Isidoro di Siviglia aus der Mitte des 8. Jahrhunderts, den er ihnen nachher gerne noch im Archiv zeigen könne, und das sei ein großes Geschenk, für das er ihm gar nicht genug danken könne.

Ernst überreichte ihm die Schenkungsurkunde, welche Thomas auf Italienisch hatte abfassen lassen, und bat ihn, ihm mit seiner Unterschrift den Empfang des »Abrogans« zu bestätigen. Beim Passus der Anonymität des Spenders stutzte Frate Gregorio einen Moment, aber Ernst sagte, für ihn sei das besser so, und er brauche keine Angst zu haben, dass das Buch auf illegalen Wegen erworben worden sei, er habe es selbst geschenkt bekommen.

Frate Gregorio ließ nun durch eine Bibliothekarin einen Imbiss mit Brot, Käse, Salami und Wein herüberbringen, welchen sie für den Besuch vorbereitet hatte. In einem kleinen Toast bedankte er sich für die großzügige Schenkung und erhob sein Glas auf Ernst und Jacqueline.

Ernst stand auf und sagte, er seinerseits möchte auf den Skriptor Haimo anstoßen, der dieses wunderbare Buch geschrieben habe und dessen Auftrag jetzt erfüllt sei, nachdem er wohl allein durch halb Europa gewandert sei, um irgendwo kurz vor seinem Ziel zu scheitern.

Als die Gläser klangen, fragte Jacqueline, ob er sicher sei, dass Haimo allein unterwegs gewesen sei.

»Glaubst du nicht?«

»Vielleicht hatte er ja noch eine Frau dabei.«

Ernst übersetzte Frate Gregorio und der Bibliothekarin Jacquelines Vermutung. Gregorio hob scherzhaft drohend den Zeigefinger, und alle lachten. Maria fing an zu weinen. Ihre Mutter übergab sie ihrem Vater, der sie sanft auf seinen Armen hin und her wiegte, bis er ihr die Flasche geben konnte, die Jacqueline aus ihrer Tasche geholt hatte.

Nachwort

Eine Geschichte an einem zufällig gewählten Zipfel packen

Überlegungen zu Franz Hohlers Bahnhofsromanen
»Es klopft«, »Gleis 4« und »Das Päckchen«

von Charles Linsmayer

Als einen »Musical-Clown für Anspruchsvolle« begrüßte die NZZ im Juni 1966 den 23jährigen Zürcher Germanistikstudenten Franz Hohler, als dieser, über sein Cello gebeugt, mit dem Soloprogramm »Pizzicato« als Kabarettist debütierte. Schon das zweite Programm, »Die Sparharfe«, konnte er 1967 an 192 Orten aufführen, so dass er das Studium an den Nagel hängte und in den folgenden Jahrzehnten als einer der beliebtesten und einfallsreichsten Solokünstler der Schweiz immer neue Erfolge feierte. Mit »Das verlorene Gähnen und andere nutzlose Geschichten« debütierte er 1967 auch bereits als Buchautor, und im Nachhinein scheint in dem Titel etwas wie ein Programm versteckt gewesen zu sein, kam doch auch der Erzähler (und viel später ebenso der Lyriker) Franz Hohler nicht von einer einsamen Dichterklause her, sondern schrieb, wenn nicht, wie etwa im Falle des legendären

621

»Totemügerli«, als Kabarettist und Humorist, so doch immer mit Blick auf sein Publikum, das er von seinen Auftritten her einzuschätzen vermochte und dem er Spannendes, Überraschendes, Provokantes, Absurdes, ja auch gesellschaftlich und politisch Brisantes zumutete, aber immer so knapp, träf, gewitzt und lebendig, dass er ihm jenes Gähnen ersparte, das er 1967 einer Figur namens Piet-Fritz Alertis für (fast) immer ausgetrieben hatte.

Es sind Welten zwischen den »Wegwerfgeschichten« von 1974, der apokalyptischen »Rückeroberung« von 1982, der Verderben bringenden »Steinflut« von 1998 oder der abgründig-humorvollen »Torte« von 2004, und es tut Hohlers Leistung als einer der ganz großen Erzähler seiner Epoche keinen Abbruch, wenn zwischen tödlichem Ernst und dem Moment, wo einem das Lachen im Hals stecken bleibt, nur ein kleiner Schritt ist, dass die Moral in seinen Geschichten so gut versteckt ist, dass sie sie ganz beiläufig mitführen, was eigentlich ihre Quintessenz ist, dass fast immer eine gewisse Zuversicht das letzte Wort behält und dennoch der Todsünde, das Publikum zu langweilen, nach wie vor nicht die kleinste Chance gelassen wird.

Die Quintessenz der Titelgeschichte von »Das Ende eines ganz normalen Tages« lautete 2008: »Nichts ist so unwahrscheinlich, dass es nicht passieren kann«, und der Satz kommt einem in den Sinn, wenn man sich mit den drei zwischen 2007 und 2017 entstandenen Romanen befasst, die nun unter dem Sammelbegriff »Bahnhofsromane« neu vorliegen. Dies ist das eine, was durch die überraschenden, zum Teil fast unglaublichen Ereignisse, die da vorgeführt werden, durchaus eingelöst wird, das andere aber ist eine Fähigkeit, die nur den wirklichen Könner auszeichnet: dass er nämlich seine Geschichten, ohne dass das ihnen Abbruch tun würde, an irgend einem zufällig gewählten Zipfel anzupacken und zu einem überzeugenden Ganzen zu knüpfen vermag. Anders als bei Joseph Conrad das Meer oder bei Stifter der Wald hat der Bahnhof, mal übrigens der von Basel, mal der von Oerlikon bei Zürich, mal der von Bern, keine symbolische oder handlungsmäßige Bedeutung, sondern ist als zufälliger Durchgangsort für Reisende Ausgangspunkt von Geschichten, die weit weg davon, ja bis auf fremde Kontinente oder ins Mittelalter führen können.

Der Titel »Es klopft« hat im ersten der drei Romane von 2007 gleich eine mehrfache Bedeutung. Irgendwann klopft da eine unbekannte Frau im Bahnhof Basel an die Scheibe eines abfahrenden Zuges, in welchem der Hals-Nasen-Ohren-Arzt Manuel Ritter nach einem Ärztekongress aus Deutschland nach Zürich zurückkehrt. Er kann nicht erkennen, was die Frau will, aber Tage später taucht sie in seiner Praxis auf und bringt Ritter dazu, ihr ein Kind zu zeugen. Die Sache ist verdrängt und vergessen, als der Arzt Jahrzehnte später von einer Variante jenes »Tinnitus« genannten Klopfgeräuschs im Ohr heimgesucht wird, das auch er selbst als anerkannter Spezialist nicht zu heilen vermag und das ihn dazu bringt, jene längst vergessene Geschichte aufzuarbeiten und Kontakt mit seiner damals geborenen unbekannten Tochter aufzunehmen. So romanhaft-abenteuerlich die längst vergessene Begegnung mit der Unbekannten im Bahnhof Basel anmutet: Hohler liefert sie die Möglichkeit, auf dramatisch fesselnde Weise hinter die Fassade einer wohlhabenden gutbürgerlichen Familie an der sogenannten Goldküste am Ufer des Zürichsees zu blicken.

Die Ehe zwischen dem erfolgreichen Arzt und der Romanistin erscheint dermaßen stabil und ungefährdet, dass die Frau dem Mann ohne weiteres glaubt, er lese ihre 25 Jahre alten Liebesbriefe noch einmal, als er in seinen Papieren nach Spuren jenes skurrilen Seitensprungs sucht. Wohingegen Anna, die Freundin des als Umweltwissenschaftler tätigen Sohnes Thomas, sich ihrer Schwangerschaft zum Trotz überlegt, ob sie wirklich zu einer Familie stoßen will, »in der keine drei Leute miteinander befreundet wären, wenn sie die Wahl hätten.« Ritter wird den Tinnitus erst wieder los, als er in einer Schlussphase des Romans, in welcher sich die Ereignisse etwas hektisch überstürzen, zu seiner Tochter bekennt. So dass am Ende der dramatischen Geschichte, die vor allem mit dem feinfühligen Seelenporträt des in eine ausweglose Situation geratenen Arztes überzeugt, auch über der vielfach gebeutelten Goldküstenfamilie der Haussegen nicht mehr so ganz schief hängt.

Am 12. April 2013 bat die Schweizer Justizministerin Simonetta Sommaruga die ehemaligen Verdingkinder, d. h. Kinder, die bis in die 1960er-Jahre durch die Behörden von ihren Familien getrennt und fremdplatziert worden waren, öffentlich im Namen der Schweizer Regierung um Entschuldigung und bezeichnete den Umgang mit ihnen als eine Verletzung der Menschenwürde, die nicht mehr gutzumachen sei. Dies ist das Thema, das den Hintergrund des in eben jenem Jahr erschienenen zweiten Bahnhofsromans,

»Gleis 4«, lieferte. Anders als bei »Es klopft« stellte Hohler dabei bewusst auf Elemente des Kriminalromans ab und entwickelte die Geschichte so, dass eine Altenpflegerin namens Isabelle rein zufällig zur Zeugin des plötzlichen Todes eines ihr unbekannten Mannes wird und sich, statt wie geplant in die Ferien zu fliegen, anhand einer ihr überlassenen Mappe und eines Handys dem Schicksal des Toten zuwendet und über die verschiedensten Umwege, Begegnungen und Zufälle allmählich herausfindet, dass der vermeintliche Martin in Wirklichkeit das ehemalige Verdingkind Marcel Wyssbrod war, das nach Kanada ausgewandert war, weil man es zu Unrecht des Mordes an seinem jähzornigen Pflegevater beschuldigt hatte. Hohler lüftet das Geheimnis nur allmählich, bezieht auch in der Aktualität Faktoren wie die Diskriminierung von Personen mit afroeuropäischem Hintergrund mit ein – Isabelle hat eine nichtweiße Tochter – und entwirft ein anrührendes Bild von einem durch die Schweizer Justiz auf fragwürdige Weise behandelten damaligen Verdingkind. Wobei am Ende bei der Begegnung Isabelles mit der wiedergefundenen Mutter des längst toten Opfers doch noch etwas wie ein versöhnlicher Zug in die Geschichte hineinkommt. Zu Hohlers Bahnhofsromanen aber zählt die Geschichte deshalb, weil er den Schlaganfall, dem Marcel Wyssbrod erliegt, vor den Augen jener Isabelle beim Gleis 4 des Zürcher Bahnhofs Oerlikon, nur einige hundert Meter von seinem Wohnort entfernt, stattfinden lässt.

Mit dem dritten Bahnhofsroman, »Das Päckchen«, knüpfte Hohler 2017 nochmals an seine Zeit als Germanistikstudent an der Universität Zürich an. Nicht nur, dass in dem Buch Althochdeutsch und Mittellatein eine Rolle spielen und die Zeit phasenweise ins Mittelalter zurückgedreht ist, unter Mönchen, Schreibern, Kopisten in einem Kloster und unter reisenden Vaganten und Klerikern und Nonnen von Süddeutschland bis Rom. Auch das zentrale Motiv, jenes »Päckchen«, verweist in Hohlers Studienzeit zurück, entpuppt sich sein Inhalt doch als das verschollene Original jenes »Abrogans«, des frühesten erhaltenen Wörterbuchs deutscher Sprache, das der Student auf einer Exkursion mit seinem Professor, dem Sprachwissenschaftler und Literaturhistoriker Stefan Sonderegger (1927–2017), um 1964 in der Klosterbibliothek St. Gallen bewundert haben muss. Und es macht ganz den Anschein, als habe Hohler sich mit dieser phantastisch-abenteuerlichen, Kriminalgeschichte, Wissenschaftsrecherche, Bergsteigermythos und Liebesgeschichte verknüpfenden Bücher-Saga anlässlich seines 75. Geburtstags – bei dessen Feier im Züricher Kaufleutesaal er den Text der Festgemeinde 2018 denn auch gutgelaunt vortrug! – vorgenommen, sein erzählerisches und fabulöses Können für einmal, ohne sich über kritische Stimmen oder hämische Verrisse Sorgen zu machen, voll ins Kraut schießen zu lassen. Jedenfalls scheint das Vergnügen, das die Geschichte einem beim Lesen in immer neuen Vedouten, Überraschungen und Spannungsbögen bereitet, ganz bestimmt auch dem Autor selbst beim Schreiben ein diebisches Vergnügen bereitet zu haben. Bahnhofanknüpfungspunkt ist diesmal eine Telefonzelle im Berner Hauptbahnhof, wo der Zürcher Bibliothekar Ernst Stricker der Neugierde nicht widerstehen kann, den Hörer abzuheben, als es, während er seine Nummer heraussucht, klingelt, und er von einer ganz offenbar einen anderen Ernst im Visier habenden Unbekannten dazu überredet wird, bei ihr an der Gerechtigkeitsgasse ein Päckchen abzuholen. Der Bibliothekar folgt der Aufforderung und gerät damit in eine Geschichte hinein, die immer spannender wird, je deutlicher sich für den zufälligen Besitzer des Päckchens herausstellt, um was für einen enormen Wert es sich beim Inhalt handelt und dass er nicht der Einzige ist, der darum weiß.

Wir erfahren dabei nicht nur, wie der Bibliothekar, der das Drama vor seiner Frau verborgen halten will, über eine wilde Bergsteigerpartie und hochdramatische Verfolgungsjagden, ja über ein Kriegsdrama und eine Spukgeschichte hinweg im italienischen Kloster Monte Cassino landet und das Fundstück da abliefert, wo es der mittelalterliche Schreiber Heimo eigentlich hatte hinbringen wollen. Diesem Heimo und seiner Maria, die er erst noch der Klosterfron hatte entreißen müssen, ist nämlich der mittelalterliche Teil des Romans gewidmet, der uns auf ebenso originelle wie kenntnisreiche Weise damit konfrontiert, wie damals Bücher entstanden und welch abenteuerliche Wege sie von Kloster zu Kloster nehmen konnten: in Zeichen von Pest und Cholera und kriegerischen Auseinandersetzungen noch und noch. Die Geschichte des schriftkundigen Mönchs Haimo und seiner schwangeren Geliebten Maria, die wie das biblische Paar Maria und Josef mit einem Esel Richtung Italien aufbrechen, ist eine der zärtlichsten Liebesgeschichten, die Franz Hohler – wie bei vielem so ganz nebenbei! – geschrieben hat, und Hohler wäre nicht Hohler, wenn nicht

auch dieser dritte Bahnhofsroman außer köstlicher Unterhaltung durchaus auch seriöse und für ihn und uns wichtige
Phänomene offenbaren würde: die Liebe zum Buch als ein-
maliges und unverlierbares kulturelles Gut, die Wertschät-
zung von Bibliotheken als Aufbewahrungsort von menschli-
chem Denken und Schaffen über Jahrtausende hinweg und
nicht zuletzt das an einem brillanten Beispiel exemplifizierte
Bekenntnis zum Schreiben als jene vielfältige und uner-
schöpfliche mediale Gestaltungs- und Erfindungsmöglich-
keit, der weder Film, noch Video, noch Computerspiel,
noch all das digitale Wunderzeug am Ende die Stange halten
können.

Penguin Random House Verlagsgruppe FSC® N001967

1. Auflage
Genehmigte Sonderausgabe Februar 2023
Copyright © der Originalausgaben 2007, 2013 und 2017
by Luchterhand Literaturverlag in der
Penguin Random House Verlagsgruppe GmbH,
Neumarkter Straße 28, 81673 München
Covergestaltung: buxdesign | Ruth Botzenhardt
unter Verwendung eines Motivs von © plainpicture/ Ingrid Michel
Druck und Einband: GGP Media GmbH, Pößneck
cb · Herstellung: sc
Printed in Germany
ISBN 978-3-442-77299-5

www.btb-verlag.de
www.facebook.com/btbverlag

Franz Hohler

Ein Feuer im Garten

128 Seiten, btb 71582

Franz Hohler liebt es, in die Welt hinauszugehen. Bis an den
Arabischen Golf und nach Teheran führen ihn seine Reisen.
Aber manchmal genügen ihm auch kurze Wege in seine
Nachbarschaft, um auf erstaunliche Geschichten zu stoßen.

In diesem Band sind Franz Hohlers neueste Kurzerzählungen
versammelt. Sie zeigen den Autor einmal mehr als einen der
bedeutendsten Geschichtenerzähler unserer Tage.

»Mit leisem Witz würzt Hohler viele seiner Kurzerzählungen,
in denen er das Beiläufige aus der scheinbaren Belanglosigkeit
holt und in Literatur verwandelt.«
Frankfurter Allgemeine Zeitung

btb

Franz Hohler

Der Autostopper

Erzählungen

768 Seiten, btb 71403

Erstmals sind in diesem Band sämtliche kurze Erzählungen
von Franz Hohler gesammelt. Das macht diesen Band zu
einem imposanten Zeugnis höchster Erzählkunst aus dem
über vierzigjährigen Schaffen eines der bedeutendsten
Autoren seiner Generation – und zu einem beispiellosen
Lesevergnügen.

»Hinter jeder Biegung lauert in Hohlers Prosa eine
unerwartete Wendung.«
Hamburger Morgenpost

»Wie schön, beim Lesen von einem Erzähler, der mit
Augenmaß, Intelligenz, Drive, Umsicht und Leidenschaft bei
der Sache ist, an der Hand genommen zu werden.«
Neue Zürcher Zeitung

btb

Franz Hohler

Die Steinflut

Eine Novelle

176 Seiten, btb 84269

Am 9. September 1881 in einem kleinen Dorf hoch oben in den Schweizer Bergen: Die kleine Katharina wird zusammen mit ihrem jüngeren Bruder zu den Großeltern geschickt. Dort sollen beide die nächsten Tage verbringen, bis die Mutter ihr sechstes Kind zur Welt gebracht hat. Doch es kündigt sich noch ein anderes Ereignis an. Von einem Hang sind einige Felsbrocken ins Tal hinabgestürzt und der ganze Berghang könnte sich lösen und das Dorf unter sich begraben. Daran möchte niemand glauben, am allerwenigsten die Arbeiter im Schieferbruch, die mit ihren Händen ganze Familien ernähren. Aber der Berg führt in Franz Hohlers hochgelobter, in der Tradition der besten Schweizer Literatur stehenden Novelle sein Eigenleben ...

»Eine kleine, meisterhafte Erzählung ist so entstanden, die sich durchaus messen kann mit den Novellen eines Jeremias Gotthelf oder Gottfried Keller.«
Süddeutsche Zeitung

btb